谨以此书纪念中共扬中市委党校成立六十周年

"最美扬中"建设之路

张宇轩 主编

江苏大学出版社
JIANGSU UNIVERSITY PRESS
镇江

图书在版编目(CIP)数据

"最美扬中"建设之路/张宇轩主编. —镇江：
江苏大学出版社,2015.6
ISBN 978-7-81130-990-4

Ⅰ.①最… Ⅱ.①张… Ⅲ.①社会发展－扬中市－文
集②区域经济发展－扬中市－文集 Ⅳ.①F127.534

中国版本图书馆 CIP 数据核字(2015)第 136491 号

"最美扬中"建设之路
Zuimei Yangzhong Jianshe Zhi Lu

主　　编/张宇轩
责任编辑/张　平
出版发行/江苏大学出版社
地　　址/江苏省镇江市梦溪园巷 30 号(邮编：212003)
电　　话/0511-84446464(传真)
网　　址/http://press.ujs.edu.cn
排　　版/镇江文苑制版印刷有限责任公司
印　　刷/扬中市印刷有限公司
经　　销/江苏省新华书店
开　　本/787 mm×1 092 mm　1/16
印　　张/21.5
字　　数/496 千字
版　　次/2015 年 6 月第 1 版　2015 年 6 月第 1 次印刷
书　　号/ISBN 978-7-81130-990-4
定　　价/48.00 元

如有印装质量问题请与本社营销部联系(电话:0511-84440882)

伟大的事业源于伟大的梦想。一个人的成长如此，一座城市的发展亦如此。一座有梦想的城市，可称之为"美丽"；全体市民揣梦前行，就能描绘出"最美"的风景。

扬中的发展史，正是这样一部胸怀希望、步履铿锵的追梦史。一百多年前，为生计所迫的先辈们怀着安居乐业的"家园梦"拓荒孤岛，将漫漫江滩改造成"柴门临水曲""屋后萧萧竹"的美丽家园；三十多年前，不甘一隅的扬中人揣着思进求变的"致富梦"创新创业，激活改革开放"一池春水"，催生了扬中从农业小县到产业强市的"美丽蝶变"。今天，站在新的历史起点，随着改革创新的深入推进，建设一个"经济强、生态好、百姓幸福、社会和谐"的"最美扬中"，已经成为33万扬中人新的"时代梦想"。

梦想在前，追梦的脚步就不会停歇。走在由"美丽"向"最美"的追梦之路上，全市上下正在以创新之志开启改革图强的崭新征程，以转型之策勾勒产业现代化的壮美图景，以生态为媒建设宜居宜业宜游的绿岛花城，以民生为本打造"近者悦、远者来"的和谐家园，激情演绎着一座城市对"最美"的不懈追寻，谱写着"中国梦"的扬中篇章。

《"最美扬中"建设之路》一书，正是对扬中人追梦脚步的如实记录。该书从政治、经济、文化、社会、生态和党建等方面，描绘了自强不息的扬中人对梦想不断求索和追寻的足迹，内容翔实、思考深入、立意深远，不仅是展示"最美扬中"建设的新窗口，也是扬中人改革经验与创新智慧的参考书。

相信《"最美扬中"建设之路》的出版，能够给奋进在逐梦路上的扬中人以更多的教益，给扬中改革发展以更多的启迪，让"最美扬中"的建设事业更加宏伟、路径更加清晰，承载起全体扬中人的梦想与期待，呈现出一个值得希冀的美好未来。

是为序。

中共扬中市委书记　孙乾贵

2015 年 4 月

目录

文化扬中篇

社会民生篇

生态文明篇

民主法治篇

总论篇

ZONGLUNPIAN

一、面对经济新常态,"最美扬中"建设夯实了发展基础

2014 年,扬中再次入选"中国中小城市综合实力百强县市",首次荣膺"中国中小城市新型城镇化质量百强县市"。

(一)锁定目标稳增长,实体经济稳中向好

2014 年,扬中全年完成 GDP 440.2 亿元,同比增长 12.4%;公共财政预算收入 30.72 亿元,同比增长 13%。经济结构不断优化,工程电气产业入选首批"国家产业集群区域品牌"建设试点,三大主导产业产出规模首次超过千亿元。服务业增加值占 GDP 比重比 2013 年提高 1.8 个百分点;扬中江蟹、秧草等四个农产品获得国家地理标志商标认证。有效投入增势强劲,先进装备的投资增幅超过 50%。"三集"发展优势明显,各园区市场化运作、专业化招商等工作均走在镇江前列。科技创新保持领先,新增国家"千人计划"人才 9 名,新增高新技术企业 23 家,高新技术产业产值占规模工业产值比重、全社会研发投入占 GDP 比重、万人发明专利拥有量等指标均保持江苏省前列。开放型经济稳步发展,扬中成为镇江唯一全面完成"三外"任务的辖市区。金融形势平稳可控,全年新增贷款 56 亿元,新增社会融资 112 亿元。

(二)突出重点抓建设,城市品质充分彰显

认真修编各项规划,新的城市总体规划获得省政府批准,南部新城总体规划完成编制,城乡一体的建设布局全面展开。实施以"一桥六路"为代表的城乡交通重点工程,扬中三桥、

滨江大道、奥体中心、江苏省扬中高级中学新校区等工程竣工并投入使用。"四城同创"取得突破，生态市获得国家级命名，卫生城市、环保模范城市通过国家级技术评估，园林城市通过省级资格核验，城市环境综合整治成为全省示范。

（三）以人为本惠民生，社会大局和谐稳定

城镇登记失业率远低于江苏省和镇江市平均水平，城乡居民人均可支配收入保持了较高增速。"江苏省义务教育优质均衡发展示范市"通过现场评估，"整岛一体化"的医疗卫生服务体系已经形成。城乡低保和居民养老保险保障标准持续提高，困难职工救助制度不断完善，慈善工作站实现村（社区）全覆盖。"政社互动"正式启动，迎青奥"五大专项行动"顺利完成，连续11年被评为"江苏省平安县（市、区）"，被江苏省委、省政府评为"2011—2014年度社会治安综合治理先进集体"，第七次创成省级"双拥模范城"。

（四）积极稳妥促改革，发展活力持续增强

行政审批、政府行政权力、行政事业性收费"三项清单"公布实施，市场监督管理局正式成立，开发区实施区街管理体制改革。农村土地确权登记颁证工作有序推进，小型水利工程管理体制改革全面启动，农村公共服务"八位一体"运行维护机制不断健全，扬中成为全国村级公共服务运行维护标准化试点市。按公司化要求改组城投公司，按混合所有制形式组建港投公司、大航集团，各类投融资平台的实体化运行迈出了坚实步伐，发展空间更加广阔。

（五）从严从实抓党建，组织保障坚强有力

扎实开展党的群众路线教育实践活动，扬中市委常委会做出了"八个带头"的集体承诺，制定了即知即改"五项措施"。各级党组织自觉践行"三严三实"要求，创新开展"点评式"学习，广泛开展"一统四联"活动，严肃开展批评与自我批评，深入实施"百项整改集中行动"。深入开展"立德树人、善行江洲"主题实践活动；组织开展撤县设市20周年系列活动，提炼形成"上善若水、自强不息"的新时期"扬中精神"。认真落实党风廉政建设"两个责任"，严格执行中央"八项规定"，深入实施"清风行动"，不断完善惩防体系，作风建设的常态化、长效化进一步巩固。

二、紧扣改革创新主线，合力共创最美扬中建设的新业绩

我们将深入贯彻落实党的十八届三中、四中全会和中央经济工作会议，以及江苏省委、镇江市委全会精神，紧紧围绕"两个率先"目标，狠抓改革攻坚，突出创新驱动，切实防范风险，增进民生福祉，提升法治思维，强化党建创新，做到经济提质增效、生态特色发展、城乡统筹建设、民生持续改善，全力建设经济强、生态好、百姓幸福、社会和谐的最美扬中。我们要着力抓好四个方面的工作：

（一）突出稳增长、快转型，让"经济强"成为最美扬中的闪亮名片

1. 加快构建"活力强"的产业体系。先进制造业要紧紧围绕"两化融合"，依托三大主导产业，走高端化、智能化、国际化发展道路，加快产业升级，提升智能制造水平。现代服务业要顺应信息技术发展，依托岸线、桥港、生态等优势，重点发展现代物流、文化创意、科技服务、电子商务等新兴业态，加快形成规模集群效应，持续提升贡献份额。现代农业要大力培育专业大户、家庭农场等新型经营主体，积极申报更多的国家地理标志商标和名特优农产品，促进农业生产经营的专业化、标准化、规模化和品牌化。

2. 加快培育"创新强"的实体经济。要分类培扶优质企业。大全集团作为扬中市企业的标杆和行业领军者，要进一步提升产品的智能化和国际化水平；环太、有能、尚昆等规模企业要依托自身专业化、品牌化优势，寻找与国内外优势企业的全方位合作；新韩通重工和大津重工等装备制造企业，要精准对接市场变化，做强主业、做精产品，大力度推动管理创新、技术创新、产品创新；天海光电、宝纳电磁、伟创晶、津荣激光等初创型和科技成长型企业，要加大资金、人才等要素的倾斜力度。要持续提升创新能力。以建设"创新型城市"为抓手，注重创新成果与主导产业对接、创新项目与企业转型升级对接、研发人员创新劳动与利益收入对接，加快形成有利于创新成果产业化的新机制，推动"智本"迅速转化为现实生产力。要加快开发开放步伐。引导企业"走出去"和"请进来"相结合，变寻找项目、争取项目为"策划项目""组织项目"，强化与国外优质资本、技术和人才的对接融合。要加快推进模式转型。促进企业探索应用"制造＋服务""实体经济＋虚拟经济""线上＋线下"等多元化生产销售方式，鼓励更多有条件的企业参与国家或行业标准的制订。

3. 加快建设"实力强"的载体平台。开发区要发挥龙头牵引效应。以创建国家级经济开发区为目标，抢抓长江经济带通关一体化机遇，着力完善扬中港区各项关检功能，扎实推进港投公司的实体化运作，实现港口岸线资源的滚动开发和可持续利用。产业"三集"园区要提档升级。着力完善各园区信息服务、科技金融、标准化厂房等公共服务设施，把每个"三集"园区都打造成创新创业的高地。楼宇产业园建设要有序推进。在中心城区、集镇、"三集"园区等区域全面推广楼宇产业园发展模式，在主城区规划建设一批商业楼宇，在各"三集"园区规划建设一批多层标准化厂房，初步形成楼宇产业园的规模效应，加快实现商业地产向产业地产转型。

4. 加快营造"保障强"的要素环境。要强化金融支持。推进银政企全方位合作，各类金融机构在扬中新增贷款60亿元以上、全社会融资140亿元以上。要强化风险防控。加快信用体系建设，探索建立防范和化解金融风险的体制机制，有效化解互联互保风险。要强化要素供给。坚持"区别对待、有保有压"的供地原则，对用地计划指标从严控制、高效使用。

（二）突出增内涵、创特色，让"生态好"成为最美扬中的城市品牌

1. 以生态理念引领城乡建设。建设功能完善的主城区。围绕生态和民生导向，推进主城区设施配套和品质提升，启动滨江新城、三桥功能区规划建设，建成中扬康居苑二期，启动

园丁路片区及城东等安置房二期工程,开展新一轮城中村和城郊接合部改造。打造宜居宜业的副中心。对接镇江新区、扬中、丹阳沿江"金三角"战略规划,尽快实质性启动南部新城建设,坚持基础设施先行,启动安置项目及民生项目工程。培育魅力独具的新农村。积极开展"美丽宜居镇村""水美乡村"创建工作,深入实施城乡环境综合整治,培育一批绿色生态的特色村镇。

2. 以宜居理念增强生态特质。全力推进"低碳城市"建设,打造一批国家级、省级低碳示范镇(园区、企业),引领产业发展、城市建设与自然生态相生相应。围绕"地更绿",全力推进国家园林城市创建,充分展示"绿韵水秀、江中花洲"的岛城形象;围绕"水更清",以"五水联治"为重点,把扬中的"水"管住管好。

3. 以市场理念开展生态建设。积极探索社会化的融资模式。转变政府举债、平台筹资推进生态建设的传统路径,在生态、市政、交通、水利设施建设方面,积极探索政府和社会资本合作(PPP)模式,吸引民间资本参与城市建设、提供公共产品和服务。不断完善多元化的安置模式。在全力推进安置保障工程的同时,实质性推进市场化安置,逐步实现"先安置后拆迁",满足群众多层次、多样化的安置需求。着力健全市场化的管护模式。加快推进环卫保洁、垃圾收运、户外广告、市政道路养护、园林绿化等公共服务的市场化运作,形成政府主导、社会协同、公众参与的城市治理新格局。

(三)突出强保障、惠民生,让"百姓幸福"成为最美扬中的鲜明特质

1. 围绕"民富"广辟增收渠道。要进一步拓宽就业、创业、投资、社保、帮扶"五大增收渠道",全面提升社会整体收入水平。要把提升工资性收入作为促进民富的主攻方向,优化创业环境,增加就业岗位,形成以创业带动就业的"倍增效应"。要积极稳妥推进农村土地制度、社区股份合作制度改革,持续增加居民的财产性收入。要大力发展社会福利和慈善事业,加大对残疾人、大病家庭等困难群体的社会救助力度,逐步提高"五保"及低保标准,全面消除低收入人口,让困难弱势群众共享改革红利。

2. 围绕"民享"提升保障水平。提标提质教育现代化,2015 年在镇江率先建成苏南教育现代化示范区,实现镇江市教育现代化先进镇(街、区)和先进学校市域全覆盖;探索实施师范生定向培养试点,推动教育教学质量稳步提升。巩固提升卫生服务体系"整岛一体化",强化医疗卫生机构服务能力联动建设,逐步实现市、镇、村三级医疗资源的统筹管理,全面落实分级诊疗和双向转诊机制。切实推进养老服务智能化,建成统筹扬中全市的居家养老服务综合信息平台,让智能养老服务逐步覆盖全扬中。加快促进城乡社会保障均等化,推动"金保工程"正式上线运行,实现医疗、养老、工伤、生育、失业保险"五险合一"。

3. 围绕"民安"优化社会治理。健全完善"政社互动"机制,提升基层组织自治能力。加强社会组织培育,积极推进政府向社会组织购买公共服务,提高服务效率和质量。推进社会治理创新,深入开展矛盾纠纷排查化解,创新食品药品安全监督、安全生产监管等机制,健全立体化、现代化的治安防控体系,扎实巩固"平安扬中"建设成效。

（四）突出重法治、树新风，让"社会和谐"成为最美扬中的丰富内涵

1. 强化法治保障，建设"法治扬中"。推进依法决策。完善科学民主决策机制，树立"法治前置"理念，坚持惠民原则，提高依法、民主、科学决策水平。坚持依法行政，把遵法守法贯穿于行政决策、审批、服务及执法的始终，推进简政放权和标准化执法，规范制度建设和权力运行。促进司法公正，健全公安、检察、审判及司法行政机关各司其职，侦查权、检察权、审判权、执行权相互配合、相互制约的工作机制。引导全民守法，完善法律服务体系，强化法制宣传，建设全省领先的法治文化阵地，增强广大市民的法治意识，完成"六五"普法任务。

2. 强化文体助推，增进城市内涵。要完善文体设施。建立标准化的市、镇、村三级公共文化设施网络，推进公共文体服务向农村延伸覆盖，创成"全省公共文化服务体系示范区"。要繁荣文体产业。鼓励社会资本进入文化领域，依托园博园、渡江文化园、奥体中心等载体，实施一批业态新、体量大、带动性强的文化体育项目，培扶一批优质文化企业，推出一批优秀文化作品。要传扬扬中文化。在更高层次、更大范围宣传江鲜美食、创业精神等扬中特色文化，提升扬中的知名度和影响力。

3. 强化价值引领，倡树文明风尚。以社会主义核心价值观为引领，进一步丰富、拓展和提升"大气做人、大爱扬中"的城市风尚，以核心价值观凝神聚力、固本强基。以文明城市建设为抓手，持续引导全体市民提升道德品质、增进文明素养。以推进社会文明城乡一体建设为目标，引导群众广泛参与文明建设，全面提升社会文明程度。

三、创新图强，以党建工作的新作为，凝聚最美扬中建设的强大合力

全面从严治党，是新时期党建工作的总要求。我们要更加自觉地做到"党要管党、从严治党"，围绕党性锻炼、队伍建设、服务群众、反腐倡廉"四个环节"，不断提升各级党组织和党员干部的能力素质，为全面推进改革发展更加坚强的组织保障。

（一）强化党性锻炼，以理想信念提升凝聚力

1. 保持争先志气。面对发展难度加大、阶段性重点工作增多的双重压力，既不能感到无能为力、无所适从，更不能"不求有功、但求无过"，必须拥有干事创业的激情、争先率先的追求。

2. 加强正面引导。2014年，我们提炼总结了新的扬中精神，那就是"上善若水，自强不息"。一方面要宣传解读好新的扬中精神，另一方面更要传承和弘扬扬中精神。要用扬中发展的积极变化和美好蓝图，引导大家全面看问题、辩证看形势、长远看发展，坚定比高攀强、争当一流的信心和决心；要激发全体扬中人的家乡自豪感和城市归属感，真正让建设最美扬中成为全市上下的共同目标，让为扬中率先发展尽责、为扬中美好明天拼搏成为每一个扬中人的自觉行动。

3. 提升工作标杆。镇（街、区）机关部门要树立高远目标，既要面向先进地区找标杆、争

进位，又要立足自身工作严要求、创一流。组织和宣传部门要通过选树各层各级典型，进一步激发干部队伍的整体活力，在全市上下形成比学赶超、争先创优的浓厚氛围。

4．鼓励支持创新。党员干部在困难面前应当多一点创新突破，少一点畏首畏尾；多一点自信自觉，少一点患得患失；多一点大公无私，少一点斤斤计较；多为改革发展想办法，多为破解难题闯新路。

（二）鼓励进取担当，以鲜明导向提升执行力

无论是"一把手"还是中间层，直至每个环节的办事员，都要直面难题矛盾，敢于负责、勇敢担责。面对依法行政的现实要求，要及时转变工作思路和方法，学会用法治思维和法治方式研究解决问题，创造性地推动各项工作开展。面对干部队伍中需要整改的问题，要强化实绩考核，明确时序要求、人员责任、奖惩措施，真正做到主动想事、用心谋事、积极干事。面对部分干部能力不足的状况，要创造条件加强条线、板块之间的干部交流，更大范围选派干部到改革发展的一线去，到条件差、困难大、矛盾多的地方去；要大胆使用敢负责、能担当的干部，在担当实践中练本领、长才干、增自信。

（三）夯实基层基础，以作用发挥提升战斗力

1．增强组织活力。把联系服务群众"六项工程"作为重要抓手，创新实施村级经济发展目标管理、"双强"型村（社区）书记队伍建设等举措，强化基础建设，激发基层活力，全力打造建设、管理、服务"三位一体"的农村服务型党组织。深化"百村万户"双达标行动和弱村振兴"361"工程，全面消除年经营性收入低于100万元的经济薄弱村。

2．提升服务成效。加强"四个一"机制、群众工作三级联动体系和村级综合服务中心建设，逐步实现与"12345""数字扬中"等平台融合，打造一体化的联系服务群众综合窗口，促民富、解民忧，真正打通联系服务群众的"最后一米"。

3．充实组织力量。把党员发展管理作为充实基层力量的有效措施，实施党员发展"三倾斜一调控"，探索党员"双百"积分制管理，实现党员发展管理定量定性相结合，充分释放基层党组织的潜力。

4．强化用人导向。总的就是坚持"信念坚定、为民服务、勤政务实、敢于担当、清正廉洁"的标准，坚持出以公心和用科学的制度选人用人。在当前形势下，更要突出基层导向、实绩导向、德才导向，不断匡正选人用人风气，为好干部创造广阔的成长空间。

（四）坚持廉洁从政，以清正形象提升公信力

1．认真落实"两个责任"。各级党委要切实担负起统一领导、直接主抓、全面落实的主体责任，各级纪委要切实履行监督责任。各级领导干部要切实履行好"一岗双责"，齐抓共管、各负其责，真正让"一把手"对党风廉政建设负总责，每位分管领导负直接领导责任。

2．严明政治纪律。认真开展好"三会一课"、主题党日、警示教育、民主评议等党内政治生活，在任何情况下都要做到政治信仰不变、政治立场不移、政治方向不偏，始终与党中央保

持高度一致,始终与扬中市委、市政府的决策部署步调一致。

3. 强化违纪惩处。积极应对腐败问题隐蔽化、多样化等新特点,切实强化中央"八项规定"和反"四风"要求的落实,严格执行领导干部外出报批、谈心谈话、公务接待等制度规定,对违反规定踩"红线"、闯"雷区"的,要保持"零容忍"的态度不变、猛药去疴的决心不减、严厉惩处的尺度不松,逢腐必反、除恶务尽,着力营造风清气正劲足的发展环境。

（孙乾贵）

一、扎实推进"最美扬中"建设,取得显著阶段性成果

(一) 注重改革创新,区域发展活力不断增强

1. 各项改革扎实推进。组建市场监督管理局、公共资源交易中心,推进工商注册制度便利化,公布实施政府行政权力、行政审批、行政事业性收费"三项清单"。开发区实施区街管理体制改革,改组城投公司,组建大航集团、港投公司。深入推进户籍改革,实行流动人口居住证制度。启动财政、金融等领域改革和"政社互动",农村土地承包经营权确权登记颁证工作进展顺利。

2. 创新资源加快集聚。2014 年获批省级科技项目 50 项、高新技术产品 49 件,研发经费支出占 GDP 比重达 2.71%。新认定省级研发平台 14 家、高新技术企业 23 家。成立北京大学扬中产学研合作办公室,组织开展"江洲博士百人工程"等活动,引进国家"千人计划" 9 人、高层次人才(团队)91 人(个)。

3. 要素保障克难攻坚。强化土地节约集约利用,积极落实各项"微刺激"政策,主动有效防范化解金融风险。扬中全市新增社会融资 112 亿元、贷款 56 亿元,累计获得上级资金扶持 5.3 亿元。

(二) 注重"三集"发展,产业经济实力稳步提高

1. 三次产业协调发展。扬中 2014 年全年完成的工业应税销售、工业增加值分别为 440.2 亿元、280.5 亿元,三大主导产业占比达 90% 以上。文化产业、服务业增加值占 GDP 比重分别达 4.2% 和 44.8%;进出口总额达 5.4 亿美元,其中出口总额达 4.4 亿美元。粮食

生产实现"十一连增",新增高效设施农业面积6526亩,成功注册4个地理标志证明商标。

2. 项目建设有序推进。2014年全年完成固定资产投资209亿元。实施10亿元以上项目27个,申品商业步行街等10个项目竣工运营。成功举办河豚节、"新能源中国行"等活动,引进际华目的地中心等10亿元以上项目11个,实际利用产业类外资1.72亿美元。

3. 产业园区初具规模。加快推进"三集"园区市场化运作、高端化发展。2014年全年建设标准化厂房、中小企业孵化器14.9万平方米,建成精品展示平台2个。新坝镇成为江苏全省首家低碳发展示范乡镇;三茅街道产业集聚效应逐步显现;开发区、油坊镇综合实力持续增强;八桥镇、西来桥镇发展质态稳步提升。

(三)注重建管并重,城乡宜居品质日益彰显

1. 配套设施不断完善。建成238省道新坝接线、油坊接线,加快推进扬子东路、扬子西路延伸,新建、改造农村公路37千米、江堤公路20千米、农桥21座。饮用水备用水源地完成管网铺设,建成城市燃气环网、110千伏电网加强工程。新增智能公交站台22个,新开、优化公交线路6条。城乡安置房在建88万平方米,建成55万平方米,港湾新城、幸福花苑二期等安置房交付使用。

2. 城乡环境明显改善。推进城乡环境综合整治、迎青奥专项整治和秸秆禁烧工作,改造城郊接合部区块3个、城中村3个、老旧小区4个,完成南园农贸市场改造和废旧物品收购疏导点建设,创成"省美丽宜居村庄"6个。新建改造城区排涝站4座、沿江泵站2座,向阳河、明珠湾、绿柳河、同心河实现沟通连接。新增城市绿地11.63万平方米,绿化造林303.03万平方米。

3. 管理水平有效提升。累计审查规划30项。新一轮城市总体规划获得省政府批准,编制完成南部新城总体规划、农村居民点规划。创成"省城市管理示范路"1条、示范社区2家。扬中成为"全国村级公共服务运行维护标准化试点市"。全市累计查处违法建设面积6万平方米。划定生态红线保护区域,转型重组化工企业3家。

(四)注重百姓需求,民生各项事业协调发展

1. 保障水平逐步提高。2014年全年扶持创业1160人,新增城镇就业1.08万人,城镇登记失业率控制在1.34%。"金保工程"上线运行,实施居民大病保险,启动医保费用异地联网结算。低保标准、最低工资标准分别提高到580元/月、1630元/月,改造农村危房60户,全面完成"百村万户"双达标任务,民生类财政支出20.8亿元。

2. 社会事业扎实推进。撤并新坝中学高中部,新建改造学校(幼儿园)12所,完成校安工程6.7万平方米。建立乡镇卫生院康复联合病房3个、省示范村卫生室5家,被确定为"省乡村医生签约服务试点市"。三茅街道养老护理中心基本建成,扬中全市每千名老人养老床位数达40.8张。扬中成为首批"省幸福家庭建设项目县"。《扬中市志(1986—2006)》出版发行。扬中第七次创成"省双拥模范城"。

3. 文体活动深入开展。城区"10分钟体育健身圈"全面建成,覆盖城乡的三级公共文体

设施网络基本建立。举办了扬中市第十七届运动会、郁金香花展、金秋菊花展,送文艺下乡60场次。承办了第六届全国青少年曲棍球锦标赛等赛事,女子曲棍球国少队勇夺青奥会冠军。

4. 社会治理不断创新。有序实施"智慧社区"试点,新增省级和谐社区6家。"法治扬中""平安扬中"建设深入推进,加大打击高利贷和非法集资力度,积极预防处置企业欠薪,扎实做好矛盾纠纷排查化解,保持社会和谐稳定。

(五)注重转变作风,政府自身建设切实加强

扎实开展群众路线教育实践活动,聚焦反对"四风",深入查摆问题,落实整改措施。健全机制、规范运行,决策水平、执行效率和服务效能不断提高。实施全口径预算管理,加强政府性投资项目全程审计,资金使用绩效稳步提高。严格执行中央"八项规定",严控政府债务,"三公"经费支出下降24%。各部门积极改进作风、优化服务,编制、统计、物价、新闻等工作都取得了新成绩。

二、围绕"最美扬中"建设目标任务,务实创新各项工作

全面贯彻党的十八届三中、四中全会和中央经济工作会议,以及习近平总书记视察江苏、镇江时的重要讲话精神,主动适应经济发展"新常态",狠抓改革攻坚,突出创新驱动,加快转型升级,提升质量效益,推进法治建设,强化风险防控,增进民生福祉,务实求实、苦干实干,努力建设经济强、生态好、百姓幸福、社会和谐的"最美扬中"。

(一)推进生态文明建设,着力提升人居环境质量

1. 综合整治水体环境。实施"五水联治",强化城区雨污分流调查规划和污水管网检查维修,力争用十年左右的时间完成城区雨污管网建设任务。加强工业污染源的监管,国控重点污染源全部实现在线监控,确保工业废水稳定达标排放。加强农业面源污染治理,推广测土配方施肥和统防统治,规模畜禽养殖场粪便无害化处理与资源化利用率达92%以上。

2. 积极防治大气污染。加强PM2.5监测发布工作,控制和减少雾霾天气。强化机动车排气污染防治,淘汰老旧机动车540辆以上。推进"绿色施工",实行城区渣土密闭运输。加强主城区禁放烟花爆竹管理和餐饮油烟污染防治。持续推进秸秆综合利用,推广应用清洁燃料和清洁能源。

3. 稳步提升园林绿化。推进环岛生态林建设,新增绿化造林200万平方米。加强节点绿化,新增城市绿地10万平方米,创成"国家园林城市"。

4. 推进绿色低碳发展。探索建立绿色GDP评估体系,实行资源消耗、环境损害和生态效益综合评价。推进资源有偿使用,设立生态补偿专项资金。加强生态园区、低碳企业、绿色建筑建设,实施节能和循环经济项目13个,大中型企业清洁生产审核实现全覆盖。大力

推进"金屋顶计划"。完成金属表面处理行业专项整治,转型重组化工企业 2 家。深入开展绿色学校、绿色社区等生态创建,推行"周五卫生日"等制度,创成"国家环保模范城市"和"国家卫生城市"。

(二)加快经济转型升级,着力构建现代产业体系

1. 聚焦主业,做强产业。设立产业发展引导专项资金,加快产业高端发展。引导推进智能电气产业突破核心技术;强化新能源产业与资本、技术、市场的对接,提高市场占有率和抗风险能力;装备制造业向高附加值船舶、海工装备转型,提高规模效益。支持企业提升生产工艺和自动化水平,技改、设备投入 85 亿元以上。加快打造国际竞争型、行业领军型、传统提升型、科技成长型"四大企业集群",新增"四上"企业 50 家,销售超亿元企业达 160 家。

2. 桥港联动,产城融合。壮大现代物流业,加快物流园区开发和公用码头建设,建设运营好电气工业品城、扬中服装城等专业市场。积极发展旅游业,加快际华目的地中心、雷公岛开发等项目,完善提升园博园等旅游载体,办好河豚文化节等节庆会展。改造提升商贸业,推进雨润二期、世纪金源、红星美凯龙等项目。支持工业企业主辅分离,推动制造业与服务业、传统产业与电子商务等融合发展。社会消费品零售总额增长 12.5%,文化产业、服务业增加值占 GDP 比重分别达 4.2%、45% 以上。

3. 推进"三集",集聚项目。加快智能电气产业园、粮油加工产业园市场化运作,增强园区服务配套功能,积极争创国家级、省级园区品牌。加强科技孵化器、标准化厂房建设,新增标准化厂房 35 万平方米以上。实行新上项目分类入园,加快推进中兴产业园、大津新能源装备产业园、海洋工程装备基地等重点项目,力争园区项目投入 80 亿元以上,重点项目入园率达 100%,重点产业项目竣工率达 80% 以上。转变农业发展方式,探索家庭农场经营制度,培育家庭农场 20 家。稳步推进农村土地流转,新增高效设施农田 133.33 万平方米,改造提升农田 200 万平方米。

4. 整合资源,破解瓶颈。大力发展楼宇经济,倡导"零增地"扩能、"围墙内"技改,争创"全国国土资源节约集约模范市"。加快土地、资金、技术等要素的优化整合,盘活利用存量土地 40 万平方米以上。加强与在外扬中人的联络联谊,加快吸引人才回乡、项目回归、资金回流。加大金融支撑力度,力争引进银行分支机构 1 家以上,"苏科贷"规模提高到 1 亿元。提高企业直接融资比例,培育上市后备企业 20 家以上。

(三)持续深化改革创新,着力增强区域发展后劲

1. 锐意改革增动力。推进行政管理体制改革,加强综合执法,强化事中、事后监管和合规性监管。有序实施"多评合一",优化行政审批流程,简化审批环节。规范中介服务收费,降低行政事业性收费标准 54 项。推进市场化改革,积极运用政府与社会资本合作模式,拓宽城乡建设、公共服务项目投融资渠道。推进农村综合改革,完成土地承包经营权确权登记颁证和小型水利工程管理体制改革。

2. 协同创新挖潜力。对接"科技镇长团"、高校院所等科研资源,实施省级以上科技计划项目 60 项,新增授权发明专利 90 件。加强创新产业平台建设,创建省级以上创新载体 5

家,新增高新技术企业16家,全社会研发投入占GDP比重达2.8%,力争创成省创新型城市和知识产权示范市。引进国家"千人计划"人才4人、高层次人才(团队)100人(个)以上。鼓励企业参与标准制订,提升市场占有率和掌握产业话语权。

3. 扩大开放添活力。围绕三大主导产业,放大岸线区位优势,按照"七专、三全"专业化招商标准,深化规划招商、产业招商、驻点招商、以商引商,力争引进10亿元以上项目8个。鼓励企业与国内外优质资本、技术、人才对接融合,引导外资以参股、并购等方式参与本土企业重组。鼓励企业"走出去",通过新建、联营等方式,设立贸易窗口、研发机构和生产基地,推动境外投资。完善口岸服务关检功能,确保新开放港口泊位2个以上。

(四)坚持城乡一体建设,着力促进城乡统筹发展

1. 强化规划引领。有序实施城市总体规划,加快编制镇村布局规划、城区排水规划、综合交通规划、市域水系及城市河道蓝线规划,开展土地利用总体规划评估,构建多规融合、功能完善的城乡规划体系。对接镇江新区、扬中、丹阳沿江"金三角"战略规划,编制完成南部新城控制性详规,启动安置项目及民生工程建设。强化西城区、三桥互通口等重点区域、重要节点和重大工程的规划设计,不断提升城市建设品质。

2. 完善功能设施。推进扬子东路东延、中电大道北延、新民路南延等工程,维修改造238省道西来桥段,完成扬子西路延伸、同心路西延等工程。建设公交主次枢纽,建成饮用水备用水源地和110千伏联合变电站。深入推进城乡环境综合整治,稳步实施园丁路、扬子新村等片区旧城改造。加快城乡安置房建设,统筹安置房源,积极完善多元化、市场化安置模式。

3. 致力长效管理。深化相对集中行政处罚权工作,理顺城乡执法管理体制。完善数字城管功能,深化环境卫生、市容市貌、占道经营专项整治,创成"省优秀管理城市"。深入推进交通秩序治理,纠正乱停乱放行为,城区新增停车泊位500个以上。健全物业管理工作机制,努力解决老旧小区物业移交难题。

4. 加快镇村建设。坚持以人为核心的新型城镇化建设,支持各镇区完善设施、提升功能。新坝镇、开发区对接城区,建好"两翼";油坊镇、八桥镇、西来桥镇策应副城建设,加快产业发展与城镇化的融合互动。鼓励各村(社区)选择合适的发展路径,力争消除年经营性收入低于100万元的经济薄弱村。完善农村居民点基础配套设施,有序引导村民上点建房。巩固"八位一体"农村公共服务成果,推进新坝镇、油坊镇"美丽宜居小镇"建设,建成"美丽宜居村庄"4个。

(五)突出民生事业优先,着力推进公共服务均等化

1. 提升社会保障覆盖率。更加重视就业创业,2014年全年扶持创业500人以上,新增城镇就业9500人以上,城镇登记失业率控制在1.8%以内。动态调整最低工资标准和最低生活保障标准,不断扩大工资集体协商覆盖面。全面实施社会保险全民登记制度,推进被征地农民参加社会保险,健全社会保险关系转移接续政策,扩大参保缴费覆盖面,妥善解决企业欠薪、欠保等问题。完善住房保障体系,建设各类保障性住房100套,维修改造农村危房

45 户。健全社会救助制度，促进残疾人事业、慈善事业发展。

2. 提升公共服务共享率。深化教育领域综合改革，探索实施师范生定向培养试点，加快创建苏南教育现代化示范区。推进"全国健康促进县"试点建设，扩大乡村医生签约服务试点，健全分级诊疗体系，实现康复联合病房全覆盖，建设人民医院医技综合楼，筹建精神病防治院。加快完善公共文体设施和服务网络，运营奥体中心，启动女子曲棍球国少队训练基地建设。稳步实行政府购买社会服务，支持社会组织承接公共服务事项。

3. 提升和谐安定满意率。培育和践行社会主义核心价值观，加强公民道德建设，提升市民素质。健全公共法律服务体系，全面完成"六五"普法工作。建立健全信用体系，建设诚信社会。创新社区管理模式，加快实施"政社互动"。滚动开展矛盾纠纷隐患排查，畅通群众诉求表达、利益协调、权益保障渠道。深化现代化、立体化治安防控体系建设，深入开展道路交通安全、高利贷和非法集资等专项整治，打击黑恶势力。严格落实"一岗双责"和企业主体责任，全力抓好安全生产、环境保护、市场秩序、食品药品安全等方面的监管。

三、建设人民满意政府，为"最美扬中"建设提供高效能行政服务

（一）依法行政，规范权力

健全扬中市政府工作规则，严格按照法定权限和程序行使职权、履行职责。建立健全学法制度，提高运用法治思维和法治方式深化改革、推动发展的能力。坚持开门问政，完善重大事项决策机制。主动接受人大的法律监督、工作监督和政协的民主监督。

（二）求真务实，勇于担当

善作为、敢负责，直面困难，苦干实干，勇争一流。讲效率、快执行，一着不让抓推进，一丝不苟抓落实。强督查、严问效，健全领导挂钩、定期督查、阶段考核等机制。

（三）开源节流，压降债务

实施全面规范、公开透明的"全口径"预算管理。积极落实国家财税政策，提高财政资金使用绩效。切实加强地方政府性债务管理，不断健全偿债机制。

（四）勤政为民，清正廉洁

继续执行好中央"八项规定"，真正做到在一线发现问题、化解矛盾、推动落实。强化行政监察和审计监督，严格工程招投标、土地出让、政府采购等重点领域的监管，从源头上预防和治理腐败。

（潘旱云）

当今扬中,最动人心弦、最吸人眼球,也是最具现代美感、最体现时代气息的一个词语就是"最美","最美扬中"。

"最美扬中"是2012年12月扬中市委书记孙乾贵同志在扬中市委十一届三次全会所做的报告中首次提出来的,是扬中市委根据党的十八大提出的"建设美丽中国"的要求,结合扬中现代化建设的实际提出的极具时代特征和扬中特色的战略目标,也可以说就是"扬中梦"。

自"最美扬中"提出以来,社会上下反响热烈,极大地提振了扬中市民的精神追求和自豪情怀。但也应该看到,社会上确实存在着一些对"最美扬中"的误读和误解。有人说扬中小岛,何来最美? 有人说扬中小城怎能与大都市相媲美? 为了更好地凝聚起"最美扬中"的共识,推进"最美扬中"的建设进程,有必要对"最美扬中"进行科学的解读和理性的把握。

一、"最美扬中"是一种理念

什么是美? 对于美的理解我们可以从两个层面展开:

其一,美是主观客观的统一。美学理论认为美是一关系范畴,是指审美主体对审美客体的一种审美感受、审美判断和审美评介,它是主观和客观的统一。一方面,它是审美客体也就是审美对象所具有的内在的美的属性,主要包括形式上的对称、比例、和谐及多样性统一等要素;另一方面,它是审美主体,基于一定的审美理念和审美原则对审美对象的一种主观认知和美的感受。俗话说"情人眼里出西施",说的就是人的审美活动都基于一定的审美理念、审美精神或审美原则。

其二,美是绝对和相对的统一。美的存在是绝对的,作为事物,一种给人愉悦的属性是客观存在的,这是绝对的。而同时美又是相对的,一个事物对于人而言是不是美的,是不是最美,则主要取决于人的审美理念和审美原则。因此对于美的理解,要坚持辩证法,既不要人为地复杂化,也不能片面地绝对化。

说到最美扬中,关键在于一个"最"字。有人认为讲"最美扬中"是不是太绝对了,太过了? 有人又认为"没有最美,只有更美"。其实"没有最美,只有更美"与"最美扬中"是从不同视角来说的。"没有最美,只有更美"是从过程论的角度说明人们不断追求、臻于完美的理念;而"最美扬中"则是从本质论的角度说明扬中人志存高远、追求至美的理念。两者并不矛盾,"更美"是"最美"的台阶,"最美"是"更美"的目标。

"最美扬中"是一种理念,它主要有三方面的内涵:

1. 体现了扬中美的独特性和唯一性。何谓"最美"? 事实上很难绝对地进行判定,而只有相对地进行比较。一座城市只要充分彰显城市个性,展现出有别于其他城市的独特魅力,就为"最美"。"最美扬中"就是指扬中城市个性、城市特质的唯一性、不可复制性,这种最美既相对于其他城市的特色,又比较于扬中过去的情形。

2. 体现了扬中人"争第一,创唯一"的精神追求和志存高远的抱负。小城扬中,不妄自菲薄,响亮地提出"最美扬中"的目标,这本身就是一件充满豪情画意的事情。

3. 体现了扬中人热爱家乡的浓浓情怀。俗话说"穷奔沙滩富奔城",想当年,扬中的先民怀揣着希望从四面八方会聚沙岛,就体现了扬中人对这片土地的特殊感情和深深的热爱。有言道"美不美家乡水""谁不说俺家乡美","最美扬中"就是扬中人这种家乡情愫、情结的绝好注脚。

二、"最美扬中"是一种愿景

"最美扬中"是美丽中国的一个部分、一个缩影,它既是扬中现实的展示和反映,更是扬中人基于现实对未来发展的一种理想、一种憧憬和一个目标。

美感主要有两种典型形态,即秀美和壮美。作为扬中未来美好社会图景的"最美扬中",同时兼备江南水乡的秀美风情和现代城市的壮美风貌,是自然美、社会美、人文美的和谐融合。立体地看"最美扬中",可以展示和展开于这几个方面:

(一) 极具张力的发展美——"最美扬中"的高度和力度

一座城市美不美,关键在于这座城市有没有实力。实力是一座城市美的基础和源泉,是一座城市美的健康色。扬中虽小,但它早已跻身全国百强县市,荣膺全国十佳"双型城市"的称号,是全国工程电器示范基地,这些成就引来世人对扬中的关注和美誉。全民创业,整岛联动,江洲大地一派生机、充满活力。特别是近几年来,扬中以科学发展观为统领,较早较好地实现了产业转型升级的华丽转身,推进了产城融合的进程。智能电器、新能源新材料、现代装备制造业三大现代主导产业,使扬中有了进一步提升发展的坚实支撑;电子信息、节能环保等新兴产业给发展的扬中又注入了新的活力,使得小小的扬中在全国现代化建设版图上有了自己独特亮丽的风采。

（二）极具活力的城乡美——"最美扬中"的亮度和和谐度

扬中本为沙岛，建置时间也不过百年有余，"最美"何在？我们说的"最美扬中"，就是指扬中整岛城市化、城乡一体化的和谐之美。美学理论告诉我们，和谐是美的一种要素、一种品格。相对独立的地理环境，使得扬中可以统一规划、整岛开发。扬中的"最美"打破了传统意义上的城市之美，较好地实现了城乡统筹、城乡共建和基础设施的同建共享，现代化的绿色道路把中心城区与新市镇及居民点联结了起来，勾勒出了集大江风貌、江岛风情、城市风味、田园风光于一体的江南秀美城市画卷。"产城融合"极大地推进了扬中的城市发展，雨润中央国际广场、扬子城市广场等城市综合体的崛起让扬中城日渐长高长大。徜徉于扬中大地，你很难分清哪是城哪是乡，更难说清究竟是城更好还是乡更美。

（三）独具魅力的环境美——"最美扬中"的靓度和秀美度

扬中的城郭难比大城市，扬中的高楼不及大都市，但扬中拥有得天独厚的自然环境，这使得它的城市风貌独特而唯一，这也成就了她的"最美"。扬中的环境美主要表现在三个方面：

1. 清新灵动的水乡美。扬中因水而生，因水而成，那千古奔流的长江水是大自然给予扬中这座城市最大的礼物，灵动的水孕育着扬中城，滋养着扬中人。成洲以来，扬中就是阡陌纵横、河渠成网，是典型的江南水乡。它既有岛外横亘大地昼夜如斯的大江东流，更有岛内悄无声息静静流淌的河港沟渠，临水、亲水的地方性情使得扬中给人以婀娜多姿的感受，呈现出温润婉约的秀美风姿。尽管现在扬中的水色还不尽如人意，但我们已经认识到：水是"最美扬中"最丰厚的资源资本，水韵是"最美扬中"的点睛所在。

扬中水乡的美妙不止于水的灵动，还在于桥的雅致。水乡造就了扬中"千桥之乡"的雅号，城内大小不一、风格各异的河港桥代表了扬中城的秀美，而气势雄伟、长虹卧波的长江大桥则彰显了扬中城的壮美。那一座座不拘一格的小桥，还有那大江南北一岛五桥的雄姿，实在是天下无双的绝美图景，是水乡扬中最美的又一符号。

2. 沁人心脾的绿色美。绿色代表着生命和生机，绿意代表着悸动和美感，一座城市要超凡脱俗，除了水的流洗，更需要绿的装点。一个房间有了绿便会生机盎然，一座城市有了那无边的绿便有了自己的生机。过去的扬中，天生一个水上绿洲；现在的扬中，俨然一个绿色花园。作为江苏省园林城市，扬中整个城市的绿化覆盖率达43.5%，人均公共绿地达13.5平方米，真可谓"园林飞进寻常家，江洲无处不飞花"。绿化就是美化，绿化更是文化，绿色不仅可以装点城池，更能提升城市的品位。那沁人心脾的绿已成为水乡扬中不败的风景风情。

3. 无与伦比的生态美。生态质量是科学发展目标的最高层次和根本要求，是一个地区和谐发展的根本标志。扬中是首批国家级生态示范区，生态美是"最美扬中"最富地方特色、最具个性魅力的内涵和表现。扬中的生态美体现在以下几方面：

一是生态系统的相对独立性。特殊的江岛环境使得扬中生态独特、自成一体。江水的洗涤、江风的熏陶,使得扬中历来空气清新。扬中空气质量的优良比例达97.3%,是天然的氧吧,最宜人居。可以很自豪地讲,这一点也许是其他任何一座现代城市都难以媲美的。

二是生态保护的持续性。扬中的生态独特,也很脆弱,因此历届扬中市委市政府都始终把生态环境的保护视作一条红线,始终把环保优先、生态立市的理念贯穿于经济社会发展的各个方面,科学地处理好经济发展与环境保护的关系,使得扬中的生态系统基本上未被破坏。尽管工业化、城镇化的现代文明的步伐不断加快,但江岛"原生态"的环境总体上得到了保护,国家生态城市创建已通过国家级验收,国家卫生城市和国家环保模范城市的创建正有效推进。

三是生态系统的和谐性。扬中生态系统的美集中体现在其和谐性上,扬中的空气、扬中的水、扬中的土地、扬中的植被和谐共生,相得益彰。天蓝、水清、地绿、花香给扬中这座成长型城市带来了无可替代的价值和美感。正基于此,小城扬中才能在激烈的竞争中获得了江苏省第八届园博会的举办权,也由此开创了县级城市举办省级展会的先河。

(四)独具引力的人文美——"最美扬中"的深度和品位度

城市的美是多元化的,人文美则是其内核且厚重的层面,它是一座城市的灵魂,是一座城市神采飞扬、激情四溢的活力源泉。"最美扬中"也不例外,扬中的人文美就是扬中这座城市百余年来历史积淀、文化传承的一种精神血脉,是中华传统文化与扬中地域文化相融而生的一种文化特质,它集中体现了扬中人的价值原则、道德品位和美的追求。扬中的人文美既呈现于过去的历史中,更表现在这座城市的现代生活中。它带给人们愉悦和美感,主要表现在这几方面:

1. 涓涓流淌的扬中城市大爱。"最美扬中"美在人心,城市大爱就是扬中人的爱心、善心。扬中人来自四面八方,彼此包容开放、善待他人、从不排外;扬中人共处一岛、生死相依,逐渐养成了"一方有难,八方支援"的习惯传统,点点滴滴的爱心细流汇聚成扬中大爱。大爱无言,默默无闻的老农陆明才几十年来在湍急的江水中救起十多条人命的义举就体现了扬中人人性光辉的绚丽。

2. 生机勃发的扬中人文精神。从文化上看,扬中人的血液里天生有一种崇文重教、包容团结、艰苦创业和勇于进取的精神因子,这正是扬中历史一页更比一页新、一页更比一页美的精神动力。扬中的历史不算悠久,但扬中的人文气息却甚为浓厚,"诗词之乡"的桂冠就是"最美扬中"的亮丽花环。

更有那充满活力的扬中精神薪火相传、与时俱进。"诚信博大,自强不息"的扬中城市精神既是对扬中历史的真实写照,更是扬中人对美好未来的一种追求。正是这种精神,使昔日的沙岛变成了一座生气勃勃的现代城市;正是这种精神,书写了扬中"小岛也能办大事"的激情和豪迈。

3. 世代扬中人对美的追求和创造。扬中的美还主要表现在扬中人民对美好生活的向往和对美的追求之中。

一是扬中人注重居住,懂得珍爱生活。扬中人不图吃不讲穿,唯对住房情有独钟。即使在

那艰苦的岁月里,朴实的扬中人也一直在用勤劳的双手不断翻新改善住房,一代又一代从未改变。如今,扬中的别墅民居已成为江洲大地上一道亮丽的风景,成为"最美扬中"精彩的一笔。

二是扬中人追求美味,懂得享受生活。从历史来看,扬中人并不在意吃,但昔日苦难的生活并没有阻止扬中人对美味的追求,突出表现为扬中人对江鲜烹饪技艺勇于探索、不断传承,形成了自成一体、独具特色的江鲜美食。江鲜随处有,但唯有扬中江鲜美食名扬天下。其中,色香味的调节就是扬中人在饮食上对美的追求。河豚美味,扬中第一。中国"河豚岛"的美名本身就折射出扬中饮食文化中最美的光彩。

三是扬中人崇尚雅致,懂得装扮生活。昔日的扬中"三宝"——芦、柳、竹,经过扬中人民的匠心独运,将实用与艺术巧妙地结合,成了人见人爱的实用艺术品。精致、雅致、别致的柳、竹、玉器名闻遐迩,也从一个侧面展示了扬中实用艺术美的魅力。

扬中的美无处不在,扬中人的审美情趣清雅而别致,扬中的"最美"集中体现在经济、社会、人文、自然等各个领域所取得的一个个、一串串"唯一""第一"和"之最"的成就上。"最美扬中"就是在既有美的基础上,在上述四个方面、在"五大文明"的建设中提升至更高的境界,增加更多的内容,增添更美的颜色。

三、"最美扬中"是一个过程

"最美扬中"作为一种理念,具体体现在"最美扬中"的愿望和梦想上,这一愿望的实现和梦想成真不是一朝一夕的事情,更不是一蹴而就的,而要经过一个相当长的过程,是一个长期的任务,要经过不懈的艰苦努力。而这一过程只有起点,没有终点。

作为一个过程,"最美扬中"的展开和实现又呈现出不同的阶段。人们认识和改造事物的过程总体上分为自发、自为、自在三个阶段。应该说,"最美扬中"的提出表明了这一过程已进入自觉自为的第二阶段。在这一阶段,我们有了更加清晰的理念、更加明确的目标和更加自觉的实践。从原来传统农耕经济的田园风光到现代化的城市风貌,就是"最美扬中"进程中的重大跳跃,这也辩证地揭示了"最美扬中"建设的过程性和长期性。

"没有最美,只有更美",从过程论的角度来讲,一次比一次"更美",就是实现"最美",的阶梯;一次比一次"更美",就是在接近"最美"。"最美扬中"的建设已经历了若干阶段,现正处在一个全新的平台上,此时此刻我们既不能自我陶醉,也不能妄自菲薄,我们需要的是一步一个脚印地全力做好当前的工作,为"最美扬中"积聚正能量,增添新色彩。

四、"最美扬中"是一种创造

"最美扬中"既是一种美妙的梦想,更是一种美好的生活,要让梦想成真,唯一路径就是劳动和创造。马克思主义认为美是人的本质力量的外化,是劳动创造美,美化世界的过程就是人化自然的过程。

　　自第一位扬中的先民踏上江中的这块岛地，先民对这片土地的一次次改造便都打上了扬中人对美的追求的烙印：沟渠纵横，水流清澈；竹林婆娑，绿树成荫；住宅日新，小桥错落……这就是一幅清新淡雅的江南水粉画。新中国成立后，扬中的发展进入新时期，工业经济的壮大成就了扬中的第一次辉煌。改革开放以来，扬中又步入了发展的快车道，开放的扬中正在按照科学发展观的要求建设这座年轻的城市，正在按照美的规律装扮这座成长中的城市。

　　目前，33万扬中人正阔步迈进在现代化建设的大道上，"最美扬中"就是扬中人民对未来生活的美好向往，就是一幅由全体扬中人描绘的精美画卷。它的实现需要所有扬中人的智慧和创意、勤劳和创造，我们每一个扬中人绝不能仅仅只是对其憧憬、为其陶醉，也不能仅仅做"最美扬中"的观望者、欣赏者，而是要做"最美扬中"的劳动者、创造者。习近平总书记指出"空谈误国，实干兴邦"，我们要在扬中市委市政府的坚强领导下，紧紧抓住《苏南现代化建设示范区规划》实施的历史机遇，从我做起，用自己的辛勤汗水浇灌我们生长的这片土地，用自己的一流业绩给力"最美扬中"的时代伟业。

结束语

　　综上所述，我们认为"最美扬中"的提出绝不是异想天开，也不是好高骛远，而是"建设美丽中国"在扬中大地上的逻辑展开，是扬中历史发展的现实延续。它承载着扬中人的期盼和梦想，更体现了扬中人的精神和志向。它不仅有着深刻的社会必然性和必要性，还有着广泛而深厚的群众基础和现实可行性，是集真、善、美于一体的科学命题和现实目标。

　　回眸过去，我们扬中人从沙岛走来，捧出了一座现代化的城市；展望未来，我们扬中人也一定能在共和国的版图上书写"最美扬中"的神奇，为建设"美丽中国"增添一抹亮色。

（孙国荣）

一、拆迁安置方式转变后存在的问题及建议

　　随着城市化的进程,农村拆迁户已经成为这一特定时期的特殊群体。当前,不少新闻报道都表明农村拆迁户在城镇社区生活不适应的状况日渐明显。调查发现,农村居民被拆迁安置后,在生活适应方面还存在很多问题,例如,生活成本的增加、邻里关系的淡漠、农村文化的破坏等。目前,许多研究拆迁问题的学者的研究领域大多集中在拆迁安置费、拆迁规划问题上,而有关农村被拆迁居民的生活适应问题还鲜有人涉及。随着社会的急剧变革,农村拆迁户能不能迅速适应变化了的生活环境和生活方式,对于农村拆迁户本身的身心健康和生活质量的提高,对于国家稳定、社会发展,甚至是经济的发展都具有重要意义。因此,研究农村拆迁安置社区居民生活适应问题具有重要的现实意义。

　　本文以开发区园博园拆迁安置户为研究对象,研究被拆迁农民的生活适应现状,旨在引起社会与政府的关注,从而帮助农村被拆迁居民更好地适应新生活,乃至提高其生活质量和幸福指数。

(一)农村拆迁户居民生活方式发生了巨大的变化

　　随着扬中市城市化进程的加快,大量农村居民的住房被拆迁。农村居民由于拆迁而进城,农民的居住环境和生活方式发生了巨大变化。从居住环境看,他们从乡村民居搬到了城镇高楼,活动范围受到限制。调查发现,100%的农村居民搬入安置社区后,其活动范围和时间等方面都受到了限制;从生活作息看,他们从日出而作、日落而息变为朝九晚五、休闲鲜少;从生产方式看,他们从务农为主、做工为辅转变为从事第二、三产业;从社会身份看,他们

几乎一夜之间完成了农民向城镇居民的转变，失去土地而成为城镇职工或待业者。

当然，拆迁也在提高农民的生活质量、增强农民生活的规律性、顺应工业文明的发展趋势、提升农民社会身份的优越感等方面大有裨益。正如访谈中一位年老妇女所说："现在居住条件变好了，以前是老房子，现在也住上楼房了。"采访中，门卫大叔也说："搬到这儿来，孙子离学校近了，上学也方便多了，离集市也近，上街买菜买什么的也方便得很。"

（二）调查研究中所发现的问题

通过实地调查访谈发现，园博园拆迁户主要存在的问题有以下几点：

1. 物质生活方面，生活成本增加，生活负担加重

一是生活用水方面。在农村，农民的洗衣用水主要来源于河水，搬入安置社区后，洗衣只能用自来水。受访的一位赵姓女士说，她家在农村时夏天两个月的水费大概七八十元，而现在基本上每个月都要七八十元。有些居民为了节约用水，骑自行车到距离小区较远的河边漂洗衣物。调查得知小区里曾有老人因路远劳累，在漂洗衣物时掉入河中险些丧命。这些都对小区居民的人身安全和住房安全构成极大的隐患。

二是食品开支方面。农村里村民日常所食的蔬菜瓜果，大多产自自家的农田。入住小区之后，居民反映小区生活总体不错，只是存在入不敷出的担忧。关于菜价的接受问题，调查数据显示：2%的人能接受；58%的人表示能接受，但觉得稍贵；40%的人觉得不能接受，觉得太贵。对于经济条件本身就不好的居民来说，生活必需品开支的增大无疑加重了生活负担。

三是居住环境方面。调查显示，对于小区的环境问题，4%的人觉得环境舒畅，绿化很好；92%的人表示环境较好，绿化一般；4%的人表示环境不好，绿化较差。安置小区的环境问题主要表现在绿化缺乏上。甚至仍有居民在小区中仅有的绿化地带随意种菜，家禽的排泄物更给小区的卫生状况带来了负面影响。居民的这些举动不仅破坏小区环境，也引起了其他居民的不满。

四是房屋质量方面。在深度访谈中，居民反映了地下储藏室湿气大、下水道堵塞等一系安全隐患。一位阿姨向调查人员反映，她家的屋顶有漏水状况，向物业多次反映都没有得到解决，家中墙壁、家具、衣物因此而发霉。

2. 精神生活方面，以血缘、地缘、业缘为基础所形成的社区的亲情、友情、乡情被隔断

一是人际交往方面。在农村，茶余饭后的串门、闲聊是村民间情感交流的主要方式。邻里之间互相帮助，乡间充满了人情味。深度访谈中，一位阿姨说道："心里有个什么事，有什么不开心的，去邻居家串串门、聊聊天，不开心的事也就看开点了。谁家要是有个什么事，大家都是很热心帮忙的。举个小例子，如果做饭的时候突然发现没有酱油了，叫孩子到隔壁家借点。这种小事，现在想想都窝心。"然而，当村民入住小区之后，住户之间紧闭的门让他们之间的交流欲望戛然而止。

二是新的邻里关系问题。调查数据显示，38%的人觉得能够邻里之间能够相处融洽，会经常串门；42%的人表示只是点头之交；20%的人表示不认识。居民间交流的减少，居民的情绪不能得到及时疏解,容易产生孤独感和焦虑,居民的幸福指数明显下降。

3. 文化生活方面,居住环境的改变导致居民在娱乐休闲、风俗人情方面都产生了一系列问题

一是娱乐休闲方面。在农村,串门唠嗑、打牌娱乐是村民悠闲生活的写照。搬入安置小区后,陌生的邻居、忙碌的节奏使得这一切变成奢望。调查发现,城镇生活给少年儿童带来了强烈的孤独感。在农村,孩子们可以三五成群地在房前屋后、乡野田间尽情玩耍;可搬入小区之后,伙伴们不见了,田野不见了,剩下的只有电视与电脑。

二是风俗人情方面。风俗人情是展现农村精神生活面貌的重要方式。居民入住小区后,传统的风俗人情与现代文明产生了矛盾。以传统的祭祀习俗为例,在农村,焚烧纸钱是祭祀祖先的重要部分。入住小区之后,有些居民仍在小区焚烧,致使小区烟灰漫天飞舞,这不免引起其他居民的强烈反感。再以春节宴请为例。农村的房屋面积较大,能容纳整个家族聚会。而小区房屋面积大不如前,过年宴请为了节省花费,一些居民只好在自家车库大摆筵席。由于环境的限制,一些传统习俗再也不能像在农村一样仪式感浓重,传统习俗的传承备受考验。

(三) 关于农村拆迁安置居民生活适应问题的建议与对策

1. 在物质生活方面,提高被拆迁居民的实际收入水平,稳定物价,降低其生活成本

一是提高农村拆迁居民的就业能力。农村拆迁居民的就业能力犹如水之源、木之本。只有切实提高了农村拆迁居民的就业能力,才能从根本上减轻他们的生活费用开支压力。社区居委会可以通过开办就业辅导来提高农村拆迁居民的就业能力。根据当地劳动力市场的需求,对农村拆迁居民进行有针对性的就业指导,帮助他们更好地适应当地劳动力市场的需求,提高其就业能力。

二是增加政府对农村拆迁居民的安置补偿。农村居民赖以生存的自然资源一直就是农田,由于被拆迁之后搬进了城镇社区,农村居民赖以生存的生活环境发生了变化,但他们的谋生技能还是农业技能,这就使他们的再就业成为难题,生活收入来源得不到保障。一方面是他们失去了以前的农业收入;另一方面,很多农产品需要购买获得,这又增加了额外的开支。所以,政府在拆迁安置方面不仅要解决农村拆迁户的入住问题,而且应该给予更多的安置补偿,使农村拆迁居民更好地适应城镇社区生活。

三是政府要加强质量监督管理体系建设,切实保障居民的住房安全。我们在很多新闻报道中发现,农村居民面临被拆迁时往往会与拆迁单位发生很多纠纷,被拆迁居民与拆迁单位一开始就是处在对立面上的两个群体。如果拆迁单位的拆迁安置小区住房安全不到位,就更加会触发拆迁安置居民的不满情绪,甚至会引发群体性事件,危及社会公共安全。政府应该加强质量监督管理体系的建设,严格把好质量关,切实保障居民的基本住房安全。同时,政府应该加强对承建单位的资质审核,让有能力、有责任心的企业来承建拆迁安置小区,让农村拆迁安置居民能够住上安全可靠的安置房。

2. 在精神生活方面,丰富居民生活,拉近居民之间的邻里情谊

社区要兴建娱乐休闲场所、健身场所、棋牌室、老年人活动中心等场地,让拆迁居民有处可去,闲暇之余可以缓减心中的焦躁,结交新朋友,从而促进邻里之间的感情。拆迁居民应该融入集体生活,多参加集体活动,拉近彼此间的距离。

社区居委会应举办一系列主题活动,拉近拆迁居民之间的距离。社区应进行系列活动建设,假日活动、特色活动等不同类型活动的举办,可以让不同年龄层、不同兴趣爱好的拆迁居民走到一起,敞开心扉,熟悉彼此。

社区居委会要推行互帮互助活动,关注社区拆迁户中的困难居民。逢年过节,社区都应该关心他们的生活,给他们送去温暖。对那些子女外出打工的孤寡老人,要时常慰问,当他们有无法解决的问题时要及时帮助他们。同时,还可以组织情系孤寡老人的活动,争先创优,评选值得尊敬的居民,以他们为榜样,弘扬社会正气,维护社区的和谐。

3. 在文化生活方面,开展多样的文化活动,鼓励居民文明进行风俗活动

在祭祀方面,居委会应该选择固定的地点建立祭祀的场所,让拆迁居民统一集中进行祭祀。这样,一方面可以保留传统的祭祖习俗,另一方面也保护了小区的环境,减少了对小区环境的破坏,保证了拆迁居民正常的生活环境。此外,居委会要加强宣传教育,让拆迁居民树立环保意识,从自身做起,主动到指定地点焚烧祭祀,切实维护社区居民的生活环境。在婚丧嫁娶摆宴方面,尽量提倡节俭或在家宴请,帮助居民转变观念。虽然家中空间有限,但只要亲戚朋友能够相聚在一起,心意已到,就没必要大肆铺张。在家宴请还能够节约生活开支,也是解决日益上涨的生活费用问题的一种方式。对于其他仪式文化,我们也要加以保留保护。虽然一切只能从简,但是文化、亲情及信仰都值得我们继续传递下去,并将其融入日常的生活中,和谐居民关系。

二、科学集约利用土地存在的问题及建议

我国正处于工业化、城镇化快速发展时期,建设用地供需矛盾十分突出。如何用科学发展观节约集约利用土地,完善用地措施,着力提高土地效益,成为国土系统当前工作的重中之重。我们要以科学发展观为指导,坚持"开源与节约并重、保障与集约并举"的方针,严格落实耕地保护措施。

(一)扬中土地利用基本情况

近年来,随着城市化进程不断加快、工业化水平不断提升,扬中市大量农村集体土地因城市化推进、工业项目和交通水利等基础设施建设被征收,土地资源浪费日益加剧,大量已征土地闲置。

（二）扬中现行土地利用存在的问题

扬中现行土地利用存在的主要问题是利用方式比较单一。目前,扬中市土地利用主要以工业用地和建筑用地为主。这种用地方式有利于提高经济收入,有利于缓解镇村财政压力,但单一的用地方式容易造成资源浪费、土地规划不合理,同时还会造成矛盾。

（三）关于土地集约利用的几点思考和建议

1. 完善节约集约用地措施,着力提高土地利用效益,优化土地利用结构和布局

土地结构优化和布局合理是土地集约利用的必要条件,要充分发挥土地利用规划的调控作用,优化土地利用结构和布局,主要可在以下六方面着力:

一是控制规模。在城市规划区和省级开发区内,对投资额低、其他工业集中区低的工业项目严格控制单独供地,鼓励建设标准厂房。

二是控制投资强度和容积率。规划好工业用地布局,将企业适当集中,以便形成规模效益和集聚效应,将收回的批而未用地、闲置工业用地纳入新的规划范围,将土地利用效率低的中小企业编入置换规划,使分散在各乡镇的中小企业逐步向工业集中区靠拢。

三是控制使用标准。严格审核各类工程项目建设用地标准,对超标准用地要核减用地面积。

四是在规划审批过程中要认真贯彻落实节约集约用地的原则。优化调整规划审批程序,制定相关政策,在各层次规划中认真落实节约集约用地的原则和要求。在规划的编制、审批用地项目建议书、可行性研究和前期方案审查阶段,应将是否节约集约用地作为重要内容。克服城市规划建设中重规划轻实施、重生态轻用地的倾向,要把节约集约用地和高效用地作为审批规划方案的基本原则。

五是在规划实施过程中要认真贯彻落实节约集约用地的原则。规划实施过程中,具体建设项目要按照节约集约用地的原则和要求开发利用土地,确保实现节约集约用地的目标。各类规划调整,特别是对已出让土地的规划调整,也要认真贯彻节约集约用地的原则。

六是通过合理安排土地投放的数量和节奏,改善建设用地的结构和布局,提高土地配置和利用效率,使土地利用在追求经济效益的同时,实现经济效益、社会效益和生态环境效益的统一。

2. 规划好农村建设用地,优化村镇结构和布局

一是合理编制村庄和乡镇土地利用总体规划。按照统筹安排城乡建设的总体要求和控制增量、合理布局、集约用地、保护耕地的总原则,合理编制村庄规划和乡镇土地利用总体规划,并做好两项规划之间的衔接。规划要合理确定农村居民点的数量、布局、范围和用地规模。加强住宅建设用地的规划与计划管理,编制村镇规划时可以打破村民小组的界限,统一按规划安排住宅建设用地。

二是积极开展城乡建设用地整理。严格依据土地利用总体规划和村镇建设规划,统筹安排,合理调整空间布局。立足现有基础进行房屋和基础设施改造,充分利用村内空闲地、闲置宅基地等存量建设用地,尽量不占或少占耕地。积极引导农民集中建房,鼓励迁村并点

的土地整理,大力推广"多占天,少占地""向空中地下要土地"的农田整理成功经验,克服"重平面扩张、轻内部挖潜"现象,增加可利用土地面积,提高农村建设用地利用率。

3. 深挖存量建设用地潜力,加快批而未供和闲置土地的处置利用

严格执行闲置土地处置政策,加大土地闲置费的征缴和闲置土地的收回力度,促进项目主体加快利用进度。对闲置但尚未达到收回条件的土地,采取安排临时使用、协商收回并给予合理补偿等多种途径处置利用。目前,国土资源部门正积极督促各地抓紧制订批而未供土地的收回或调剂措施,以尽快把地块落实到具体项目。

4. 不断培育完善土地市场,进一步扩大市场供地范围

完善土地市场管理制度,规范土地使用权交易行为,严格执行经营性用地和工业用地招拍挂出让制度,坚持"净地上市"原则。深入推进土地使用制度改革,积极探索对国家机关办公和交通、能源、水利等基础设施、城市基础设施及各类社会事业用地实行有偿使用。

三、生态环境建设存在的问题及建议

(一)扬中生态环境基本情况

近年来,扬中市对生态文明建设给予了足够的重视,制定了生态环境管理办法和针对违规的企事业单位的处罚条例,并严格执行。几年来收效良多,成果显著。近年来,扬中市的生态环境建设虽然取得了一定的成效,生态环境逐渐得到恢复,生态对经济持续发展和改善人居环境的促进作用开始显现,但总体看还处于起步阶段,尚有许多问题需要解决。

(二)生态环境建设存在的问题

1. 全民生态保护意识淡薄

目前,一部分人为了眼前的利益,违法破坏生态植被开荒、兴建鱼池等现象仍然存在。化肥过度使用、有机肥施用量逐年减少,造成土壤养分单一、土壤肥力下降,使得作物生长受限。农药残留危害很大,致使土壤药害严重。

2. 生态治理资金投入明显不足

目前国家的地方生态建设与治理项目资金,主要投向典型生态示范试点地区,多数采取以奖代补的形式进行资金补助,其他地区享受资金支持补助甚少。由于受到资金困扰,一些大型农业水利建设、小流域综合治理、城市垃圾处理项目、农村能源建设和绿色产品生产开发进展比较缓慢,有的还无法开展。

3. 生态环境保护相关部门联合执法工作机制尚未形成

个别部门行政许可把关不严,不遵守环保前置审批条件,擅自对资源开发项目和城乡建设项目审批,同时又没有履行对其他部门的通告义务,一旦发生环境权益纠纷,则相互推诿,刻意减轻承担的责任,致使社会影响与群众反映强烈。部门间联合执法相互配合不到位,执法不严、工作不力、效果不佳等问题也不同程度地存在。

（三）加强生态文明建设的几点建议

1. 经济层面

生态文明建设的经济层面，是指所有的经济活动都要符合人与自然和谐的要求，这主要包括第一、二、三产业和其他经济活动的绿色化、无害化，以及生态环境保护产业化。这就要求大力发展循环经济。资源是有限的，要满足人类可持续发展的需要，就必须在全社会倡导节约资源的观念，努力形成有利于节约资源、减少污染的生产模式、产业结构和消费方式。应大力开发和推广节约、替代、循环利用资源和治理污染的先进适用技术，发展清洁能源和再生能源，建设科学合理的能源资源利用体系，提高能源资源利用效率。要把建设资源节约型、环境友好型社会放在现代化发展战略的重要位置，并具体落实到单位、家庭和个人，走可持续发展道路。

实施清洁生产。清洁生产，不仅指生产过程要节约原材料、能源并减少排放物，同时也要求最大限度地减少整个生产周期对人的健康和自然生态的损害。传统生产是一种只强调物质生产而忽视生态环境保护的生产方式。改变这种生产方式，需要不断进行清洁生产意识教育，引导人们转变传统生产观念，让清洁生产的要求和方式深入人心，使采用清洁能源、预防和减少污染成为政府、企业和社会的自觉意识和行为。要在扬中全市范围内鼓励发展电镀企业、太阳能企业等，推动新能源建设，扶持新能源企业。

2. 文化层面

生态文明建设的文化层面，是指一切文化活动，包括指导我们进行生态环境创造的一切思想、方法、组织、规划等意识和行为都必须符合生态文明建设的要求。这就要求我们树立生态文化意识。生态文化是人与自然和谐发展的文化。新世纪新阶段，人类已逐渐认识到长期对自然进行掠夺性索取和破坏必将遭受惩罚，一个从征服自然、破坏自然到回归自然、珍爱自然的新理念正在形成。全民生态意识觉醒之日，就是我国生态环境改善之时。因此，进行生态教育，提高人们对生态文化的认同，增强人们对自然生态环境行为的自律，牢固树立生态文化意识，是解决生态问题的一项重要举措。生态文明建设与人们的自觉履行分不开，这就对社会的精神文明程度有了一定的要求。

注重生态道德教育。生态与道德不可割裂。生态环境的优劣，反映着人们生态道德水准的高低，同时，人们生态道德水准的高低也极大地影响着生态环境的优劣。生态道德驱动着人们的生态意识和行为的自觉性、自律性与责任感。加强生态道德教育，可以使人们自觉承担保护生态环境的责任和义务，同一切破坏生态环境的行为作斗争。应广泛动员人民群众参与多种形式的生态道德实践活动，努力形成防止污染、保护生态、美化家园、绿化祖国的社会文明新风尚。

3. 社会层面

生态文明建设的社会层面，是指重视和加强社会事业建设，推动人们生活方式的革新。这就要求我们要创造良好的社会生活环境。应建立法制化、民主化和安定团结的秩序及高效率的社会管理体系，形成以生态文化意识为主导的社会潮流，树立以文明、健康、科学、和谐生活方式为主导的社会风气。要加强生态型社会建设，努力满足居民对居住环境品质越来越高的追求。就农村而言，要在普遍推行"生态示范区"建设的同时，健全包括文化、教育、医疗及各种服务在内的配套设施。应实现人口良性发展，实现消费方式的生态化。逐步形成有利于人类可持续发展的适度消费、绿色消费的生活方式。要反对自私的享乐观，拒绝挥霍铺张、浮华摆阔等消费行为。鼓励从点点滴滴做起，减少或杜绝生态破坏、环境污染和资源浪费。

四、农村社区化存在的问题及建议

所谓农村社区化，就是在经济社会条件成熟的条件下，在充分尊重农民利益的基础上，通过政府规划，将散落在农村地理空间的自然村庄集中规划到一起形成中心村落（社区），并按照城市社区的生活方式和管理模式来提供公共服务的一种社区建设模式。在农村社区化进程中，却不同程度地表现出一种异化现象，如扬中某些地方在农村经济、社会条件还不成熟的条件下，由于政府的政策主导，而被迫被"拉入"城市化，这一现象被称为农村社区化进程中的"被城市化"现象。农村社区化是城市化的重要形式和过程，其形成需要具备一定的基础条件。

（一）区域经济社会较为发达

具有一定的物质基础是农村社区化建设的前提条件。因此，农村社区化的进程应该坚持因地制宜、量力而行的原则，绝不能盲目跟风，搞一刀切。

（二）政府科学规划

农村社区化不是自然生成的，是在党和政府的政策推动下产生的。因此，政府在农村社区化过程中扮演重要角色，政府必须立足地方经济社会发展条件，全面规划农村社区化的进程表，切不能超越经济社会条件而采取行政手段搞强制推动。

（三）坚持把农民的利益放在重要位置

土地是农民的安身立命之本。按照中央文件精神，农村社区化集约出来的土地仍然属于集体所有性质，因级差地租而获得的利益应该归农民享有。因此，在农村社区化进程中，决不能损害农民利益，必须切实把农民利益放在重要位置。

（四）完善社区公共服务

农村社区化是城市化的重要过程，农村社区化不仅要实现居住形式上的城市化，而且最终要实现文化生活层面上的现代化。因此，农村社区除了通过建设完善的住房、交通等基础设施来吸引农民入住外，还要不断完善社区教育、文化设施来不断提升居民的精神文化生活品位。

五、城市规划存在的问题及建议

新世纪以来，扬中工业化、现代化取得了巨大成就，但总体来说，城市化质量和水平相对滞后于工业化，城市发展方式粗放，不能完全适应人的全面发展和经济、社会、文化转型发展的需要。因此，迫切要求扬中更加重视城市发展质量、提升城市建设的内涵与品质，以城市转型发展引领和推动各项事业发展，实现经济、社会、文化和环境的全面、协调、可持续发展。

（一）城市规划框架基本形成，土地消耗过快，发展不可持续

扬中实现了城市面貌"大变样"、城市空间"大跨越"和城市发展"大提升"，但土地消耗太快。在必须保护农业生态空间的基础上，按照这样的扩张速度，仅能维持 5 年左右的建设，发展难以为继。

（二）资源、能源节约和循环利用有待进一步提升

水质性缺水是扬中当前面临的重大瓶颈问题，而扬中市的节水工作仍存在一定滞后性。此外，在开发建设中，成品住宅比例偏低，建筑节能工作起步较晚，扬中全市上下"四节一环保"的意识和水平还有待进一步提升。

（三）中心城市能级有待提升

首先，扬中缺少具有区域竞争能力的城市特色高端职能，旅游休闲度假功能有待进一步突破。扬中旅游竞争力受周边城市的多重挤压，形势并不乐观。旅游总收入与周边传统旅游城市的差距较大，园博园的建成、泰州大桥通车等旨在改变扬中旅游现状的重点工程都未达到预期效果。商务商贸物流功能亟待提升，扬中具有的传统商贸物流功能优势正在逐步减弱。其次，缺少大型城市事件。城市事件是进行城市营销的有效工具，也是实现城市发展战略的宏伟目标。"大事件"由于可引发相当量的城市建设与开发，被看作促进城市跨越式发展的城市触媒，其作用和影响是深远的，比如奥运之于北京、世博之于上海、亚运之于广州、大运之于深圳等。扬中近年举办的大型城市事件除"园博会"具有一定知名度外，总体上还较为缺乏，未能有效促进城市开发建设和功能提升，在很大程度上影响了城市高端服务业的发展。

（四）功能区建设不尽完善

首先，区域建设功能过于单一，综合效益不明显。扬中区域布局按照传统功能分区理念，产业空间功能较为单一，且每个区域规模较大。过于单一的功能不利于提高就业岗位密度和提供公共配套服务，也很难提升区域综合效益，且容易产生上下班潮汐式交通流，导致高峰时段道路拥堵。其次，城市绿化环境建设与城市旅游休闲功能缺乏有机统一。扬中经

过多年努力，改变自身环境，打造"最美扬中"，被连续评为国家卫生城市、国家生态城市，但城市游憩、旅游功能却没有明显增强，原因之一是我们在环境建设中一味坚持突击整治的传统思路，缺乏整体建设的理念。这样的思路已经越来越不适应生态城市建设。必须将生态建设、功能建设和城市旅游发展紧密结合，尤其是园博园的功能建设有待强化。

（五）城市宜居品质有待提高

第一，住房供应体系不完善，物业管理有待提升。一是保障性住房建设历史缺口较大，住房供应体系有待优化。二是危旧房城中村改造任务艰巨。目前，城中村需要逐步有序地更新改造，但采取何种模式有序推进，还有待创新探索。三是物业管理待提升。这主要体现为：开发商、物业企业、业主及政府相关职能部门之间的职责不清，多头管理问题久拖不决，管理主体严重缺失；老新村和安置小区配套设施不完善，建设遗留问题多，维修资金归集难。

第二，城市公共服务能力有待提升。一是城市各级中心体系建设不完善。扬中市区常住人口已达12万人，但与之相适应的中心体系缺失。作为市区，除了市区中心地区外，扬中没有其他成熟的市级中心，不能适应人民群众日益提高的多元化、多层次消费需求。二是公交服务有待提升，路网体系尚需优化。目前，公交的出行比例偏低，公交发展尚不能完全满足广大市民的出行需求，公交线路设置有待优化，公交运行质量有待提升。道路系统建设内部配比不尽合理，不利于低碳城市建设和居民出行。

第三，城市建设不够精细，管理水平有待提升。一是规划、建设和管理三者不够统筹，道路及市政建设在时序上还存在不衔接、不统筹的情况，马路"拉链"情况时有发生。二是城市运行管理水平有待提升。"两级政府、三级管理、四级网络"的城市管理体系的作用还有待进一步发挥；一线城市管理力量配备仍显不足；与城市建设、经济发展相匹配的城市管理经费增长机制还需进一步强化；齐抓共管的城市管理机制还有待进一步建立。三是城市建设环境品质不够精细和人性化，部分城市道路断面过宽，交叉口设计过大，无障碍设施建设不规范、不系统，导致空间不集约、行走不安全；街道空间不够人性化，缺少尺度合适的沿街界面，道路建设迎合了小汽车使用。比如，十年来扬中中心城区因为道路不断改造，人行道平均缩窄1米，非机动车同行人共板，降低了步行空间的宜人性。

（王俊杰）

经济发展篇

JINGJIFAZHANPIAN

"**新**常态"究竟是个什么概念？其表象是发展速度放缓；其本质在于经济结构的不断优化升级，不确定性风险的逐步显性化，以及发展动力转化为创新驱动。针对宏观经济出现的这些新变化、新趋势，我们全体党政干部、企业负责人，要与时俱进、创新思维、积极应对，适应这种变化，引领新的趋势，在全面完成全年目标任务的同时，全力打造扬中经济"升级版"，用发展的质量和效益的同步提升，开创扬中新的发展局面。

一、应对宏观经济"新常态"，打造扬中经济"升级版"，必须认清新形势，敢于直面危机，善于危中见机

"新常态"最直观的表现，就是我们常说的经济增速进入"换挡期"。从扬中近两年特别是2014年的经济运行看，也已经有所体现：（1）企业的带动能力在下降。2014年1—8月份，扬中全市"60强"工业企业中有26家企业应税销售额呈负增长，其中17家企业跌幅超过两位数，7家跌幅在30%以上。（2）投资的拉动能力在下降。重大项目数量减少，新增长点效益不佳，定报企业培扶困难。（3）企业的盈利能力在下降。企业两项资金占用过大，生产成本、融资成本持续提高，盈利空间不断缩小。

针对这些情况，绝不能悲观失望、听之任之。要充分认识到所谓的经济"下行期"往往就是转型的"蓄势期"，而关键在于我们能否捕捉机遇、找准方向、赢得创新转型的先发优势，走出一条创新发展、转型提升的新路子。

（一）要认识到"新常态"是化解矛盾的有利时机

以前为了增长的高速度，对于很多问题和矛盾往往采取折中、妥协的办法，没有很好地加以解决。"新常态"的到来，为解决这些历史遗留问题提供了最佳时机，我们要把握并用好这个时机，以暂时的"低增速"换取未来的"高质量"。对于土地利用效率不高的问题，不仅要引导企业兴建高层厂房、实施"零征地技改"，也要对批而未供、供而未用的土地进行排查，对近期没有投资计划的土地实行回收处置，切实解决好建设用地占比偏高的问题。对高污染、高耗能、低效益的产业要坚决淘汰，实现腾笼换凤，拓展发展空间。在企业互保联保问题上，对于一些心思不在实体经济上、将企业当作资金运作平台甚至发放高利贷的企业，政府不会"兜底"，该淘汰的就要让市场来抉择。

（二）要认识到"新常态"是转型提升的有利时机

李克强总理在首届中国质量大会上提出，质量是打造中国经济升级版的关键，要把促进发展的立足点转到提高经济质量效益上来，把经济社会发展推向"质量时代"。这是当前中国经济和产业发展一个最重要的走向。"扬中制造"的质量时代什么时候到来，需要广大企业的积极创新、加速转型。这里要着重纠正一个误区，就是转型不是一刀切地抛弃老产品、老市场，相反，一定要在做强主业上保持定力，围绕产品的上下游延伸做文章，在提升科技含量上下功夫，把老产品做得更新、更好、更精致，持续增强产品的核心竞争力。

（三）要认识到"新常态"是奋力赶超的有利时机

昆山、江阴、常熟、张家港与扬中同处苏南板块，也一直是扬中学习的榜样、追赶的对象。面对"新常态"，这种差距能否缩小，甚至实现赶超？关键要看我们能不能把握好"新常态"带来的新机遇。比如，能否依托优质深水岸线资源，承接好长江经济带、上海自贸区的带动效益；能否依靠民营经济敢打敢拼的"草根气质"，在全民创业中占得先机；能否抓好各类"微刺激"政策，在新业态培扶、新产业打造中赢得主动，等等。

二、应对宏观经济"新常态"，打造扬中经济"升级版"，必须确立新思维，掀起"头脑风暴"，探索全新路径

思路决定出路。进入"新常态"，恰逢经济"三期叠加"，同时伴随着"中等收入陷阱"的隐忧，针对扬中经济面临的技术、市场、要素、结构等问题，是在迷茫观望中止步不前、错失良机，还是在转型提升中另辟蹊径、华丽转身，关键在于我们能否在党员干部尤其是企业家中掀起一轮"头脑风暴"。通过思维的创新，带来发展思想、发展模式、发展举措的创新，以思维的早转、快转，赢得经济的提质增效。具体讲，就是要做到三个"新"：

（一）要保持冷静，主动适应"新常态"

1. 要适应宏观调控的节奏。"新常态"下，国家宏观调控正由"4万亿"这种强刺激向"区间调控""微刺激"转型。我们要适应这种新变化，找到各项"微刺激"政策与扬中经济的

"结合点",让"微刺激"在扬中这个区域内变成"强刺激"。

2. 要适应经济规律的节奏。当前,市场的调节作用越来越大,广大企业要更加尊重经济规律,努力从市场变化中挖掘信息、探寻商机,找准四季度经济发展的"振兴点"。

3. 要适应改革发展的节奏。政府部门要进一步强化"改革思维",加快职能转变,减少对市场主体的干预和限制,更加注重营造适合经济发展的"软环境",从政策支持、审批服务、要素保障等方面,给予企业更多的扶持和帮助,提升区域经济"软实力"。广大企业要彻底放下"等、靠、要"的传统思维,主动融入改革大局,增强市场意识、规范意识和转型意识,依靠自身优势和竞争力占领市场,在改革中追求企业发展的"新红利"。

(二)要保持理性,积极发展"新业态"

要始终坚持创新驱动战略,全力培育和发掘"技术高、产品新、市场前景好"的新兴业态,引领实体经济提档升级、提质增效。

1. 要以"脱胎换骨"的决心培扶现代产业。按照"产品高端化、要素集聚化、生产智能化、制造服务化"的方向,积极推动主导产业向产业链高端攀升,打造一批站得住的龙头企业、叫得响的自主品牌,让"扬中智造"更具竞争实力、更有市场话语权。同时,要引导传统优势产业改造升级、做精做专,强化核心技术研究开发,抢占产业发展"制高点",打造一批行业"单打冠军""隐形冠军"。

2. 要以"伯乐相马"的智慧挖掘新增长点。扬中不乏一批有技术、有产品、有市场的成长型新兴企业,对于这类创新型、成长型企业要加大培育力度,帮助企业化解创业难题,培育优质的产业"增量"。

3. 要以"壮士断腕"的勇气淘汰落后产能。相关主管部门对高污染、高耗能、低效益的落后产能要坚决淘汰,无须过分在意数据上的一两个百分点;广大企业也要主动清退效益低、无前景的非主业投资,剥离不良资产,轻装上阵走好专业化发展之路。

(三)要保持激情,努力锻造"新心态"

办企业、干事业,面对形势的变化,如果一味守业,最终就会失业;如果长期消极,最终就会消失。扬中的企业家群体是经世面、见风雨的群体,在发展的征途中,这一群体一定要保持创业的激情、干事的热情,从而走出发展的谷底,走向事业的顶峰。

1. 要有"踏实"的心态,在转型发展上保持定力。无数企业的成败得失说明,盲目的多元发展不可取,心态浮躁是企业发展的"大忌"。广大企业家必须秉持"踏实"的心态,一心一意做实业,心无旁骛谋发展,把"主业聚焦"作为企业发展战略紧抓不放,做有眼光、有远见、有定力的"实干家"。

2. 要有"开放"的心态,在开放发展上精准发力。在经济全球化的背景下,要坚持把开发开放作为提振经济的重要手段。广大企业家要有"互联网思维",在开放、平等、共享的平台上,寻找合作伙伴,比拼竞争对手,闯出一片发展的新天地。

3. 要有"共赢"的心态,在创新克难深处着力。既要注重与央企国企、世界名企的资源

整合、品牌嫁接、市场共享，实现"借船出海"，更要善做市场的"整合者"，在兼并重组中集聚优质资源，消化过剩产能，提高市场竞争力。

4. 要有"担当"的心态，在承担社会责任上凝聚合力。要意识到，大量消耗资源、污染环境的经营模式，《劳动法》执行不到位、职工权益得不到保障的生产模式，不注重产品质量、无视消费者权益的营销模式都已经过时。"新常态"下广大企业家既要做财富的创造者，也要做社会进步的推动者。要强化环保意识，大力推广节能降耗、清洁生产和绿色制造；要强化人本意识，经营再困难也不能拖欠职工的血汗钱，生产再忙碌也要将职工的人身安全放在第一位；要强化诚信意识，在融资、产品、服务上都要做到信用为本、以诚待人，让诚实守信成为扬中企业纵横市场的"通行证"。

三、应对宏观经济"新常态"，打造扬中经济"升级版"，必须寻求新动力，激发创新活力，加快转型发展

江苏省委罗志军书记在镇江调研时强调，做好"新常态"下的经济工作，必须把注意力聚焦到更加科学、理性、务实、协调和可持续的发展上来，只有结构优化、动力转换后的增长，才是有竞争力、可持续的增长。这个观点，正是我们打造扬中经济"升级版"的关键所在。为此，贯彻罗志军书记讲话精神，我们要结合扬中实际，重点实现三个"转换"。

（一）实现发展动力转换，将扬中发展的动力源从要素驱动、投资驱动转向创新驱动

一方面要强力推进科技创新。加大科技投入，以科技研发的高投入赢得产业升级的高回报；加强技术改造，依靠科技含量高、经济附加值高的产品来增加企业效益；加快人才引进，以科研、管理、营销等各类人才的加速集聚，为产业转型升级提供强劲的人才支撑。另一方面要推进管理创新。在经营形式上，促进企业由家族式管理普遍向现代企业管理过渡；在管理内容上，引导企业由偏重生产管理向品牌打造、市场营销和技术开发等多元化管理转变；在管理方式上，推动企业由粗放式管理向集约化、流程化管理转变。

（二）实现发展模式转换，由传统"供销员经济"模式，向"制造业＋服务业"两业融合、"工业化＋信息化"两化融合的新模式转型

镇江民营经济发展大会强调，要积极探索模式创新，全面增强民营企业发展活力。对于扬中而言，改革开放以来，用"供销员经济"模式创造的"零资源经济"发展经验，让扬中走在了全省的前列。但在"新常态"下，一夜暴富的机会越来越少，遍地黄金的时代已经过去，必须克服浮躁心理，培育务实作风，努力探寻新的发展模式，走出一条新路。这是扬中民营经济必须经历的一次"重生"，也是扬中民营经济再创辉煌的关键所在。具体实现路径如下：

1. 在生产组织上要探索"制造＋服务"模式。推动主导产业向技术、营销、服务等产业"微笑曲线"的两端延伸，同时，要推动圣灏、和润、普泰这样能够发挥扬中岸线资源优势的服

务业项目加快建设,推动际华目的地中心这种代表新型消费模式的现代服务业项目的加速成长。

2. 在销售方式上要形成"线上 + 线下"的模式。高度关注并科学应用电子商务,有条件的园区平台、企业要加强互联网平台建设,开辟在线销结新模式。

3. 在融资选择上要形成"间接 + 直接"的模式。长期以来,从金融部门获取资金是企业融资的主渠道,这种间接融资方式起到了助推发展的巨大作用,今后仍要继续发挥好这个作用。金融部门要继续保持信贷投放规模,为扬中经济转型升级提供积极支持。然而,对于企业而言,仅仅有间接融资是不够的,必须牢固树立多渠道融资观念,积极开拓直接融资路径,以获得更多、更高效的资金支持。一方面要充分利用主板、新三板、创业板等实现多形式上市;另一方面要大力引进战略投资者,以股权整合、项目投资、产业基金等形式拓展直接融资新空间。各镇街区要用心做好企业上市工作。扬中市政府 2013 年出台了大力度的奖励政策,为什么效果不明显?主要还是因为工作不到位、压力不到位。下一步,既要加强督查,更要加大考核,力争用更多的行政手段催生"上市效应"。金融部门也要积极运用短期融资券、中期票据和区域集优债券等直接债务融资工具,做大做强扬中应收账款融资平台。

(三)实现平台功能转换,让产业平台从项目的集聚地转变成发展的动力源

要推动各类产业平台由追求速度向追求质量转变,由政府主导向市场主导转变,由同质竞争向差异化发展转变,由硬环境见长向软环境取胜转变,使扬中的产业平台真正成为构建开放型经济的"探路者"和培育竞争新优势的"顶梁柱"。

1. 打造高端平台。开发区争创国家级经开区、新坝镇争创国家级高新区的步伐不能停滞,目标一定要明确,动作一定要迅速;11 个产业集聚区也要努力实现提档升级。

2. 打造特色平台。根据不同产业、不同镇街区的特点,因地制宜打造适合自身发展的产业平台。

3. 打造专业平台。针对金融风险、中小企业融资难、土地瓶颈、政府债务化解等现实问题,探索打造解决不同问题的专业平台。新坝正在组建的大航控股集团,既是防范区域风险的新预案,也是助力区域发展的新平台,这样的平台建设理念值得其他镇街区认真研究、借鉴。这里还要强调一点,就是要探索建立产业平台的"退出机制",对土地利用效率低、环保不达标、发展水平滞后的产业平台要收回相应的优惠政策,甚至要及时淘汰。

(孙乾贵)

金融稳定事关全局，牵一发而动全身。结合上级打击非法集资活动的部署和扬中群众路线教育实践活动的要求，创新形式、探索改革，以信用体系建设促进金融稳定，以金融稳定保障经济社会发展。

一、审时度势，提高认识，切实增强维护金融稳定的紧迫感、责任感、使命感

破坏金融稳定的行为主要表现为非法集资和高利贷等，以高回报为诱饵，以骗取资金为目的，破坏金融秩序，影响金融市场的健康发展，严重损害群众利益，极易引发群体事件，危害社会稳定，必须强化监管、严厉打击、防患于未然。

（一）从国家层面来看，非法集资进入高发期

据银监会统计，全国87%的地市都牵涉到非法集资案件。2013年，全国公安机关侦破非法集资案件3700多起，挽回经济损失64亿元。新发案件更多地集中在中东部省份，跨省案件增多，影响较大，最多的一起横跨20多个省份。因此，2014年4月份，最高人民法院、最高人民检察院、公安部联合下发《关于办理非法集资刑事案件适用法律若干问题的意见》，对相关法律问题进行了解释，对非法集资行为的管理和处置更为严格。

（二）从江苏省来看，非法集资案件影响大

常熟"跑路"女老板顾春芳非法集资17.7亿元，江苏贫困县泗洪亿元非法集资案，被媒体广泛报道，影响了当地政府的声誉。因此，江苏省把2014年5月份作为打击非法集资集中宣传月，加强宣传引导，以提高基层群众对非法集资的识别和防范能力。

（三）从扬中来看，非法集资需严加防范

经过前一阶段的排查，扬中虽然没有发现非法集资案件，但是民间高利贷行为却客观存在、屡禁不止，且由于手段隐蔽而难以查处。高利贷与非法集资关联度大、相互交织，需引起高度重视。特别是当前，经济处于下行期，企业盈利能力下降，资金供应不足，不排除少数企业为了缓解资金压力铤而走险。

二、弘扬诚信，标本兼治，切实提高维护金融稳定的针对性、科学性、实效性

（一）推进信用体系建设防范风险

1. 农村信用体系。2012年，扬中启动了农村信用体系试验区建设，以农村青年信用示范户为抓手，全市共评定农村青年信用示范户336户，建立农村青年信用示范户电子档案5.98万份，建立农户及农村经济组织信用档案8600份，初步建立了农村信用体系。下一步要结合农村集体土地确权登记工作，不断丰富农村信用体系内涵，积极支持"三农"事业的发展，以农村金融稳定保障全市金融稳定。

2. 企业信用体系。大力推进企业信用数据库建设，为扬中全市所有登记注册的企业建立信用档案，汇集企业在政府所有部门及水电气等公共服务行业产生的信用信息，并及时更新调整，逐步开展信用等级评定，让企业信用一目了然，在社会面前成为"透明人"。企业信用等级越高，在政府扶持、银行贷款等方面享有的优惠政策就越多。

3. 个人信用体系。根据《社会信用体系建设规划纲要（2014—2020）》的要求，2015年我国将实施以公民身份证号码为基础的公民统一社会信用代码制度，每个人将拥有伴随终身的个人信用账号。扬中也要积极响应，启动个人信用信息基础数据库建设，让"良好的信用记录，无形的信誉财富"的观念深入人心，人人都成为"诚信扬中"建设的参与者。

（二）增强金融活力化解风险

加快金融改革创新、增强金融行业活力是化解风险、维护稳定的重要举措。要鼓励金融机构结合自身功能定位和特定优势，搞好市场分析，细分金融服务，努力提供更深层次、更高水平，以及更加多样化、个性化的金融服务，增强市场竞争力和支持地方发展的能力。加快担保、保险等行业的爆发式、跨越式发展，创新与银行、企业的合作方式，逐步化解企业互保、联保存在的潜在风险。

三、群策群力，尽责履职，构建维护金融稳定的联动机制、应急机制、长效机制

（一）建立健全联席会议制度

联席会议要常态化，在联席会议的统一组织协调下，各相关部门要各司其职，主动沟通、获取和发布信息，畅通沟通渠道，尽快建立和完善各个层面的定岗联络和信息报送制度，构

筑"防火墙",确保及时发现一切不利于金融稳定的苗头,并将其扼杀在萌芽状态。

(二)继续深入开展金融环境整治

扬中市公安、发改经信、工商、税务等部门也要加强协作,针对重点区域、场所、人群,采取联合排查、行业排查、互联网排查和发动公众举报监督等举措,进一步细化排查工作。对排查出的风险线索要分类处置,定性为非法集资、高利贷行为的,要依法严厉打击、妥善处置。

(三)加强金融风险的应急处置

应该说,在对扬中市联统钢贸、龙源港机等金融风险的处置过程中,各部门通力协作、积极参与,已经积累了一些宝贵经验。各部门要将处置措施规范化、制度化,建立风险预警和处置的长效机制。

四、齐心协力,合力治税,为广开税源、增加收入做出积极贡献

(一)思想重视,鼎力支持

1. 税收取之于民、用之于民,尤其是政府部门的运转都需要财政收入的支撑。各个单位既要做治税成果的享有者,也要做治税工作的参与者,积极挖掘、传递、共享本单位的涉税信息,集腋成裘、聚沙成塔。

2. 加强社会信用体系建设,依法依章纳税是重要的评判标准。财税部门只有对企业、个人的纳税信息全面掌握,才能准确评判其是否真正依法纳税。各部门要克服技术障碍,消除"怕麻烦""旁观者"的思想,全面、真实、准确地向财税部门提供涉税信息,合力消除税收监管盲区和漏洞,共同构建公平公正的发展环境。

(二)落实人员,明确责任

目前,财政部门已充分利用现有资源,牵头建立了信息共享机制,不需要各单位额外的投入。各部门要明确分管领导和信息员,落实相关报送机制和责任,及时地把本单位的涉税信息传递到综合治税平台。

(三)明确内容,建立机制

各部门要对照信息需求清单,及早做好信息的收集整理,按时完成首次信息报送,并根据部门实际建立按月、按季报送机制,确保涉税信息共享,全面、准确、不遗漏。财税部门要注重信息的安全和保密,不得随意泄露企业和个人的资料。要加强涉税信息综合分析,查找薄弱点、挖掘增长点,着力将涉税信息转化为实实在在的税收收入,力争年中初见成效、全年有明显实效,促进财税收入的稳步增长。

(唐崇林)

扬中市新坝镇既是全国闻名的电力电气产业之乡,也是江苏省小城镇建设示范镇,有着良好的产业基础和丰富的新市镇建设经验。多年来,在做大做强主导产业的同时,围绕产城融合理念,积极探索、勇于实践,从科技园区的单级发展,到电气工业品城、科创服务中心、大全总部大楼等服务业态相继落户,再到镇域面貌的日新月异,新坝走出了一条独具特色的产、城、人融合发展之路。

一、以规划为引领,勾勒魅力新坝新蓝图

规划是龙头。作为镇江市首批新市镇建设试点镇之一,在建设之初,新坝就按照"集中集聚集约"的发展要求,对集镇总体规划进行高起点修编和完善,在原有 3 平方公里镇域面积的基础上,再拓展 3.5 平方公里面积,新增 1 个以高层、多层为主的全新社区,同时规划建设 3.5 平方公里的新坝科技园区和 10 平方公里的现代农业产业园,为产业结构优化、市镇功能提升奠定了良好基础。经过几年来的快速建设推进,如今的新坝,产业间互动发展、区域间融合发展的态势逐步彰显。科技园区、科创中心、城西综合地块加速开发,经济转型发展基石更加牢固;浮玉花园、新政小区、新坝公园等重点项目快速东进,新镇区人气更加集聚;238 省道全线贯通、三桥接线、新政东路向市区延伸及 238 省道—雷公岛接线的全面布局,与中心城区融合发展优势更加彰显。

二、以产城融合为导向,激活区域发展新活力

园区是产业发展的载体。新坝是产业重镇,拥有电力电气、新能源、钎焊材料、乳胶手套、磨具磨料、职业服饰六大特色产业基地,2012年经济总量超过400亿元。近年来,新坝以科技园区为载体平台,吸引企业向园区集中,产业向高端集聚,资源集约利用,成为镇江市乃至江苏省集约集聚发展的品牌。大全集团、有能集团等一批10亿元以上大项目的建设,以及园区在扩能过程中大量基础设施建设所带来的大投入、大产出,都成为新坝经济快速发展和市镇形象快速改变不可或缺的支撑因素和潜在力量。而随着园区集聚、企业集聚,以及新坝产业由制造走向创造的快速转变,研发中心、孵化中心、物流中心等相应基础配套和功能载体的建设变得必不可少。鉴于此,新坝镇切合命题,新建6万平方米的科技孵化中心,全力引进和扶持有发展潜力的中小企业成长,借助238省道的交通优势,在科技园区外围建设扬中市电气工业品城,配套建设智能电气研究院和企业研究所,在电气城南侧建设汽车城,引进4S店、扬中车管所等项目,打造一个集交易展示、物流配送、共性研发、商务办公、会议会展、金融服务、餐饮娱乐等功能于一体的服务综合体。这种以专业化为导向的独立分工,将有效降低企业发展和运营成本,扩大销售份额,提升市场竞争力。而由此带来的企业内部二、三产剥离及外部环境的二、三产有机融合,将对新坝财力的提升、产业结构的优化起到极大的推动作用。此外,生产集聚所带来的劳动力集聚,对于新镇区人气的吸纳提升作用也将进一步彰显。

三、以现代繁荣为特征,打造生态宜居新市镇

产业是城市发展的基础,城市是产业发展的载体,而"人"作为两者的连接体,又承担着繁荣城市和产业的基本功能,三者相互影响、不可分割。因此,"产城融合"一个重要的目的就是把城市、产业和人口有机融合在一起,让城市里不仅有生产,还有生活。这一点,在新坝新市镇规划和建设中,也得到了尤为集中的体现。

浮玉花园是新坝有史以来第一个真正意义上的大型集中居住社区,地处新坝新镇区范围内,紧邻新坝社区服务中心。小区环境优雅,周边交通便利,服务功能齐全,29幢多层住宅容纳近800户居民、3000多人口,且居民大多为征地拆迁安置户、沿江土地复垦户等零散住户。对于只有5万人口的新坝而言,这种化零为整的集中安置方式,在有效提高土地利用率的同时,对于人气向集镇的集中,其带动性可想而知。

有了人,就必须有相关的生活设施、娱乐设施、文化设施与之相配套,才能从根本上使一个地区焕发活力和生机。对此,新坝政府在电气城的建设过程中,同步规划了老年活动中心、青少年活动中心和妇女儿童活动中心建设,并计划将新坝镇原有的诗词书画创作基地进

行整体搬迁,在新镇区打造一个群众文化活动的集中阵地。在活动中心北侧,投入1000万元全新开发建设了新坝农民公园,这里将成为新坝人民休闲娱乐的最佳场所。238省道东侧红联商贸区的建设,也将使新坝新镇区的三产配套功能得到全新升级。

此外,在推动"产城融合"的过程中,新坝镇也以建管同步为原则,通过推进精细化管理,全面开展集镇示范路创建、水系管网整改提升、商业临街面改造和违章建筑拆除等工作,推动了城市外在形象和内在品质的全面提升。

（王成明）

当前,扬中又一次处于转型升级、改革发展的关键道口。受全球经济下行压力加大、市场需求增速趋缓、国家投资步伐放慢等诸多错综复杂因素的交织影响,扬中实体经济出现了一定波动,传统产业效益下降,新兴产业一波三折,服务业低迷不前,资源要素制约日益显现。一些企业家坦言,虽然经历了诸多的大浪淘沙、市场洗礼,但这一轮企业生存发展危机前所未有,远超 2008 年全球金融危机的影响。

30 多年前的扬中,还是一个孤悬江中、贫穷落后的农业县。改革开放的号角"忽如一夜春风来",唤醒了扬中人民脱贫致富的渴求。当时的县委深入研究、果断决策,及时提出了"主攻工业、突破副业、提升农业"和"农林牧副渔、县乡村组户"五个轮子一起转的发展战略,催生了扬中乡镇企业的大发展、供销员经济的大繁荣,铸就了全国闻名的"四千四万"精神,形成了敢闯敢试的发展风格和独具个性的发展特色,成就了"江中明珠"的美誉。

近十多年来,扬中虽然也在进步、壮大,然而其发展模式出现固化,创新意识开始淡化。尤其是近年来,面对经济增速换挡期、结构调整阵痛期、前期刺激政策消化期"三期叠加"的特殊国情,扬中传统的发展模式遭遇巨大挑战。笔者认为,有四个方面的制约因素需要高度关注:一是产能过剩危机短期内难以解决。国内外市场出现的不同程度收缩或增速放缓,导致商品供求失衡,部分企业产能过剩矛盾日益突出,大批企业已从传统的卖方市场过渡到买方市场。二是企业竞争力出现下滑。一些企业研发投入较少,产品科技含量较低,加之人才相对缺乏,企业竞争力不足、利润微薄,一旦市场出现波动,利润就更加难以保障。2014 年以来,扬中全市 60% 的企业的效益出现了不同程度的下滑,30% 的企业的应税销售出现了负增长。三是瓶颈制约日趋严重。既面临融资难、融资贵,又面临土地资源紧缺、环境容量逼仄、劳动力成本提升等诸多问题。这些问题虽然其他地方也同样存在,但对扬中而言,显得尤为突出和严峻。四是发展信心不足、投资欲望降低。面对日益严峻的宏观经济形势,部分企业产生了埋怨、观望等负面情绪并抱持守成思想,片面吸取以往的"教训",满足于既有业绩,习惯于按部就班,导致创新不足、发展乏力。

在国内经济发展"新常态"的形势下,如何培育经济增长新动力,提升经济发展含金量?笔者认为,必须找准症结、扬长补短、精准发力。就扬中而言,应立足十年、二十年乃至更长远,进行科学谋划、合理布局,重点应主攻第三产业、突破岸线利用、提升传统产业,建设繁荣富裕、绿色生态、文明和谐的最美扬中。

一、主攻第三产业,打造区域发展的新引擎

三产主导在西方发达国家和我国经济发达地区已成为常态。扬中正处于工业化中后期,三产伴随二产产生、壮大,但仍处于弱势地位。这其中既有客观因素的制约,同时也有我们对其不重视和不太熟悉等主观方面的原因。随着国内市场与全球并轨,制造业竞争越来越激烈,多数制造业企业已经进入微利时代。近期,中国500强企业高峰论坛发布的《2008—2014中国制造业"500强"研究报告》显示,中国制造业企业"500强"的利润率不断下降,2014年仅为2.7%,不及银行定存利率。有专家笑称:"辛辛苦苦办企业,不如存入余额宝。"但"红海"之外,服务业这片"蓝海"却向我们展现出巨大的发展潜力,平均利润率接近10%,一些新兴服务业利润率达到20%以上。比如汽车行业服务环节的毛利润率高达50%,远高于新车销售4.4%左右的毛利润率。

扬中自然资源偏少,环境承载力有限,随着耕地等稀缺资源的减少,工业规模扩张的难度将越来越大。而随着实体经济的发展、城市经济的繁荣和居民生活水平的提高,服务业的需求则会越来越旺盛。2013年,扬中人均GDP已超过1.5万美元(全国人均GDP 6700美元),达到中等发达国家水平,而扬中服务业增加值占GDP的比重与发达国家则相差20个百分点以上。目前,扬中三产发展主要靠自然增长,既缺乏特色,更缺乏带动性大的项目。三产发展的关键是转变观念,变"副攻"为"主攻"。

建议重点关注四个方面:一是优先发展生产性服务业。生产性服务业作为与制造业直接相关的配套服务业,是加快产业融合、加速转型升级的关键环节。按照全球生产性服务业与制造业之间的比例关系,每1元制造业增加值就需要1元以上的生产性服务业为其提供配套服务,这就意味着扬中对生产服务业的近期需求就达近200亿元。扬中应注重产业需求导向,依托智能电气、新能源、装备制造等制造业的发展优势,一方面,鼓励实力雄厚、条件成熟的制造业企业将服务业务独立出去、分离开来,提高服务的专业化、模块化、集群化水平,同时积极引导生产性服务业向主导产业渗透、延伸和融合;另一方面,依托泰州大桥互通、扬中三桥道口等区域,加快发展技术研发、现代物流、交易市场、元配件加工、机械维修等,做强"2.5产业园"、交通物流集聚区、临港物流集聚区等板块,加快形成产业集中、服务集成的集聚效应。二是重点发展新兴业态服务业。新兴业态服务业具有成长性好、爆发性强、发展潜力大等特点,马云创办的阿里巴巴仅用十多年就发展成为估值近2000亿美元的互联网巨头就是最好的例证,关键是要醒得早、起步早。扬中应结合自身发展的基础和特

点,大力引进和发展科技研发、总部经济、楼宇经济、电子商务、金融保险、养生养老和信息服务,加快服务业信息化、智慧化、网络化发展步伐。当前,要重点服务群立、中兴等项目,尽快建设、形成示范和加速集群。三是择优发展传统服务业。传统服务业因为消费预期稳定、市场容量巨大,仍有很强的发展潜力。扬中应针对泰州大桥建成后商业辐射范围扩大的新趋势,着力推进商贸零售、优质学校、特色医疗等传统服务业的品牌化和高端化发展,加快际华目的地、世纪金源等重点项目建设,进一步增强对周边地区的吸引力和影响力,集聚更多的人气、商气和财气。四是大力发展生态旅游业。2013年江苏省园博会期间超过170万人次的游客接待量,充分证明扬中的旅游业有基础、有潜力,但仍缺乏品牌和"磁场"。下一步,扬中在旅游业发展上,要打响"生态牌""江鲜牌",引进更多的资金和品牌(如际华目的地的"奥特莱斯"品牌),形成辐射和带动效益。做靓做强园博园、雷公岛等景区,放大生态特色,彰显江岛灵气,繁荣江鲜文化,着力打造独具魅力的生态旅游岛。

二、突破岸线利用,激活区域发展的新动力

岸线,是扬中现在和未来发展最大的优势和潜力所在。与岸线相关的项目,既有二产,也有相当一部分三产。突破岸线利用,关键要因地制宜、放大优势,将"黄金岸线"转化为"投资高地"。

纵观历史和先进地区做法,岸线利用不应仅仅局限于做码头,而应与"大交通量、大用水量、大吞吐量"的产业紧密相连,与本地优势制造业紧密呼应,港产联动、港城互动,充分发挥岸线在经济发展中的集聚、拉动和辐射作用。目前,扬中在岸线利用方面仍相对滞后,主要表现为:目标不明确,规划跟着项目走;精力不集中,岸线招商的人力、物力、财力投入不足,缺乏专业的岸线招商人才;基础不扎实,拥有优质深水岸线的区域与交通干线距离较远,道路等集疏运设施建设滞后。

建议抓好三个重点:一是强化招商选资。招商选资要坚持有所为有所不为,留白也是发展,要提高门槛、严格标准。要突出特色化,重点招引发展附加值高、前景广的港口机械、海工制造、现代物流等特色产业,加快形成与其他区域错位竞争、差异发展的新格局。要突出高端化,通过兼并重组、战略合作攀大靠强,引导现有船舶制造企业加速转型,从小吨位散货轮等低端产品,向大吨位散货轮、高附加值游轮、海洋工程装备等高端产品转型发展;引导港口运输从传统的散杂件向高附加值的货种提升,加快由装卸港向贸易港、物流港发展。要突出集约化,招引的项目要提高投资强度、严控岸线供给,发挥岸线资源的最大价值。二是强化基础配套。要按照"一步规划到位、适度超前建设"的理念,加快推进相关园区道路、供水、供电、供气、污水管网等基础设施建设,完善配套、改善环境、筑巢引凤;不断健全港务、商务、金融、"一关三检"等临港产业配套,全面提升服务功能。三是强化政策支撑。一方面,要严格规划控制,强化岸线监管,防止各类非法侵占岸线的行为。对沿江现有非岸线利用企业,要通过置换转移,引导有序退出;对岸线投资产出达不到规划要求的,通过收取岸线闲置费

等经济手段,引导企业进行改造提升。另一方面,要完善政策保障,研究出台岸线利用相关政策,借鉴先进地区的成功做法,进一步加大激励扶持力度,着力完善体制、机制和政策环境。同时,强化宣传推介,提高扬中岸线的知晓率和吸引力。

三、提升传统产业,增创区域发展的新优势

没有夕阳产业,只有夕阳思维。传统制造业并非不重要,在今后十年、二十年时间内,制造业仍将是扬中经济发展、财税贡献和实现现代化的主力军,关键是要在现有基础上提质增效、换挡升级,增强核心竞争力,掌握更多话语权。比如,大全集团面对传统制造业利润率大幅下滑的残酷现实,主动转型、积极开拓,业务从民用领域向军工领域拓展,营销从卖产品向卖服务转变,生产从人工化向自动化转轨,走出了一条高端化、智能化的转型发展之路,值得广大企业学习借鉴。

然而,受外需持续走弱、内需持续低迷的影响,扬中部分企业发展愿望削弱、投资意识下降,就推进转型升级产生了一些不同认识和行动:一是不愿转,满足于老技术、老产品、老人员,满足于现有的市场、空间和利润,小富即安;二是不想转,既有投入失败的"教训",又有守成保险的"经验",失去了敢闯敢试的勇气和锐气;三是不会转,企业虽然很想找市场、上项目、树品牌,但感觉转型升级好说不好做、想干不会干。

推进传统制造业向先进制造业转型,应关注三个重点:一是线下和线上并行。互联网时代的到来,使偌大的世界变成了地球村,不仅改变了人们的生活习惯,也改变了企业的发展路径。广大企业家应树立互联网思维,借鉴海尔、小米等制造业企业的转型做法,从研发、制造到营销、售后全面与互联网接轨,依托互联网强大的信息传播、辐射功能,实现企业的裂变扩张。二是节本和增效并重。一手抓挖潜,通过苦练内功、节本降耗、整合资源,着力降低企业的综合成本;一手抓研发,紧跟时代步伐,主动挑战自我,加强科技研发,打造更多的拳头产品,创造更多的"新概念"和"新标准",引领行业发展潮流。三是向上和向外并举。通过与科研院校及央企、国企加强合作,背靠大树、做大做强;通过与国外企业(品牌、技术)联姻、嫁接,以市场换取技术,合资合作、借牌借力,推动产品技术和质量的全面跃升,主动向国内一流、国际标准靠拢,继而实现并进甚至超越。

(施健华)

改革开放以来,扬中市经济建设和社会事业取得了长足发展。多年发展的经验和教训进一步启示我们,产业升级和经济转型已成为建设"最美扬中"的关键性工作,只有抓住了这个纲,才能纲举目张。

一、扬中产业升级和经济转型的迫切性和有利因素

产业升级和经济转型是区域经济发展面临的共同问题,对扬中而言,在面临共性问题的同时,又有着自己鲜明的个性,而这种个性又决定了我们在产业升级和经济转型上比其他区域更为迫切、更为重要、更为突出。

(一)扬中自然资源相对匮乏决定了产业升级和经济转型比其他区域更为迫切

土地是区域发展最重要的自然资源,而扬中土地总面积只有 2.43 万公顷,按户籍人口计算人均 0.087 公顷,按常住人口计算人均 0.071 公顷。在土地资源极为有限和国家土地利用政策极为严格的双重压力下,以土地投入为主求发展的路径已越走越窄,要在有限的资源上实现可持续发展,就必须加快产业升级和经济转型的进程。

(二)扬中产业整体核心竞争力的提升决定了产业升级和经济转型比先进地区更为重要

扬中市工程电气、新能源、船舶及先进装备制造业三大主导产业虽具有一定规模,但就整体而言,大多数企业的产品研发能力、高端制造能力、品牌培植能力和产业配套能力等核心竞争力仍然不强。面对市场竞争日益激烈的局面,要进一步提升产业整体核心竞争能力,

也必须加快产业升级和经济转型的进程。

（三）扬中三大产业比例不相协调决定了产业升级和经济转型比以往更为突出

2012年，扬中市一、二、三产业结构比为3.1∶56.3∶40.6。第一产业因土地资源限制和比较效益较低而难以提升，第三产业所占比例也较低，与第二产业的发展不相协调。先进地区的实践证明，只有二、三产业"比翼双飞"，才能有效推进区域经济和社会事业可持续发展。从扬中市实际来看，虽然目前三产比例较低，但发展空间较大，而要提升三产比例，更必须加快产业升级和经济转型的进程。

扬中市实现产业升级和经济转型的有利条件如下：

1. 已具备较好的物质基础。到2013年年底，扬中市人均GDP已经达到1.8万美元，人均财政收入、人均资产、人均积累、企业负债率在全国都处在较为先进的水平，且产业基础和企业基础较好。这就为扬中加快产业升级和经济转型提供了较好的物质保证。

2. 已具备充分的思想基础。发展是硬道理，而科学发展是硬中又硬的道理。在践行科学发展、建设"最美"扬中的进程中，各级领导干部尤其是企业家越来越认识到，只有更新发展理念、更新发展方式、淘汰落后产能、提升产业层次，才能实现区域经济又好又快发展。这为扬中加快产业升级和经济转型提供了充分的思想基础。

3. 已具备扎实的工作基础。近几年来，围绕又好又快发展和"最美扬中"建设，各级领导尤其是许多企业在技术改造、设备更新、科技进步、培植品牌和提高企业核心竞争力等方面做了大量工作，已摸索出一些行之有效的措施，积累了一些成功的经验。这为扬中加快产业升级和经济转型提供了扎实的工作基础。另外，近几年来，扬中集中精力加快港口建设，改变了原来有岸线无码头的历史，深水岸线的优势得以显现。随着泰州长江大桥通车、三桥加快建设，"一岛四桥"的交通格局将彻底改变"江心孤岛"的历史。另外，江苏省第八届园博园开园，加快生态岛建设，实施城市南进战略，老城区改造，倾力打造亲水滨江城市和生态环境……使人居环境有了明显提升。环境的改善和提升为扬中加快产业升级和经济转型、建设"最美扬中"提供了强有力的支撑。

二、扬中产业升级和经济转型的趋向和目标

产业升级和经济转型是建设"最美扬中"的关键之举。要围绕"做美第一产业、做强第二产业、做大第三产业"的趋向和目标，抓好各方面的工作，加快实现"一产助推，二、三产并举，三产领先"的新格局。

（一）做美第一产业

扬中第一产业主要为农、林、牧、渔业。2012年，扬中第一产业实现GDP 11.5亿元，占全市GDP的3.1%。从GDP占比看，农业收入占农民收入的比重较低。究其原因，一是农

民人均土地资源较少;二是农业比较效益较差;三是农业产品的商品率较低,尤其是纯农业基本属于自给式产业。由于这些实际问题的存在,通过发展规模农业、高效农业来提升产业层次、增加农民收入的空间就受到限制。因此,提升农业产业层次的重点就是把农业做美,加快发展绿色农业、观光农业、生态农业,真正把农业做成促进第二、第三产业发展的助推产业。

1. 科学合理规划。提升农业层次,首先是提升农业规划层次,要防止因农业在扬中全市 GDP 中的占比较低而忽视农业规划层次和水平的倾向。目前,农业用地仍占到全市土地面积的 50% 以上,搞好农业土地利用、生态建设等规划对打造"美丽"产业至关重要。只有抓住了规划这个"龙头",才能把农业做精、做特、做美。其次是重点做好现代渔业产业园、现代蔬菜产业园、现代都市农业园和粮油加工产业园四个农业产业园区的规划。

2. 整合农业资源。扬中市土地总面积 2.43 万公顷,农业用地 1.31 万公顷,占 53.7%。在农业用地中,耕地 0.97 万公顷,占土地总面积的 39.9%,占农业用地面积的 74.15%;未利用土地 0.15 万公顷,占土地总面积的 6.3%。目前,国家对耕地有非常严格的保护政策,大面积的绿化造林难度较大。但扬中市尚有 0.3 万公顷的高田和旱地,加上未利用的近 0.2 万公顷的滩涂,规划并利用好这些资源,加大绿化、美化、净化的力度,可加快提升扬中市的生态效益、环境效益和社会效益。

3. 打造点、线、面相结合的生态产业链。要把扬中打造成名副其实、远近闻名的生态市,必须在打造生态载体上做文章。近年来,我们在打造生态载体上做了很多工作,完成了园博园的建设,尤其是在主要道路两侧投入了较多财力,实施绿化、美化工程,取得了较好的效果。在此基础上,还必须进一步拓展生态载体的建设,倾力打造生态景点和生态板块,精心培植生态品牌。通过几年的努力,建设各具特色的"桃花岛""杏花村""柳树园""环岛风光带",真正把扬中打造成为点、线、面相结合,精、美、特相辉映的生态旅游区。

4. 引导农民向市民转换。随着拆迁安置方式的转变,必须加快农民向市民转换的进程。首先,要完善失地农民的安置方式,使其向城区和社区集中,着力打造农民向市民转换的居住环境。其次是加快失地农民的社会保障体系建设,一方面为失地农民提供再就业的机会,不断提高他们的收入水平;另一方面,对难以再就业的失地农民给予合理安置,不断提高他们的社会保障水平,使他们老有所养、病有所医。再次是采取多种形式引导农民离土、离乡,逐步把农民从农业上转移出来。

(二)做强第二产业

目前,第二产业是扬中市的主导产业,占全市 GDP 近 56%。在第二产业中,工业又是大头,占比超过 90%。因此,第二产业的升级主要是工业经济的升级。扬中工业经济起步较早,但经过几十年的发展,已具备了一定的经济规模和竞争实力。然而总体来看,扬中市工业经济升级的速度不快,与先进地区相比,在规模企业、自主创新、资本运作等方面有较大的差距,而这恰恰是影响工业经济核心竞争力的关键因素。面对扬中市工业资源的现状和可持续发展的要求,必须把工业经济做强,大力提升工业资源的利用率和产品附加值。

1. 提升投资和回报强度。工业经济对土地的依存度较高,从扬中市的现状看,土地相对紧张,工业的限制因素较多;从国家对土地资源利用管理的相关政策看,一是把使用土地总量指标作为各级领导干部政绩的考核依据,二是明确规定单位GDP利用土地指标要呈下降趋势。由此可见,工业经济已不能走过去圈地式资源型扩张、粗放型经营的老路子,必须提高投资强度和投资回报率,实行集约化经营。一方面,要大力鼓励现有企业加大技术改造的力度,大力提升土地利用率和土地回报率;另一方面,对新上项目严格把关,在符合产业导向、环境保护、安全生产、能源消耗等政策的前提下,土地亩均投入不得低于350万元,每米岸线投入不得低于300万元,每公顷上缴财政收入不得低于450万元。

2. 提升产业和企业集中度。按照"工业向园区集中,人口向城市集中,居住向社区集中"的总体思路,进一步提升产业集中度。在抓好总体规划的前提下,加快建设"三个工业集中区"的发展布局,即智能电气产业园(新坝)、新能源产业园(开发区、油坊)和海工装备及高技术船舶产业园(八桥、西来桥)。新上项目原则上都要进园区发展,不断提升产业集中度和基础设施建设的综合利用率。

3. 提升核心竞争能力。企业的核心竞争能力就是企业的创新能力,包括新产品的开发能力、生产工艺的技改能力和市场的开拓能力等;从另一个角度讲,就是企业对生产要素的优化整合能力。多年来,由于扬中市"两头在外",许多企业在"供、产、销"的环节上,把"销"作为企业最重要的核心竞争能力,逐步形成了"供销员经济"的格局,"成也供销、败也供销"成为许多企业负责人的共识。应该说,"供销员经济"对扬中经济的发展做出了很大贡献,并能在以后的发展中继续发挥作用。但随着时代的发展和竞争的加剧,单靠"供销员经济"已不能适应可持续发展的需要,必须全力提升企业在市场中的综合竞争能力。一是要大力提升新品开发能力。尤其是规模骨干企业要建立自身新产品的研发平台,积极与大专院校、科研院所实行紧密合作,不断开发拥有自主知识产权的核心技术和核心产品。二是要大力提升产品生产能力。生产一流的产品必须拥有一流的生产工艺、一流的生产设备和一流的生产者。土法上马、因陋就简难以保证产品的质量。没有生产工艺、生产设备、生产者的升级换代就没有产品产业的升级换代,只有大力提高企业自动化、智能化生产的水平,才能不断提高产品质量和水平。三是要大力提升品牌竞争能力。品牌是企业的无形资产,是企业的名片,是企业的竞争力。培植品牌、争创品牌、宣传品牌、维护品牌,应成为提升企业核心竞争力的重要抓手。四是要大力提升资本运作能力。做强做大企业必须走资本运作的路子。多年来,扬中市许多企业融资渠道单一,资金捉襟见肘,企业规模和综合实力难以提升。因此,拓展融资渠道,引导企业上市,走资本运作的路子,是提升企业核心竞争力的重点所在。要实现扬中市企业上市的突破,关键是实现企业负责人理念的突破。因此,要引导企业负责人"算大账"。企业上市前需要大量的业务准备工作,也需要一定的费用开支,但企业上市后可以从募集的资金中得到补偿。另外,企业上市后,融资渠道拓宽,管理更加规范,更有条件做强做大,使企业获得更大的发展空间。而那种怕上市前花费多、上市后制约多,难以打政策擦边球,不能"自有自便"的"小九九",显然是小家之气,难以成就大事业。

4. 提升区域竞争能力。这里所讲的区域竞争能力,主要是指引导培养扬中企业家的团队能力、协作能力和统帅能力。"一根筷子容易被折断,一把筷子牢牢抱成团。"多年来,受"合牛瘦,合船漏""同行是冤家"等传统观念的影响,企业家之间缺乏必要的沟通和交流,资源整合、资源共享、企业的互动合作等方面与先进发达地区相比差距很大。企业与企业之间尤其是同类企业之间相互诋毁、相互倾轧、相互拆台的现象屡见不鲜。这些现象不仅影响了扬中人的在外形象,而且降低了扬中的区域竞争能力。为此,一要加强正面引导,弘扬"自强不息、诚信博大"的精神,提倡有序竞争,维护区域利益。二要引导企业互动合作,发挥各自特点,实行差异化竞争。三要建立行业协会,制订章程、规范管理,对违背章程和相关规定的行为进行必要的处置。

(三) 做大第三产业

能不能做大扬中市的第三产业,能不能形成以三产为主导的经济结构,许多人都存在疑问。理由之一是扬中的地域小,之二是人流量少。其实不然,如果把扬中的三产提升拘泥于传统服务业上确实是痴人说梦,但如果把扬中的三产提升拓宽到现代服务业上,就会柳暗花明。"以港兴城、以港兴区、以港兴第三产业"就是扬中做大第三产业的根本所在。

1. 利用港口优势,大力发展现代物流业。发挥岸线优势,发展临港产业,这是我们既定的战略。但扬中市土地资源不足这一劣势,决定了其在发展临港产业上必须有所为有所不为。而现代物流业既可以发挥岸线的优势,又可以相对避免土地资源不足的劣势,是发展临港产业的重点选择。长三角经济区是我国最具活力、最具发展前景,也是最大的经济发展区域,每年的能源、原材料和产成品的集散量巨大。因此,加快发展以能源和原材料为主,规模化、基地化、环保化的现代物流中心,既能加快提升扬中市服务业的比重、规模和水平,又能拉动第二产业的发展和升级。

2. 由加工型制造业向服务型制造业转变。经过多年的发展,扬中市制造业已具备一定规模和水平,但制造业企业大而全、小而全的现象仍具有普遍性。随着工业化向中后期转变,必须走生产专业化和服务社会化的路子。要不失时机地引导企业尤其是规模骨干企业逐步把服务业从制造业中分离出来,逐步实现供、产、销的专业化,由加工型制造业向服务型制造业转变,不断提高专业化生产和社会化服务的水平。

3. 提升传统服务业。一是进一步打造"江鲜美食"的品牌,把江鲜做特、做精、做出品味。精心组织以河豚为主的江鲜美食节,打响"扬中河豚甲天下"的品牌,发挥协会的作用,加强餐饮业的管理,防止粗制滥造、以次充好,切实维护"江鲜之乡"的美誉。二是要大力发展社区服务业。社区居住集中、人口集中,服务潜力较大。要根据社区的不同特点,在家政、饮食等服务业项目上求得突破。三是要利用园博园开园机会,大力发展旅游业。四是要按照"管而不死,放而不乱"的总体要求,完善服务业的管理,要做好宣传、引导工作,以正面教育为主,采取每项管理措施前都要分析是否有利于服务业的提升和发展,是否有利于吸引人气、市场繁荣、增加就业和地方性收入,要因势利导,体现人性化管理。

4. 培植总部经济和外来贸易实体。近几年来,扬中市一些规模骨干企业相继到外地投资兴办实体,要引导这些企业在本土建立总部经济和销售公司,实行对外投资销售与总部销售的互动,为本土经济培植一定的税源。同时,要采取相应的措施,积极引进外来投资到扬中兴办物贸实体,既增加三产和物贸流通的总量,又为地方增加新的税源。

三、推进产业升级、经济转型和建设"最美扬中"必须把握的相关问题

产业升级、经济转型和建设"最美扬中"是一项综合性的工作,在推进过程中必须把握好相关问题。

(一)统一思想,形成共识

产业升级和经济转型是形势发展的需要、科学发展的需要、建设"最美扬中"的需要。在实施升级和转型的过程中,必然会有新旧体制、思维理念和工作方式的交替和碰撞,甚至有可能影响领导干部一时的"政绩"。因此,我们必须以良好的心态面对升级和转型,以积极的姿态参与升级和转型,以必胜的信念推进升级和转型。

(二)循序渐进,分层推进

产业升级和经济转型具有阶段性和递进性,不可能一蹴而就,既要因地制宜,也要因时、因势制宜。发展以三产为主导的产业结构,并不意味着削弱其他产业的力度。从现阶段看,二产仍然是扬中市的主导产业,必须进一步做大做强。只有这样,才能为发展三产打下坚实的基础,才能有效促进经济转型。因此,在产业升级和经济转型中既不能拔苗助长、急功近利,也不能因循守旧、坐失良机。

(三)突出重点,打造环境

"项目跟着人才走,人才跟着环境走",只有打造优良的工作环境和生活环境,才有可能吸引优良人才、留住优良人才、造就优良人才。因此,建设"最美扬中"、打造生态环境的同时,必须加大城市建设的力度,提升城市功能,打造城市环境。要加快交通、水、电、气等重点工程建设,打造基础设施建设的环境;认真探讨研究各项政策措施,打造能促进又好又快发展的政策环境,加强精神文明建设,打造亲商、安商、富商的人文环境。

(四)行政推动,政策引导

采取必要的行政和政策等措施,引导产业升级和经济转型。目前,扬中市对三产都制定了相关鼓励和扶持政策。为加快产业升级和经济转型,对这些政策要重新梳理,更好更有效地利用政策杠杆,促进产业升级和经济转型。比如在农业扶持政策上,要加大生态建设、生态板块的扶持力度;在企业扶持政策上,要加大企业内部二、三产分离的扶持力度;在服务业上,要加大对外来人才发展三产和生产服务业的扶持力度。同时,在招商引资上,要拓展招

商的领域和空间,把服务业招商作为经济转型的一项重要工作来抓。

(五)向上争取,寻求支持

扬中市区域面积小、人口密度大、自然资源少的特点决定了其经济发展布局和发展模式的个性。由于土地资源极为有限,我们在产业发展上不可能简单、教条地强调"三业协调",而是要把有限的资源用于产出较大、效益较高的产业。从扬中市实际出发,应逐步调减农业的土地资源,调增林业及二、三产业的土地资源。而要做到这一点,就必须争取上级政府和相关部门对扬中市土地利用总体规划调整的支持。因此,针对扬中实际加大向上争取的力度、寻求多方支持,应成为扬中市产业升级、经济转型和建设"最美扬中"的一项必不可少的工作。

(曹广金)

056

现代农业是高度市场化和商品化的农业,也是引导广大农民"为销而产""为卖而种"的有效方式和载体。如何大力发展现代农业,积极促进农民增收呢? 在深入农业基地、种养大户、农民专业合作社进行走访调研,充分了解扬中市现代农业发展现状的基础上,我们广泛听取了基层的意见和建议,为深入查找影响扬中市现代农业发展、促进农民增收的突出问题和制约因素,理清今后大力发展现代农业、建立农业增效、农民增收的长效机制的思路提供了第一手资料。现结合已往调研成果,形成调研报告。

一、扬中现代高效农业发展现状

近年来,在扬中市委、市政府的正确领导及全市涉农部门的共同努力下,围绕"两率先",立足农业基本现代化工程,扬中市现代高效农业取得了显著成效。

(一)农业综合生产能力

2013 年,扬中完成农、林、牧、渔业总产值 19.98 亿元,实现农业增加值 12.65 亿元。粮食总产 10.52 万吨,每平方米产 1.55 千克,超出江苏省平均水平 0.19 千克;目前已累计投入农业综合开发资金 6430 万元,改造中低产田 7333 万平方米,建设高标准农田 5800 万平方米。常年蔬菜种植面积 533 万平方米,设施栽培面积 433 万平方米。扬中全市渔业放养面积 1333 万平方米,高效渔业面积 1280 万平方米,其中特种水产养殖面积 1000 万平方米,产量 2500 吨。常年生猪存栏 7.4 万头,出栏 6.3 万头,家禽存栏 42.1 万羽,出栏 79.3 万羽。

（二）主导特色产业

扬中逐步形成了特种水产养殖、蔬菜园艺和休闲观光三大区域主导产业。目前已建成河豚工厂化养殖面积3.6万平方米和江蟹标准化养殖基地400万平方米。累计建成规模专业蔬菜基地30个,万亩秧草种植基地正在按规划组织实施。以沿江区域为重点,创建了规模休闲农业基地28个。目前,发展高效农业面积6353万平方米,占比66.54%;设施农业面积3233万平方米,占比33.86%。

（三）农业"三集"水平

目前,扬中市已启动省级现代渔业产业园区、市级现代蔬菜园、都市农业园和粮油加工物流产业集中区共4家农业园区建设,总面积达1466.7万平方米;累计新建农业项目28个,完成投入28.8亿元,2013年实现产值9.02亿元。其中,省级园区共引进5个亿元项目进驻,2013年实现产值4.022亿元。目前,扬中全市累计土地流转面积4040万平方米,农业适度规模占比达60%,共组建家庭农场152家,创建各类农民合作组织总数345家,入社农户达8.48万户,农民经纪人200余人,共带动农户4.6万户。扬中全市畜牧业规模养殖总量占全市养殖总量的80%以上,其中建成各类规模畜禽养殖场150个。

（四）农业产业化水平

立足主导产业、特色产品。目前扬中全市共创建了秧草、柳编、豆制品等各类农业龙头企业38家,其中省级3家、镇江市级20家、扬中市级15家,2013年实现销售35亿元。结合村域实际,扬中全市共建成了"一村一品"特色村4个。

（五）农业科技发展水平

目前,扬中累计实施省农业科技支撑项目1项、省三新工程项目13项,机插、测土施肥、"一喷三防"等粮食生产新技术全面应用,发酵床、粪便综合处理等生态健康养殖技术在规模养殖场得到全面推广。分别成立了研究生工作站、院士工作站和博士后科研工作站各1家,创建了省、市级农业科技示范园6家,培植省级农业科技型企业4家、省级农业科技合作社5家,良种覆盖率达到95%,农业科技进步贡献率达63.5%,高于江苏省平均水平3.6个百分点。共创建省级名牌农产品1个、镇江市级名牌农产品13个,"三品"认定总数达110个;组织制定了农产品省级地方标准6个、镇江市级地方标准20个;建设农业标准化示范区5个,其中国家级2个、省级3个。

（六）农业生产保障水平

市镇两级财政对发展现代农业稳定增长的投入机制已初步建立,市镇两级农技服务队伍体系建设和"五有"农服中心建设已全面到位。农民培训工作每年均有计划、有组织地开展,建成了12316农业信息服务平台并实现了农业信息全覆盖。土地承包经营权确权登记工作正在江苏省、镇江市率先开展。农产品质量安全体系及农业综合执法体系逐步健全,农产品质量安全得到有效保障。粮食生产"四补"政策高效及时落实,每年涉及资金 1600 余万元。村级公益事业建设"一事一议"项目严格实施,每年涉及资金 230 余万元。农业保险及理赔工作规范有序开展,在全省率先试行了淡水鱼养殖保险。通过脱贫攻坚,每年为经济薄弱村争取资金 1000 万元以上。

二、扬中发展现代高效农业促进农民增收取得的成效

以农民增收为主线,以农业增长方式的转变为目标,围绕高效主导产业,加强设施农业基地建设,大力推进农业产业化经营,农业增效、农民增收工作取得了明显效益。

(一)整体推进稻麦高产创建工作

按照良种良法配套、农机农艺结合的要求,在扬中全市范围内全面推进高产创建工作。目前,已分别建成省级以上水稻、小麦万亩示范区 5 个和 3 个,粮食生产已实现"十连增",水稻单产水平一直居于全省前列,高产栽培技术实现全覆盖。万亩示范片示范户比非示范片农户亩净效益增加 142.84 元,2011 年以来高产创建区总增效益达到 3470.3 万元。

(二)努力提升特种水产养殖水平

以规模养殖企业为重点,以合作社为载体,整合江滩养殖资源,重点发展以河豚、鮰鱼工厂化养殖及扬中江蟹标准化养殖为主体的特色水产养殖。特别是在扶持政策的激励下,2011 年以来,扬中全市江蟹养殖面积和水平有了明显增加和提高。其中,新增江蟹标准化养殖面积 166.3 万平方米,改造提升面积 234.7 万平方米,江蟹的产量和质量有了显著提升,累计新增总效益 5449.5 万元。

(三)全面做优做特蔬菜园艺产业

在做好常规蔬菜生产的基础上,围绕秧草等特色蔬菜,将秧草产业作为扬中市农产品的"特色名片"来打造,不断新建规模基地,扩大连片种植水平,万亩秧草产业基地稳步推进。目前,已建成秧草设施栽培基地 22 个,面积达 220 万平方米,极大地提高了秧草的产量和效益,增加了农民收入。2011 年以来累计新增设施栽培面积 158.1 万平方米,新增总效益 1861.04 万元。此外,目前扬中全市已建成各类花卉苗木基地 87 个,花卉苗圃总面积 238 万平方米,预计亩均效益 3500 元,能带动农户增收 1250 万元。2011 年以来全市共新增亩效益 2000 元以上的高效设施农业面积 3389 万平方米,带动农户增收 2.1 亿元,发展高效农业项目的农户人均收入分别达到 14692 元、16631 元和 18644 元,比同期农民人均纯收入均高出 10% 以上。

（四）大力推进农业产业化经营

围绕扬中市的主导产业及特色产品，积极培育和发展以农产品精深加工为重点的广源豆制、秧草加工、柳编竹编等农业龙头企业，大力发展"订单"农业生产，让农户充分分享农产品延伸加工所带来的利润分成及附加值。2013 年，扬中全市 38 家农业企业共发展"订单"农业 18.5 亿元，带动农户 3.13 万户。2011 年以来，扬中全市三级农业龙头企业累计实现销售 92.06 亿元，发展"订单"农业 46.92 亿元，带动农民增收 1.4185 亿元。同时，以健康生态养殖为方向，加强规模养殖基地建设，建成了大庆养鸡场、众康畜牧养殖场、海鑫养殖场、良友猪场等一批规模养殖场。2013 年，扬中全市 150 家各级规模养殖场完成销售 1.23 亿元，带动农户增收 218 万元。2011 年以来，规模养殖企业（场）累计完成销售 3.69 亿元，合计带动农民增收 618 万元。

（五）全力推进休闲农业建设

结合扬中市江中岛市的区域环境，将沿江区域作为发展休闲观光农业的主阵地，扬中全市共建成长江渔文化主题园、渔乐园、银杏山庄等各类休闲农业基地 28 个，雷公岛农业旅游项目开发正在高规划、高品位地整体推进。通过发展高效种养、垂钓休闲、美食采摘等，扬中全市 10 个投资千万元以上的休闲农业基地，2013 年共带动农户 1424 户，2011 年以来累计带动农户增收 1538 万元。

（六）积极创建农民经济合作组织

以提高农业生产的组织化、社会化为目标，积极发展和创建农民合作、土地股份合作、社区股份合作等多种形式的农业经济合作组织，特别是重点扶持了对农民增收作用显著的发展高效农业项目和实施统一服务的合作经济组织和家庭农场。2011 年以来，扬中全市共新增"三大合作"138 家，新增入社农户数 11307 户，带动农户 19600 户；据调研和统计，入社农户比非入社农户分别增收 11.5%、13.6% 和 14.8%。

三、扬中发展现代农业促进农民增收工作中存在的问题

虽然扬中在发展现代农业、促进农民增收工作中取得了一定成绩，但由于各种主客观原因的存在，现代高效农业发展的制约因素及对农民增收的负面影响仍然很多。这主要表现在以下方面：

（一）常规种植对农民增收的总体作用不大

扬中市总面积较小，人均不足半亩地，种田对农民来说，只是一种"副业"而非致富和增收的主渠道。扬中全市粮食生产大多为自给，商品粮仅占 30% 左右，因此大宗农作物的常规种植对农民增收的贡献份额几乎为零。而粮价的适度提高，具有短效性和不确定性，在扬中

市粮食单产基数较大而栽培水平没有突破的情形下,再期望产量有大的提高已不切实际,能够保持产量的稳定已实属不易。因此,以提高土地产出效益为目标,以优质无公害为方向,大力发展优质稻米及无公害农产品生产,提高农产品市场竞争力,是促进农民增收的必然选择。

(二) 土地流转成本过高使农业适度规模经营难度增加

由于扬中市自然资源不足及小农意识的存在,农户对土地流转期望值大,因此土地流转的费用与周边县市区相比明显较高。据统计,扬中全市土地流转价格在 1200 元/亩以上的占比达 50% 以上,单宗土地流转面积集中在 200 亩以内的占比 80%。而且土地流转范围小,流转期限短,自发流转多,中介机构参与指导少,土地流转行为有待规范。立足长远,这些因素制约了农业“三集”水平的提高,阻碍了高效农业、外向农业的发展,不利于建立农民增收的长效机制。因此,加快建立规范高效的土地产权交易市场,强化农村土地承包经营权抵押担保权能,促进农村土地流转“依法、规范、有序”开展,是提升农业适度规模经营水平、建设现代高效农业的必由之路。

(三) 农技服务体系建设不完善制约了高效农业发展

发展现代高效农业需要以“科教兴农”体系的完善作为保障,而现有的基层农技服务人员在年龄结构、文化层次、知识素养方面均无法满足现代农业发展的需要,再加之借用调用、工作经费缺乏等其他因素的影响,使得生产一线基层农技服务指导工作弱化、三新工程落实难度较大、现代农业科技知识难以推广。因此,加强基层农技服务体系建设,加快新型农民培训,不断提升农业科技水平是促进农民增收的必要保障。

四、加快扬中现代农业发展促进农民增收的建议

针对农民增收工作中存在的问题和不足,对照扬中市委、市政府提出的年度农民增收的目标任务,在今后及下一阶段的工作中,我们的主要工作思路和举措是:以园区建设为带动,加强各类农业规模基地建设;围绕主导产业及特色产品,积极发展订单农业和农产品的精深加工业;加快推进农业适度规模经营,加强农业科技创新,努力促进农业发展转型升级,不断提升农业的产出效益和“三集”发展水平,为农民增收创造良好的体制和机制保障。

(一) 强化服务指导,不断提升农业综合生产能力

大力建设高标准农田,不断提高支农水平和土地的综合生产力,力争高标准良田比重达 65% 以上。整体推进稻麦高产创建,力争实现测土配方、“一喷三防”等高产栽培模式、机插秧技术全覆盖,降低化肥使用强度和植保次数,大力发展和构建粮食优质高产示范基地,努力提高土地亩均效益。以生态养殖、健康养殖为模式,加快规模养殖技术装备改造,力争生

猪大中型养殖比例达45%以上。

（二）围绕主导产业，不断增强农业规模基地的产出效益

在特色水产上，将重点发展以河豚、鲫鱼工厂化养殖及扬中江蟹标准化养殖为主体的特色水产养殖，不断引进养殖效益较高的其他各类渔业新品种，提升水产养殖的档次和水平。在蔬菜生产上，针对扬中市蔬菜生产尚不能自给的问题，有计划地安排和发展常规蔬菜种植，加强蔬菜规模基地建设，全力打造"一村一品"蔬菜特色村和特色基地。围绕扬中市秧草等特色蔬菜，积极发展"企业＋合作社＋基地"的订单农业生产和精深加工业，不断提升蔬菜产品附加值。充分发挥龙头企业、农民合作组织和农民经纪人的作用，努力建立基地与大中城市市场紧密连接、高效稳定的供求机制。以规模基地为载体，积极引进推广各项新技术、新品种，努力提高蔬菜种植的农业科技含量，提升蔬菜的产出效益和扬中市设施蔬菜园艺水平。

（三）推进"三集"建设，不断增强园区对农民增收的带动能力

对现代渔业园区内各类农业项目，进一步落实好班子成员和技术人员挂钩帮扶力度，实行常态化帮扶与动态化督办相结合，按照"既定项目抓开工，开工项目抓竣工"的工作要求，全面加强督查指导力度，定期现场走访，及时掌握情况，切实解决实际问题，确保所有项目按计划进度建设到位，加快推进园区产业集聚，确保江之源河豚园年底全面投产，园区亿元项目全覆盖。对现代蔬菜园、都市农业园等市级园区，要加强技术指导，做好跟踪服务，增强对农民增收的辐射带动能力。

（四）加强科技创新，不断提升农业发展的科技水平

以科技创新为动力，以农业发展的转型升级为目标，努力提升农业的发展层次和农产品市场竞争力。将项目建设作为推进"三农"工作的重要载体，不断提升项目建设的质量和水平。通过积极组织参加各类农产品洽谈会、交易会和展销会，加大农业招商引资的力度。围绕主导产业及特色产品，积极培育和发展以农产品精深加工为重点的农业龙头企业。指导乡镇"五有"农服中心的建设与运行，大力实施农业科技入户工程。充分发挥龙头企业、农民合作组织和农民经纪人的作用，在大中城市发展配送中心、直销窗口等新型业态。大力推进标准化生产，积极组织各类农业企业、农民经济合作组织及种养基地进行"三品一标"申报及产地认证工作，力争"三品"占耕地比例达95%以上。

（五）加强组织领导，构建高质量的保障体系

在认真做好土地确权试点工作、进一步稳定土地承包关系、确保农民土地权益的基础上，加快构建高效便捷的土地流转交易平台，加快土地流转步伐，促进土地向合作经济组织、农业龙头企业、种田大户等市场主体集中，不断扩大经营规模，全力提升农业生产的社会化和组织化程度。重点发展种苗、植保、农机、育秧、营销等农业专业化服务组织及各类家庭农

场,力争农业适度规模经营水平达70%以上。充分发挥农广校培训阵地的作用,全面实施农民培训工程,培育一批有知识、懂技术、会经营、善管理的现代农民。积极争取市镇两级财政对发展现代农业的政策性投入,建立稳定的农业投入增长机制,积极包装申报各类农业项目,争取多立项、立大项,为农业经济发展注入活力。强化脱贫攻坚,通过引导村级组织发展物业经济、高效农业和合作经济,进一步壮大村级经济实力,促进农民工资性和经营性收入水平的提高,确保80%的经济薄弱村和低收入农户达标,进一步建立健全农民增收的长效机制。

(徐友明)

　　小微企业是小型企业、微型企业、家庭作坊式企业、个体工商户的统称。在中国,小微企业是给力经济发展的"轻骑兵",是社会主义市场经济的重要组成部分,是提供新增就业岗位的主要渠道,是企业家创业成长的主要平台,是科技创新的重要力量,对推动我国经济发展具有重要意义。扬中小微企业数量多,在社会发展中发挥着不可替代的作用,在扩大扬中就业的同时也增强了经济发展的活力,但同时也面临着成本上升、融资困难、人才技术缺乏及环境资源约束等问题,产业结构调整和转型升级也给小微企业的生存发展带来了新挑战。

一、扬中小微企业发展现状

　　近年来,小微企业成为扬中市经济社会发展的一支重要生力军,在促进经济增长、转型升级、优化经济结构及扩大就业、增加收入、改善民生、促进稳定等方面具有举足轻重的作用。

(一)小微企业逆势稳步增长,企业发展活跃

　　扬中虽然地方小、人口不多,但小微企业的密度却不小;虽然单个企业的规模不大,但其数量占企业总数的比重较大。截至目前,扬中全市现有职工 50 人以下的小微企业 3207 家(不包括已注册登记的个体工商户),占非公企业总数的 91.6%;从业人员 8 万余名,约占扬中全市非公企业职工总数的 57%。2014 年 1—9 月,扬中全市 60 强以外的工业企业实现销售 114.38 亿元,同比增长 0.69%,低于扬中全市工业企业平均水平 3.57 个百分点,增速低于 60 强平均水平 5.75%。2014 年一季度,小微企业销售同比下降 1.7%;2014 年上半年累计同比下降 2.8%。通过数据可以看出,扬中市小微企业在扬中全市大力加快产业集聚区建

设和产业结构调整的推动下,在"龙头"企业的引领下,保持着平稳的发展态势,但增速同比放缓。

(二) 小微企业是扬中市扩大就业的主要渠道

扬中市小微企业的规模普遍偏小,但个体多,且微型企业占大多数,此外,还有数量更多的个体工商户,达 10467 户。由于小微企业面广量大、劳动密集度高、技术要求低,因此吸纳了大量城乡劳动力,从业人员占扬中全市总就业人数的半数以上。扬中全市小微企业的稳步发展不仅有利于稳定小微企业从业人员的收入,还有利于提高中低收入人群的收入水平。

(三) 小微企业科技创新亮点多

小微企业的自主创新活动在许多方面并不亚于大企业。小微企业具有创新的快速反应能力,虽然它们起步较晚、资金有限,却正在成为扬中全市科技创新的重要力量。扬中全市小微企业积极转型升级,2013 年年底,全市投资 15 亿元,重点推进 26 个创新项目。目前,高新技术产业产值占扬中全市规模以上工业比例达 73%,扬中进入"科技池塘"的小微企业已有 20 多个新产品通过鉴定,完成 200 多项专利申报。扬中全市不少小微企业借助科技创新实现了良好发展。亮点多,如镇江苏惠乳胶制品有限公司依靠科技创新,打造品牌核心竞争力,其自主研发的芦荟手套、pH5.5 手套、珠光手套等十多个系列的医疗橡胶手套产品,成功打入国际市场,出口量居全国同行业前三位。2014 年 5 月下旬,星河集团研发的核级波纹管仪表截止阀通过由中国机械工业联合会组织的国家级鉴定,打破了同类产品长期受国外垄断的局面,实现了该产品的国产化和自主知识产权。这些小微企业虽然规模不大,却成为全国众多同行中的佼佼者。

(四) 小微企业发展环境逐步改善

近几年,扬中市政府先后出台了《扬中市扶持小微企业发展实施办法》等多个政策性文件和《扬中市中小微企业还贷周转金管理暂行办法》等配套措施,进一步改善了发展环境,促进了小微企业发展。此外,扬中市从 2014 年起每年市财政单列预算 60 万元,设立小微企业安全生产标准化奖励扶持专项资金,对创成后的每家企业奖励 3000 元。扬中市计划用 3 年时间,对 650 家小微企业实施奖励,全力推动小微企业标准化创建。

此外,小微企业的发展是富民的重要环节,大量小微企业往往是处境艰难家庭的主要经济保障。小微企业还是扬中市企业家和大中型企业的孵化器,如江苏尚昆光伏科技有限公司就是从小微企业成长起来的。

二、扬中小微企业发展的制约因素

近年来国家、江苏省委、镇江市委及扬中市政府都十分重视小微企业的发展,相关部门及社会各方面对小微企业的发展给予许多支持，这是小微企业发展的有利条件。

不可忽视的是，当前小微企业发展过程中还存在着许多制约因素。小微企业经营困难，出现倒闭现象，虽然原因是多方面的，但创业难、融资难、用工难，创新能力弱、人才缺乏、信息不畅等是目前小微企业普遍面临的问题。这些难题也同样困扰着扬中市小微企业的发展。

（一）创业和经营成本高

当前，扬中市小微企业发展的总体形势较好，但也面临新的压力。如劳动工资成本提高，由于招工难，很多企业不得不采取提高薪酬待遇的办法来吸引和留住员工，人工成本的提高带来了小微企业经营成本的上升；原材料及能源资源价格上涨，使小微企业创业和经营成本增加，企业销售、利润等增幅呈下降趋势，经营困难加大。从2014年1—9月的统计数据看，扬中市工业经济总体上保持平稳发展，但增幅回落，原材料、劳动力成本上升等导致企业利润空间缩小，一些小微企业经营困难。

（二）融资难融资贵问题依然严重

小微企业资质偏低、固定资产薄弱、信用度不高等自身固有的缺陷，使其获得外部资金的机会明显少于大企业。扬中市有些小微企业因为资金缺乏举步维艰，不少有市场、有效益的企业因此失去订单、失去市场。为维持企业发展，70%的企业存在互保行为，且对担保风险表示忧虑。小微企业融资难除了与小微企业"缺信用"相关，还与当前银企之间"信息不对称、资源不匹配"有关。虽然扬中市有些银行针对小微企业发展制定了新的助推政策，但还是有不少银行在制度设置、管理等方面并没有真正与小企业的需求挂钩。

（三）人才、信息和创新能力缺乏

扬中市作为"工程电气岛"，以电气产业集群闻名，是集输电、变电、配电、工业控制电气和各种特殊用途电器装备于一身的电气生产基地。在电气产业集群中，绝大多数企业为小微企业。但科技人员相对集中于大中企业，电气行业中小微企业的科技人员比重很小。缺乏人才，不仅直接影响了小微企业创新活动的开展，也使得许多创新中的失败发生在研发和试制阶段。企业创新既需要技术信息又需要市场信息，而大部分小微企业普遍存在信息缺乏现象。人才和信息的缺乏、创新机制及管理能力的薄弱，导致其创新能力不足。

（四）产业层次相对低端，资源和环境约束明显

扬中市多数小微企业规模小、实力弱，产业集聚程度低，缺少竞争力。许多小微企业进入门槛较低，产品技术含量不高，生产工艺和产品雷同，产品价格拉不开档次。此外，资源和环境约束明显也是目前扬中市小微企业发展中遇到的又一个严峻挑战。扬中市小微企业在技术装备和生产工艺方面比较落后，同时，还存在结构不合理、产能过剩、污染环境和管理水平不高等突出问题。外围市场的不景气导致小微企业增速放缓，尤其小微外贸企业在接单

方面竞争激烈。这些都加大了小微企业产品和产业调整优化升级的难度。

三、促进扬中小微企业发展的对策建议

近年来,国家密集出台政策和措施扶持小微企业的发展,帮助小微企业摆脱"成长的烦恼"。提高对中小企业特别是小微企业的服务水平,加强小微企业服务体系建设,一直是近年来扬中市高度重视的问题,是有关部门努力的目标。

(一)制定适合小微企业发展的政策,加大扶持力度

近年来,国家、各省都十分重视小微企业的发展,为帮助小微企业摆脱困境,制定出台了一系列扶持政策,扬中市也针对全市小微企业的发展现状制定了一系列的扶持政策。2012年,扬中市出台了《扬中市扶持小微企业发展实施办法》(扬政发〔2012〕42号),设立小微企业发展专项引导资金500万元,主要用于支持创业创新、产业升级、做特做精、载体建设、配套服务、信贷补助等,帮助小微企业优化产业结构、解决发展过程中遇到的融资难等问题。2013年,扬中市通过"安巢生蛋",对小微企业进行贷款支持,专门出台《扬中市中小微企业还贷周转金管理暂行办法》,使越来越多的小微企业受惠。有了国家及地方对于小微企业的相关政策扶持,接下来,相关部门要认真贯彻落实好各项扶持政策,在工作中积极转变工作作风,充分认识小微企业在扬中全市经济社会发展中的重要作用和当前遇到的困难,改变以往只抓大项目、大企业,忽视小项目、小企业的做法。在"抓大"的同时,高度关注、积极扶持小微企业发展,对有发展潜力和创新能力的小微企业进行重点扶持,切实解决小微企业当前面临的诸多困难。

(二)缓解融资难状况,为小微企业提供服务

为缓解小微企业融资难的状况,2015年1月,中国保监会联合工信部、商务部、央行、银监会发布了《关于大力发展信用保证保险服务和支持小微企业的指导意见》,提出以信用保证保险产品为载体,发挥信用保证保险的融资征信功能,缓解小微企业"融资难、融资贵"问题。对于缓解扬中小微企业的融资困境,我们有以下几点建议:一是建立和完善小微企业融资担保体系。一直以来,担保难是小微企业融资中的最大瓶颈。可尝试设立小微企业信用担保基金,通过开发金融新产品等方式吸纳各路资本,壮大实力,并在完善担保机构运作办法、创新担保方式上做出努力,以提高担保公司支持小微企业融资的能力。2013年以来,扬中农商银行创新担保方式,开发金融新产品,打通了艰难融资的"最后一公里",切实破解了小微企业的融资难、担保难问题。二是健全民间融资方式。按照国家对民间借贷进行规范管理、防范风险的要求,强化对民间借贷的监督与管理,有效防范民间借贷风险,正确区分正常民间借贷与非法金融活动,严厉打击非法集资等违法行为,在法律上保护正常民间借贷;同时,正确引导民间借贷机构,如典当行、中介公司转化为小额贷款公司和财务公司,从而使

民间借贷专业化和规范化。只有这样,才能减轻小微企业的融资压力和负担,使融资行为规范化。三是帮助企业建立现代企业制度,尤其要帮助其建立规范、透明、能真实反映小微企业状况的财务制度,坚决杜绝失信行为的发生,切实提高小微企业信用等级。2013年以来扬中全面落实小型微利企业所得税优惠政策,截至目前,对全市小微企业减免企业所得税近百万元。扬中市专门针对小微企业设立5000万元"小微企业还贷周转金",让全市越来越多的小微企业受惠。运行以来,已累计发放20笔共计8280万元周转金,有效帮助了小微企业缓解融资难题。

(三)为小微企业技术进步和产品优化升级服务

一是引导企业创新管理模式,加快技改和产品创新。积极引导企业由"扬中制造"向"扬中智造"转变,向"专、精、特、新"方向发展,依靠诚实守信和优质服务吸引客户,增强竞争力;积极由"扬中制造"向"扬中创造"转变,引导小微企业提高经营管理水平,加快品牌培育,以过硬的品牌留住客户,提升核心竞争力。二是注重加强小微企业人才培养,定期举办小微企业家短期培训班。邀请有关高校、科研单位及知名专家来扬中市对企业家进行培训,提升企业家素质,造就一批懂经营、会管理、了解市场和政策法规的高素质企业家。扬中市科技局根据小微企业实际,创新服务举措,为小微企业科技创新量身定做了"雏鹰计划",具体包括高企后备培育、知识产权培育、科技人才培育三方面。

此外,还要给予小微企业良好的公平竞争环境。党的十八届三中全会《决定》指出:发挥市场在资源配置中的决定性作用,建立和完善统一开放、竞争有序的市场体系。而现行的《中小企业法》,囊括了资金税收融资政策、创业扶持、技术创新支持等,唯独缺少了市场准入、维权方面的举措。小微企业要实现持续健康较快成长,关键需要各级政府为其提供公平竞争的市场平台。对小微企业来说,公平竞争的市场环境,包括产业准入上的公平公正、资源等生产要素上的平等使用、市场营销上的公平参与平等竞争和企业收益上的同等受到法律保护。

(张跃平、李华、郭林森)

近年来,扬中市着力构建具有扬中特色的现代产业体系,现代服务业规模不断扩大,结构不断优化,对财政收入和就业的贡献份额不断提高,2012年服务业占 GDP 比重已提高至42%。现代服务业已经成为扬中市扩大内需、培育经济新增长点的重要领域,成为转变发展方式、调整经济结构的重要抓手。

2013年,扬中市提出了加快桥港城联动、构建现代服务业发展新体系的目标,通过集聚现代物流业、壮大新兴服务业、繁荣生活服务业、提升特色旅游业等措施,促进产城融合,实现高效发展。站在新的起点上,重新审视扬中市现代服务业的发展环境,可以看出,扬中拥有诸多优势,但也面临不少困难。

一、扬中现代服务业发展的优势

一是扬中所具有的人文和科教资源、产业集聚、桥港联动等多方面优势将日益凸显;二是国家推动经济转型升级的新要求为现代服务业发展提供了更加强劲的动力,特别是国家制定的《长江三角洲地区区域发展规划》提出,到2020年,长三角地区要形成以服务业为主的产业结构;三是扬中市完善城市功能,积极开发岛市资源,服务业投入逐年加大。

二、扬中现代服务业发展面临的困难

(一) 现代服务业的总量还不够大,发展速度还不够快,结构还不尽合理

现代服务业与现代产业紧密联系的技术、资本和知识密集型服务业总量相对偏低,内部

结构不尽合理。信息服务、现代物流、科技研发、商务服务等生产性服务业的比重偏低,软件、文化创意、会展等新兴服务业的体量较小。

(二)加快发展现代服务业的氛围还不够浓厚,工作体制机制尚未理顺,工作资源不匹配

在一定程度上还存在着重工业、轻服务业的现象,以及工业是硬指标、服务业是软指标的错误认识。服务业牵涉行业主管部门众多,规划、政策、产业指导目录、重大项目推进与督查、引导资金的使用管理等,是影响服务业主要目标任务完成的重要支撑和主要工作抓手,而目前这些工作资源没有牵头部门统一协调。

(三)支持现代服务业发展的政策体系有待进一步完善

扬中市需要进一步加大政策创新力度,提升扶持政策的"含金量"、系统配套和可操作性,并着力解决相关优惠政策落实难、落实轻的问题。

三、加快发展扬中现代服务业的几点建议

(一)以统一认识为动力,形成现代服务业发展合力

当前在发展现代服务业的认识上主要存在两种误区:一种是对发展现代服务业的内涵、特点及其推动经济发展的重要作用尚缺乏深刻的认识,更没有意识到现代服务业与发展工业,尤其是发展制造业之间存在着相互依存、相互促进的关系,对发展现代服务业不够重视或仅停留在口头上;另一种是对发展现代服务业的热情很高,但盲目性较大,满足于做表面文章。当前,进一步解放思想,关键是深入研究现代服务业的特点及内在要求,提高各部门、各单位对发展现代服务业的认识,把服务业真正放在优先发展的战略位置,推动现代服务业发展实现新的突破。要通过加强组织领导、规划引领、政府服务和目标考核,加大统筹协调力度,理顺关系、明确职责、形成合力。尤其要优化绩效考核办法,将服务业增速、投资增速、占 GDP 比重、从业人员比重等重要指标列入考核体系,确保各项工作真正落到实处。

(二)以延伸产业链为突破口,促进现代服务业和先进制造业互动发展

充分发挥生产服务业"黏合剂"和"推进器"的作用,促进服务业加快向制造业渗透。一是推动产业链升级。大力引进和发展产业链中最具价值的生产服务环节,推动产业向研发、设计、物流、营销、品牌推广等上下游延伸,形成制造业与服务业相互支撑、相互促进的发展格局。二是推动制造业内部服务专业化发展,积极引导制造业企业主辅分离,将研发、设计、物流、营销等服务环节剥离出来,大力发展第三方专业化服务企业。三是推动产业与金融的融合发展。推动金融产品创新,加快金融业从传统信贷功能向资金融通、资源整合和价值增值等多重功能转变,实现产业与金融发展的良性互动。

（三）以载体建设为重点，推动现代服务业集聚发展

一是大力发展现代服务业集聚区。运用先进管理理念整合资源，从空间和形态上推动现代服务业集聚发展。大力促进现代物流、科技研发、创意等生产性服务业向集聚区集中发展，着力彰显集聚区在现代服务业发展上的示范、带动和支撑效应。二是推动服务业特色化发展。在城区范围内围绕重点功能板块建设，策划、创立一批服务业集聚区，通过着力打造商务办公区、文化产业区、中心商贸区等产业核心，促进板块功能完善。三是促进镇区服务业提速发展。临江镇区重点打造临港物流示范区，新坝依托企业重点发展科技研发示范区，开发区重点发展现代商务、文化创意、软件及信息服务示范区，还可以根据各地实际发展生态旅游集聚区。

（四）以提高企业竞争力为核心，培育现代服务业知名品牌

一是打造知名品牌。在物流业、商务服务业、房地产业、批发和零售业、住宿餐饮业等行业，做强一批现代服务业特色品牌，引进一批大型功能性、枢纽型项目，培育一批拥有都市化水平和现代经营管理方式的本土现代服务业龙头企业。引导企业加强管理、提高质量，提升企业和产品的知名度和竞争力，争创名牌企业、知名产品和驰名商标。排出扬中市服务业成长性企业，建立企业服务机制，帮助解决困难，加强在政策、信息等方面的支持，促进企业加快发展。二是创新商业模式。积极运用和扩展服务信息化、品牌连锁经营等先进商业模式，实现各类资源要素的有效利用。适应产业和市场发展需要，做优做强会计、经纪、代理、策划、广告、融资、租赁、设计及技术中介、就业中介、产权中介等商务服务业。三是做强做大企业。在现有基础上加快培育一批在同行业位居前列的重量级服务业企业集团。鼓励流通企业与生产企业合作，实现服务品牌带动产品品牌推广、产品品牌带动服务品牌提升的良性互动发展。

（五）以招商引资为抓手，提高现代服务业水平

结合扬中市现代服务业发展重点，精心组织实施现代服务业专题招商活动，加大招商力度和招商密度。加快融入长三角一体化进程，尤其在现代物流、旅游服务等领域加强合作，实现资源共享、优势互补。重点引进现代物流、金融保险、大型商务、研发设计、文化创意、总部经济、服务外包、商业模式创新等新兴服务业，在用地、用人、用水、用电、税收等方面给予政策优惠。

（陆庆、左志鹏）

071

旅游产业是第三产业的重要组成部分,是世界上发展最快的新兴产业之一,对产业升级、社会就业、城镇化水平、生态发展具有很大的拉动作用。改革开放 30 多年来,我国旅游产业迅速发展,产业规模不断扩大,产业体系日臻完善。扬中成洲时间不长,但自然资源、人文资源和民俗风情独具特色,这些丰富的文化资源和独特的江岛型自然田园风光,为扬中发展旅游产业奠定了基础。本课题组在充分调研的基础上,对扬中旅游产业发展的优势条件和影响旅游产业发展的问题进行了分析,提出了转变旅游产业发展的理念和现实举措,期望可以对扬中旅游产业发展起到促进和推动作用。

一、扬中旅游产业发展的优势条件分析

从哲学上讲,事物的发展,内因是根本,外因是条件。当前,扬中把旅游产业作为支柱产业加以培育,"天时、地利、人和"三方面的条件均已具备。

(一)天时,旅游产业的发展具有有力的政策支持

近年来,从中央到地方,都非常重视和支持旅游业的发展,都把旅游业作为支柱产业来培育。一系列鼓励旅游消费的政策相继出台,如《国务院关于加快发展旅游业的意见》(国发〔2009〕41 号)、《国民旅游休闲纲要(2013—2020 年)》(国办发〔2013〕10 号)、《江苏省人民政府关于进一步加快发展旅游业的意见》(苏政发〔2011〕69 号),以及 2013 年 4 月《旅游法》的正式出台等。这些政策方针有利于加快产业结构调整步伐,逐步改变原有产业结构过重的状况,尤其是加快现代服务业的发展。旅游产业作为第三产业的龙头,其发展对能源、环境没有过多的要求,是国际上公认的环保产业、无烟产业,完全能够在结构调整中扮演更

加重要的角色、发挥更加重要作用。世界旅游组织预测,到 2020 年,中国将成为全球第一大旅游接待大国和第四大客源输出大国。

(二)地利,扬中旅游产业的发展具有广阔的市场前景

一般而言,旅游动机的形成需要具备两个条件:一是有钱。国际上,在人均 GDP 达到 1000~2000 美元时,旅游业的消费会全面释放,这是个临界点。扬中市及其周边的城市人均 GDP 均已超过了 3000 美元,这预示着休闲度假旅游将在未来的几年内得到蓬勃的发展。二是有闲。国家对作息制度做了调整,目前,法定公休假的时间已经达到了 114 天。居民出游在经济上、时间上,条件都已具备。私家车的逐步普及,为中短途旅游创造了更加便捷的条件。扬中致力把旅游产业培育成为支柱产业和人民群众更加满意的现代服务业。江馨怡国家 AA 级景区、渔乐园全国农业旅游示范点成为扬中美食生态文化旅游的代表性景区(点);中国职业装博览馆、油灯博物馆、梓阳植物园,以及遍布扬中全市的 60 多处休闲、垂钓、采摘、江鲜品尝、特色水产养殖、生态体验等特色旅游服务成为扬中各类文化旅游的主体;投资近亿元改造完成的太平禅寺佛教广场使扬中又新增一处宗教文化景区;总投资近 5 亿元的"渔文化主题公园"成为江城绿岛、水上花园的又一靓丽名片。2013 年扬中成功举办了江苏省第八届园艺博览会,极大地优化了旅游环境,为扬中旅游业的发展注入了新活力。"一岛五桥"的建成通车,优化了扬中的交通格局,为扬中旅游产业的发展提供了一个新的发展机遇。

(三)人和,扬中的旅游产业的发展具有良好的发展氛围

扬中市委、市政府对旅游产业一直高度重视,近几年先后制定出台了一系列政策措施,把旅游产业放在与开放型经济和民营经济同等重要的位置来抓,扶持旅游业发展,刺激旅游消费,为扬中旅游产业的发展注入了强劲的活力。编制了《扬中市关于进一步加快旅游业发展的意见》,《扬中市旅游发展总体规划 2013—2030》在 2013 年年底通过专家组评审。同时,扬中市还从硬件设施、软件服务等方面着手,加快提升旅游接待层次。目前共有五星级酒店 2 家、四星级酒店 1 家、三星级酒店 9 家;旅行社总数达 10 家,其中三星级旅行社 1 家(见表1)。一批高学历、高技能、高水平的从业者进入旅游从业者队伍。现在,扬中全市上下已形成这样的共识:旅游产业是先导产业、绿色产业,旅游经济是税源经济、富民经济。抓旅游就是抓经济发展和结构调整,就是抓环境改善和社会就业,就是抓文化建设和精神文明。

表1 扬中市星级宾馆、旅行社、旅游景点统计表

		基本情况
旅游接待设施	五星级	菲尔斯金陵饭店、君泰维景酒店
	四星级	长江大酒店
	三星级	新世界大酒店、周仔大酒店、东苑大酒店、扬中宾馆、金叶大酒店、金色港湾大酒店
	二星级	华夏大酒店、江洲宾馆
	其他酒店	扬中宾馆贵宾楼、衡泰商务酒店、锦江之星酒店、如家快捷酒店、汉庭快捷酒店

会所	3家	九号公馆、皇朝娱乐会所、江洲一号
旅行社	10家	扬中市旅行社、春意旅行社、今天旅行社、江洲旅行社、环球旅行社、阳光旅行社、好心情旅行社等
旅游景区	国家AAAA级	园博园
	国家AAA级	国土公园、中国职业装博览馆
	国家AA级	江馨怡旅游度假村、渔乐园、滨江生态园、梓阳植物园、渡江文化园
	省四星级乡村旅游点	江馨怡旅游度假村、长江渔文化园
	省三星级乡村旅游点	滨江生态园、众禾生态园、南湖农庄、水岸仙居农庄、扬中宾馆生态园
	省二星级乡村旅游点	西沙湾、香江渔港
	其他旅游景点	油灯博物馆、中国民间民族乐器陈列馆、月新竹编艺术馆
	在建旅游景点	雷公岛度假区、如意湾（滨江风光带）

总之,加快扬中旅游产业的发展,我们不仅具有资源、区位、交通等组合优势,而且具有基础、潜力、市场等良好条件。古人说:"天予不取,反受其咎;时至不迎,反受其殃。"扬中作为后发旅游发展地区,在推进产业结构优化升级的过程中,更应顺应时代潮流,大力提高对加快发展旅游产业的重要性和紧迫性的认识,加大旅游开发力度,使旅游业成为扬中经济社会发展的强大推进器。

二、当前扬中旅游产业发展中存在的主要问题

扬中旅游产业起步于21世纪初,开发比较晚,地接旅游市场还未形成,旅游体系建设与其他地区相比还存在"质"的差距。

（一）管理体制不顺,旅游相关部门合力优势发挥不足

首先,缺乏统筹协调的常设综合管理机构:一方面作为主管部门的市旅游局,难以协调旅游产业发展涉及的多部门工作;另一方面又存在着部门职权分离、职能交叉的弊端。其次,资源整合力度不大,生态资源保护机制不全,在沿江原生态江滩湿地进行开垦、养殖的现象比较突出;全市景点、旅行社等涉旅企业还处于服务不到位、无序竞争状态,尤其是沿江农家乐、江鲜小吃任意布点,各自为战。再次,产业发展配套政策有待完善,尤其是土地、资金瓶颈突出,旅游业发展的空间和后劲不足。

（二）旅游产业发展的基础设施建设有待进一步加强

扬中市虽然具有优良的生态环境和区位交通优势,但旅游景区资源品位一般。与周围各市的景区相比,扬中市景区景点的基础设施还很滞后。扬中全市现有景区中真正具有资源独占或稀缺型并且不具备替代性的旅游景区几乎没有,从而导致旅游客源吸引力不足。唯一具有资源独占特点的"中国江鲜菜之乡"品牌及河豚美食节却囿于营销模式、主体方式及政策环境,而与旅游的关联度不大,在全国的影响也比较有限,甚至有被其他地区取代的隐患。

（三）旅游资源开发的有效延伸不足

扬中市拥有天下一绝的江鲜文化,但是针对江鲜文化的开发,目前仅有每年一度的中国扬中河豚美食节。河豚节期间,游客仅仅是到扬中品尝美食,不会多做停留,没有其他消费,旅游资源开发得不到有效延伸。此外,一些现有项目的建设也过于单一,没能做到很好的延伸,产品附加值低。如渔乐园占地面积187万平方米,是扬中市占地面积最大、最具开发潜力的农业产业化基地,但目前产品过于单一,仅以餐饮、养殖、垂钓为主,应进一步拓展开发旅游产品,留住客源。还有目前扬中市大力建设的江鲜城,一期主要是餐饮建设,产品过于单薄,应进一步拓展旅游产业链。旅澳华人杨怀进修建的梓阳植物园/梓阳书画院(江苏省美术馆创作基地)可以进一步进行功能拓展,建设成为私人商务会所。

（四）环境与土地资源具有一定的约束性,不适合大规模开发

扬中系长江冲积沙洲,地势低平,全市被长江环绕,江堤内是农业用地和生产生活建设用地,堤外是宽阔的长江水域。经过数百年的开发,陆地利用效率较高,但土地利用扩展空间狭小。在开发的过程中,为了保护全市生态物种的多样性,必须保留适当的滩涂、苇地,可开垦为耕地的滩涂、苇地不仅量少,且开发难度及开发成本较大。待开发的西沙岛和雷公岛由于处于泄洪区无法进行产权买卖,开发也有一定的难度。具体情况见表2。

表2　扬中市旅游资源等级分类表

旅游资源等级	总数	百分比（%）	旅游资源单体名称
五级	2	3.85	长江、河豚
四级	7	13.16	西沙岛、雷公岛、百里江堤、太平禅寺、渔文化生态园、园博园、中国.扬中河豚美食节
三级	17	32.69	国土公园、南江会所、国防园、梓阳植物园、中国职业装博览馆、油灯博物馆、中国民间民族乐器陈列馆、月新竹编艺术馆、扬中长江二桥、扬中三桥、泰州大桥、观音会、滨江湿地公园、西沙生态农业园、江馨怡旅游度假村、鸿景江度假村、省书画创作基地
二级	14	26.92	沿江滩涂、渔乐园、扬中国际影视城、二墩港码头、城西公园、城北公园、戏台、苦瓜茶、刀鱼、鲥鱼、秧草、绿豆饼、太平广场、纪福葡萄园

旅游资源等级	总数	百分比（%）	旅游资源单体名称
一级	12	23.08	燕笋河豚、秧草河豚、浓汤西施乳、砂锅鮰鱼、灯科、花朝、唱麒麟、送苍龙、舞龙灯、舞狮子、玩花船、讲经
合计	52	100	

从目前扬中市旅游业的发展现状来看，扬中旅游产业和旅游市场仍处于初级发展阶段，旅游产业在各个方面的开发空间还很大。但是，如果仅仅发展传统观光旅游产品，扬中与历史文化古迹和古典建筑丰富的南京、苏州、扬州、无锡等城市相比没有优势。同时，扬中应避免再建设大型主题公园或游乐场，除非主题十分鲜明且宣传得当，否则无法吸引大量游客，因为周围有常州恐龙园和嬉戏谷、苏州乐园及正在建设的上海迪士尼乐园。因此，扬中旅游发展应着眼于对现有人文资源进行开发完善和提升，同时挖掘江岛的独特优势，以"扬子江""岛"为亮点与周边沿江城市进行差异定位，变纯粹观光为以美食为基础，集观光、体验、度假、娱乐为一体的综合型旅游产品。

三、扬中旅游产业发展需要转变的几个理念

（一）大旅游发展理念

要改变"就旅游论旅游"的传统观念，确立"城市即旅游，旅游即城市"的新理念，把扬中整岛作为最大的景区来经营和建设，全面提升城乡生态水平和城市整体形象。着力解决旅游业长期以来条块分割、合力不强的问题，把城市的规划、建设、管理及生态环境、形象塑造等重要资源整合起来，用"大旅游"的理念去谋划、去经营，把旅游要素融入扬中全市经济社会发展的全过程。

（二）大市场发展理念

要充分发挥市场在资源配置中的作用，不仅要大力开发区域旅游市场、国内旅游市场，还要积极开拓国际旅游市场；不仅要大力开发旅游市场本身，还要积极借助旅游市场的开发不断带动商品市场、劳务市场、资本市场、生产力市场等的发展，进而促进区域经济的发展。要通过规划、管理、资金支持等手段，通过供给与需求的控制和调节，用政府有形之手和市场无形之手，共同培育出一个有序、成熟的旅游资源资本化市场。创新旅游经营管理体制机制，逐步建立产权明晰、权责分明、政企分开、管理科学的现代企业制度，使之成为市场竞争的经营主体。采用资本化运作，加快旅游投融资平台建设和深化，缩短旅游服务设施与市场需求之间的差距，适应高速发展的旅游产业发展。

（三）大城市发展理念

城市作为旅游客源地,是旅游的重要载体,城市旅游者的增多不但直接增加了旅游目的地的旅游收益,更带动了城市观念的更新和资金、技术等的投入,对于加快旅游城市的开发与建设、促进区域经济的协调发展等都具有重要的意义。要充分发挥旅游城市的带动作用,必须从过去主要是谋求资源在经济主体上的集聚转为谋求资源在地理空间上的集聚,合理规划旅游产业的布局,建立旅游产业集群,从产业和空间、区域互动的角度,谋求旅游产业的发展之路。

站在经济转型的十字路口,扬中旅游业如何抢抓战略机遇期,在未来长三角旅游城市中占有一席之地,必须从现在起充分认识加快发展扬中旅游业的重大意义,进一步增强责任感和紧迫感,用创新的思路、更大的力度、务实的举措,促进扬中旅游业发展从单纯依靠政府主导向发挥政府主导与市场主体作用相结合,以及从单一的传统观光旅游向生态旅游、文化旅游、休闲旅游、节庆旅游、商务旅游相结合转变,从而加快旅游产业转型升级,推动旅游业实现跨越式科学发展。

四、促进扬中旅游产业发展的对策措施

打造"最美扬中"的生态环境、致力生态资源的永续利用、追求特色旅游的"第一""唯一",是扬中旅游产业跨越发展的必由之路。扬中将整体定位为以生态湿地、江中岛屿等旅游资源为支撑,以"三园、两岛"开发为引擎,以塑造河豚文化和美食节庆旅游品牌为特色,充分挖掘"渔""水"文化、切实做好"桥""岛"文章,打造融原始生态、江鲜文化、休闲度假、商务会展、节庆活动等功能为一体的扬子江生态旅游岛和长三角新兴旅游目的地。

（一）突出规划引导,探索生态旅游之路

国家旅游局和江苏省旅游局近几年旅游情况通报显示:生态、休闲、养生、度假类旅游方式越来越受消费者喜爱,其相较传统旅游在旅游经济中所占比重逐年提高。未来 10 年将是此类旅游产业的高速增长期,并最终将取代传统旅游的主导地位。扬中要整合现有资源,针对市场需求,进行市场细分,以打造乡村旅游市场、生态度假旅游市场、宗教旅游市场、银发旅游市场专项市场为突破口,推动扬中市旅游产业发展(见表3)。重点打造滨江公园及滨江休闲风光带、长江渔文化生态园、江苏省园博园三大精品景区,大力推进雷公岛和西沙岛两大岛屿的旅游开发,分段实施江堤拓宽改造、美化绿化工程,加快建设以自行车赛道、健身绿道为特色的 120 公里环岛江堤旅游风光带。以《国民旅游休闲纲要(2013—2020 年)》颁布和创建国家生态市、国家环保模范城市、国家园林城市、国家卫生城市为契机,大力推介生态度假游、绿色养生游,发展观光农业,将"田园风光游""自驾游""渔猎游"和"采摘园""农家乐"等乡村旅游产品进行有机串联,加快构建环岛生态旅游体系。尤其是雷公岛、西沙岛的开发一定要确定永续利用的理念,强化旅游中"休闲度假养身"这一高端环节,将观光、休

闲、商务、度假、疗养健体、养生科普结合起来,使之成为休闲度假胜地、城市"天然氧吧"和扬中"后花园"。

表3　扬中旅游资源与市场需求

现有资源	主要资源单体	针对市场	市场需求	打造强度
以美食为特色的乡村旅游资源	长江三鲜、河豚等,长江渔文化园、生态农庄	商务市场和美食爱好者	较易吸引城市居民	重点打造
休闲度假资源	雷公岛、西沙岛、园博园	中高端商务会议、度假市场	市场需求旺盛,旅游的主流	重点打造
宗教资源	太平禅寺	宗教人士	对特色精品感兴趣,需求相对较弱	突出亮点

（二）强化政府主导,激发运营主体活力

　　根据先进地区的经验,对旅游资源的开发,政府主导是顺利启动的关键。要重新明确扬中市旅游局的职能,强化部门协作,实现以政府统筹区域性旅游业发展的运行机制。必要的基础设施和景点的启动建设由政府先期投入,旅游环境和品牌由政府来营造、推介,后续的项目和景点通过招商引资来完成,真正形成政府搭台、企业唱戏的格局。通过设立景点旅游管理处等机构,强化对旅游业发展市场尤其是对开发主体的监管。同时要激发运营主体活力,推动成立扬中市旅游发展集团公司,尝试创立政府、旅游管理部门、投资平台公司、银行、担保公司"五位一体"的旅游投融资模式,实现旅游开发由招商引资到自主融资的转变。鼓励企业向市政园林、旅游环保、公用事业等多个领域迈进,滚动发展,力求成为有投资、策划、开发、建设、管理能力的实体性经营公司。以市场化的路径提高运营效率,通过加强与全国知名旅游策划、投资、运营公司或景区的合作,促进扬中景区的开发建设和市场拓展;通过商业赞助、冠名、战略合作、设立企业日等形式,有效解决景点基本运营、广告宣传等资金问题;通过"买租"全国知名公司餐饮、交通、物业等服务项目,提供专业化品牌化的服务保障。

（三）挖掘人文内涵,丰富旅游元素结构

　　立足扬中全市资源禀赋,深入挖掘自然优势和历史文化内涵,着力策划包装好太平禅寺、油灯博物馆、长鸣乐器、月新竹编、梓阳植物园等景点,注重开发生态文化、河豚文化、太平文化、大桥文化、民俗文化、自然埭古建筑等,形成集"大江风貌、江南水乡、长江湿地、生态园林、河豚之乡、江鲜美食、休闲养身、爱国教育"于一体的旅游画卷。可以在园博园内建设河豚文化展示馆、河豚标本陈列馆、长江水族馆、欢乐河豚小品和美食体验坊,放映河豚动漫,充分挖掘河豚文化,延伸江鲜文化旅游资源,创新江鲜菜系,开发特色旅游产品,进一步打响"中国·扬中河豚岛"的品牌;通过建设中国桥梁博物馆、代代扬中人民筑堤浮雕,放映"'四千四万'闯市场"主题片,展示扬中人众志架大桥、筑大堤、建大道的"扬中精神";通过建设保护环境、爱护家园的主题走廊,诠释扬中人与自然和谐共生的"生态文化";通过打造

"展示＋体验"、文化元素结合时尚互动的园博窗口，全方位展示扬中历史文化脉络和特质，使参观者感受到城市现代化进程的脉搏。

（四）释放园博价值，促进产城融合发展

旅游业具有消费与生产的双重特征，关联度高、带动性强、辐射面广，共涵盖 109 个行业。要克服"就旅游论旅游"的传统观念，以园博改造提升为契机，依托园博龙头地位，注重对扬中全市旅游核心产业链条进行充分预测和研究，确立空间布局和经济质态的产业核心，在"核心产业＋配套产业＋支柱产业＋衍生产业"模式上下足功夫。一是提升旅游产业的渗透力。构建"大旅游、大市场、大产业"，大力推进旅游与文化、商业、体育、农业、工业等相关部门和行业的融合，共同发展文化旅游、商务旅游、康体旅游、工业旅游、会展旅游、生态旅游、乡村旅游，形成多点支撑、融合发展的大旅游格局。二是提升旅游业的覆盖率。用"全景扬中"的新视角突出规划引领，以"超旅游资源观"跳出行业视线，构建全域旅游，走"产业资源旅游化，旅游发展产业化"之路。比如，要加快城乡联动，重视环岛景观带、泰州大桥扬中互通风景点和副城、西来岛的旅游资源的开发，更好地发挥桥头堡、中心区和窗口作用。三是提升与新型业态的融合度。以新型业态嫁接旅游业，使其更具市场竞争力。致力于打造平台经济，以游邮、游商、游艺、游体等合作项目为平台，促进旅游与通信、商业的良好互动，艺术与休闲、健身的有机结合，拓展旅游公共服务功能和领域。逐步完善城市"休闲"体系，重点打造城市综合体、商业步行街等商务集中区，并加强平台型产品所需的产业生态系统的建设，加快产业链的对接与配套。

（五）加强区域合作，优化旅游发展格局

为有效实现文化旅游资源的多元共生、共享共赢，应通过体制机制上的持续探索与科学创新，克服行政区划壁垒，推动区域合作和文化旅游资源共享。扬中位于旅游资源丰富的长三角洲内，四面环江，东北与泰州、扬州隔江相望，西南与镇江、常州一衣带水，具有便捷的铁路、公路、水路运输条件，旅游产业发展前景广阔。而长三角各城市的旅游资源互补性很强，旅游合作空间很大，上海是都市型，浙江是山水型，江苏则是园林型。扬中要进一步加强与长三角其他城市特别是周边城市的合作，建立长三角无障碍旅游合作，通过互送旅游客源、共推旅游产品、网络互联互接等方式，构筑资源共享、市场互动的旅游发展格局，与周边旅游城市、著名景区、品牌策划及运营公司、旅行社建立良性互动机制，融入城际旅游圈，建立经营共同体，实现资源共享、优势互补、游客互送、线路互接，争取更大的市场份额，使各城市共享区域优势带来的成果。

（陈定春、郭伟英、冯芸、孙小琴）

079

文体产业是代表未来发展趋势的战略产业,大力发展这一绿色产业、朝阳产业,既是十八届三中全会提出的重要任务,也是贯彻落实科学发展观、转变发展方式、调整经济结构的重要举措,更是扬中市满足市民生活需求、完善城市功能、提升城市软实力和综合竞争力的有效抓手。

一、基本情况

一直以来,扬中市都高度重视文体产业发展,积极在思路创新、政策创新、举措创新上动脑筋、求突破,实现了产业发展的成功破题,一批富有扬中特色、具有发展潜力的文体产业形态正在逐渐形成。截至目前,据不完全统计,扬中全市共有各类文化市场经营单位 294 家,从业人员 5000 多人。其中,市级广播电台、电视台各 1 家,电影发行公司 1 家,影剧院 4 家,歌舞娱乐场所 20 家,体育商品经营 10 家,网吧 39 家,音像、书报发行网点 88 个,印刷企业 63 家,民间工艺制造企业 40 家,旅游企业 5 家,AA 级以上旅游景区 3 个。2013 年,扬中全市实现文体产业增加值占全市 GDP 比重达 4.5%。

二、工作开展情况

(一) 注重加大投入,不断夯实发展平台

近年来,特别是"十一五"以来,扬中市政府在财力比较紧张的情况下,持续加大对文体基础设施建设的投入,全力支持文体产业发展。其中,投入 600 万元对市影剧院进行了改

造;投入 3800 万元建设了太平禅寺佛教文化广场;正在建设的奥体中心计划总投资达到 8 亿元;滨江湿地公园投资达到 2 亿元,园博园投资 13 亿元。同时,对市体育馆、图书馆、文化馆等文化设施也不断进行功能完善。另外,各镇(街、区)也高度重视文化设施投入,如新坝镇实施了体育馆和影剧院改造工程,建设了渡江战役胜利纪念主题公园;油坊镇、开发区建设了文体服务中心;等等。这些都为扬中市文化产业发展奠定了较好的物质基础。

(二)注重彰显特色,着力打造品牌效益

扬中历史较短,文化积淀不深,体育基础薄弱,因而在推进文体产业发展上扬长避短,努力以特色抢市场,以品牌求发展。一是重点发展江鲜美食文化产业。充分发挥以河豚、刀鱼、鲥鱼为主的扬中江鲜美食品牌效应,连续举办了十届"中国扬中河豚美食文化节",有力推进了江鲜文化与旅游产业的融合。二是大力发展生态文化产业。依托扬中江中岛园的区域特色,着力在以"生态"为内涵的文化产业发展上做文章、求效益。一方面,借助大江风貌、田园风光、江鲜美食的生态优势,推动生态旅游业的发展;另一方面,利用扬中芦、柳、竹特色资源,积极发展柳编、竹编、竹笛等民间工艺产品,实现了生态资源、经济效益和文化培育的有机融合。三是积极发展"太平"文化产业。利用扬中"太平洲"的美誉和太平禅寺的宗教资源,做响"太平"文化。目前,太平文化广场一期已经建成,二期正在实施之中。通过实施这一系列举措,力争将扬中打造成为集"宗教文化旅游、信众宗教活动、生态园林观光、游客休闲购物"为一体的特色旅游目的地。四是及时拓展园博文化。以 2013 年江苏省园博会在扬中举办为契机,通过高水平的园区建设和运营,提升扬中园博会的美誉度,并注重后园博时代的开发,积极开发花展、灯展、水上乐园运动项目等,努力打造有扬中特色的园博文化。五是加快培植体育产业。利用扬中全民健身氛围渐浓的势头,在体育产品销售、体育企业发展、体育商业活动、场馆服务等方面加大培扶力度并取得了新进展;同时突出体育彩票销售,2012 年一举突破销售亿元大关。

(三)注重改革创新,努力激发发展活力

近年来,扬中市适应市场经济发展要求,在深化文体产业体制改革上不断加大力度,加快推进文化经营单位走市场化、专业化、规模化的发展道路,培育了一批拥有现代企业制度、具备一定竞争力的文化企业。如改制后的新华书店拥有 7 家门店,2013 年的销售额达到 2171.9 万元;八桥手风琴厂被中国乐器协会评为"中国乐器行业强势公司",年产值 2000 余万元,带动就业 200 多人。另外,按照自主经营、贴近群众、走向市场的原则,大力推进文艺团体的改革发展,积极引进民营资本,盘活市场,由过去政府养文化转变成政府管文化,激发了文艺团体在市场经济中的繁荣发展。与此同时,在产业发展方式上进行创新,尤其是加强了科技和文化的融合,推动了网络电视、3D 影院和移动多媒体等文化新型业态发展,有效促进了文化消费市场的进一步扩大。另外,扬中市政府把文化产业重大项目建设放在了突出位置,切实加大引进和培植力度,努力增强扬中文化产业发展的动力和后劲。投资 3 亿元的长江渔文化主题园项目一期已经建成运行;总投资 20 亿元的扬中国际影视城项目顺利落

户,成为扬中文化产业发展的一大亮点。

(四) 注重服务管理,积极营造良好氛围

扬中市各相关部门认真发挥职能作用,积极提供优质服务,及时解决相关问题,不断激发文体企业加快发展的积极性。一是强化宣传推介。运用网络、媒体宣传及推介会等形式,向外界大力宣传扬中的河豚文化及乐器、柳编、竹艺等文化产品,进一步增强了扬中特色文化产业的影响力和知名度。二是强化引导扶持。及时做好文化产业发展政策的解读和宣讲,引导企业把握机遇、用好政策,增强投资发展的信心和热情;对各镇(区、街道)文化产业项目进行全面梳理,优化资源整合,提出指导意见;市财政、文体、旅游等部门加强了对文体企业和文体项目的向上资金争取力度,助力文体企业做大做强。同时,对文体项目的引进、审批和建设,各相关部门也给予了及时、高效服务。三是强化市场管理。市文体部门切实加强对文化市场的监管,全面推进网吧连锁、"扫黄打非"、软件正版化及视听节目等的规范化管理,有效促进了文化市场的有序健康发展。

三、存在的问题和下一步工作建议

扬中市的文化产业虽然取得了一定进展,但与周边地区特别是苏南先进县市相比,还有较大差距,主要表现为:一是产业规模偏小,尚处在起步和自然增长阶段,对经济贡献的比重很小,缺乏比较优势和市场竞争力。二是产业层次较低,多数集中在印刷发行、歌舞娱乐、网吧游戏等传统、低端项目上,文艺会展、主题公园、数码影像等新型文化业态还有待培育,体育产业还没有真正破题。三是资源整合不够,特别是对地域特色文化资源的利用、开发水平较低,在文体产业的品牌、效益和影响力上亟待提升。四是文体产业人才紧缺,在引进、培养、交流等方面举措不多、成效不大。

针对上述问题,下一阶段,扬中市应紧紧抓住当前国家大力发展文体产业发展的重大机遇,进一步转变思想观念,切实把发展文体产业摆在更加突出的位置,对标找差,开拓创新,加快推进扬中市文体产业快速突破、健康发展。

(一) 健全促进文体产业发展的工作机制

进一步完善市政府统一领导、部门分工负责、各级齐抓共管、社会力量积极参与的工作体制和工作格局,切实加强对文体产业发展的规划引导和协调指导。加快建立健全文体产业统计体系,强化对行业发展的分析研究、动态监测和绩效考核,适时做好调控,把握工作的主动权。

(二) 尽快制订扬中文化产业发展规划

按照江苏省、镇江市关于文化建设工程的实施意见和国务院《关于加快发展体育产业促

进体育消费的若干意见》的要求,结合扬中实际,邀请高层次专家研究制订《扬中市文体产业发展规划》,真正以科学的规划明确扬中文化产业发展的目标、重点、方向和路径,促进扬中文化产业有序、健康、快速发展。

(三) 及时完善文化产业发展配套政策

进一步完善财政投入政策,设立文体产业发展专项引导资金,并积极加大向上争取资金力度,不断激励文体企业加大投入、新上项目、做大做强。进一步完善投融资政策,加强金融部门对文体产业的信贷支持,通过创新融资担保方式、提供贷款贴息等形式,引导和带动金融资本和其他社会资本投入文化产业。进一步完善优惠政策,全面落实中央、省、市对文体单位实行的增值税、营业税、企业所得税、资产处置和用地等方面的优惠政策,为文体产业发展创造良好的政策环境。

(四) 积极盘活扬中文化产业特色资源

突出发展好扬中的河豚文化产业。这是扬中最大的特色,也是最具发展潜力、最容易形成扬中文化产业突破的有效载体。为此,下一阶段,扬中市应在河豚文化产业的品牌化、规模化、效益化上下功夫,进一步拉长产业链,加快融合集聚,充实文化内涵,扩大对外影响,真正使河豚文化成为带动扬中旅游业、商贸业及其他文化产业发展的强引擎。另外,利用好扬中"一岛五桥"的交通优势和水上岛城的生态优势,进一步发展扬中的生态旅游文化,加快雷公岛和西沙岛的生态开发,努力使扬中市独特的生态资源转化为富有地域个性、极具江岛魅力的产业资源、文化资源。

(五) 加大文化产业项目的招引力度和重点项目培育力度

把文体产业项目招商列入年度计划,实行任务分解和目标考核,促进各职能部门和各镇(街、区)加强与外界的接洽、商谈和宣传推介,力求文体招商在短时间内取得突破。同时,做好筑巢引凤工作,不断完善相关基础设施建设,配套相关招商政策,为项目的落地、发展夯实基础。另外,对国际影视城、奥体中心等重点文体项目加大建设和开发力度,完善现代企业管理方式,尽快出形象、出效益、出影响,发挥示范带动效应。

(六) 着力加强文化人才队伍建设

把文体人才工程作为扬中全市人才工作的一个重点。一方面,抓紧在国内知名院校引进文化经营管理人才和高端创意人才,确保每年引进 1～2 名高层次文体人才;另一方面,加强与高校、文体培训机构的合作,多层次、多渠道地培养扬中本地文体专业人才。同时,健全人才激励机制,吸引国内知名艺术家、文体企业经营者来扬创业,逐步造就一支素质较高、勇于干事创业的文体人才队伍,更好地担当起推动扬中文体产业发展的重任。

(蒋陈超)

一、扬中城北科技产业园项目概况

扬中市科技新城城北产业园是扬中市政府重点项目,是扬中科技新城管委会最早启动的四大产业园区之一,东至三茅大港,西至联丰港,北临长江,南接环城北路,占地面积666.7万多平方米,是扬中市高新技术产业、高端商贸业集聚的新兴产业园区。该园区承接主城区20余家企业退城进区,并可吸纳科技产业类企业30家进区发展。城北科技产业园规划新建建筑物面积100万平方米,总投入30亿元,预计新增销售100亿元以上,安排劳动力就业超过5000人。2012年8月启动以来,已完成征地和拆迁工作,园区基础设施建设也已基本完成。为更好地推进园区建设和实现市场化运作,成立了园区管理委员会和扬中市京城新农村建设投资有限公司。管委会负责征地、拆迁、招商、部门协调等,京城新农村公司负责为企业搭建融资平台、协调资金运作等。政府对园区只是规划引导,自己不当主角,园区由法人实体按照市场的办法进行运作。目前,园区累计筛选28家企业入园,投资总额217420万元,用地面积443620平方米。

城北科技产业园分三期建设,一期起步区位于产业园南侧,面积约586万平方米,将高标准建设城北安置房、4个划地安置集中区及线路管网等基础设施建设,预计总投入13.98亿元。目前,园区一期春柳北路、经二线、纬四西路、纬五路道路已基本建成。丰裕集镇提升泵站、春柳北路提升泵站已完成,雨污管网基本贯通,3.5万伏、10千伏电力通道和自来水、燃气管网随路形成。一期基本建设完成投资11亿元。

城北科技产业园是高新技术产业、高端商贸业集聚的新兴产业园,是未来城市经济发展的示范区,将承载科创研发、总部经济、高端商贸等新型业态。产业园总面积6.8平方公里,主要承接主城区20余家企业退城进区发展,同时可吸纳各类高科技项目、高新技术企业50余家,新建建筑物面积100万平方米以上,达产后可新增销售100亿元以上。目前已入驻和储备项目28个,一期的扬子化塑、远洋船舶、华鑫氟塑3家企业已经建成投产;二期的万宝电器、扬中服装城和科燃总部等项目正在紧锣密鼓的建设之中;三期的200亩高标准化厂房示范区内,中佳科技、华吉防爆等项目也已经开工,生美科技、华联电力等项目正在进行开工前的准备。

园区管委会坚持严格按照国家、省产业政策要求;突出强调技术设备先进性,筛选企业入园,入园企业项目均经审核把关,均需具备行业先进性和技术科技性。其中,比较有代表性的有已建成投产的由专业生产汽车电动助力转向系统密封件的镇江市扬子化塑制品有限公司、已开工建设的从事钣金精密加工及智能电网设备生产研发的扬中市神华电仪设备有限公司和已启动建设的以研发教学科研设备为主要项目的江苏伟创晶科技有限公司等。

二、园区建设与企业转型升级协调发展过程中存在的问题

(一) 产业园在政策方面有待进一步倾斜

与其他城市的同类科技园相比,城北科技产业园在政策优惠方面(比如人才引进、科技成果转化、税收、信息共享、投资融资服务等)缺少明显的竞争优势,导致高端项目引进难、现有项目长不大、优秀人才留不住。没有项目和人才,势必会造成科技园区产业发展缓慢,难以形成良性循环。

(二) 产业园在基础设施与管理方面有待进一步加强

一是土地指标的落实还有很大困难,土地指标缺口较大。二是征地拆迁成本不断攀升,入园企业负担加重,给项目招引造成了阻碍。三是园区建设需要相关部门的配合协调,特别是企业反映比较强烈的电力设施、燃气轨道、电信设施、道路基础设施(园区指示牌、红绿灯设置等)等。四是服务力量需进一步加强。目前园区项目正在加紧建设,各企业之间很多事项需要统筹协调,园区内现有空地需专人看管(以防止偷盗、乱倒等现象的发生),园区内的基本设施也需加紧建设,同时园区内基础设施的维护和管理需要相关部门配合与支持。服务力量不足也是延缓企业建设的一大障碍。

(三) 产业园在服务功能方面有待进一步完善

如对企业的融资服务、申报科技计划立项服务、办理出国出境手续服务、信息技术交流及培训服务、推荐企业上市服务、咨询协调服务等方面还存在不足,有些方面至今仍属空白。对企业的融资服务更为薄弱,风险投资、担保基金均无从谈起,极大地影响了企业的发展速度。企业新建花费较大、资金短缺、发展力量不足,需要金融部门给予大力支持,抵押贷款的

手续烦琐,因而一次性办理手续的信用贷款更适应园区企业的发展需求。

(四) 产业园在创新人才建设方面有待进一步提高

园区人才总量少,尤其高素质人才严重匮乏。从比例上看,园区高、中、初级人才的比例与国外学者公认的合理比例1∶3∶6或2∶4∶6相差甚远。而且,高级人才中从事高新技术产业的人才不足,尤其缺乏计算机及电子信息专业、机电一体化专业等专业技术人才,以及既懂专业知识又懂现代经营管理的科技经营人才和管理人才。

园区用人单位在人才引进方面的投入较少。用于人才继续教育和专业培训的经费支出更是寥寥无几,园区管理委员会目前也没有人才引进和教育培训专项经费预算。

用人单位对人才资源是现代组织发展的第一战略资源的认识不到位,是造成高级专业技术和管理人才严重匮乏的一个主要因素。尤其是吸纳与保持关键核心人才的机制不健全,一定程度上也影响了优秀人才"引得进、留得住、用得好、发展快"的良性机制的形成。

(五) 产业园在科技含量方面有待进一步提高

对照"科技园"的主题,现有创业项目的科技含量不够高,企业的建设、成长速度不够快。而科技园区产业过于雷同,也势必造成本地区内的恶性竞争和内耗。

086

三、加快城北科技产业园建设的建议

(一) 继续推进基础设施建设

加快园区内道路、绿化、水电气、雨污管网等配套设施的建设。在现有园区工作机构的基础上,进一步完备推进机制,优化招商队伍配备专业人才。强化政策招引,为入园企业提供发展空间和便利。抓好以商引商,依托街道和园区现有项目和人脉资源,进行大力推介和引进。

(二) 着力开发园区人才资源

树立"人才资源是第一资源"的理念。首先,须确立园区的开发建设"关键在人才"的观念。把人才资源的开发放到园区开发的头等位置,作为"一号"战略任务来抓,在园区形成"人才资源是第一资源"的共识,并将其纳入科技园区经济和社会发展规划,形成园区开发建设与人才资源引进开发紧密联系、相互促进的宏观决策机制,强化人才资源开发的成本投入,实行超前性投资和开发。其次,要树立园区的绩效体现为人才绩效的观念。只有人才的高绩效,才有园的高绩效。充分重视"人才的价值在于其发挥的创造性作用",充分尊重人才的物质生活需求,建立鼓励人才创新和创业的激励机制,使更多的"领头羊"式的优秀人才脱颖而出。一是为人才价值的实现营造适宜环境;二是为人才价值的实现创造必要条件;三是为人才价值的实现搭建信息平台;四是为人才价值的实现构建适宜机制。

（三）加速制订扶持科技企业发展的优惠政策

为扶持科技企业的发展,在科技园区企业人才引进、科技成果转化、税收、出国出境、信息共享、投资融资服务等方面实行优惠政策。争取国家、省、市的优惠政策。建议扬中市在引进高端人才、项目方面出台更加优惠、更具可操作性的政策。人才和项目是科技园区发展的关键,没有人才就没有项目,没有项目就没有企业。人才包括两方面的人才,一是企业人才,在入园项目筛选过程中可以将人才引进作为企业义务条款和鼓励条款;二是管理服务人才,指园区管理委员会应吸纳更多的具备科技管理知识的人才,特别是在信息、技术、金融等方面有特殊技能,能给企业提供更多帮助的人才。

（四）继续加大项目引进的力度

争取更多的优质项目入园,重点着力引进高科技项目。在当前技术转型、高科技项目不断发展的总体形势下,城北科技园应突出"科技园"的主题,重点引进科技含量高、产出高、符合生产力发展要求的项目。以成功引进的以生产教学科研设备为主的江苏伟创晶科技有限公司为例,该项目虽然投资不大、占地不多,但建成后将会形成较高的产出,是典型的低投入高产出的新型企业项目。项目引进过程中可以打破条条框框的限制,破除传统思想的束缚,可以跨行业跨地区引进项目,注重引进具备国际竞争力的国际品牌连锁企业或与国际品牌配套的服务型企业,如中信通讯、际华国际。一是注重以高等院校的师生、研究机构的科研人员、高科技企业的技术人员或技术团队、掌握核心技术的归国留学人员,以及拥有自主知识产权的个人或单位等为重点招商对象;以内地人才集聚度高、科研项目多的城市为重点招商区域的创业资源。二是进一步创新招商方式。完善网上招商功能,有效利用网站信息平台,完善招商服务功能。积极与行业协会合作,在行业网站上发布基地的创业信息,吸引优秀项目入驻。探索多层次招商模式,在继续推行"展会招商""上门招商"等传统方式的同时,积极探索"服务招商""以商招商"等招商手段。结合创业服务体系的建设,聘请顾问和专家,通过他们"牵线搭桥"吸引一批高科技项目落户。实施点面结合的招商模式,进一步完善招商网络,在广撒网的基础上加深与重点行业协会的联系和沟通,充分发挥行业协会联系广、资源多的优势,争取更多的优质项目落户。

（五）深化创业服务

在借鉴国内外先进思路、经验的基础上不断开拓创新,建立健全产、学、研、资、介、贸合作,完善创新创业的各项服务功能,加强主动服务意识,进一步推进企业走访制度,深入了解企业需求,并与企业一起探讨发展目标、运作框架及融资计划,强化针对创业者开展的符合创业者实际要求的、面对面的个性服务,保证和提高科技创业的成功率。在现有基础上,加强与高校、研究院所及国内外有实力的中介服务机构的联系,组建由相关领域知名专家、学者、企业家、投资家组成的顾问团,并与国内外重要研究机构及学会团体保持形式多样的合作关系,向创业企业提供更多专业、可行、有效的服务。注重营造创业氛围。一个政策宽松、服务到位、功能齐全又充满生机和活力的创业环境,不仅能更好地吸引众多的创业者,还能有效地提高工作效率,提高企业的创新能力,树立良好的社会形象。努力推进国际合作,推动创业企业积极参与国际合作与国际竞争,为有意开拓国外市场的国内科技型企业提供一个良好的服务平台;同时,为境外有兴趣进入中国发展的中小科技型企业提供本地化服务和扶持。通过人员互派互访、举办国际论坛、组织市场开拓等活动,推动国际交流与合作。广泛实现信息共享,根据企业需求,纵向组织和协调好已有的中介服务机构,横向联合企业、高校、研发机构等,结成网络,形成合力,建立一个快速、高效的信息资源配置平台。充分发挥网络的作用,为创业企业提供及时便捷的信息服务,促进信息交流和资源共享。

(六)进一步优化企业服务,突出项目建设

进一步优化园区管委会为企业服务的机制,完善企业服务体系,建立企业服务制度。为园区企业提供优质的投资环境,召集企业共同商量园区规划建设方案,确保项目建设质量过硬、手续合法。抓好建成项目投产,定期走访问效,及时解决有关问题,力促扬子化塑、远洋船舶、华鑫氟塑等项目良性运营。抓好在建项目推进,确保神华电仪、建成电器等在建企业按投资计划有序推进。抓好拟建项目落地,确保江苏伟创晶、华联电力等项目落地开工。注重强化协调服务,进一步优化投资环境,加快园区内道路、绿化、水电气、雨污管网等配套设施建设。加大领导挂钩联系力度,定期督查各园区建设进度,破解项目建设难题。对重点项目实行按时办结制及部门联动的综合服务机制,确保入园项目从引进到建成投产得到全程、高效、便捷的服务,力促项目早日建成投产。

(七)做好企业融资服务

在企业的快速发展中,资金成为制约企业发展的瓶颈。不少科技含量高的中小企业现已取得良好的社会效益和品牌效益,具备了大规模发展的潜力,但因缺乏资金和相应的人才,极大地制约了企业的发展速度。信用贷款、担保基金、风险投资等融资服务能更多地支持科技型中小企业的发展。

(姚文笋、周艳阳)

2013 年 4 月,苏南现代化建设示范区规划获得国务院批准。示范区规划的正式启动,既是苏南各地一场新的"同台竞技",也是一次加速发展的重大机遇。扬中全市要建设的"最美扬中",就是扬中在苏南现代化示范区建设中的全新定位,同时也是"中国梦"在扬中的具体阐释。这其中,科技创新将助推"最美扬中"的建设。科技孵化器作为科技公共服务平台的重要一环,在促进科技成果转化及产业化、孵化企业和培育企业家方面发挥着重要的作用。笔者通过对苏、锡、常等地科技孵化器建设的调查了解,得到了一些启发,获益匪浅。

一、苏南现状:孵化器建设起步较早,效益彰显

笔者调查了解的 3 家科技孵化器,分别是 2004 年建立的苏州吴中科技创业园、2005 年建立的无锡江阴高新技术创业园和常州武进津通国际工业园。它们的运作模式虽不尽相同,但都浓缩了苏南科技孵化器建设的鲜明特征,其在建设、管理、经营等方面的成功做法,对扬中市孵化器建设具有较大的启迪意义。

(一) 全程服务是孵化器建设的核心要求

孵化器是提供信息、资金、场地、技术和全程商业化、产业化服务的综合过程,应把入孵企业需求放在首位,为其提供全方位的服务。吴中、江阴、武进三家科技孵化器自建成以来,一直坚持以企业需求为导向,不断扩展服务功能、增强服务能力。不论孵化企业所需要的是信息、技术、资金,还是人力资源开发、市场营销、企业管理,均可在孵化器内得到全面的服务。

（二）政府推动是孵化器建设的重要前提

吴中、江阴、武进先后出台了多个促进科技孵化器发展的政策意见，为推动科技创新创业提供了理想土壤。比如，江阴市政府专门为创业基地设立种子资金和创业发展资金，明确每年安排总额不低于 400 万元的专项经费扶持入孵创业企业。武进高新区给予津通集团"世界 500 强企业"入驻待遇，入驻津通国际工业园的企业还可享受"国家级国际科技合作基地"和"国家级留学人员创业园"的特惠政策。

（三）科技金融是孵化器建设的重要基础

3 家园区通过构建股权投资、银行贷款、上市融资等相结合的全方位科技金融服务平台，持续加大科技创新的聚焦力度，有效降低了中小企业的创业门槛和创业风险。目前，江阴高新技术创业园已聚集各类风险创投机构 12 家，管理募集风险资金规模超过 50 亿元，成为省内创投资本聚集度最高的区域之一。常州市国家大学科技园已引进 7 家创业投资、风险担保、创投管理公司，总注册资本达 4.02 亿元，另与 3 家创投公司签订了战略合作协议，募集风投资金 32 亿元。

（四）专业人才是孵化器建设的重要保证

科技孵化器属于智力密集型区域，人才的培育、招引正成为该领域开展科技创新的首要工作。苏州市、县两级近年来先后出台了"姑苏人才计划"等 30 多个人才培养、引进、激励、服务方面的政策文件，大力引进包括科技服务人才在内的紧缺高层次人才参与孵化服务。

二、扬中现状：孵化器建设快速起步，加快赶超

目前，扬中市共有两家科技孵化器，分别为扬中市科技创业服务中心和扬中市智能电器科技创业服务中心。其中，扬中市科技创业服务中心于 2007 年启动建设，投入资金 4000 余万元，建成孵化面积 1 万平方米，内设规划展示、园区网络、光伏产业信息、科技服务信息、园区企业公共服务五大平台，2009 年被江苏省科技厅评为省级科技孵化器，目前现正在申报国家级科技企业孵化器，力争年内获批。截至目前，中心已入驻各类科技人才 150 余名、孵化企业 20 余家、毕业企业近 5 家，实现营业收入 4000 多万元。扬中市智能电器科技创业服务中心于 2010 年获得江苏省科技厅批准，规划建设面积 2 万平方米，目前正在建设之中。总体而言，扬中市科技创业服务中心发展势头良好，但发展步伐有待进一步加快。

（一）服务能力相对不足

孵化器所应建立的专业技术平台、专业辅导队伍、专业市场拓展渠道、专业服务网络还不完备；科创中心缺乏优势资源的整合，在中介服务方面仅有一家专利代理机构，直接为企业攻克技术难题的行业公共技术服务平台，为创业提供资助的创业投资、风险投资机制均尚未建立；引进的顶智公司，由于缺少资金支持，企业基本处于停滞状态。

（二）孵化结构不尽合理

扬中市科技创业服务中心自 2010 年运行以来,虽吸引多家企业入驻,但绝大部分是开发区现有企业或正在区内征地建厂的企业,这些企业仅将孵化器作为临时的"接待中心"或"物业公司",真正入驻孵化的企业不多。中心服务企业的方式方法单一,现有服务仍局限于场地出租、物业管理、项目申报等事务性内容,不能对入孵企业发展、技术创新提供高效辅导。

（三）被孵化源依然较少

扬中虽地处"长三角"区域,但目前孵化器建设的整体水平仍滞后于周边地区。园区入驻企业孵化方向与扬中全市三大主导产业结构脱节,适合在园区孵化的新材料、新能源产业方面的初创企业非常少,被孵企业招商难度进一步增加,影响了孵化器的发展壮大。

（四）运营投入相对较少

与周边地区相比,扬中孵化器运营投入相对较少。扬中市财政没有设立专门的种子资金或创业发展引导资金,每年投入市科技创业服务中心的运行补贴仅 150 万元,对智能电器创业服务中心的投入还未列入预算。资金投入的不足,在一定程度上制约了孵化器的建设与发展。

三、发展建议:扬中孵化器建设应高点谋划、特色发展

借鉴先进地区的经验,结合扬中实际,建议应从全局发展的高度,科学规划科技孵化器建设。要避免跟在先进地区后面亦步亦趋,避免走与苏南各地同业竞争、同构发展的道路,要利用后发优势,大胆创新、另辟蹊径,加快跨越孵化器发展的初级阶段,按照专业化、园区化的发展方向,将科技孵化器发展同科技加速器、科技园区建设有机结合,整体布局、联动推进。

（一）力避两种倾向

1. 一种倾向是科技孵化器就是"接待中心"。对入驻企业审核把关不严、来者不拒,对自身发展定位不清,简单地认为孵化器就是为企业提供接待服务、工作场地的机构,并急于从场地的租赁中得到投资回报,而忽视了培育创业创新小企业的重要职能。

2. 另一种倾向是科技孵化器就是"物业公司"。将入驻企业和孵化器之间作为业主和物业的关系看待,对毕业企业不加引导,任其发展,为增加房租、税收效益,让已经成熟为"老母鸡"的科技企业持续在园区里"占着窝",而不是引导、鼓励企业尽快实现产业化。

（二）加快推进四项举措

1. 在规划上,引入先进理念,有效接轨现代科技园区

按照现代规划理念,科技园区既不是单纯的产业区,也不是封闭的科技孤岛,而是综合

的科技社区。科技孵化器作为科技园区的核心功能区,应根据园区整体布局,高起点规划。按照整体规划、一体推进、联动发展的思路,将科技企业孵化器与现代企业加速器、高新技术产业和高素质人才集聚区进行配套建设;在优化内部孵化环境的同时,加强孵化器外部综合环境建设,特别是交通、通信、居住、教育、休闲等关系工作、生活质量的配套设施建设。

2. 在建设上,彰显产业特色,坚定不移打造高新产业集群

当前,集群化发展已成为高新技术产业的发展特征和主要趋势。扬中市科技孵化器建设应主动遵循产业集群规律,立足产业基础和资源禀赋,围绕打造产业特色、拉长增粗产业链来选择入孵项目,注重挖掘和引进拥有自主知识产权的高科技尖端项目。对开发区科技创业服务中心而言,当前应重点吸引、培育一批产业链上拥有新能源、新材料等关键技术的项目,积极争创国家级科技孵化器,使科创中心真正成为高新技术成果的转化地、高新技术企业的成长地。新坝镇智能电器科技创业服务中心,应主动对接国家智能电网建设,充分发挥本地智能电气企业的集聚优势,加大资源整合力度,加快智能电气专业孵化器建设,深入开展智能电网核心技术、关键产品研究,助推智能电气产业做大做强。

3. 在发展上,引进市场机制,不失时机推行"官助民办"经营模式

周边地区部分科技孵化器导入市场机制和企业化管理后,在建设、运营、服务等方面更加高效、灵活。建议扬中市大胆探索科技孵化器"官助民办"的形式。"官助",就是各级政府在宏观指导、政策制定、招商推介、整体管理方面主动参与、靠前服务,并在科技孵化器的规划设计、人才引入、项目引进等方面予以协助,帮助科技孵化器尽快壮大。"民办",就是大力吸纳社会资本参与,特别是吸引孵化器经营公司、大型企业集团、知名高校等实力单位参与,设立一个平台公司作为科技孵化器开发主体企业,承担整个孵化器的基础建设、招商引资、产业服务及配套管理等职责,实行风险共担、利益共享,提高孵化器的产出效益。

4. 在服务上,集聚各方要素,竭尽全力创设一流孵化环境

服务是科技孵化器的生命力和竞争力,提供让孵化企业满意的全方位、保姆式服务是科技孵化器的目标。扬中市科技孵化器应千方百计吸引与主导产业相关的科技、金融、人才等市场主体参与,努力构建四大服务体系:(1)成果孵化体系。将成果孵化作为科技孵化器核心功能,从项目引进、孵化、培植到产业化、市场化,为孵化企业提供全过程的专业、集成服务,降低孵化企业的运营成本,缩短产品入市周期。(2)融资服务体系。设立科技孵化器种子基金、风险投资引导基金,以政府风险投资引导基金为杠杆,发展融合型的投资基金,吸引更多的风险投资、私募股权基金投向孵化企业;加强与金融机构的联系,争取更多的信贷倾斜,建立或引进科技中小企业担保公司,畅通孵化企业的融资渠道。(3)技术支持体系。积极与各高校、科研院所建立科技战略合作联盟,架设孵化企业与高校、科研院所更为便捷的产学研合作通道,加快构建重点行业公共技术平台,面向孵化企业开展技术服务,加速技术成果的转化进程。(4)人才服务体系。人才引进与项目引进相结合,加大政策激励力度,从载体提供、资金争取、市场开拓等多方面予以扶持,努力将科技孵化器打造成高科技人才的向往之地。

(施志刚)

农村小额贷款公司是指由自然人、企业法人或其他社会组织投资成立,不吸收社会公众存款,经营面向"三农"的小额贷款业务、担保业务及批准的其他业务的有限责任公司或股份有限公司。2008 年年底,扬中市成立了第一家小额贷款公司——盛大农村小额贷款公司,此后又相继成立了众盛、国银、天益等多家农村小额贷款公司,成为全市农村金融服务的重要补充。

一、扬中农村小额贷款公司地位特殊、作用巨大

与国有商业银行相比,农村小贷公司注册资本"小",贷款额度也受到很大限制,但却有着"方便、快捷、灵活"的优势,对地方经济社会发展有着特殊、重要的作用。这具体表现为三个"有利于":

(一) 有利于实体经济发展

近年来,受国家宏观调控政策的影响,银根持续紧缩,国有商业银行更多地将"橄榄枝"抛给了"中字头""国字号"企业及重大建设项目,面广量大的小微企业往往贷款无"门"、望"贷"兴叹。小贷公司针对小微企业资金需求"短、小、频、急"的特点,积极发展小额信贷业务,为饱受资金困扰的小微企业送去了"及时雨"。据统计,仅 2012 年上半年,扬中市 4 家小贷公司就累计发放贷款 462 笔,新增贷款 1.1 亿元,占全市新增贷款的 5.36%,为 200 余家中小企业解决了"燃眉之急"。

(二) 有利于扩大地方财源

小贷公司在服务实体经济发展的同时,也为地方财政创造了效益。据了解,目前,小贷

公司在运营过程中需缴纳的税费主要有营业税、城市维护建设税、教育费附加、地方教育费附加、印花税、个人所得税、企业所得税和扬中基金8项,其中,除营业税、教育费附加全部上缴外,个人所得税、企业所得税的40%及城市维护建设税、地方教育费附加、印花税、扬中基金全部留给地方财政,还避免了用地、污染等问题的困扰,是名副其实的"绿色银行"。

(三) 有利于促进社会稳定

扬中市民间资本十分丰富,大量的民间游资因找不到理想的投资出路,而转入民间借贷,有的甚至演变为高利贷。而一些小微企业受资金约束,不得不铤而走险,被高利贷"套牢"。这不仅扰乱了正常的金融市场秩序,也成为影响社会稳定的一大隐患。小贷公司的出现,让小微企业不再为钱而"烦恼",在很大程度上挤压了高利贷生存的空间,有力维护了社会的和谐稳定。

二、扬中农村小额贷款公司发展问题突出、亟待重视

调查中发现,当前小额贷款公司在运营和发展中存在的主要问题包括三个方面:

(一) 税赋重、盈利少

目前,贷款利息收入是小额贷款公司唯一的盈利来源。受央行连续降息的影响,小额贷款公司贷款利息收入也逐步减少,仅靠贷款利息收益的小额贷款公司生存变得异常艰难。除此之外,目前小额贷款公司抱怨最多的是税赋不按金融机构利差征收,而是按普通的工商企业来缴纳。照此计算,小额贷款公司的贷款利息收入超过3%需要交税。这样的税率,对于仅靠贷款利息收入盈利的小额贷款公司来说,是非常重的税负。

(二) 潜在经营风险较大

小额贷款公司主要面向的是中小企业、个体工商户和农户,采用的多为无抵押的信用贷款或较为宽松的抵押担保条件,尽管社会效应明显、办事效率高,但潜在的风险也较大。首先,小额贷款公司由于运作时间不长,风险意识还比较薄弱,因而容易因追求贷款规模的扩张和市场份额的增长而忽视资本占用和风险管控;其次,目前小额贷款公司还没有纳入央行的征信系统,对客户的信用调查仅凭信贷员的日常了解,无法从正规渠道对客户的信用状况和信贷风险进行有效甄别,因而难以有效控制风险;再次,由于不允许跨行政区域经营,因而小额贷款公司在风险控制上缺乏地域分散优势,难以应对可能的区域集中风险。因此,尽管目前小额贷款公司不良贷款率还较低,但随着贷款的陆续到期,其潜在信贷风险将陆续显现。

(三) 可持续性发展面临突出问题

一是融资能力差、后续资金短缺,制约扩大经营。小额贷款公司"只贷不存",即不得进

行任何形式的内外部集资和吸收公众存款,从银行业获得融资的余额不得超过资本净额的50%。资本金小、融资规模难以扩大,限制了信贷放大效应。二是优惠政策环境欠佳,影响持续发展。目前,关于小额贷款公司能否享受国家给予金融行业的支农、税收优惠政策等,均未有明确的规定,造成银行、税务等部门在对其放贷、征税过程中无法可依、无据可查。三是转制为村镇银行的积极性不高。村镇银行设立的发起人或出资人中应至少有一家银行机构,且持股在20%以上,单一非金融机构企业法人、自然人及关联方持股不得超过10%。这意味着公司的主发起人将丧失对村镇银行的控制权,因此,这项政策将在很大程度上抑制投资人将小额贷款公司发展为村镇银行的积极性。

三、扬中农村小额贷款公司发展必须多方联动、协调并进

(一)党委政府要加强引导、强化监管

1. 加大培育力度。总体上看,扬中市小微企业资金需求仍然旺盛,发展小贷公司仍有很大空间。建议科学编制小贷公司发展规划,积极鼓励有实力、有意向、有责任感的自然人和工商企业发起设立小贷公司。对经营满三年、基本达到转制村镇银行条件的小贷公司,应加强与人民银行、银监会的沟通对接,做好政策咨询、组织推荐工作,争取尽快实现突破。

2. 加强监督管理。2011年,苏州市沧浪区昌融农村小额贷款公司因违规发放贷款被江苏省金融办严肃查处。这一事件给我们敲响了警钟:小贷公司发展决不能游离于监管之外。要抓紧研究制订扬中全市统一的小贷公司运营管理、业务操作、内部控制等制度,积极构建规范完善的制度体系;加快建立小贷公司信息披露制度,定期通报各公司的运营情况,充分发挥市场的外部监督作用,促进小贷公司规范经营;探索开展监管评级、分类管理,根据小贷公司评级情况,在融资比例、业务授权、检查频率等方面实行差别化监管,并严肃查处各类违规违法行为,不断净化小贷业务市场。

3. 加大政策扶持。要在不折不扣落实好上级扶持政策的同时,应进一步加大政策创新力度,将小贷公司"扶上马、送一程"。比如,积极推进小贷公司业务系统加入人民银行金融局域网和信贷征信系统,帮助提高风险管控能力;对服务"三农"、小微企业成效显著的小贷公司上缴税费的地方留存部分予以适当减免;对合法经营、资本贡献率高的小贷公司进行表彰奖励;等等。

(二)小贷公司要苦练内功、强化协作

小贷公司要经受市场的洗礼、赢得机遇的垂青,进而实现向村镇银行的转制,就必须规范经营行为,提升经营效益。

1. 严格行业自律。对小贷公司来说,违规吸储、账外经营和放高利贷是三条"高压线",任何时候都触碰不得;"三农"、小额、经营性贷款占比不低于70%是三条"底线",任何时候都背弃不得,每个小贷公司都应自觉遵守法律法规和行规道义。因此,必须切实加大员工培

训力度,着力打造一支素质高、能力强的信贷管理团队;加强制度建设,加快建立现代企业管理制度,科学制订业务操作流程和标准,形成以制度管人、管事的局面;坚持"小额、分散"原则,严格执行贷款"三查"制度,有效降低经营风险,提高经营管理水平。

2. 推动同业协作。小贷公司在发展过程中,往往会遇到业务不足吃不饱、资金不足供不上等问题,因此建立互助机制、促进资源共享尤为重要。建议加快建立市小贷公司协会,统一制订行业规范,健全行业管理制度,推动行业自律;积极搭建合作平台,发展资金调剂业务,实现资金与客户的无缝对接。此外,对确属支持"三农"的较大贷款项目,可实行联合贷款,由一家贷款公司主办,联合其他小贷公司参与,从而实现经济效益、社会效益的最大化。

3. 强化宣传推介。当前,群众对小贷公司的认识还不够全面准确,特别是受一些地区小贷公司违规行为的影响,质疑声和非议声不断显现,有的群众甚至将其等同于高利贷。要消除社会的误解,小贷公司必须主动"走出去",通过电视、网络等媒体,策划包装一批宣传活动,在宣传中与群众建立互信,得到社会的认可,赢得客户的信任,不断拓展新的客户群体和市场空间。

(三) 国有金融机构要包容并蓄、资源共享

相比商业银行、保险公司等金融"巨鳄",小贷公司只能算是刚入行的"小鱼",服务对象大多是"三农"和小微企业,对商业银行只能是补充,而不会构成威胁。而且,这些小微企业通过小贷公司的信贷支持,将来很可能成为商业银行的潜在客户。从这个意义上说,小贷公司与国有金融机构之间,完全可以成为亲密无间的合作伙伴。因此,国有金融机构应当放下架子、"礼贤下士",为小贷公司的发展提供更多支持。比如,对小贷公司可以适当降低融资门槛,为其发展注入"源头活水";对运营规范、信誉度高、经营业绩好的小贷公司,可以主动介入,积极帮助做好转制村镇银行的工作。同时,也可以依托小贷公司面广量大的客户资源优势,广泛开展合作,通过融资性担保、信贷资产转让、保险代理、租赁代理、信托代理等多种形式,把小贷公司打造成为金融外包服务的平台,实现互利双赢、共同发展。

(魏奇)

扬中市四面环江,拥有长江岸线全长 92.53 千米,其中主江岸线 47.5 千米,宜港深水岸线 27.5 千米,且岸线顺直、长期稳定;夹江岸线 45.03 千米,宜港岸线 10.45 千米,都是不可多得的优质岸线资源。

近年来,扬中市通过招商引资、开发岸线资源、加快港口建设等,以装备制造、现代物流为主的临港产业逐步壮大,临港经济发展取得了明显成效。港区规划基本形成。《镇江港扬中港区总体规划》已获得交通运输部和江苏省人民政府批准。规划将扬中港区划为兴隆、八桥、西来桥和夹江四大作业区,为临港产业的科学布局和开发建设提供了依据。基础设施逐步配套。港区各作业区内道路、水、电、污水处理等配套设施及服务功能逐步完善,项目承载能力进一步增强。镇江国检扬中报检签证点已正式挂牌,港口发展的保障条件进一步改善。项目建设初见成效。兴隆港码头、新韩通船舶重工、龙源港机、和润粮油等一批项目相继建成投产或成功落户。

扬中市在岸线资源的开发利用过程中,也存在着一些不可忽视的问题。一是规划体系不够完善。城市总体规划、土地利用规划等与港区规划还不尽协调,对港区项目的报批形成了制约;生态岸线、生活岸线开发的随意性较大,规划执行的刚性不强。二是开发利用程度不高。截至目前,整个港区已开发利用岸线 4 千米左右,仅占港区规划岸线的 11%。三是项目审批把关不严。一些不是必须使用岸线的项目,却贴岸布局,浪费了岸线资源;一些占用滩涂的农业项目在与相关村、组签订了租赁协议,缴纳了较低的承包费用后即开始实施。四是查验配套功能不全。除海事、国检外,海关、边防两家单位还未在扬中设立办事机构。另外,随着扬中港区的不断发展,进出港船舶明显增多,航运安全隐患倍增,扬中市亟待建成海事综合保障基地。五是监督管理体制不顺。目前,镇江市口岸和港口管理局对扬中市沿江港口实施统一的行政管理,扬中市没有执法权,不能有效地履行行政管理职能,造成了港口管理上的真空和脱节。

当前，随着泰州长江大桥的建成通车，扬中的岸线优势、区位优势更加凸显，桥港联动发展的条件和格局初步形成，以岸线开发为依托，大力发展桥港经济面临着良好的发展机遇。

一、科学规划，引领岸线科学利用

规划是龙头，决定着岸线开发利用的方向和水平。要尽快编制完善扬中市《岸线利用综合规划》，明确区分生产性岸线、生活性岸线和生态性岸线，做到保护与开发并举；要尽快制订扬中港区的发展详规，进一步明确各作业区的产业定位、项目准入；要处理好有限岸线与后方陆域之间的关系，根据各作业区的产业定位，对纵深腹地进行规划控制，为岸线利用预留足够的空间，放大岸线的利用效能；其他各专项规划要与港区总体规划相衔接，避免项目实施过程中的矛盾和冲突；要增强规划执行的刚性，项目的引进和建设都要严格按照规划执行，做到统一布局、全市一盘棋。

二、健全机制，保障岸线高效利用

着重建好三大机制：一是准入机制。涉岸项目要在符合岸线规划和产业定位的前提下，根据其投资强度、建设规模及产业关联情况，进行合理安排。在岸线配置长度上，要根据项目的货物吞吐量，以其必须配套的码头泊位和相关设施为依据，并按泊位性质、等级、年基本通过能力、造船项目的设计船型等技术标准合理确定，并注重与后方陆域相匹配，尽量减少横向占用，强化纵深配置，以提高资源的使用效益。深水岸线的开发投资强度一般不得低于300万元/米，后沿陆域的投资强度一般不得低于300万元/亩。项目投资总额不低于1亿美元或10亿人民币。同时，要设立相应的税收门槛，以提高对地方财政的贡献率，实际入库税收一般不得低于30万元/亩。二是有偿使用机制。可参照外地做法，对涉岸滩涂采用租赁、出让或依据岸线等级收取岸线资源使用费等办法，促使企业节约使用岸线，防止深水浅用、优线劣用和占而不用。三是退出机制。对岸线的占用要严格合同约束，防止占而不用、多占少用。相关部门在项目立项时，要与业主签订准入、退出合同，包括岸线配置长度、项目投资强度、开发建设周期、岸线使用年限和项目效益指标，规定岸线使用权回收的具体条件和补偿办法。对在投入期内不能完成预期投资强度、不能实现预期目标或不按合同约定经营的，应取消相关的优惠政策，必要时应进行资源整合，直至收回岸线使用权。

三、严格把关，保障岸线持续利用

深水岸线是不可再生的战略资源，一旦消耗殆尽，势必失去吸纳资本及产业转移的吸引力。开发利用深水岸线必须远近兼顾,既要考虑当前的发展,又要考虑长远发展;既要积极开发,更要慎重利用。要用战略的思维、长远的眼光、可持续发展的理念指导岸线的开发和利用。可将扬中市的深水岸线划分为近期开发区域和远期预留区域,将交通条件较好、具备项目承接条件的作为近期开发的区域;将开发前景良好但暂时不具备开发条件的岸线,作为远期开发的预留区域,严格加以保护,为未来大型制造业的发展提供战略储备岸线。要严把项目筛选关,控制单纯中转型码头的建设,鼓励仓储、营销一体化项目和大型制造业项目落户,严格控制自备码头,对专用码头要进行使用效率和综合效益的评估,使岸线发挥最大效益。要采用差别化竞争的策略,择优选择具有长远发展潜力的项目,严控低水平重复产业的恶性竞争,确保落户企业具有强劲的市场竞争力,为地方经济的发展提供长久支撑力。

四、强化管理,确保岸线有序利用

一是要建立机构。扬中市政府要依据《港口法》积极向上争取,在扬中市尽快设立口港局或镇江口港局扬中分局,以加强对岸线的管理。二是要严格执法。扬中市政府要组织相关部门,在对全市岸线利用进行全面调查的基础上,对违法占用岸线的项目,如占用生态岸线修船等,要按照《港口法》和《扬中市长江滩涂管理规定》进行专项整治,责令限期搬迁或关闭;对不符合岸线规划功能和达不到准入门槛的企业,以及占用深水岸线滩涂及内陆空间的各类项目,要促其调整,限期搬迁;对新上涉及岸线和滩涂的各类项目,一律由岸线管理委员会实行扎口管理、联合审批。扬中市交通、水利等部门要加强对岸线的巡查和管理,及时掌握岸线使用情况,做好审批后的跟踪管理,防止乱占、乱建现象发生。三是要强化生态保护。扬中市确定的生态岸线,是建设生态市的重要元素和基础,要实行堤内、堤外一体化保护措施,在保护区内禁止各类非生态项目的进入,维护岸线的生态功能。

五、完善配套,促进口岸顺利开放

开发利用岸线资源,发展港口经济,基础配套要先行。就扬中港区的现状而言,要针对不足,有的放矢。一是要尽快启动口岸查验联检大楼和边防营房的运行使用,争取海关、边防等"一关三检"查验单位早日落户,为扬中港区的"大通关"建设创造条件。二是要加快推进海事综合保障基地建设,确保进出港船只通航安全,提升扬中港区服务功能。三是要加大经费投入,有效维护"一关三检"查验机构的正常运营,全面提升港区配套服务功能,促进扬中开放型经济又好又快发展。

(方日新)

100

纵观人类发展史,道路、桥梁、港口建设是一方经济社会发展的助推器。在工业化过程中,以大江大河为依托,在河流上造桥铺路,从而拉动区域经济发展,促进社会进步,成为中外经济社会发展的一条规律,如德国的莱茵河经济带、英国的泰晤士河经济带、法国的塞纳河经济带,通过桥梁联结河流两岸,既是当地重视发展的必然结果,也对加速繁荣当地经济起到了巨大的推动作用。韩国的首尔跨越汉江两岸,24座跨江大桥把首尔两岸融为一体,经济由此迅速发展,从而成为韩国最繁华的港口城市,也创造了令人瞩目的"汉江奇迹"。我国的南京、武汉、重庆等地的发展也验证了这一规律。对扬中而言,作为一个长江中的岛市,虽然地处中国经济发展态势最强劲的长三角地区,但长期以来,四面环水的扬中一直承受着交通不便的江岛之痛。改革开放以来,扬中人自建了扬中长江大桥和扬中长江二桥,解决了自身交通不便的问题,实现了与苏南的对接。但扬中与苏北、苏中仍然没有联结,扬中作为"江中走廊"的作用没有真正发挥出来。特别是在江苏全省县县通高速的背景下,扬中尤显孤独。泰州长江公路大桥的建设对扬中将是一个千载难逢的机遇,它不仅将使扬中真正发挥沟通大江南北的"江中跳板"的价值,而且将使扬中融入半小时都市圈。泰州长江公路大桥的建设对扬中的经济发展会产生哪些影响?扬中应如何应对?我们带着这些问题进行了调研。

一、泰州长江公路大桥建设的基本情况

早在1998年,沿江的泰州、镇江、常州三市便提出了建设过江通道的设想。在三地的共同努力下,2005年7月,《泰州公路过江通道预可行性研究报告》出台,10月正式开始勘察设计。2006年9月,泰州大桥正式被国家发改委立项,并通过专家组的科研论证。

2007年7月上旬，国务院办公会议讨论通过了《泰州长江大桥可行性研究报告》，并由国家发改委于7月10日正式批复同意，采用泰州永安洲北桥位方案，长江大桥正式定名为"泰州长江公路大桥"。2007年12月26日，国家公路主干线枢纽工程——泰州长江公路大桥开工。

根据建设方案，泰州长江公路大桥全长62.088千米，由北接线、跨江主桥、夹江桥和南接线四部分组成，核准总投资93.7亿元。建设工期为五年半，2012年建成通车。该桥北起泰兴宣堡镇，西接宁通高速公路，经泰兴永安镇北部跨越长江（左汊）至扬中，于扬中市区南跨越夹江（右汊），经丹徒姚桥、常州孟河到常州汤庄，南接已经建成的沪宁高速公路和拟建设的常州绕城公路西段。主桥长约7千米，夹江桥长约3千米，桥宽33米，双向六车道，设计车速100千米/小时。桥址位于扬中市国土公园下游200米处，扬中境内长约5.6千米，分别穿越三茅镇锦程、三桥、大众、普济和南江五个村，设双向互通，并与正在改线的238省道相衔接。

二、泰州长江大桥对扬中发展的历史性影响

泰州长江公路大桥在国家和区域干线交通网络中承担着过境交通功能和江苏中部沿江城际交通功能，为苏南和周边区域提供了新的出行通道和拓展产业发展空间的功能，同时将为扬中市经济社会发展带来重大利好和积聚长远效应，可以说为扬中市未来的发展又架设了一座"黄金桥"。

（一）有利影响

大桥建设给扬中带来的效应是综合性、全方位的，既有大桥建设期的先导效应，更有大桥建成后的长远效应；既有直接效应，也有大量的很难量化的间接效应；既有正面效应，也有不利影响。正确分析、判断大桥建设效应，是做好各项应对工作、迎接大桥经济新时代的重要依据。据我们初浅的分析，大桥建设的主要效应在于改善扬中的区位条件，提升扬中的区位优势，降低生产要素、产品和贸易移动成本，进而带来要素的集聚效应、市场扩张效应、产业拉动效应、信息沟通效应、城市品牌效应及与周边城市的合作互动等效应。这些效应共同作用，将极大地推进扬中市临港工业、港口物流和生态旅游建设，为实施"以港兴市，全面跨越，建设富强、文明、秀美、和谐的魅力新扬中"提供新的动力。

1. 大桥的建设使扬中市交通格局发生根本性变化，结束了扬中市境内无高速的历史

在泰州长江公路大桥建设之前，扬中交通一直边缘化，交通条件相对滞后。从1994年到2004年，扬中自筹资金数亿元建成的长江一桥、二桥通往南岸，交通环境和发展条件虽得到有效改善，但作为全省唯一不通高速公路的县市，发展仍受到掣肘，在招商引资中一再与大项目失之交臂；53千米的深水岸线一直未能得到有效开发；工业结构的升级换代受到制约。而泰州长江公路大桥的建设，将使扬中市交通格局发生根本性的变化。

泰州长江公路大桥东距江阴长江大桥 57 千米,西距润扬大桥 66 千米,联系着北京—上海、上海—西安和上海—成都三条国家高速公路,是国家公路主干线的枢纽工程,是江苏省"五纵九横五联"高速公路网的重要组成部分,在长三角地区和江苏高速公路网中起着重要的连接和辅助作用。泰州长江公路大桥的建设使扬中告别了"交通边缘化"的格局,改变了扬中市境内无高速的历史,结束了苏北至扬中仅依靠汽渡过江的历史,形成了"一岛四桥"格局。扬中将直接融入"长三角"高速公路网,与苏南、苏北地区建立起更快速、便捷的陆路联系,真正成为沟通大江南北的交通枢纽城市、重要交通节点。

2. 大桥的建设加速扬中市全方位融入长江三角洲经济圈

2008 年 8 月,国务院出台《进一步推进长江三角洲地区改革开放和经济社会发展的指导意见》(下称《指导意见》),标志着长三角一体化发展正式上升到国家战略层面,对长三角地区的发展具有里程碑意义。《指导意见》的出台大大促进和推动了长三角地区融合的进程,同时也为扬中在区域一体化的大背景下加快发展带来了重要的机遇。

扬中处于长三角的中心地带,由于受制于长江,远离南京和上海,在区域版图中处在相对不利的位置,受上海辐射较弱,与苏南交融较少。随着《指导意见》的出台,长三角的版图扩张,从原来的 16 个城市扩大到江浙沪两省一市,扬中就正好处于苏南、苏中苏北两大经济梯度带的中部地区,处于宁镇扬泰、苏锡常两大城市圈的接合点。扬中可以成为连接苏南、苏北两大经济板块的新的"江中跳板",可以承接苏南的产业转移,同时又成为苏南向苏北辐射的中继站,变成了一个腹心地区,接南连北、依东托西,区位优势迅速得以提升,战略关系也将发生很大的变化。

泰州长江公路大桥的建成将使这一切成为现实,大桥的建成通车使交通条件进一步改善,将推动扬中快速融入长三角经济圈,并凸现其区位优势,使其充分接受中心城市的辐射及产业转移,参与江苏及长三角地区先进制造业基地的分工与配套协作,加速产业结构的调整与升级。扬中既有的区位优势效应将迅速放大,与外部要素的沟通联系会明显加强,有利于扬中市充分利用长三角地区的信息、金融、市场、管理、科技、人才等方面的优势,主动参与以上海为龙头的长三角区域经济的分工与协作,自觉接受上海的辐射,全面接轨大上海,加速扬中市全方位融入长三角经济圈。

在这个长三角经济区内,长江是一条黄金水道,从东到西已建有南京长江大桥、江阴长江大桥和苏通大桥。泰州长江大桥刚好位于这段水道当中,可以更好地沟通苏中、苏南的腹地,使扬中真正成为"江中跳板"和重要的"经济走廊"。扬中将凭借"江中跳板""经济走廊"优势,率先建设长三角北翼承接上海和国际产业转移的基地,特别是加快临港大工业、物流和加工制造业的发展,将有力地促进扬中全市产业结构快速调整,进一步优化经济结构,使扬中成为长三角经济圈新的增长点和主动力。

3. 大桥的建设加快扬中深水岸线的开发利用和港口建设

港口是扬中经济发展的重要支撑,也是扬中的特色与优势。据专家评价,扬中港区不仅岸线资源丰富,而且地理位置突出,区位优势明显。目前,苏南地区岸线已基本用完,长江下游能建造 10 万吨级码头的水域唯有扬中,扬中的深水岸线已成为长江下游不可多得、等级最高的黄金岸线,增值空间和开发潜力巨大。规划中的扬中港区岸线总长约129千米,其中长江主江岸线约47.5千米,可建万吨级以上泊位的宜港深水岸线达27.5千米,是目前江苏省长江南岸仅有的三处可成片开发的港口岸线中最长的一段。扬中区位优势的另一个特点就是拥有总长34.64千米的天然深水岸线,具有巨大的水资源和港口资源优势,是江苏沿江不可多得的天然深水良港。泰州长江公路大桥建设使这一区位优势得以凸现,使扬中由交通末端一跃成为经济前沿,为扬中与上海及苏南、苏北的产业分工协作提供了有利条件。这不仅成为扬中港区开发的宝贵资源,也是镇江港乃至整个江苏省沿江港口可持续发展的重要保障。但是由于过分受制于滞后的交通条件,深水岸线一直未能得到有效开发。

大桥建成通车,全面改善了扬中港的集疏运条件,也大大提升了扬中港口的战略地位,为扬中港口发展提供了新的机遇和强大的动力。一是有利于港口腹地市场的拓展。大桥通车后,扬中市与上海、南京及苏南、苏北地区的交通联系更加便捷,各地城市到上海、南京港口的运距发生了改变,从而引起货主时间和费用上的变化,为上海、南京、苏南及远地区出口通道提供了新的选择,有利于我们进一步做强做大港口。二是有利于港口更好服务区域发展,进一步提升扬中的集聚力、竞争力与可持续发展能力。从区域发展战略的角度看,大桥不仅仅是一条交通通道,更是一条经济走廊、一座文化桥梁,也是扬中经济发展、提升的通道。

届时伴随着238省道改线工程的实施,桥、港、区联动格局将逐渐形成,这便为今后的港区疏运创造了便捷的条件。上述这些有利因素,将极大地提高扬中参与国内外港口的竞争能力,使扬中得以抢占临港产业发展的制高点,从而促使以港口为核心的临港经济带的迅速形成。

4. 大桥的建设使生产要素大规模向扬中流动、聚集,并使产业结构优化升级

自古以来,交通枢纽地区一般都是经济、科技、文化等资源的聚集地。随着扬中交通枢纽地位的确立,以及与外界信息交流速度的加快,扬中必将吸引更多优秀的人才和更好更先进的技术进驻。

大桥的建设将使苏南、苏中、苏北连成一体,沿江两岸遥相呼应,人员的往来、商品的流通、信息的交流,以及港口、铁路、民航等公共设施的社会化使用成为可能。由于联系的快捷和成本的降低,扬中的岸线、港口、劳动力、土地等将成为吸引上海、苏南企业转移的重要资源。然而,大桥的建设也是一把双刃剑!这是众多扬中人的清醒认识。交通格局变化之后,各类生产要素资源加速流动,泰州长江公路大桥可以为扬中带来资金流、人才流、信息流等各种利好,但也有可能出现"过路经济",形成"倒吸现象"。而扬中港的开发建设,则会免除这些担忧。扬中港与泰州长江公路大桥相互呼应,可以充分放大大桥的优势效应,集聚多种要素资源,把更多的客商、更多的资金、更多的人才留在扬中。

5. 大桥的建设有利于扬中特色现代服务业的发展

《指导意见》明确要求,长三角地区的产业结构调整,发展定位已由原来的"全球制造业中心"转为以服务业发展体系为主。《指导意见》指出,长三角地区(上海市、浙江省、江苏省)下一步发展的首要目标是：到2012年，产业结构进一步优化，服务业比重明显提高；到2020年，形成以服务业为主的产业结构，实现三次产业协调发展。这为长三角的发展指明了方向。目前，长三角地区各地政府都把发展服务业作为推动经济转型的重要方向。

从扬中市的实际情况来看，传统服务业总体发展层次不高，基本处于中、低层次水平。这其中有外来人口少、交通不便的原因。"三桥飞架南北，港口沟通世界"，扬中的交通格局将发生新变化，人流、物流、资金流、信息流也会进一步加速。泰州长江公路大桥的建设，有利于发挥扬中市交通节点城市的区位优势，放大大桥和兴隆港口建设形成的水陆交通优势和吸纳集聚效应，提升商贸流通、休闲旅游和生产服务业发展水平，促进现代服务业和扬中市装备制造业的有效对接和互动发展，促进服务业发展提速、结构优化、比重提高。

其一，有利于促进扬中生产服务业的成长发展。扬中工程电器产业集群颇具规模和优势，但为其配套的生产服务业却比较滞后。泰州长江公路大桥的建成，有利于扬中市扬长避短，顺应市场的发展和需求，加快推进制造业和服务业的融合，重点突破与工程电气制造业相匹配的生产服务业实现产业链的延伸，广泛应用现代物流技术，健全物流网络，为全岛制造业提供强力支撑；有利于促进扬中现代物流业的成长和发展，有利于扬中市利用港口码头、"三桥"（扬中大桥、扬中二桥、泰州长江大桥）联网的"水陆互通、桥港联动"的交通优势，以及业已形成的沪宁都市圈辐射效应，引进和培育大吞吐量、大进出量的现代物流企业，大力发展大进大出的物流项目，使扬中成为货畅其流的滨江港口物流中心之一。

其二，有利于促进扬中特色旅游业的成长发展。素有"江中明珠、鱼米之乡"之称的扬中，是万里长江第二大岛，具有得天独厚的自然生态环境。作为全国首批"生态示范市""中国江鲜之乡"和独具特色的水上花园城市，扬中有着独特的生态资源，其大江风貌、田园风光、民居风采、江鲜风味自成一体，为发展壮大旅游业提供了资源条件。但是，扬中却过于受制于长江。随着泰州长江公路大桥的建设，扬中与外界有了更多的接触机会。大桥的建设有利于扬中市更好地打好"大江风貌、田园风光、民居风采、江鲜风味"四张名片，尤其是扬中的江鲜特色，江鲜之乡的品牌效应将为扬中市集聚更多的人气、财气。雷公岛长江湿地公园、岛园风情游、农家乐等休闲旅游项目的开发，可以吸引上海、南京等周边城市人群来扬中休闲度假，把扬中打造成一个适宜居住、适宜度假、适宜创业的个性化城市。并且，可以利用"中国江鲜之乡"的品牌效应，在沿江地区发展"品江鲜""农家乐""渔家乐"等大众旅游项目，加快雷公岛生态农业观光园、江鲜美食城建设，培植一批规模较大、富有特色的旅游景点。

（二）不利影响

泰州长江公路大桥的建设对扬中经济发展的影响是重大而深远的，在充分认识大桥建设将为扬中市经济发展带来上述正面效应的同时，也必须清醒地看到，大桥的建设产生的效应具有开放性、共享性，对扬中而言挑战与机遇并存。我们认为，大桥可能给扬中市未来经济的发展带来如下不利影响：

1. 大桥通车初期的"哑铃效应"

高速公路犹如一柄双刃剑,在给沿线地方经济飞速发展提供现代文明的同时,也为地处高速路中间地段的城市设下了一个难解的方程式——"哑铃效应",即两头热中间冷现象,使得高速公路经济很有可能成为"过路经济"。放眼中外,高速路上的"哑铃效应"无处不在,但并非不可抗拒。沪宁高速虽使常州、无锡经济出现萎缩,但同在一条高速路中间的苏州,却因及时调整产业结构、重新定位正确,成功摆脱了"哑铃效应"的困扰。

泰州长江公路大桥建成后,为各种要素加速流动创造了条件,生产要素将随交通流向的改变而改变,沪、宁、苏、锡、常、泰的资金和企业将向工业用地、商业用地都比较便宜的邻近城市流动,扬中将作为长三角洲南北走向大通道的中转站。这一优越的交通区位为我们"截留"住南来北往的发展要素创造了极好的机遇。但如果我们缺少足以留客的资源优势,没有吸引力强的投资环境,缺乏足够的竞争力、吸引力和承载力,各种要素"截留"不住,就有可能被时空距离稍远但综合成本更低的苏中和苏北地区吸引过去。那么,泰州长江公路大桥对于扬中的意义充其量就只是使扬中成为连接苏南、苏北的交通管道,大桥就纯粹变成了一个"快速通道",使得"大桥经济"最终变成"过路经济",扬中发展桥港经济的目标就将落空。

2. 要素逆向流动的"磁极效应"

长三角地区已成为国家级意义上的"发展极",对东部沿海地区乃至全国经济发展都起到了巨大的推动作用。上海作为国际化大都市和区域经济中心的极化效应和扩散效应更加突出,对周边地区的辐射能力将进一步加强。

泰州长江公路大桥的通车将会打破扬中原有相对封闭的区域竞争格局,扬中与上海、南京及苏、锡、常、泰的交通更为便捷,从而加速了资源要素的流动,而要素流动并非单向的。这些城市在经济条件、文化氛围和投资环境等方面的优势远甚于扬中,在技术、资金、信息流入扬中的同时,也会有劳动力、项目等要素的流出,可能引发部分规模企业按照"前店后厂"模式,将研发机构或总部会直接迁往上海或其他周边城市,使扬中经济发展受到损失。如果我们看不到这一点,不未雨绸缪、超前谋划,积极寻求扩散效应大于极化效应的措施,就不仅不能更多地吸纳外部资源,反而可能使本地企业本土化情结进一步削弱,本地经济要素可能不可避免地向外扩散。这是大桥通车后给扬中市经济发展带来的最大的挑战,我们必须高度重视。

3. 大桥带来的"三重压力"

泰州长江公路大桥的建设虽然会给扬中的经济注入很大的活力,但也带来了三大压力。首先是生态环境压力。随着上海、南京等大都市产业的置换转移和生产制造基地的外移,难免会有一些能耗相对较高、污染物排放相对较大的企业和生产基地转移到扬中市,使扬中市的生态环境受到严重挑战。其次是要素制约压力。随着产业的转移和项目的落户,扬中即将面临水、电短缺和土地开发利用的矛盾。最后是交通治安管理压力。大桥通车后,扬中市作为交通节点,南北纵向道路压力加大,车流量和客流量剧增,从而使得扬中的交通和治安管理面临严峻考验。

三、扬中应对泰州长江公路大桥兴建带来的挑战的对策建议

泰州长江公路大桥的兴建，对扬中而言是千载难逢的历史性机遇，它使扬中告别了"交通边缘化"格局，进入高速公路时代。为了使扬中更好地适应这一环境的变化，把握发展的机遇，化解各方面的挑战，我们提出如下建议：

（一）科学规划，明确城市发展的定位和方向

面对新的形势、新的环境、新的机遇，扬中发展首先面临和要解决的是规划问题。做好发展规划的首要工作，具体要重点把握两个方面。

1. 高起点做好整岛的总体规划

城市建设规划先行。扬中的总体规划应以整岛城市化为目标，强化规划对城市发展的指导和调控作用，促使"桥、港、城"联动。

一是做好经济功能区的规划，对市域空间做进一步的功能分区和定位。扬中市功能区规划的主体任务是：根据国家和省级主体功能区规划对本市的主体功能定位，在具体地域上明确划定各类功能区"红线"，如沿江依托现有的工业基础，建设港口和船舶制造区，开发区可依托辉煌硅能源建设高新技术产业园区，沿泰州长江公路大桥沿线建设物流区，雷公岛和西沙建设以大江风貌和农家休闲为特色的旅游区，城区可建成中心商务商业区等。

二是做好产业的规划和空间布局。从扬中的发展现状和发展前景来看，扬中未来的产业发展定位是生态型现代化工业制造业基地。其中，电力电器产业、硅材料及光伏、船舶及重大装备制造是三大主导产业，同时，现代农业、仓储物流业、专业市场等第一、第三产业也有较好的产业成长性。首先，要坚持基本农田保护，坚守耕地红线。为此，规划中要为现代农业的发展留有余地。其次，工业经济要走园区化发展道路，促进相关产业的集中集聚，形成"长藤结瓜式"产业带、产业链，形成几个具有规模优势和市场知名度的专业化生产区，特别是要做好新坝工业园区、开发区、沿江工业集中区、油坊化工园区、八桥沿江工业区和西来桥港区的规划和建设。再次，要利用泰州长江公路大桥建设的契机，在大桥沿线路划出特定区域，建设开放式的仓储物流业等现代服务业的集散地。

三是做好交通网络的规划，形成合理的交通格局。首先，要做好接入全省、全国高速公路网的准备工作，充分发挥国道、省道的交通作用。其次，大力发展公共交通。扬中的公交发展起步晚、线路少，与扬中的经济社会发展水平和城市形象不相符。为此，城区的公交应优化公交线路，完善换乘设施，密集公交网络。同时，从扬中地域面积小、城乡差距小的实际出发，积极推行城乡公交一体化。再次，大力发展公路交通，做到村村通公路，村村有主干道。取消现有的通往各乡镇村的农巴车，改为公交车，力争每条村级主干道上都通公交车。

四是做好居民点规划。按照整岛城市化的目标，本着合理布局、加强管理、节约用地的方针，对扬中全市居民点进行统一科学规划，对现有居民点进行调整优化，把农村居民点建

设成为有利生产、方便生活、文明整洁的社会主义农村。

2. 做好大桥双向互通进出口和沿线的布局规划

泰州长江公路大桥在扬中市境内长约5.6千米,应设立扬中双向互通区域。双向互通区域将是进出扬中的门户,是扬中展示自己形象的大窗口、大平台,初次来扬中的外地人将通过这一区域形成对扬中的第一印象。因此,做好大桥沿线的布局规划不仅关系到扬中的城市品位、城市形象,也关系到扬中地区经济的发展。

首先,这一区域的规划布局应体现扬中作为"水上花园城"的特色,展现首批国家级生态示范区的魅力,使之成为扬中的一张名片,可考虑高起点规划建设大桥主题公园、滩涂湿地公园等景观。其次,这一区域的规划应突出绿化、美化和亮化,使之成为展现扬中魅力、活力的重要窗口。再次,这一区域的规划应充分利用其地理位置的优势,规划引导沿桥经济带的形成,如可考虑布局既无污染又有现代气息的现代服务业产业带。

(二)以产业提升为突破口,做大做强优势产业、特色产业,提升产业高度

产业支撑是经济发展的基础,培育产业优势是增强城市实力和经济竞争力的前提。随着泰州长江公路大桥的建成,常、镇、扬、泰地区乃至更大范围内的竞争必然加剧,扬中的发展机遇与挑战并存。扬中只有培育比较优势,才能赢得发展先机。

1. 加快发展高效农业,推进农业规模化、产业化、特色化

在现代产业体系中,农业仍是基础。扬中作为一个县级市,农业虽然已经不是主体,但不能抛弃农业,相反,应当加快高效农业的发展。这不仅是由扬中人多地少的现状决定的,也是扬中工业发展的必然选择。党的十七届三中全会为今后相当长时期内农村、农业的发展指明了道路,扬中作为省内较发达地区,纯粹的务农人口本来就很少,完全有条件将有限的耕地集中,率先实现农业的规模化、产业化和特色化经营,如开发咸秧草、苦瓜茶、花木种植等带有扬中特色的现代农业。这样不仅有利于农业的发展,也是扬中作为田园城市、整岛城市的特色和亮点所在,必将大大加速整岛城市化的进程。

2. 加快传统产业的提升

从总体看,现在扬中的产业支撑还比较薄弱,主要是产业布局分散,缺少大基地、大企业的辐射和带动,产业组织化程度和发展层次不高。因此,要充分利用泰州长江公路大桥建设的契机,在三大主导产业上寻找有特色、有优势的产业支撑,形成"簇群经济"和"规模经济"。

首先,打造电力电器基地。电力电器产业要做强,产品要系列化,既要形成产业链,又要占据技术高点,打造全国乃至世界的电力电器基地,促进块状经济向簇群经济转型。

其次,打造硅材料及光伏产业高地。硅材料及光伏产业要做大,要高起点规划,大强度推进,使之与国际规模企业嫁接,联动发展。

第三,打造船舶及重大装备制造业要地。船舶及重大装备制造业要做特,与业内一些大型造船基地实现错位发展,以发展造船大市为目标,制订《扬中船舶产业发展规划》,规划产业发展前景,力争到2015年形成造船产量超过100万吨、工业总产值达90亿元、工业增加

值20亿元、出口船舶50万吨的规模,成为江苏省造船工业的主要基地之一。

3. 加强新型产业的培育和引进

其一,建立并完善开放式流通体系,培育发展现代服务业。利用沿江工业集中区布置在公用港区和工业港区周边的优势,从满足现代物流发展条件的角度看,扬中要着手建设一批高水平、大吞吐量的公用码头,以改善港口基础设施条件、提升现代物流业发展水平。从发展"物流+道口"模式着手,扬中应在城市规划中留出足够的空间发展仓储物流业,构建运转通畅、便捷高效的现代物流体系。

其二,培育发展旅游休闲业。扬中特有的地理位置给扬中旅游业的发展带来了商机。水、岛、江、滩形成的岛园风情、田园风光、大江风貌、江鲜风味及时尚的民宅,成为扬中得天独厚的旅游休闲资源。大桥建成后,苏南苏北沿公路南北向旅游线路进一步贯通。得益于交通的便利,扬中可以充分挖掘作为"水上花园城市"的旅游休闲资源,形成以环岛览胜、休闲垂钓、农家游乐等为特色的旅游点,跻身江苏旅游网。

其三,打造电信信息技术产品新地。利用香江股份公司的现有技术,培育和扶持扬中IT产业的发展,形成扬中经济新的生长点。

此外,建设一批地区性、全国性的专业市场,包括电力电器市场、新能源市场和新材料市场等。

(三)以桥港为依托,加快桥港联动开发

根据交通部长江三角洲高等级航道网布局规划,未来长三角地区将被一张高等级航道网所覆盖,而扬中正位于这张"网"的正中央。在泰州长江公路大桥建设之前,扬中一直被认为是交通边缘化地区,一无铁路二无高速,泰州长江公路大桥的建成将彻底改变这一现状,扬中将直接融入"长三角"高速公路网,成为京沪高速公路上的重要节点城市,港口水陆联运能力也将因此得到显著提升。

1. 高起点建设兴隆港,打造港口"发动机"

港口经济是地方经济发展的"润滑剂"。扬中是长江中的第二大岛,有着优越的岸线资源,而且大部分处于未开发状态,是目前江苏省内长江南岸仅有的三处可成片开发的港口岸线中最长的一段。独特的岸线资源吸引并集聚了润昌重工、舶轮宝造船等越来越多的造船企业。2006年2月,扬中兴隆港码头工程通航安全及通航环境评估报告获得通过,这使得港口成为扬中经济进一步发展的潜在"发动机"。

首先,建设深水码头仓储物流和临港工业集中区。扬中市在港口物流仓储中心建设方面具有得天独厚优势,非常适合发展港口物流经济。一是扬中地处长江航道与京杭运河交接点附近,有着绝佳的水运枢纽区位优势。同时,由于受南京长江大桥高度的限制,万吨级以上海轮无法通过南京,必须在南京以下港口转驳小船,扬中正是这样一个实现江海转运和长江中上游中转联运的理想场所。二是随着泰州长江公路大桥的建成,新的交通格局将为扬中带来源源不断的货运需求,为扬中发展物流型经济创造条件。兴隆港区物流仓储中心建成后,将直接承载长江中上游地区、京杭运河流域、淮河流域乃至西南地区的货物中转需求。

其次，坚持深水深用建设兴隆港码头，与其他港口错位发展。长期以来，镇江港公用码头的通行能力一直无法适应吞吐量的需求。根据镇江港"十一五"规划对吞吐量发展水平的预测，到2010年全港吞吐量需求为11410万吨，至2020年将达到17800万吨左右。按目前镇江港核定能力4580万吨水平预计，2010年全港的能力与需求将存在6830万吨的缺口，而且这一能力缺口将随着港区码头功能调整逐年加大，届时矛盾将更为突出。2006年1月，交通部和江苏省人民政府联合批复的镇江港总体规划中，将扬中港区确定为镇江港六大港区之一，更为突出的是扬中兴隆港可建设3.5万吨级码头数座，年仓储能力可达800万吨。其他港口缺乏的深水岸线资源决定了兴隆港码头可与其他港口实现优势互补、错位发展。

再次，借鉴先进地区港口发展经验，发展海洋运输。随着对外开放和对外贸易的进一步发展，镇江港已由内河型港口转化为江海型港口。据统计，镇江港公用码头到港船舶数量逐年增加：2010年9508艘次，2012年10723艘次、2014年11856艘次。2012年，港口公司公用码头到港船舶分吨级为：海轮756艘次、长江驳船2547艘次、地方内河船9973艘次。三种类型船舶的数量均比2000年有所增加。海轮中大吨位船舶的增加较为明显，2012年到港海轮中1万吨级以下的为546艘次，1万~2.5万吨级的为109艘次，2.5万~3.5万吨级的为97艘次，3.5万吨级以上的为142艘次。而扬中港区作为镇江港六大港区之一，是镇江港最靠近长江入海口的港区，这是发展海运的有利条件。兴隆港建设应借鉴连云港、江阴港等省内先进地区港口发展的经验，及早谋划，与国内外大型船务公司构建发展战略联盟，增大航线密度，积极开辟国际近洋航线。

2. 构筑路桥"传送带"

随着泰州长江公路大桥的建设，要加强宣传、推介扬中，让更多的游客、商家了解扬中，向往扬中；同时要让扬中成为连接长江南北两岸的交通节点城市，成为贯通南北的交通枢纽。要着眼长远、统筹规划、桥港联动，发挥大桥、大港建设形成的水陆交通优势和集聚效应，把桥区、港区建成承接国内外资本、产业转移的重要平台。

一是利用大桥联结苏北苏南的区位优势，结合扬中的产业实际和市场基础，发挥扬中沟通南北的地理优势和深水港的岸线优势，降低运作成本低、拓展发展空间，筹建区域性物流园区，发展社会化物流配送体系，构筑物流信息平台，形成现代商贸物流基地。

二是以大桥建设为契机，主动参与长江三角洲区域经济的分工与协作。扬中位于长三角经济圈中两个重要城市——上海和南京之间，大桥的建设使扬中到这两地的时间都大为缩短，也加快了扬中融入半小时都市经济圈的步伐。为此，扬中要抓住机遇，借桥强市，适时从民营经济内在驱动为主要力量的内生型发展模式，向既注重自身优势又借助外来优势，实现内外资源互相融合、对内对外双向开放的区域经济发展新模式转变，促进区域产业结构新的提升。

三是集中力量搞好基础设施建设，提高扬中全市基础设施的网络化程度、现代化水平和综合服务功能。建设好市域骨干路网，完善中心城区市政道路网络，形成以大桥为枢纽的市域一刻钟交通圈；统一规划地下管网，加快城市集排污设施建设；加大土地整合力度，为吸引大规模投资和新的产业发展提供充裕的空间载体。

四是依托大桥,开发建设好区划调整后的开发区,使之成为扬中的现代产业新区。用十年左右的时间,使之成为国内领先的以工业为主体的现代产业新区,以及苏中地区现代新型工业、旅游休闲及科教研发的集聚地。

(四)互利共赢,实行区域联动战略

在经济全球化的时代背景下,区域经济的合作越来越受到重视。现代经济学理论表明,任何一个地区的经济行为都不是孤立的。市场经济的一个重要原则是:资源只有跨越国界、跨越省界、市界,在更大的范围内实现配置,才能产生最优回报。如今的长三角地区,各城市间既有合作关系,也有竞争关系。这并不奇怪,合作能促进发展,良性的竞争也能促进发展。不过,随着泰州长江公路大桥的建成通车,原先的竞争格局发生了微妙变化,大桥将成为城市竞争的"催化剂""推进器"。

1. 打破区域界线,强化区域联动意识

区域联动是先进地区的成功经验,是实现优势互补、共同发展的战略选择。过去,我们想联动,但长江阻隔成为天堑。随着泰州长江公路大桥的建成,区域联动的自然障碍已经被打破。

一是突破划地为界的认识误区。扬中是一个江中岛市,特有的岛园文化有局守一隅、相对封闭的局限。泰州长江公路大桥的建设和利用需要扬中人有更开阔的眼界和胸襟,突破区域界线,主动与周边地区"融合"联动,做到合作共赢。

二是突破囿于行政区划界线的认识误区。有形的大桥通了,还需要拆除区域内各城市间无形的藩篱。对于扬中来说,特殊的地理位置使我们承担了沟通大江南北的历史责任,这是扬中发展的机遇。为此,我们迫切需要突破行政区域的界线,使生产要素在区域自由流动,放大"大桥效应",做大"大桥经济"的蛋糕。

在这一过程中,政府将发挥不可替代的主导作用,积极引导和推动扬中与大江南北城市群的链接和合作。

2. 突破区划限制,建立政府协作机制

一是建立工作联系制度。借鉴苏州、南通两市沿江开发协作经验,加强扬中和泰州、扬中和常州政府工作联系和信息交流,建立开发协商会议制度。协商会议由泰州、常州和扬中政府的主要领导和相关部门的负责人及沿江县市的主要领导为成员。协商会议实行例会制度,主要通报两市开发情况研究协商解决跨区域合作等重大问题。协商会议设立办公室,负责日常工作。扬中在这方面也应该有所作为,积极与镇江、泰州和常州相关部门取得联系,建立互通信息的机构和平台。

二是加强对口合作交流。为充分调动部门与地区的积极性,应积极推动有关部门和地区参与开发互动合作,实现上下联动、全面对接,定期协商沟通情况、交流信息。进一步加强经贸、旅游、开发区、环境保护、媒体宣传和城市规划等方面的合作与交流。

三是协作园区开发建设。为积极探索泰州、常州和扬中开发区、园区合作建设的新模

式,实质性推进区域产业项目的联运,立足扬中实际,走错位、配套、竞合的合作道路,以交通接轨为平台,以产业接轨为核心,以要素接轨为重点,以体制机制接轨为保障,实现三地全面对接、融合,切实抓好科技、人才、资金、信息等方面的接轨工作。协商解决项目审批、工商登记、财政扶持、用地政策、金融扶持、外事管事、争取省级优惠政策等问题。

3. 强化区域整合,实现区域间资源优化

一是加强资源整合。大桥通车加快了区域一体化进程,苏南具有科技、人才、资金、信息和市场等方面的优势,而苏北不仅具有土地、人力、资源、市场等方面的优势,而且具有岸线资源、集聚产业、管理销售人才、生态环保意识等方面的优势。在区域整合中全方位加强泰州、常州和扬中的合作联系,必将推进区域互动、共荣双赢,必将实现更大范围、更宽领域、更高层次的对接,必将取得1+1>2的整体发展优势。

二是发展产业集群。随着泰州长江公路大桥的通车,泰州、常州和扬中的产业合作必将全面推进,以长三角经济圈为依托,形成区域性特色产业集群势在必行。为此,扬中要及早谋划、高效率配置资源,打造承接苏南及国际产业、资本梯度转移的平台。

(五) 培育独具特色的专业市场,打造新的经济增长极

很多地方的发展经验表明,发展地方经济必须把第三产业作为重要支柱,而第三产业发展又以专业市场建设为龙头。随着流通现代化水平不断提升,专业市场的物流集散功能日渐显现。扬中应抓住泰州长江公路大桥建设的契机,充分利用自身条件优势,抢抓机遇,以大桥沿线为主阵地,建设专业市场。

1. 着力打造工业电器市场

扬中工业电器产业发展较快、基础较好,在国内已确立了明显的技术和规模优势,在全国都有相当的知名度和美誉度,2002年被国家科技部批准为"国家火炬计划扬中电力电气产业基地"。目前,扬中的电力电器企业近400家,产品包括高低压开关柜、电力变压器、配电箱、母线槽、电力电缆等七大系列近千个品种,广泛应用于三峡工程、秦山核电站等国家重点工程,企业年销售规模近100亿元,占扬中全市经济总量近70%,占国内市场份额的20%,扬中成为远近闻名的"工程电气岛"。随着现代流通体系的发展,传统的供销员"上门推销"的销售模式应逐渐向建设专业市场"就地销售"转型,专业市场应成为扬中市工业电器商品流通体系主体之一。我们可以建设输变电设备、桥架、高中低压开关柜、各种质料的母线成品及零部件专业市场。

2. 着力打造新材料、新能源市场

近年来,扬中太阳能光伏产业发展迅速,现有辉煌硅能源、环太硅科技、大全集团、皇冠煜华、南自通华等十多家光伏企业,涉及太阳能电池单晶硅棒、多日硅锭、单晶硅片、多晶硅片、太阳能电池封装、电池组件、太阳能路灯、太阳能庭院灯等光伏产业上、中、下游产品,2008年销售收入达40亿元左右。扬中经济开发区"江苏(镇江)太阳能光伏产业园"是镇江第一家省级电子信息产业园,也是国内太阳能光伏产业第一家省级园区。以硅材料为代表的新能源产业已经与电力电器、船舶制造产业一起成为扬中三大特色主导产业。但是,也存在着产业半径不长、规模不大、竞争力不强等问题。应着力打造新材料、新能源市场，发挥辉煌硅能源等龙头企业的带动作用，充分发挥专业市场的集聚和扩散效应，促进新能源产业尽快上层次、增总量，做大做强做特扬中的"板块经济"。

3. 着力打造职业服装市场

扬中是全国闻名的职业装和防寒服的生产基地，随着服装业的不断发展，扬中职业装行业的设计、生产水平得到整体提升。职业装生产是扬中传统的支柱产业之一，目前有纺织服装生产厂家1000多家，扬中全市专业从事职业装生产的企业就多达30多家，年产值达20多亿元，并形成了以宜禾为代表的一批全国知名品牌。但是，与扬中职业服装业的迅猛发展相比，扬中职业服装专业市场培育十分滞后。长期以来，扬中一些服装企业始终难以变"先发优势"为"持续优势"，实现企业的进一步扩张。缺乏有效的市场流通渠道和先进的管理经验是制约企业进一步发展的重要原因。要使扬中纺织服装业实现新的腾飞，必须加快与国内、国际市场融合的步伐，着力培育扬中的职业服装专业市场，并吸引世界范围内的大批纺织服装、鞋革箱包企业争相入驻。

（六）抓住机遇、突出特色，加快发展现代服务业

现代服务业是指那些不生产商品和货物的产业，主要有信息咨询、物流、金融、会计、法律服务等行业。对于资源相对短缺、地理位置特殊、经济基础较好的扬中来说，发展现代服务业不失为今后经济社会发展的新的增长点。扬中现代服务业发展的总体思路是：以全面融入长三角为契机，立足水文化优势，发展特色旅游业；立足区位优势，发展交通运输业、物流业和仓储业等生产性服务业；立足产业基础优势，发展咨询信息服务业和各类技术服务业。

1. 着力发展交通运输业、物流业和仓储业等生产性服务业

立足扬中作为"江中跳板"的区位优势，利用长江这条黄金水道，把扬中建设成沟通南北的现代物流中心。第一，加快物流平台建设，以大桥泰州长江公路大桥沿线为基础，打造综合物流园区，强化制造业原材料集散中转功能。第二，整合物流资源，推动传统运输业、流通企业向现代物流、仓储企业转型。第三，大力培育物流市场，鼓励和支持有潜力有能力的企业建设物流配送中心，强化生产性物资的配送功能。

2. 全力打造特色旅游休闲产业

发挥扬中作为江岛的地域特点，充分挖掘水文化优势，打响"岛园风情、田园风光、大江风貌、江鲜风味"的旅游品牌。一是做好整岛城市化的规划和建设；二是在现有基础上，开发利用好具有扬中特点的竹编、笛子、柳器等非物质产品；三是以雷公岛、西沙岛为开发重点，发展具有扬中特色的旅游业，如游船览江、农业观光、农家游乐、休闲垂钓等。由此，形成"一体两翼"的发展框架，即以扬中本岛和西来桥为体，以雷公岛、西沙岛为翼，发展特色旅游，使扬中旅游融入镇江、宁镇扬，乃至上海的旅游圈内。

3. 积极培育咨询信息服务业和各类技术服务业

随着经济社会的发展的科学技术的不断进步，以提供智力服务为主要特征的科技服务

业蓬勃发展,已成为当今世界上科技与经济相结合的发展最快、最活跃的领域之一。咨询信息服务业和各类技术服务业在第三产业乃至在整个国民经济中占有越来越重要的地位。咨询信息服务业和各类技术服务业拥有十分广阔的发展前景,扬中应抓住机遇,加快科技服务业的发展。一方面,扬中应利用业已成形的传统产业——工程电气产业,整合资源,以专业市场为依托,发展工程电气方面的信息咨询服务和技术服务;另一方面,要充分发挥主观能动性,以新兴的船舶制造、光伏及硅材料产业为载体,注重研发,及早谋划,开展相关的信息咨询和技术服务。

(王明华、孙国荣、郭伟英、常燕萍、钱吕军、周健、高晓峰)

文化扬中篇

WENHUAYANGZHONGPIAN

党的十八大指出，文化是民族的血脉，是人民的精神家园。一个国家需要伟大的民族精神，一座城市同样需要由自己的历史文化、价值取向和精神追求等多元素凝合而成的城市精神。城市精神是一座城市的旗帜和形象，是一座城市前进的精神动力。在中西文化相互激荡、区域竞争不断加剧的背景下，处于"最美扬中"建设新阶段的扬中，以什么样的精神状态引领新一轮发展，以什么样的价值取向凝聚各方力量，以什么样的形象展现于世人面前？这是当前扬中面临的现实任务和重大课题。

117

一、新的时代呼唤新的扬中精神

（一）历次"扬中精神"讨论回顾

扬中精神作为一种区域城市精神，之所以生生不息，不仅在于其历史承继、薪火相传，更在于其吐故纳新、与时俱进。随着历史车轮的前行，扬中精神也经历了四次自觉的提炼概括：

1. 在1990年第一次扬中精神大讨论中，人们把扬中人身上最美好的品格和最美好的希冀结合起来，把"扬中精神"概括为"团结、勤俭、开拓、创新"八个字。其中，"团结"是"扬中精神"的基础；"勤俭、开拓、创新"是"扬中精神"的主体。这八个字它既是扬中人的优良传统，也是扬中人的现实表现。

2. 在1995年第二次扬中精神大讨论中，"扬中精神"被界定为"团结拼搏、勇创大业、敢于超越"。这次扬中精神的概括突出了"创大业、办大事、敢超越、勇争先"的理念。

3. 在1999年第三次扬中精神大讨论中，"扬中精神"又被概括为"自强不息、众志成桥"。"自强不息"涵盖了"开拓创新、不断进取、奋勇争先"的内容；"众志成桥"涵盖了"勤俭创业、万众一心、团结奉献"的内容。从这时期起,"自强不息"就始终成为扬中精神最鲜明的底色,至今仍然是扬中精神不变的内核。

4. 在 2005 年第四次扬中精神大讨论中,"扬中精神"被确定为"诚信博大、自强不息"。诚信博大是时代对于扬中人的要求,更是扬中发展的内在所需。我们倡导诚信,就是要彰显扬中人诚实、文明、守信的精神风貌,让诚信成为全体扬中人的精神品质。博大包括宽阔的胸襟、开放的理念、改革的勇气和亲和的氛围。喊响博大,就是要冲破"小农意识"和"小岛观念"的束缚,在更高层次上展示自我,跨越发展。

(二) 新的时代需要新的扬中精神

扬中的历史告诉我们:扬中精神是扬中人屹立于世的脊梁,是扬中人艰苦创业的动力,是引领扬中人不断前行的旗帜,始终激励、感召着扬中人民不畏艰难、一路前行。现实再一次告诉我们:新的时代需要新的精神,伟大的事业需要伟大的精神,扬中追求的目标及所面临的挑战都亟需扬中精神再一次实现新的升华、新的张扬。

1. 从宏观环境看,全面深化改革的战略部署已经展开,改革与创新进入攻坚阶段,扬中发展需要精神动力

党的十八届三中全会提出全面深化改革的战略部署,吹响了全面深化改革的号角。面对激荡着中国大地的改革浪潮,扬中必须主动把握和积极适应经济发展新常态,增强改革的前瞻性、主动性和创造性,以改革的思维增活力、强动力、促发展。推进改革不可能一路坦途,要有迎难而上、直面挑战、敢闯敢试的"精气神",通过提炼扬中精神,解决进一步解放思想、增强精神动力的问题,解决进一步拓宽视野、更新观念、持续创新的问题,解决进一步锤炼作风、敢于担当的问题,以精神的动力激发内生活力,增强加快发展的决心和信心。

2. 从现实情况看,全面实现小康后的扬中,面临着"发展与转型""发展与生态""发展与民生"等诸多新挑战,扬中发展需要精神支撑

当前扬中的发展已步入转型升级的关键期、深化改革的矛盾期和负重前行的拼搏期,面临着转型发展、民生改善、生态保护、管理创新的多重压力,建设"最美扬中"任务巨大、挑战空前。如何把握机遇、发挥优势、应对挑战,如何走新路、谋发展,这些问题实实在在摆在我们面前。面对工作的艰巨性、复杂性和挑战性,唯有切实增强紧迫感、责任感,坚定信心、埋头苦干、务实创新。要通过提炼扬中精神,适应新形势,应对新挑战,发挥精神的激励、支撑作用,变压力为动力,推动深化改革,破解发展难题,才能实现扬中"新常态"经济下的可持续发展,掀起新一轮的发展热潮。

3. 从未来发展看,我们肩负着"率先基本现代化""建设苏南现代化示范区"和"'最美扬中'建设"等重大使命,扬中发展需要精神引领

扬中凭着"产业发展特色鲜明、创新能力全省领先、城乡建设生机无限、生态环境独具魅力、百姓富庶和谐安定"的坚实发展基础,提出了"率先基本现代化""建设苏南现代化示范区"和"'最美扬中'建设"等重大使命。宏伟蓝图已经绘就,发展目标催人奋进,科学发展时不我待。实现"率先基本现代化"、建设宜居宜业宜游的"最美扬中",依托的是"扬中精神"

的引领和鼓舞,需要全面调动和释放全社会的精神潜能,顺民意、集民智、解难题,为实现扬中新的历史使命奠定坚实的思想基础。

二、新的时代赋予扬中精神新的内涵

自新时期"扬中精神"大讨论活动启动以来,扬中组织开展了不同层面、各种类型的讨论交流,通过全市干部群众的广泛参与和共同努力,大讨论活动取得了积极的成果。2014 年12 月2 日,扬中市委常委会在集中民意民智的基础上,确定新时期"扬中精神"的表述语为"上善若水,自强不息"。

(一)新时期"扬中精神"的内涵

1. "上善若水"的内涵解析

"上善若水"语出道家经典《老子》:"上善若水,水善利万物而不争。"其意是说最高境界的善行就像水的品性一样,泽被万物而不争名利。在道家思想体系和国人的观念中,"善"属于道德层面的范畴,是中国传统文化内核的重要内容。它作为人类道德的集中表述,指称人的活动中所呈现出的向上的、正向的、具有积极意义的价值。"上善若水"积淀着中华民族最深层次的精神追求,是中华民族生生不息、发展壮大的丰厚滋养。

"善"是一种文化符号,是一种精神写照,用"上善若水"来界定新时期的扬中精神,不只是表征扬中人追求至善的一种境界,更展现了当代扬中人所追求和崇尚的一切合于道德、合乎文明的积极向上的精神风采,其内涵主要包括崇文尚德、团结奉献、开放包容、诚实守信、亲和自然等方面。

(1)崇文尚德

一座城市的气质,不仅在她清丽水灵的容貌,更蕴藏在她积淀深厚的人文精神之中。"大江奔腾欲何至,天落三岛集于此。"扬中独特的自然环境和发展历史孕育了扬中人独特的人文气质,那就是扬中人历来崇文尚德,传承的是讲仁爱、重教育、崇正义、尚和合的至善美德。扬中的历史不长,但扬中人崇文重教、崇德尚善的情结却很深重。在扬中,尊师重教、尊老爱幼、邻里相帮蔚然成风。子女读书一直是扬中家庭的头等大事,子女的学习成绩是扬中家长最关注的事情。扬中的教学质量和学校建设保持着较高的水准,2007 年就率先创成江苏省教育现代化建设先进市。扬中人急公好义、乐善好施。今天的扬中,有"三解三促""一联一"等扶贫帮困活动,也有社会团体自发进行的"麦田""一双球鞋的暴走""小彩蝶"等慈善行动,更有舍身救人、资助孤儿的"江中义翁"陆明才等一批批见义勇为、从善如流的典型人物。扬中连续开展了三届道德模范评选,褒奖的是一个个道德模范代表,诠释的是一个个"善行江洲,大爱扬中"的美丽传奇。在大力开展文明城市建设的今天,更需要全体扬中市民道德素质的更高提升。

（2）团结奉献

扬中四面环江，"头顶一江水，脚踩一只盆"，水患使扬中人养成了团结一心、共赴困难的品性。大汛时节，告警锣声一响，应者云集，万众一心，全力以赴，舍小家为大家。这种精神无处不在，世代传袭。20世纪90年代，这种精神在扬中建大桥、修大道、筑大堤的过程中得到了一次次释放。扬中大桥的通车，不仅彻底打破了扬中"千年孤岛"封闭落后的历史，更展现了扬中人万众一心、无私奉献的精神风采。这种精神在2013年扬中市成功举办的第八届江苏省园林园艺博览会过程中又一次得到了升华。在扬中市委市政府的坚强领导下，33万扬中人民仅用两个多月的时间就完成了拆迁任务，场馆建设和园博运营等工作创造了园博史上一个又一个"扬中奇迹"，再次向世人展示了"小岛办大事""小市创伟业"的扬中精神，也给扬中精神增添了许多新的时代色彩。

（3）开放包容

扬中是一座移民城市，多种地域文化在扬中的交流、交融，锤炼出扬中人开放的胸襟和包容的气度，孕育出以开放包容为主要内涵的移民文化。扬中自古就是一座江中孤岛，为了生存和发展的需要，扬中的先民不得不走出小岛，走南闯北卖手艺、做生意。新中国成立后，从扬中的"五匠"到后来所谓的"砂轮鬼子"，再到独具扬中地域特色的供销员大军，都极大地促进了扬中经济社会的迅猛发展，也引领了扬中开放的大潮。扬中虽小，但人心开阔，他们善包容、广接纳，对岛内岛外、国内国外的人才、资金和技术敞开胸怀，不排外、不歧视，让扬中的外地人也能大展身手。良好的人文环境和投资环境吸引了许多外商来扬中投资兴业。从1987年扬中市首家外资企业吉扬电子有限公司创立以来，ABB、西门子、德国默勒、现代重工等国际大公司纷纷踏上这块极具发展潜力的土地。如今，全世界50多个国家和地区的200多家外资企业已在扬中落户生根。扬中人正张开臂膀，以更加开放包容的精神气度拥抱这改革的新时代、开放的大世界。

（4）诚实守信

诚实守信是扬中人精神世界的一抹靓丽色彩。"信，国之宝也""人，无信不立"。扬中地域狭小、资源贫乏，靠什么发展？靠什么取胜？靠的就是吃苦耐劳、脚踏实地、诚实守信。因为诚实守信，扬中人一步一个脚印，把名不见经传的小岛建成为享誉海内外的"中国工程电气岛"，全市工程电气拥有2个"中国名牌产品"、31个"江苏名牌产品"、3个"中国驰名商标"，并有9个产品获得国家免检称号。因为诚实守信，扬中用"水韵·芳洲·新园林"的一个又一个惊艳，践行着"省园博会给扬中一个机会，扬中还省园博会无限精彩"的庄重承诺。今天的扬中，面对市场经济的新常态，更需要弘扬诚实守信的精神，唯有如此，才能有效应对前所未有的风险挑战，才能积极承担前所未有的改革发展任务，书写"最美扬中"的崭新篇章。

（5）亲和自然

天人合一是中国人一种最朴素的自然观，其本质要求就是亲和自然，实现人与自然的和谐相处，这是一种大善、至善，也是长期以来扬中人一贯秉持的精神品格。扬中因水而生，因水而成，扬中人对水、对自然生态有着特殊的感情。昔日的扬中到处是一派独特的江南水乡景致,埭前村后河水潺潺、鱼翔浅底,河道两旁柳枝摇曳、芳草萋萋,宛如一幅秀美的江南水粉画。改革开放以来,在推进经济社会发展的同时,扬中始终重视保护环境,坚持环境保护的"一票否决制"。早在2006年,扬中就将生态建设与环境保护作为立市之本,并率先建成为全国首批"生态示范市"。长期的坚守,使得扬中在工业化中期阶段仍然保持着良好的生态环境。2014年,扬中市又被授予国家生态市称号。党的十八大历史性地提出建设美丽中国,据此,今天的扬中已经确立了"生态立市"的战略,提出了建设"最美扬中"的目标,"生态"已成为扬中独具魅力的名片,成为扬中不可多得的宝贵资源。

2. "自强不息"的内涵解析

"自强不息"出自儒家经典《周易·乾》:"天行健,君子以自强不息。""自强不息"是中华民族生生不息、不断进取的精神写照,也是扬中发展前后相继的精神动力,其内涵主要包括开拓创新、艰苦创业、敢于超越和勇争一流等方面。

(1)开拓创新

"开拓"是扬中历史的开篇,也是扬中精神的逻辑起点,开拓本身就是创新,创新更需要开拓。扬中原本是江中沙洲,扬中的先民背井离乡、举家迁徙到此,围堤造田、结庐垦荒,他们就是"拓荒者"。改革开放以来,面对一无资源、二无市场、三无资金和技术的困境,扬中人不等不靠,完全凭着一股子闯劲、干劲,以"人无我有、人有我优、人优我特"的创新思维和"拼死吃河豚"的过人胆识,闯出了一片属于自己的新天地。正是因为秉持开拓创新精神,扬中人有了自己的家园、自己的历史;正是因为弘扬开拓创新的精神,扬中实现着"扬中制造"向"扬中智造"的华丽转身。今天的时代,已是百舸争流的时代,已是英雄辈出的时代,唯有不断地开拓创新,才能实现"最美扬中"建设的奋斗目标,才能使江中明珠更加璀璨夺目。

(2)艰苦创业

扬中的历史就是一部艰苦的奋斗史、艰辛的创业史。"穷奔沙洲富奔城",扬中人的祖辈初到这片沙洲时,为了生存,唯有靠勤劳的双手,靠披荆斩棘、筚路蓝缕地奋斗。在这过程中,扬中人形成和传承着吃苦耐劳、勤俭持家的精神传统,这种精神一直驱动着扬中不断前行,"四千四万"的供销员精神就是这种精神的绝好写照。正是靠着这种艰苦创业的品格,扬中人将沙洲变成了全国农业学大寨的先进典型,把农业县变成了工程电气岛,把小扬中打造成了全国"百强县""生态示范市"。可以说,扬中发展的每一点成绩、每一个进步都是扬中人前赴后继、艰苦奋斗、励志创业的结果,这种精神在今天更需倍加珍惜和大力弘扬。

(3)敢于超越

有人说扬中人的骨子里有一种不安分的因子,这种不安分,不是不守规矩、不遵法纪,而是不因循守旧、不安于现状,是自加压力、负重奋进,是不断进取、永不满足,是敢于超越、追求卓越。正是这股子的不安分,使扬中人在艰难的创业实践中形成了一种特有的精气神。在扬中,小到个人,中到单位部门,大到全市上下,都充盈着一种精神,一种不服输、重突破、敢超越的精神。正是凭着这种精神,扬中人书写出了开天辟地的成洲史、战天斗地的创业史、改天换地的发展史,把荒无人烟的孤岛建成为美轮美奂的花园岛城、产业集聚的工业强市、四通八达的交通枢纽和全面小康的江南福地。今天的扬中,站在了新的历史起点上,正朝着"最美扬中"的伟大目标不断前行；今天的扬中，仍然需要这种敢于超越、追求卓越、永不满足、永不懈怠的精神力量的支撑。

（4）勇争一流

人们都说扬中人"爱面子"，这种"爱面子"不是图慕虚荣、华而不实，而是一种不甘落后、勇于争先、敢于领先、勇争一流的精神风貌。这种精神概括起来就是扬中人那种"志存高远"，勇于"争第一、创唯一"的追求和志向。过去的扬中没有因为环境闭塞而囿于一隅，没有因为地域狭小而无所作为。今天的扬中更是以舍我其谁的胆气、奋勇争先的志气、突破自我的勇气，创造出扬中经济社会发展中一个又一个的骄人业绩：扬中是江苏省首批实现全面小康的县市，走在了"第一个率先"的前列；扬中连续多年位居全国百强县之列，是闻名于中国的县级工程电气岛，是首个承办省园博会的县级城市，是首批"国家级生态示范区"、全国生态市，是享誉全国的江鲜美食之乡、河豚美食之乡……好一个"最美扬中"，一个"最"字力透出扬中人勇争一流的精神品格。扬中，正以昂扬向上的锐气、知难而进的勇气和勇争一流的豪气再攀新高峰，再创新辉煌。

（二）新时期"扬中精神"表述语的优点

1. 鲜明的时代性

现代化是这个时代最新明的主题，道德建设是这个时代最强烈的呼唤。扬中要实现现代化、建设"最美扬中"，最根本就是要实现人的现代化，要用社会主义核心价值观来引导人，用先进的精神文化来塑造人，用优秀的道德素养来提升人。把"上善若水，自强不息"作为新时期扬中精神的表述语，写在扬中精神的旗帜上，就是鲜明地展示这种追求和导向。它把扬中城市的价值追求与社会主义核心价值观直接联结，与时代要求有机对接，凸显了以改革创新为核心的时代精神，凸显了社会主义核心价值观的精髓，是社会主义核心价值观在扬中精神上的具体化，贴合时代脉搏，极具时代气息，集中体现了新时期扬中人民崇德向善的精神追求和积极进取的精神状态。

2. 独特的地域性

"万里长江呼日出，千年绿岛应潮生"，扬中精神植根于扬中特殊的地理环境和人文历史之中，水文化、移民文化组成了扬中文化的天然基因。滚滚长江水无私地给予扬中自然的灵动和秀美，扬中宛如一叶浮于水上，与长江之水共览日起日落，见证世事沧桑。水是扬中最多的资源、最大的财富、最美的景致，把水与扬中文化、扬中精神联结起来，让扬中人心里多了些许温暖亲切和自然真切。用"上善若水"来表述扬中精神，与扬中地域特点有着天然的契合，特别朴实生动地展示了扬中形象。

3. 历史的传承性

道家和儒家是中华传统文化中两支最重要的血脉，"上善若水"是道家的理念，"自强不息"是儒家的追求。把"上善若水，自强不息"作为新时期扬中精神的概括，不仅是将中国传统文化精髓与扬中现代化建设相结合，也使中国传统优秀文化中两大正能量在扬中实现了融会贯通、继承发扬。同时，新时期扬中精神表述语延续了"自强不息"这一表述，彰显了扬中精神的传承和坚守。

4. 通俗的大众性

"上善若水,自强不息"是人们耳熟能详的成语,其意不言自明,这两者的结合可谓是珠联璧合、精巧别致、大气清新。新时期扬中精神的这种表述简明扼要、通俗明朗、易于记忆、便于传播。

三、弘扬新时期扬中精神,推进"最美扬中"建设伟大进程

扬中精神的积淀是一个漫长的过程,扬中精神的培育是一项长期任务。扬中精神从形成、提出到被扬中全市上下认知、认同、践行,再到发挥其凝聚力、导向力、激励力和规范力,是一个在实践中不断丰富、逐步升华的过程。引领人心向善、人心向美、人心思上、人心思进,实现内化于心、以文化人、外化于行、以德润城,需要一个长期的培育、熔炼和塑造过程。

(一) 科学把握"扬中精神",使"扬中精神"成为引领扬中科学发展的一面旗帜

"扬中精神"是扬中人精神追求的共同写照,是扬中不断前行的内在动力,更是扬中现实发展的迫切需要。这就需要我们科学界定,准确把握好扬中精神,使之真正成为扬中未来发展的一面旗帜。弘扬新时期扬中精神,前提是全面理解、准确把握"上善若水,自强不息"这一新时期扬中精神的科学内涵和精神实质。"上善若水,自强不息"是扬中精神在扬中发展新时期的一种全新概括和精神凝练。"上善若水"表征着新时期扬中人崇文尚德、团结奉献、开放包容、诚实守信、亲和自然的时代气质;"自强不息"折射出新时期扬中人开拓创新的意志、艰苦创业的品质及敢于超越、勇争一流的精神追求。这八个字有机统一,充分体现了城市精神与核心价值的相互协调、城市共性与扬中个性的相互兼容、历史底蕴与未来取向的相互统一、城市特色与市民气质的相互融合。

(二) 广泛宣传"扬中精神",使"扬中精神"成为全体扬中市民的普遍共识

弘扬新时期扬中精神,关键在于增强全市人民的精神自觉与价值认同。新时期扬中精神的再次提炼确定,仅仅是一个新的开端。要通过各具特色的宣传活动,使新时期扬中精神家喻户晓,潜移默化地融入人们的具体工作和日常生活之中,沁入全市人民的心扉之中,真正成为引领全市人民顽强拼搏、开拓奋进的一种共识。要充分发挥文化"以文化人"的独特作用,运用多种新闻媒体营造浓郁的环境氛围,分类分层进行宣传引导,真正让新时期扬中精神入耳入脑,让扬中精神成为 33 万扬中人的集体意识和普遍共识;要运用各种群众喜闻乐见的宣传形式,与丰富多彩、生动活泼的各类精神文明创建活动有机结合起来,使新时期扬中精神能真正覆盖全社会,使"上善若水,自强不息"的扬中精神,既融入扬中经济社会生活的各个领域,又做到家喻户晓、妇孺皆知,最终成为扬中人的精神自觉,成为扬中人的集体意识和行为习惯。

（三）积极践行"扬中精神"，使"扬中精神"成为建设"最美扬中"的强大动力

弘扬新时期扬中精神，根本在于践行。践行需要统一号召与具体实践相结合，针对不同对象采取多样化的办法。从政府层面看，要认真做好扬中传统文化的保护工作，不断从历史文化中汲取营养，培育扬中城市个性；要立足扬中生态和岛城特色，构建具有生态人文特色的城市建筑风貌，让城市风采彰显城市精神；要大力实施全民文明素质提升工程，推进公民道德建设，把新时期扬中精神融入精神文明创建活动和党员干部教育之中。从社会层面看，就是要以"上善若水，自强不息"为主题开展各种文化活动，让扬中精神进机关、进社区、进校园、进企业，增强全社会对扬中精神的认同感。从个人层面看，通过每一位市民的积极参与和自觉实践，将新时期扬中精神内化为扬中全市人民的道德意识和精神追求，大家都做扬中精神的实践者，做扬中精神的弘扬者，由此汇聚起推动"最美扬中"建设的强大内生动力。

（张宇轩、孙国荣、陈定春、钱吕军、孙小琴、李华、郭林森）

当前,扬中发展已经站在新的历史起点上,在加快"二次率先"的关键时期,扬中必须以十八大精神为指引,深刻认识文化的独特功能和地位,充分发挥文化教育人民、引领社会、推动发展的作用,推动文化转型升级,助推文化甲板起飞,以文化现代化保障和引领扬中率先基本实现现代化。

一、放眼全局,在蓄势中营造强势,不断增强扬中现代化建设的文化凝聚和引领力

十八大对于"文化强国建设"进行了系统论述,体现了党和国家对文化建设的高度自觉、自信、自省和自强。当前,"文化资源"和"文化创造"日益成为推动经济社会发展的主导要素,把资源转化为资本,把文化产品的制造转化为文化业态的创造,是当今时代文化转型升级的关键。把握这一关键,重点在于人的力量,在于不断提高人的思想道德水平和科学文化素质。

1. 把加强道德建设作为提升人文素养的首要条件,深入推进核心价值体系建设

现代化的实质是人的思想精神文化的现代化,要深化扬中城市精神内涵,大力弘扬"四千四万""争第一、创唯一"的创业精神和"诚信博大、自强不息"的新城市精神,积极构建扬中特色价值观,结合扬中实际,广泛开展宣讲、座谈讨论、征文、文艺创作,扩大宣教覆盖,构筑新老扬中人共同的精神家园。

2. 把提升市民素质作为优化人文风尚的关键举措,大力实施文明素质促进行动

文明素养的提升是现代化的重要内涵,要以市民学习习惯、行为习惯、文明养成的提升为切口,推进综合性创建,加快提升市民素质。要通过抓学习型党员、学习型干部、学习型社

区、学习型企业及各类中心组学习活动,营造全民学习的良好氛围;要扎实推进文明创建进机关、进学校、进社区、进村企,发动社会各级广泛参与,通过开展"迎园博、讲文明、树新风"和学雷锋等各类活动,让群众在参与活动、深入实践中受到感悟、提升素质。

3. 把优化文化服务作为丰富人文生活的有效载体,扎实推进"文化强市"建设

现代化对文化的需求必定是日益增长、多元多样的,要切实保障市民文化权益,扩大优质文化产品供给,推动公共文化服务向基层延伸,实现整岛"多维覆盖";要组织开展丰富多彩的文化活动,抓住节会节点、民俗习俗、展务会务等契机,策划和组织深受群众喜爱、切合地域特色的文化活动,让市民在文化活动中愉悦身心、陶冶情操;要提高文化服务供给质量,鼓励和扶持文艺精品创作,创作更多反映扬中现代化建设、市民喜闻乐见的艺术作品,拓宽文化服务的渠道,丰富文化服务内容,以高雅艺术熏陶人、感染人、激励人。

二、凸显特色,在造势中扩张优势,不断释放扬中现代化建设的文化魅力

文化因个性而独特,文化因特色而充满魅力。建设文化强市,切合文化现代化的题中之意,就是要按照省、市"文化建设工程"的新任务、新要求,调优文化发展思路,创新文化发展手段,拓展文化发展路径,在挖掘文化资源、塑造文化品牌、打造文化亮点上下功夫。

1. 整合地域文化要素,化资源为资本

资源可以发掘和运用,而资本在于经营和运作。把文化资源转化为文化资本,这是一种文化经营能力。要紧扣扬中的岛园特色、生态特色、产业特色和人文特色,持续放大江水、江鲜、江滩等独特资源,塑造雅韵江魂,建设瑰丽江岛,共建最美扬中。

2. 凝练区域文化特质,化特色为品牌

我们有风光旖旎的岛园特色、江中绿肺的生态特色、电气光伏的经济特色、民俗美食的文化特色……要致力放大这些特色,以特显特,以特强特,通过介入各类文化手段,使扬中的特色持续发酵,在更高层次、更大范围打响"中国工程电气岛""中国河豚文化之乡"等城市品牌。

3. 放大区域文化效应,化影响为辐射

影响是点对点的线式传播,而辐射则是立体化、爆发性的面式扩散。要将扬中传统民俗文化、生态居住文化和现代产业文化三者充分融合,借助科技、金融、旅游等途径推动渔文化、水文化、竹文化等更加鲜亮,培植更多扬中代表性的文化名片、文化地标、文化样板,实现文化多元化渗透、多领域拓展、多产业联动,形成文化辐射带动效应。

三、创新转型,在乘势中成就大势,不断提升扬中现代化建设的文化实力和竞争力

文化的现代化必然伴随着产业的现代化,必然蕴涵着文化传承、创新和转型。要狠抓当

前文化产业发展的政策机遇,以项目为抓手,以创新为动力,坚持用抓经济的办法抓文化产业,不断创新融合发展、特色发展、集聚发展的工作思路,打造优势产业,提高扬中文化产业实力。

1. 打造渔文化旅游产业

持续放大扬中长江渔文化的优势,建设主题渔文化展示中心、河豚文化产业基地等核心展区;运用声光电等现代表现形式,立体化宣传展示扬中长江三鲜、渔种资源、渔业科普等方面的知识;同时大力发展渔文化旅游,吸纳集聚旅游人气,大力发展休闲度假游、商务游、感知体验游等新的文化旅游业态。

2. 打造创意影视产业

文化创意是一个朝阳产业,对科技、人才的依存度很大。我们将针对扬中文化企业发展的特色和现状,坚持"用文化、科技为企业插上腾飞的翅膀"这一理念,对竹笛、手风琴、竹编等特色产业进行文化包装,有针对性地引进创意人才,通过创意增加产品的文化含量,使老产品有新功能,老企业有新形象,老产业有新增长点。加快推进扬中国际影视城项目的动工建设,借助影视基地和明星剧组的"明星效应",带动服装、演艺、酒店、餐饮、旅游等产业的发展。

3. 打造文化休闲产业

休闲文化产业是城市的黄金产业,也是提升城市软环境、促进城市经济的重要力量。要重点策划扬中沿岛、沿江、沿堤的休闲文化产业带建设,着力扭转现有零、散、乱的现状,引进人才、技术、资本,鼓励更多的社会力量、民营资本参与投资文化休闲产业,借梯上楼,加强策划,通过整合环岛农家乐休闲资源,放大园博园、雷公岛、西沙岛的生态观光效应及开发休闲度假旅游业态等多种手段,打造生活慢城和环岛田园风光带,做大做强休闲文化产业。

（王继兰）

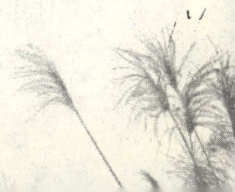

一直以来,扬中市委、市政府高度重视教育工作,坚持教育优先发展不动摇,在城市规划中优先安排,在资金投入上优先满足,在人员编制上优先保证,教育工作一直走在镇江乃至江苏省的前列。扬中的教育现代化起步较早,2007 年首批通过江苏省基本教育现代化建设水平评估,2011 年被确定为江苏省八个教育现代化建设水平提升工程试点地区之一。教育事业发展取得了显著成绩,形成了一批独具扬中特色的亮点和品牌。财政投入方面,创新落实上级有关政策措施,进一步明确财政教育投入主渠道,全面超额完成省政府下达的财政教育投入占比目标;学前教育方面,率先在全省实施农村免费一年学前教育,2013 年在镇江率先通过创建省学前教育改革发展示范区现场验收;校园文化建设方面,先后建成外国语小学科技馆、联合中心小学国学馆等一批现代化教育场馆,基本形成了"一镇一主题""一校一基地"的办学特色,2012 年创建全国义务教育基本均衡市通过省级督导评估;校安工程建设方面,全面完成了校舍安全工程三年规划任务,被江苏省政府表彰为中小学校舍安全工程先进集体。各镇(街、区)也将教育事业发展纳入重要议事日程,均设立了助学兴教专项资金,有效促进了区域内学校办学水平的提升。

一、创建苏南教育现代化县级示范区是当前一项势在必行、创则必成的"硬任务"

对照江苏省确定的教育现代化指标体系,目前扬中教育发展水平综合得分为 75.5 分,与考核目标差距较大。通过分析,扬中的薄弱环节主要集中在现代化学校建设、学校布局与规模、教师学历层次、社区教育发展和终身学习网络建设等方面,既有硬件建设上的不足,也有软件建设上的结构性问题。存在的问题主要包括:

(一) 现代化学校建设欠账较多

扬中全市 21 所义务教育学校中,达到省定现代化办学标准的不足 10%。从生均占地看,全市 15 所公办幼儿园中有 3 所不达标(实验幼儿园、文化新村幼儿园、机关一园),占总数的 20%;小学有 2 所不达标(实验小学、第二实验小学),其中实验小学生均占地为 7.7 平方米,仅达国家标准的 38.5%。城区热点义务教育学校和幼儿园普遍规模偏大、班额偏多。从教育装备看,全市仅有丰裕中心小学、联合中心小学 2 所学校完全达到省 I 类标准,占比仅为 5.7%,与镇江市 100% 达到的目标要求相比差距悬殊。

(二) 校安工程建设相对滞后

目前,扬中中小学校还有 15.43 万平方米的校安工程建设和改造任务(其中义务教育阶段 14.1268 万平方米,高中阶段 1.3032 万平方米)。按照省定标准要求,2015 年年底前要全部完成。为此,扬中在 2013—2015 年,每年要完成 5 万平方米左右的建设改造任务,这对扬中教育资金投入和工程建设进度都是极大的考验。

(三) 教师队伍建设差距较大

一是教师结构性缺编。音、体、美教师存在一定程度的缺编,学科之间教师配置还不够均衡。二是名特优教师数量不足。目前,扬中正高级教师占比为 1.9‰,省定标准为 3‰;职业学校"双师型"教师占比为 65%,省定标准为 75%。三是教师学历层次需进一步提升。扬中初中教师本科及以上比例为 81.7%,省定标准为 100%;初中教师研究生比例为 1.4%,省定标准为 8%;中专教师研究生比例为 9.6%,省定标准为 30%。

(四) 教育内涵发展有待深化

扬中市在省内外有影响力的名校、名师和教育教学品牌不多,综合竞争力不够。教育改革步伐不快,校本课程建设数量不足,校园学生社团建设基础薄弱,少数学校课堂教学改革成效还不够明显、学生课业负担较重,城乡之间、校际之间教学质量存在差异,普通高中本二以上达线率、名校录取率与群众的期望值相比还有一些差距。

二、进一步明确创建苏南教育现代化县级示范区的总体目标和进度安排

当前和今后一个时期,是扬中率先基本实现现代化的关键时期,也是教育事业加快发展的黄金时期。各地、各有关单位要以创建苏南教育现代化县级示范区为主线,以"双创"(创建教育现代化先进镇街区、创建教育现代化先进学校)为抓手,以优质均衡发展为主题,以提升教育教学质量为中心,统筹推进教育现代化建设,确保按期完成各项创建工作任务。

（一）总体目标

根据镇江市总体部署,结合扬中实际,扬中教育现代化发展的总体目标是:2015 年,各项教育发展指标基本达省定教育现代化指标体系要求,率先建成江苏省教育现代化县级示范区;100% 的镇(街、区)建成镇江市教育现代化先进镇(街、区);100% 的学校建成镇江市教育现代化先进学校。到 2018 年,构建体系完备的终身教育,高水平普及学前教育,实现义务教育优质均衡发展、普通高中教育多样化发展,建设现代职业教育体系、灵活开放的继续教育制度和充满活力的教育体制机制,主要劳动年龄人口平均受教育年限达 13 年,教育发展水平达到发达国家平均水平。

（二）进度安排

对照省定指标体系及相关要求,扬中教育现代化进程分四个阶段扎实推进:

第一阶段:到 2013 年年底,教育现代化建设综合得分达 80 分;32% 的学校建成镇江市教育现代化先进学校;完成 4.358 万平方米的校安工程建设,占任务总量的 31%。

第二阶段:到 2014 年年底,综合得分达 85 分;新坝镇、西来桥镇建成镇江市教育现代化先进镇,81% 的学校建成镇江市教育现代化先进学校;2014 年完成 4.1941 万平方米的校安工程建设,占任务总量的 30%。

第三阶段:到 2015 年年底,综合得分达 90 分。油坊镇、八桥镇、三茅街道、开发区建成镇江市教育现代化先进镇(街、区);100% 的学校建成镇江市教育现代化先进学校;基本完成扬中全市校安工程建设任务。

第四阶段:到 2018 年年底,综合得分达 92 分,建成理念先进、保障有力、群众满意的扬中现代化教育。

在积极推进"双创"工作的同时,继续巩固江苏省学前教育改革发展示范区创建成果,大力推进义务教育、社区教育创建,确保 2014 年创成省义务教育优质均衡发展示范区和省社区教育示范区。

三、突出抓好创建苏南教育现代化县级示范区的各项重点工作

对照发展目标和总体部署,结合扬中教育发展实际,我们要着力做好以下四个方面工作:

（一）千方百计改善办学条件

1. 科学谋划学校布局。以江苏省扬中高级中学新校区建成投入使用和金山学院变更主办者为契机,启动新一轮教育布局调整,抓紧出台全市教育规划详规,合理配置城乡教育资源。严格落实住宅小区配套建设学校(幼儿园)政策,增加幼儿园数量,控制办园规模;均衡配置义务教育资源,合理布点学校,使学校布局与城市功能定位和区域人口规模相适应;

做大做强优质高中,确保四星级以上普通高中超过省定标准的55%;建成2个省级高水平职业教育示范性实训基地。在规划城镇公共基础设施、编制基建投资计划、实施基建投资项目时,充分考虑教育的实际需求。策应副城建设,按江苏省现代化学校标准规划配建各类学校。

2. 加快推进校安工程。进一步完善新三年校安工程规划,加快推进新坝中心小学、油坊中心小学、永胜中心小学、西来桥学校等工程建设。在参照义务教育学校标准安排幼儿园校舍维修经费的基础上,将幼儿园校舍纳入校安工程一并规划实施。同时,继续实行税费减免优惠政策,统筹安排项目资金;市住建、规划、国土等相关部门要密切配合,为校安工程建设开辟"绿色通道"。

3. 努力提升装备水平。加快更新教育装备,确保到2015年,扬中所有学校(幼儿园)均达省Ⅰ类标准。推进教育信息化工程,完成校园信息化"三通两平台"(宽带网络校校通、数字资源班班通、学习空间人人通和教学资源公共服务平台、教育管理公共服务平台)和扬中"云教育"工程,中小学、中等职业学校、特殊教育学校分批建成数字化校园。

(二)全力以赴推进各项创建

以创建为抓手,促进教育事业发展实现新提升:

1. 突出公平均衡,加快创建义务教育优质均衡发展示范区。在控制择校比例、办学规模和班额等方面寻求突破,确保2013年11月顺利通过全国义务教育基本均衡市国家认定,年底前达到省定义务教育优质均衡发展要求。

2. 突出惠民利民,加快创建省社区教育示范区。通过市镇联动,构建以互联网为载体的终身学习平台,提高终身学习网络覆盖率;拓展社区教育资源,积极创建省级镇(街、区)社区教育中心,力争2015年创成江苏省社区教育示范区。

3. 突出服务发展,加快创建国家级农村职业教育和成人教育示范市、国家级职业教育改革发展示范区。坚持面向社会、面向企业、面向市场,加快发展各类职成教育,更好地满足扬中经济社会发展的需求。

4. 突出特色提升,加快创建省级《3～6岁儿童学习与发展指南》实验区,巩固江苏省学前教育改革发展示范区创建成果。到2015年,扬中全市高标准普及学前三年教育,0～3岁婴幼儿早期教育指导率达90%,江苏省、镇江市级优质幼儿园建成率达95%以上,主要指标领先于全省、全国。

5. 突出务实高效,加快创建镇江市教育现代化先进镇(街、区)。各镇(街、区)要主动协调解决区域内教育现代化建设的实际问题,积极支持区域内学校改善办学条件,负责建设区域内幼儿园和社区教育中心;配合相关部门,做好区域内教育布局规划落实工作;加强综合治理、协作共建,净化校园周边环境;进一步整合区域资源,完善助学兴教政策,打造区域教育的亮点和品牌。

(三)多措并举强化师资建设

1. 更加注重管理创新。深化教师聘用制度和岗位管理制度改革,健全学校按需设岗、

竞聘上岗、按岗聘用、合同管理的用人机制，开展校长职级制、学校评价等领域改革试点，完善绩效考核制度，激发教师队伍活力。

2. 更加注重教师交流。健全义务教育学校教师和校长交流制度，校长在同一学校连任一般不超过两届，教师包括骨干教师每年按照不低于15%的比例进行交流。在跨学段、城乡全职交流的基础上，进一步畅通教师流动渠道，促进师资深度均衡。

3. 更加注重教师培养。足额安排教师培训专项经费，全面提高教师素质。完善名师培养机制，确保到2015年，初中教师本科及以上比例达95%，中专教师研究生比例达20%，职业高中"双师型"教师占比达68%；力争培养一批育人成绩卓越、社会广泛认同的教育教学名家。成立教师发展中心，建成教、科、研、训一体化的新型机构，2014年创成省示范性教师发展中心。

（四）全面落实教育发展保障措施

1. 完善资金保障机制。积极落实教育财政投入职责，多渠道筹措教育现代化建设资金。确保财政教育投入占比达到镇江市要求，继续执行扬中市委、市政府《关于进一步加快扬中教育事业改革和发展的意见》（扬发〔2011〕14号）中关于教育投入的相关政策，并逐年有所提高。

2. 完善合力保障机制。各镇（街、区）、市各相关部门要强化扬中全市"一盘棋"的思想，密切配合，高效协调，共同推进。扬中市教育局作为主管部门，要根据省定指标体系，组织调查摸底，测算创建资金，拟订工作方案，细化举措办法，加强检查指导。扬中市人社部门要积极落实各类学校编制标准，支持教育部门在高层次人才引进、培养等方面的合理需求。市规划部门要严格规划审批，全面落实住宅小区配套建设学校（幼儿园）等相关政策。市各新闻单位要加大对教育现代化创建的宣传力度，营造良好的舆论环境。其他各相关部门要按照职责分工，配合做好相关对接、协调工作。各镇（街、区）要按照创建要求，创新思路，加大力度，确保如期完成创建各项目标任务。

3. 完善督导评估机制。目前，扬中市政府已经恢复教育督导室，还下发了推进教育现代化建设的考核办法，明确了具体的考核细则。下一步，市政府教育督导室、市委组织部、市监察局将组成联合考评组，按规定对全市教育现代化推进工作情况进行督导评估，督导评估结果将纳入年度综合考评，并在新闻媒体公示，接受社会监督。

4. 完善考核奖惩机制。镇江市政府已安排了专项资金，对辖市区政府和"双创"活动中的先进镇（街、区）进行奖励。扬中也将配套专项奖励资金，对如期通过镇江市级评估的镇（街、区）和学校（幼儿园）予以奖励；对未能按序时进度完成任务的镇（街、区）和学校（幼儿园），取消当年评先评优资格，并启动问责程序。

教育现代化建设是关系千家万户、造福百姓民生的实事工程。我们相信，有扬中市委、市政府的坚强领导，有社会各界的鼎力支持，有全市教育系统的不懈努力，我们一定能够实现各项既定目标，率先建成苏南教育现代化县级示范区，打造江苏省教育现代化建设的示范区。

（蔡萍）

"上善若水,自强不息"。

八个大字,凝聚着新时期33万扬中人民的智慧结晶,承载着人们对"扬中梦"的美好憧憬。

历时三个多月,社会各界近两万市民参与,新时期扬中精神大讨论既是对扬中精神段位的叩问,更是放眼未来的对焦。

撤县设市20周年的新起点上,吹响凝聚扬中精气神的"集结号"。

扬中,历来是一座不乏精神力量的城市。千百年来,一代代扬中人"筑堤安澜、围田治水,走南闯北、创新创业,崇文重教、团结拼搏",造大桥、修大道、办园博,进百强、奔小康、率先基本现代化,将一座资源匮乏、交通闭塞、洪涝频仍的江中孤岛,建设成为驰名中外的花园岛城、电气名城。

"神居胸臆,而志气统其关键。"辉煌显像的背后,是扬中人蓬勃焕发的"聚沙成洲"的拓荒精神、"围田治水"的拼搏精神、"四千四万"的创业精神、"众志成桥"的自强精神、"追求卓越"的造园精神和"甘为孺子牛"的奉献精神。

新时代,新使命。"扬中精神"随着时代发展而发展,注入了新的时代内涵。特别是2013年第八届省园林园艺博览会的成功举办,"小岛办大事""小市创伟业"的扬中现象,使人们再次启动了对新时期扬中精神的探寻之旅。

2014年9月,扬中市委宣传部组织开展"纪念建国65周年暨扬中撤县设市20周年"系列活动,并把新时期扬中精神大讨论作为其中的一项重要内容。

"共绘精神坐标,同筑精神家园"的热潮在岛城涌动!

熔铸城市灵魂，探寻扬中发展实践中的时代精神

"扬中精神"，全体扬中人共同的文化基因。

"设置议题，组织引导，媒体推动"是这次大讨论高度开放的运行模式。

——活动既营造热势又强化引导，既注重社会主流又兼顾普通市民，特别是在征集环节，借助网站、微信、手机客户端等新媒体的力量，为广大市民参与讨论开通"绿色通道"。据不完全统计，累计有18000多人次参与了讨论活动。

——方案设计体现了"百花齐放、百家争鸣"的要求，成立"扬中精神课题组"开展理论研究，召开社会各界人士座谈会，又组织开展"百姓心中的扬中骄傲"网络讨论、"20年20事"社会评选和广泛的社会征集活动。

——新闻媒体统一开设"新时期扬中精神大讨论"专栏、专题，及时刊（播）发各地、各部门推动活动广泛开展的动态新闻，营造出浓烈的舆论氛围。《扬中快报》、扬中市广播电视中心通过答记者问、社论、本台短评、大讨论专题（专版）、专题片等宣传形式，引导主流舆论。

机关干部、普通市民、学校师生、退休职工，以不同的形式，自觉地汇入大讨论中来。

在城市农村、车站公园、单位家庭，人们围坐在一起，从扬中抗洪、大桥建设、园博会申办到"四千四万"、民居文化，畅谈对"扬中精神"的理解和期待。

一纸扬中精神征集函，点燃了在外地工作的扬中籍知名人士的思乡情，各地及北美、澳洲分会会员寄来了30多篇文章，表述自己心中的"扬中精神"。

塑造共同的精神支柱，凝心聚力推进改革创新

一石激起千层浪。大讨论活动历时三个多月，吸引了扬中市18000多名干部群众及来自全国各地近千名热心人士积极参与，收到征文260多篇，在媒体刊发征文180余篇，专题网页点击率超过1.6万次。累计收到社会各界撰写的表述语1245条。

对内凝聚了人心，对外树立了形象，新时期扬中精神大讨论，在全市激荡形成巨大的精神冲击波：

——拓展了扬中全市干部群众解放思想的广度和深度。在市级、基层两个层面的讨论过程中，干部群众围绕议题，由浅入深，由近及远，从历史、价值观念、社会发展等方面进行讨论。不少干部群众敢于"揭短"：扬中人有勤劳、开拓的优点，也有"面子文化"的缺点，小富即安的思想也很严重，抱团合作的意识不强。

——凝聚了干部群众谋发展干事业的精神力量。大讨论与当前工作，与扬中实际、部门实际紧密地结合起来，着力解决突出问题。一些机关干部和企业家认为，一代人有一代人的使命，面对经济新常态，大讨论让我们站在了一个更高的层面来审视发展、审视全局，增强了

改革创新的紧迫感和责任感。

——激增了人民对城市的认同感、归属感和自豪感。一个个扬中发展的里程碑,"争第一创唯一"的标志性事件、人物及人文历史被挖掘出来,既感人至深,又亲切可信,"我骄傲,我是扬中人"的自豪感油然而生。在专题采访中,许多在外工作生活的扬中人、在扬中工作的外地人、长期关注扬中发展的专家学者,他们在谈到扬中的发展变化时,无不感到自豪和钦佩。

——提升了城市形象,扩大了扬中的知名度和美誉度。通过媒体特别是网络媒体的报道和传播,这场大讨论既展示了扬中的人文历史、风土人情、经济发展、城乡面貌,也展示了扬中人崭新的精神风貌。一位北京网友留言说:"扬中没有资源,区区30万人的县级小市,却跻身全国百强,造大桥、办园博,扬中人自强不息、拼搏进取的精神品质,了不起!"

"最美扬中"呼唤最美精神,树立引领时代的精神"旗帜"

12月2日,扬中市委常委会听取了"扬中精神"大讨论情况汇报,在充分尊重民意的基础上,研究确定了新时期"扬中精神"表述语——"上善若水,自强不息"。

"上善若水,自强不息"的内涵是什么?

北京大学经济学院周建波教授认为,"上善若水,自强不息"既阳刚又阴柔,实现了阴阳平衡。上善若水讲的是宽容、包容,自强不息讲的是进取、奋斗。太进取了,往往不包容、宽容,太宽容、包容了,又往往不进取,二者结合起来,才能做到既进取又包容,从而实现长期的可持续性发展,符合中庸之道的原则。

扬中精神课题组这样解释新时期扬中精神:"上善若水"语出《老子》"上善若水,水善利万物而不争。"意思是说,最高境界的善行就像水的品性一样,泽被万物而不争名利。坚韧、包容、奉献是水的显性表征,上升到精神层面,则蕴涵了扬中人开放包容、谦和刚强、从善尚德、勇立潮头的精神气质和价值追求。"自强不息",既是民族精神的具体体现,也是扬中精神的历史继承,其内涵包括自力更生艰苦奋斗的品质,自加压力克难攻坚的精神,不甘落后蓬勃向上的追求和坚韧不拔永不懈怠的意志。

千锤百炼出"精神","上善若水,自强不息"精神必将成为"最美扬中"的强大精神动力,必将成为引领扬中未来的一面精神"旗帜"!

(顾永生)

百年大计,教育为本。实现教育现代化是我国教育事业发展的目标,也是赶超世界发达国家教育发展水平的标志。近年来,国内许多相对发达地区都在加快本区域教育现代化的步伐,扬中教育现代化建设水平也始终保持着率先发展的强劲势头:2007 年,扬中率先创成江苏省教育现代化建设先进市;2011 年 10 月,扬中成为江苏省首批区域教育现代化建设水平提升工程八个试点地区之一。但与苏南经济发达地区相比,扬中并不十分富裕,同时,受土地资源紧张等诸多不利因素制约,扬中教育现代化建设既面临新机遇也面临新挑战。如何扬长避短加快扬中教育现代化建设是一个重要的现实任务和重大的理论课题。

一、成绩与亮点

(一)加强领导,加大投入,始终坚持以完善的保障机制确保教育现代化优先发展

扬中市委、市政府历年来高度重视教育工作,重点确保了"四个优先":在制订和实施经济社会发展规划时,优先安排教育发展;在优化和配置公共资源时,优先留足教育发展空间;在统筹和确定全市财政预算时,优先满足教育资金需要;在讨论和安排人事编制时,优先考虑教师队伍需求。2011 年,扬中出台了《关于进一步加快扬中教育事业改革和发展的意见》,在江苏全省率先制定八项新政促进教育事业跨越发展,将义务教育经费全额列入财政预算,并设立专户管理。2012 年,扬中财政教育支出占一般预算支出的比例达到 19.9%。

(二)城乡统筹,整体推进,始终坚持以合理的资源配置推动教育现代化均衡发展

在硬件建设上,扬中依据"分层推进、分步实施"的规划,深入推进现代化建设,完成由城区到上片,再到下片,最后全面铺开的整体建设规划。遵循安全原则、适用原则、节约原则和

缓急原则,科学实施,科学投入。着力推进中小学标准化建设,优化中小学布局调整,启动城区"三校联动"工程,统筹实施了"校校通""四项配套"等均衡发展重点工程。

在队伍建设上,扬中出台了《关于进一步加强教师队伍建设,深化教育人事制度改革的意见》,对教师实行五种流动方式,实施校长定期流动制度,畅通中小学教师交流渠道,这是力推师资优质均衡发展的有力举措。通过实行(校长、中层)竞争上岗制,实施"校长分类考核",开展校长论坛和名校长评选活动,建立北师大扬中教师培训基地等,以此提高教师队伍素质。为健全教师激励机制,扬中设立了优秀教师奖励基金,骨干教师评比向农村教师倾斜。随着师资水平的普遍提高,扬中城乡教育优质均衡发展出现了喜人的局面。

(三) 注重内涵,打造品牌,始终坚持以鲜明的办学特色实现教育现代化优质发展

1. 不断放大学前教育的领先优势。扬中学前教育呈现出"四为主"的特点:幼儿园以公办为主;幼儿教师以公办教师为主;学前教育投入以公共财政投入为主;以优质幼儿园为主。幼儿园建设项目由市统一规划安排,并在教育附加中划出一定比例用于幼教发展。明确了学前教育生均公用经费标准和校舍维修经费。2012 年秋季学期开始,扬中率先在全省推行了农村幼儿园小班学生免保教费政策。

2. 积极打造鲜明的区域办学特色。以生本为核心,研究探索减负增效的教学模式,开展启发式、探究式、讨论式、参与式教学。在全面实施国家课程的基础上,科学开发具有地方特色的校本课程,加强剪纸、诗词、环保等特色校园文化建设,提升"一校一品""一校一特""一校一基地"的发展品质,推进教育集约式发展。从特色到基地,给学校硬件建设和教育内涵发展带来了大提升。已建好的场馆作为课外活动实践基地,免费向扬中所有中小学生开放。基地正成为集教育性、实践性、综合性、开放性、创新性、科研性于一体的教育资源,成为学生探究学习活动的平台和个性发展、特长发挥的园地。从"一校一特色"到"一校一基地",体现了扬中教育内涵建设的提升和特色教育资源的放大。

(四) 探索创新,增强动力,始终坚持以无限的改革活力推进教育现代化协调发展

1. 乡镇积极出台政策支持教育发展。2012 年,新坝镇拿出 100 多万元,兑现年初提出的 28 条政策,不仅确保了"新坝所有贫困孩子都有学上,新坝的教师都享受到职业尊荣感和幸福感",更给"名师"提供了一片扎根的沃土。开发区、油坊镇、西来桥镇等也相继出台相关政策,从制度健全、师资锻造、学生培育、文化品牌四个方面,设立了助学兴教专项资金。

2. 改革用人机制。近年来,扬中试行校长任期目标责任制和中小学校长分类考核制,以促进校长专业发展和合理流动,让每位校长主动去实现自己的梦想。城乡各校探索组建教育共同体,把有优势和相对薄弱的学校结成教育共同体,实行捆绑式考评,以实现优势互补、共同发展。

3. 突出群众满意。从解决群众最关注的教育公平、减负增效、师德建设等问题入手,通过开展"家长驻校轮值""家校联动"等活动,主动接受群众监督,逐步形成学校、家长及社会多方参与的评价机制,努力满足群众对高质量教育的需求,促进扬中教育事业的可持续发展。

二、主要问题

可以看到,教育现代化建设水平提升工程已成为全体扬中教育人的自觉行动,也得到了广大教师的认可。当然,在看到成绩的同时,也应正视问题的存在:

(一) 教育经费的投入逐年增长,但仍不能满足扬中教育高位均衡发展的需要

还需进一步加大教育投入,确保"三增长一提高"得到充分保障。

(二) 师资水平逐步提高,但仍不能满足学生和家长的需要

师资队伍的结构性、学科性矛盾依然存在,教师的综合素质特别是实施素质教育的能力水平和师德师风水平还有待进一步提高。优质师资配置尚不均衡,骨干教师相对集中,部分新教师素质不高,进一步深化用人机制改革刻不容缓。

(三) 教育布局基本合理,但仍不能适应义务教育高位均衡发展的需要

学校的资源配置、布局结构还不尽合理,部分城区学校占地面积小的问题依然存在,加快整合、优化教育资源的任务仍然很重。

(四) 教育管理水平和教育服务经济社会发展的能力还有待继续提升

社会文明不断进步,"知识决定命运""知识成就未来"等观念早已深入人心。步入小康的老百姓将家庭的重心转移到对子女的教育上,不惜花费精力为子女谋求优质教育资源。

三、对策与建议

为进一步加快扬中迈向教育现代化的步伐,确保扬中教育"十二五"发展目标的全面实现,为建设"最美扬中"增添双翼,笔者认为应把握发展中的以下六方面:

(一) 以共同愿景为龙头,统领教育现代化

制订和实施扬中教育中长期发展规划,根本目的在于有效推进扬中教育现代化的良好发展,直接动机是正确应对推进教育现代化过程中错综复杂的内部和外部环境的变化,直接目标是希望得到各方对推进扬中教育现代化的理解、支持。突破解决教育现代化建设的资金瓶颈,多渠道筹措资金,尽可能多地争取国家和省、市教育发展资金和项目支持。动员学校广泛开辟资金来源,帮助改善办学条件。继续以推进扬中教育均衡优质和谐发展为目标,坚持各类教育协调发展,加强两支队伍建设,深化学校内涵发展。

（二）以核心发展为理念，提升教育现代化

推进教育现代化的核心任务就是实现人的现代化，因此要做到以下两点：

1. 强化德育功能。只有明确培养什么人、解决怎样培养人的途径与方法，才能从根本上提升教育质量与教学效率。所以必须以基础道德教育和学生良好行为规范养成为核心，加强和改进未成年人思想道德建设，着力研究不同学生的发展问题，遵循教育规律、人才培养规律和人的成长规律，进一步把教育发展的核心理念转变到人的发展上来，进一步把育人模式转移到学生的全面发展上来，以进一步增强扬中教育的核心竞争力和可持续发展能力。

2. 注重文化建设。只有以学校文化建设为抓手，构建德育文化，才能凸显德育实效。其中，校园精神文化建设是校园文化建设的核心内容，也是校园文化的最高层次。要加强校风建设、教风建设、学风建设、制度建设及良好人际关系建设，建设富有特色的校园文化，奏响爱国主义、集体主义主旋律，着力打造校园文化品牌。

（三）以基础创优为抓手，做强教育现代化

基础教育现代化是教育现代化的主要部分，基础教育质量的好坏，将直接关系到受教育者的前途和命运。因此，推进扬中教育现代化，首先要树立全面的教育质量观，扭转那种只以"升学率"和考试成绩论成败的片面质量观；其次要促进各学段教育质量的全面提升。

（四）以多元联手为策略，助推教育现代化

职教、成教要走"集约办学、学有所教、品牌创新、特色见长"的发展之路，以"提升职业教育内涵、质量和服务"为重要发展方向，关键是重视专业设置，优化专业布局，培育专业特色，强化工学结合、校企合作机制，拓展办学途径，实现职业教育向"品牌型"转变，成人教育向"特色型"发展。

（五）以人才培养为关键，引导教育现代化

教师是教育现代化发展中的核心因素，也是推进素质教育的关键所在。一方面，全心全意依靠教师、尊重教师、信任教师，实施人性化的教师队伍管理，充分发挥广大教师的主人翁作用；另一方面，全心全意促进教师的发展，重视教师的师德建设和专业化发展，努力建设一支忠诚事业、业务精良、甘于奉献的教师队伍。

（六）以优化环境为举措，带动教育现代化

高水平、高质量地普及九年义务教育、高中教育、职成教育，必须有一个相应的物质基础和硬件条件，以适应、助推、优化扬中教育现代化。我们必须顺应扬中经济社会发展总体规划，结合城市和新农村发展规划，深入实施教育布局调整，实现教育资源的优质化、集约化、高效化。

1. 统筹学校布局规划建设。根据城市建设发展规划要求，结合实施校舍安全工程建设规划，标准化推进学校建设，修订完善中小学、幼儿园布局调整规划。

2. 推进教育信息基础设施建设。加快推进教育装备现代化建设进程。

3. 加强教育资源与平台建设。加强和完善教育网络体系建设，改版与升级教育网站的服务功能。充分整合、利用省、市等各级公共教育资源，打造共享交流平台。

4. 深化教育技术应用。全面推进"数字化校园"建设。建立开放的、多层次的教师教育技术能力培养培训体系，切实提高师生在教育教学活动中的信息化应用能力水平，使现代信息技术在教育领域中得到广泛应用。

（冯丽娟）

大力发展社区教育 推动学习型城市建设

人的发展是终身的、全面的、多元的。工作之后教育怎么办？业余时间怎么安排？学历之外的学习怎么办？这些都是摆在我们面前的教育发展新课题，而社区教育正是解决这些问题的有效手段。随着扬中经济社会的快速发展，广大市民对社区教育的认识不断深化、需求不断增长。近期，扬中市政府办会同市教育局等相关部门对扬中社区教育发展情况进行了专题调研，现将相关情况综述如下：

一、社区教育发展初见成效，基本做到了活动有阵地、政策有保障、服务有内容

社区教育是以全民教育和终身教育为宗旨，满足社区成员学习知识、提高技能等需求，在社区内开展的各类教育活动，是学校教育的重要补充和延伸。一直以来，扬中紧紧围绕"建设学习型城市"的总体目标，夯实基础、提升水平、优化服务，积极推动社区教育协调发展。2005 年，扬中被确立为省级社区教育实验区。

（一）阵地建设不断加强

各镇（街、区）成教中心均为独立建制的法人单位，拥有独立的办学场所和财权、事权。2002 年以来，各镇（街、区）依托成教中心成立了社区教育中心，为社区教育工作整体推进奠定了基础。目前，扬中全市共有省级社区培训学院 1 家、省级社区教育中心 5 家、镇江市级社区教育中心 1 家，创成省级社区教育示范乡镇 2 个。

（二）政策保障不断完善

2005 年，扬中按照人均 0.8 元的标准拨付成人教育经费，用于成人教育事业发展。先后

制定了《关于进一步加快扬中教育事业改革和发展的意见》《扬中市教育事业发展第十二个五年规划》《关于建设苏南教育现代化县级示范区的实施意见》等文件,出台了一系列支持社区教育发展的政策措施,并将成人教育经费拨款标准提高至每人每年1.5元,为社区教育发展提供了有力的政策支撑和资金保障。

(三)服务内容不断丰富

各社区教育中心围绕农民素质培训工程、劳动力转移培训工程、青少年校外素质教育等内容组织开展形式多样的教育培训活动。2013年,累计组织外来务工人员培训18315人次、农村实用技术培训5500人次、中小学教育培训13594人次,各类培训总数达164500人次,社区居民参与社区教育培训率达54.8%。

二、社区教育工作刚刚起步,对照各方要求,发展相对滞后,亟待加快推进

压力一:对照上级考核要求,有差距

近年来,江苏省、镇江市不断加大教育督导考核力度,对社区教育也提出了明确要求。在镇江市教育督导考核评分中,职业教育与社会教育工作总分60分,占考核总分的12%。对照指标要求,扬中在硬件建设、优质创建、平台搭建、活动开展等方面还存在明显的差距和不足。如果不能及时整改完善到位,将成为影响扬中教育工作争先创优的明显"失分点"。

压力二:对照周边发展态势,有不足

2012年上半年,扬中市政府办公室组织教育局及各镇(街、区)分管领导赴苏南先进地区专题考察学习社区教育发展情况。昆山等地社区教育高点起步,快速发展,市、镇、村三级网络健全,资源整合务实有效,社区教育品牌特色彰显;2010年昆山市被确定为第二批全国社区教育示范区。在镇江市范围内,京口区2009年创成国家级社区教育实验区,润州区2011年创成全国数字化学习先行区,其他辖市区社区教育发展也在相互赶超,竞争十分激烈。

压力三:对照扬中发展现状,有需求

总体而言,扬中社区教育发展整体水平较低,除职成教育之外,社区教育工作分散在教育、农委、人社等相关职能部门,根据各自工作需要零星开展,处于"有机构无人员、有活动无规划、有资源未利用"的起步阶段。可以说,无论是在硬件建设还是在内涵发展上,社区教育都已成为扬中教育事业发展的短板。

三、社区教育发展路径已经明晰,必须健全网络、完善机制、整合资源

当前,正处在深入推进教育改革的关键期,同时也是社区教育发展的重要机遇期。我们

认为,扬中应以健全网络、完善机制、整合资源为重点,深化社区教育改革发展,探索建立终身教育体系,逐步建成"处处有学习场所、时时有学习机会、人人有学习愿望"的学习型城市。

(一)健全网络,实现社区教育管理体系"全覆盖"

1. 加快完善管理体系,做到"管有合力"。市一级建立完善由市政府主导,各镇(街、区)和教育等相关部门组成的社区教育工作领导小组,全面负责对扬中全市社区教育工作的组织领导和协调指导,建立联席会议制度,定期会商解决社区教育发展过程中遇到的具体问题。镇、村两级分别建立相应的社区教育工作领导机构,负责辖区内社区教育的指导和推进,切实增强社区教育的基础能力建设。通过市、镇、村三级管理机构相互配合、整体联动,完善社区教育工作的组织保障。

2. 加快推进载体建设,做到"办有阵地"。加强三级社区教育服务网络建设:市一级,推动市社区培训学院尽快进入实质性运转阶段,统筹负责扬中全市社区教育工作的教学研究、业务指导、师资培训等工作。镇一级,以各镇(街、区)为主体,以社区培训中心(成教中心)为主阵地,加强辖区内劳动保障、民政、残疾人、老龄事业等资源整合,接受相关部门的教育培训任务,并加强对村(社区)居民学校教学工作的指导。村一级,对照镇江市教育督导要求,加快居民学校优质创建,确保省级标准化居民学校数量达到村(社区)总数的10%。

3. 加快推进内涵建设,做到"建有特色"。只有贴近发展实际、贴近群众需求,社区教育工作才有旺盛的生命力。结合扬中实际,可以重点突出三个方面:(1)产业特色。结合扬中产业发展趋势,开展职业技术、农业实用技术、计算机等各类培训,为产业发展输送专业技能型人才。(2)地域优势。充分挖掘具有扬中特色的社区教育资源,如以河豚为代表的江鲜文化、得天独厚的水乡文化等,开设一些本土特色课程,打造扬中社区教育的品牌亮点。(3)群众需求。针对不同对象,进一步完善社区教育班级开设和课程设置,推动社区教育由学历教育向非学历教育延伸,由在职培训向再就业培训延伸,由技能培训向闲暇教育延伸,满足群众不同层次、不同类型的教育需求。

(二)完善机制,实现社区教育保障"全落实"

实现社区教育保障"全落实",具体来说要完善"三项保障":

1. 完善投入保障。在确保人均1.5元社区教育经费(财政单独列支)全额用于社区教育发展的基础上,进一步拓展资金筹措渠道,重点突出三个方面:一是镇级配套。各镇(街、区)根据各自发展实际,配套社区教育专项资金(润州区全年社区教育资金约5元/人:区财政社区教育经费投入2元/人,乡镇配套2元/人,社区教育中心自筹1元/人),由镇级社区教育工作领导小组统筹协调使用。二是自我发展。充分发挥社区教育灵活自主的办学优势,开办各类有偿培训,筹集发展资金。三是社会筹资。大力探索社会化筹资方式,通过"政府拨一点、社会筹一点、单位出一点、个人拿一点"的办法,多方筹措社区教育经费,推动社区教育可持续发展。

2. 完善队伍保障。重点构建社区教育服务的三支队伍:一是市级社区培训学院管理队

伍,在搭好班子的基础上,进一步充实力量,统筹协调和指导扬中全市社区教育工作的开展。二是镇村学校教师队伍,通过引进培养,组建一支专业素养较高、爱岗敬业、相对稳定的专职社区教育工作队伍。三是社会补充队伍,借力借智,面向教师、医生、机关工作人员、专业技术人员和共青团员,积极招募社区教育志愿者,不断充实社区教育培训力量。

3. 完善制度保障。从外部来讲,将社区教育工作列入各镇(街、区)年度重点工作,明确责任、加强考核、严格奖惩,把各项工作落到实处,切实提高加快发展社区教育的积极性。从内部来讲,进一步修订完善学校(社区教育中心)相关工作章程和规章制度,实现管理的科学化、规范化、高效化,努力提高办学品质和效益。

（三）要整合资源,实现社区教育发展"全方位"

实现社区教育发展"全方位",要推进三方面的资源共享:

1. 学校教育资源共享。充分发挥社区教育中心的培训场所和师资优势,使社区教育中心成为镇级社区教育发展的主阵地,通过承接社会办班、单位办班、企业办班等途径,将学校资源全面向社会开放,努力构建"资源共享、多方支持、全民参与"的社区教育格局。

2. 社区公共资源共享。打破各社区服务阵地"各自为政"的局面,由所在镇(街、区)牵头,对辖区内文体中心、老年活动中心、青少年活动中心、妇女儿童之家等社区公共资源进行有效整合,加强组织协调,强化统一管理,使之成为社区教育的重要载体。充分借鉴先进地区经验,例如昆山市巴城镇将文体中心与成教中心一体化运作,有效整合了文化、体育、娱乐、科技等多方面的资源,形成了区域社区服务的亮点。

3. 网络信息资源共享。按照贴近社会、服务发展的要求,面向社区、面向居民,进一步完善"市民学习在线"网络平台功能,积极探索开展市民阅读节、市民大讲堂等活动,为广大群众提供丰富的数字化学习资源,为建设学习型城市、提升市民素质做出应有的贡献。

（薛兵）

市民素质是精神文明建设的一个大课题，是一个浩大的系统工程，涉及面广、时间跨度大。坚持不懈的宣传教育和实践是提高市民素质的关键途径，潜移默化是提高市民素质的最大特点。改革开放以来，扬中已经多次开展过市民素质建设活动，取得了较为明显的成效，但是因为文化积淀浅、民风习俗各异，也因为精神文明建设的长期性和艰巨性，扬中市民素质的有效提升仍然面临许多现实问题和挑战，需要花大力气加以研究和解决。

一、什么是良好的市民素质

什么是素质？什么是市民素质？什么是良好的市民素质？目前扬中市民素质中有哪些不良习俗？这些是开展市民素质提升工程首先要搞清并解决的问题。其实所谓"素质"就是"最基本性质"。一般情况下素质可以分为三类、八种。三类素质是指自然素质、心理素质和社会素质。八种素质是指政治素质、思想素质、道德素质、业务素质、审美素质、劳技素质、身体素质和心理素质。素质主要指个人的才智、能力和内在涵养，即才干和道德力量。市民素质则是指城市公民心理和生理的特点和性质，主要包括思维方式、价值取向、知识水平、行为能力、审美情趣和生理状况等方面。但是市民素质给人最直观印象的，主要是市民在社会生活活动中的一些行为和表现，其标志也就是通常我们说的文明程度。良好的市民素质包括很多方面。不用多说，扬中市民身上确实存在着许多与之不相吻合的地方，比如乱穿马路、闯红灯、随地吐痰、乱扔垃圾、毁绿种菜、脏话粗话、不分场合吸烟、排队时加塞插队、对公共事业漠不关心……要通过活动的设计和开展，让全体市民都能认识到自身存在的问题。

二、产生市民素质问题的原因

扬中人淳朴、勤快、友好、善良,但观念更新不够快、文化素质不够高、文明意识不够强。那么,为什么会产生目前素质上的这些问题呢?从事精神文明建设、牵头开展市民素质提升工程的人员要有清醒的认识,只有搞清了这个问题,设计才有针对性,活动才有实效性。

产生市民素质问题的原因,无外乎三个方面:意识、资源和环境。

(一) 意识方面的原因

一个人主观的意识决定了他的行为。"趋吉避凶,趋利避害"是动物的本能,人也是如此,因为人本身也是动物,只是较之其他动物高级一点而已。人生下来就像一张白纸,成长过程中形成的意识就是这张白纸上的画,每个人的世界观、人生观、价值观因为成长历程的不同,是不尽相同的。要想形成一个良好的社会风气,就必须有良好的社会价值取向和认识世界、实现个人美好人生目标的意识及正确途径。每个市民都有了正确的世界观、人生观、价值观,优良的市民素质就能体现出来。古人有句话,如果每一位市民都能做到的话,社会风气和文明程度就能提升。这话就是:"己欲立而立人,己欲达而达人""己所不欲,勿施于人。"

(二) 资源方面的原因

如果说意识是素质问题的主观因素的话,那么资源就是客观因素。整个世界就是一个资源竞争的世界,如动物世界对资源的竞争是惨烈的。不仅是动物,植物也是如此,近水的植物生长得就茂盛,能沐浴到阳光的就高大。人类更是如此,整个人类的历史就是一部争夺资源的战争史。所以,一个人如果连温饱问题都没有解决,还谈何文明?

(三) 环境方面的原因

产生素质问题的第三个因素就是环境,这主要是指社会环境、人文环境,是指人们所生活的这个社会对人们各种行为的反馈和舆论导向。一个社会个体做了好事,做了值得称赞的善事,没有人说他好,没有机构表彰他,不仅会打击这个个体的积极性,也是这个社会的悲哀。一个人的不文明行为,没有人去善意提醒,这一不文明行为就会开始泛滥,没有机构去劝导、制止、修正,这一行为就会进一步蔓延。

实现市民素质的提升,解决的根本途径应当在意识、资源、环境三个方面。从事精神文明建设应更多地着力于意识的教育培养和环境的营造打造。

三、市民素质提升的路径

市民素质提升是精神文明建设中的一个浩大的系统工程。要实现这一工程的强大效益,根本路径是宣传教育,而宣传教育要把握好五个方面:

(一)内容是基础

宣传教育的内容是市民素质提升的基础。良好的市民素质当推"倡德为先",公民道德、社会礼仪是宣传教育的主要内容,通过这一内容的宣传,可以使市民知廉耻、明礼仪。可以从《公民道德建设实施纲要》入手,以扬中精神的细化解读再宣传活动为起点,通过发动全民查找自身存在的不良习俗的方式,制订扬中个性化的市民素质规范,可以是正面的,也可以来个"十不准"。可以以团委为牵头单位,开展青少年文明礼仪教育;以计生委为牵头单位,编制和谐婚育指导读本;以爱卫办为牵头单位,进行全民健康生活方式宣传教育;等等。内容很多、牵头单位也很多,只要能结合自身特点就行。

市民素质提升教育当以学法为本,以遵守交通规则、正当维权、劳动保障等法律法规为主要内容,做到文明出行、合法维权,将"六五"普法落到实处。

市民素质提升教育应以"习技为根",可以以各类就业技能培训为主要内容,通过社区教育、成人教育等途径,达到成功就业的目的。

市民素质提升教育须以"修文为基",以群众文化、市民文化熏陶教育为主要内容,达到让市民融入社区、融入城市、享受文明生活的目的。

(二)活动是关键

宣传教育的活动设计是市民素质提升的关键,在活动设计上,要根据整体方案、条口个性、受众层面、时间段落等特点,设计不同的活动,通过活动这一载体,让市民在活动中受到教益。在活动的开始阶段,可以考虑发动全民就扬中市民良好素质包括哪些内容、存在什么问题展开讨论,开展问卷调查,促使市民自觉自醒;可以由文明办牵头,通过群众喜闻乐见的形式,以农村村民自治的方式,制订扬中市民素质规范读本,继而开展知识问答竞赛活动,让市民明确应当怎么做才能成为一个合格的良好的扬中新市民;还可以分阶段,以"十不准"为规范,设立消除陋习活动月,一月解决一个问题。再比如,可以从家庭入手,在扬中全市范围内征集评比家规家训,发动全市干群根据自家特点,拟订新的好的家规家训。通过征集评比形成和谐、孝道、勤劳、节俭、励志、修养等各具特色的家规家训范本,进而全面推广。要让好的家规家训坐农家中堂,引百姓致富,正村风民风,通过家风村风民风的好转带动并实现市民素质的提升。当然,这一类活动,各条口、各行业都可以根据自身特点开展,市精神文明建设办公室甚至还可以就活动的开展进行比赛,看哪个行业条口在新市民素质提升工程中开展的活动有针对性、有可操作性、有成效。

（三）队伍是活力

宣传教育中的队伍力量、榜样力量是市民素质提升的活力源泉。第一，党员干部的垂范是首要的队伍力量。第二，老年协会作用的发挥，力量不可低估。第三，文体人才、文艺队伍包括婚庆礼仪从业人员的宣传能起到触及心灵的作用。这支队伍的作用力十分强大，文艺创作形式丰富多样，对社会文明程度的提升有很大的促进作用。第四，小手牵大手，让未成年人的从善意识带动成年人陋习的改变。第五，城乡居民晨晚练点的宣传阵地，可以达到让市民相互教育并提升的目的。第六，主流媒体及其从业人员正能量的运用，可以实现不良习气的扭转，促进优良风气的形成。第七，镇、村（社区）、居民小区等相关组织也是市民素质提升工程的中坚力量。

（四）制度是保障

通过建章立制，实现惩恶扬善制度化，是市民素质提升的保障。通过惩戒监督、开展各类评比活动，制订一系列的市民素质提升工程管理制度和广覆盖的市民素质提升工程整体规划，建立和完善全方位的责任体系，培育组建常备性的师资队伍，健全完善规范化的管理制度等一系列途径，确保市民素质提升工程的正常开展。

（五）孩子是希望

人的性格基本上形成于儿童时期，有句老话说："三岁看大，七岁看老。"素质教育最根本的要求是让孩子在德智体美劳等方面全面发展。尤其是德育教育，光是照本宣科、死记"八荣八耻"是不够的，关键要内化成个人的素质。德育教育需要课本，但不能唯课本，更需要的是师长及社会各界以身作则，让孩子在潜移默化中从善如流，从而形成正确的世界观、人生观和价值观。只有我们的未来在人格、性格、素质上达到更高的标准，我们的社会文明程度才能更高。

（章琴、陆红艳）

"**大**江奔腾欲何至,天落三岛集于此,放眼烟波千万事,太平地处太平时。"面对文化产业的日益发展和旅游经济的加快推进,素有"太平洲"美誉的扬中,如何依托本土太平文化资源打响太平文化品牌,使其成为发展文化旅游产业的"金字招牌",这是当前扬中文化产业发展需要着力突破的课题。

一、现状和条件

太平文化在扬中有着非常深厚的根基,是扬中潜在的特色文化资源。当前考虑打响太平文化品牌,在某种程度上具有一定的必要性和可行性,这主要体现为:

1. 有一定的历史传承。扬中又名太平洲,民间流传着许多有关太平文化的故事,比如白发老人点太平、东岳大帝游长江等,同时也有不少宗教、民俗、景物等太平文化资源可以挖掘。可以说,太平文化是扬中历史文化的一大特色。扬中的先民在饱经战乱和灾疫后,历经艰难万苦在一个与世隔绝的荒岛沙洲上建出了一个美丽富裕的世外桃源,享受着安居乐业的太平日子,本身也就体现了太平文化的精神内涵。

2. 有深厚的群众基础。太平文化在扬中是一种重要的思想文化。"平安是福、太平为本"的观念根深蒂固,是 33 万扬中人的共同追求,因此在扬中培植发展太平文化必然会受到广大群众的普遍支持。同时,太平文化的思想理念也是中华民族传统文化的精髓之一,符合社会大众的价值理念和精神需求。此外,从宏观上来讲,目前还没有其他地区把太平文化真正做成品牌文化。因此从大环境看,打响太平文化品牌应该具有较强的吸引力和影响力。

3. 有初步的物质载体。扬中现有的太平禅寺是弘扬太平文化的一个重要载体,并且已经形成了一系列宗教民俗文化体系。在此基础上,近两年又建成了太平文化广场。广场投资 5000 万元,占地 3.3 万平方米,为太平文化的运作经营构建了有效平台。太平文化品牌的策划打造可以将太平禅寺和太平文化广场作为首要的物质承载体,通过硬件与软件相结合,力争形成规模品牌效应。

4. 有迫切的形势需要。近年来,扬中的文化产业、旅游产业发展面临良好的契机:泰州大桥、扬中三桥带来的交通格局变化,河豚文化品牌的进一步打响,园博会的承办和园博园的建设……都为文化产业、旅游产业的发展提供了大有可为的空间。借此机遇乘势将文化和旅游相结合,将扬中的文化旅游业做大做强是理所当然的追求。但是,目前扬中本土能吸引人眼球的特色文化品牌还不多,利用现有的太平文化资源打响太平文化品牌无疑具有重要的现实意义。

二、规划和定位

太平文化品牌的打造主要依托太平文化广场项目来实施。目前,太平文化广场已经完成一期工程建设,但是如何进一步推进扩建工程、创新经营管理、放大整体效应,还需要科学规划和准确定位。

(一)内涵定位

太平文化广场以"太平文化"为核心内涵,紧紧围绕"个人太平、家庭太平、社会太平"的主旨内容,将历史文化、佛教文化、民俗文化相结合,积极挖掘扬中太平文化的历史积淀、特色资源和民间传说,深刻反映"人和兴国邦、佛缘佑太平"的人文理念,全力打造扬中"太平文化"的特色品牌。

(二)目标定位

根据太平文化广场的根本性质和现实情况,当前应坚持社会效益为主、经济效益为辅的原则,实现社会效益、经济效益相辅相成、长期发展。应主要以扩大太平文化影响力、提高扬中对外知名度、吸引外来游客来扬中为目的,致力打造集地方文化、宗教文化、休闲文化于一体的大型特色文化广场。

(三)规模定位

太平文化广场的规划设计应跳出扬中的小范围、小圈子,将其放到全省乃至全国的大视野中来规划定位,只有这样才能真正实现打响特色品牌、吸引四方游客的目的。建议以建设国家 AAAA 级旅游景区为目标,在原来规划建设一期、二期工程的基础上,可以考虑拓展实施三期、四期工程,进一步扩大规模、形成气候、做大做强,以规划建设的大手笔赢得旅游文化的大效应。

三、策划和包装

目前,太平文化品牌的打造已经具备了一定的硬件基础,但是文化内涵和底蕴尚显欠缺。围绕"太平文化"内涵对太平文化广场的策划包装必须同步跟上。

(一)硬件包装

太平文化广场的建筑设施要紧紧围绕"太平文化"的内涵来策划、设计和建设,增加太平文化的元素,使广场的一砖一瓦、一草一木无不诠释太平文化的主旨,反映太平文化的理念,体现太平文化的风格,形成太平文化的整体氛围和意境。这主要要抓住以下方面:

1. 景点策划。将太平文化的寓意融入景点的策划之中,使各个景点的名称、内容、效果体现太平文化的内涵,打造类似"西湖十景""圌山八景"的"太平景点"。例如建设太平桥、太平湖、太平阁等,营造一种"走太平桥路、拜太平禅寺、品太平文化、享太平人生"的浓厚氛围。同时可以考虑在太平广场建筑群中建设太平博物馆,以雕塑创作、展品展览等形式展现太平文化的魅力。

2. 建筑设计。太平文化广场的楼宇、桥梁、雕刻、戏台等都要通过文字、形状、图像等手段,赋予太平文化的寓意。同时,可以积极设计建造太平鸟、太平象等标志性建筑,使太平文化的建筑特征更加鲜明。

3. 环境布置。太平文化广场的文化展示廊,以及各个墙体、柱体上要安排布置寓意太平文化的对联、诗词、书画作品,烘托出整个广场的太平文化氛围。

4. 产品开发。积极开发太平文化系列纪念品,组织征集扬中民间历史上的太平文化物品,经过专业人士策划加工,开发具有纪念意义的旅游产品,满足不同层次人群的心理需求,以具体直观的形式宣传太平文化理念,打响太平文化品牌。

(二)软件包装

在硬件包装的同时,更重要的是挖掘民间的太平文化软性资源。要由宗教局牵头成立太平文化研究会,以现有的太平禅寺及相关的宗教文化为基础,组织相关人士进行太平文化的挖掘和研究。在此基础上,通过专业性创作团体,利用扬中的宗教文化资源、太平文化故事、民间传说等,结合扬中的地方历史和文化底蕴,精心策划包装扬中的太平文化特色品牌。具体内容包括以下方面:

1. 佛教文化资源的融合。切实加强对扬中佛教文化的整理和研究,挖掘出与太平禅寺相关的佛教文化中的太平文化元素,将佛教文化与太平文化相融合,提炼开发具有地方特色的太平佛教文化。同时依托现有的佛教文化资源积极打造集太平文化、佛教文化于一体的佛教文化项目,并广泛开展一系列以太平文化为主旨的佛事活动。

2. 太平演艺节目的创作。紧扣太平文化的主旨,深入挖掘地方文化特色,广泛吸纳各

地文化元素,积极创作体现太平文化内涵、富有民间特色的演艺节目,并通过太平文化广场的戏台定期定时演出。内容包括太平歌舞、太平说唱、太平狮舞、太平号子等,反映出扬中历经艰苦奋斗、共创太平盛世的历史文化精髓。

3. 民间文化传说的挖掘。取材扬中民间的太平文化传说,积极创作民间文学等作品,并广泛运用于旅游工作之中。

4. 太平餐饮文化的策划。以太平素食馆为载体,研究开发具有地方特色的太平菜肴、太平食品和太平餐饮文化,使广大游客在富有情趣的餐饮文化体验中领会太平文化的真谛。

(三) 宣传包装

利用各种载体、手段、方式,切实加强对扬中太平文化的宣传推介,使太平文化的品牌成为扬中旅游文化重要内容之一。

1. 广泛开展太平文化活动。策划举办太平文化节,邀请相关佛教人士、知名人士和媒体记者参加。文化节期间举行具有扬中太平文化特色的太平庙会,以及太平狮舞、太平龙灯、太平号子比赛,集中展示扬中太平文化的人文魅力,提高扬中的知名度和美誉度。

2. 定期举办太平文化论坛。将太平文化与佛教文化相结合,邀请国内,包括港澳台地区佛教及文化界知名人士举办太平文化论坛,交流太平文化和佛教文化,扩大太平文化的知名度和影响力。

3. 积极开发太平宣传作品。组织专业人士积极创作以太平文化为主题的文学作品、影视作品,并推向全国文化市场,切实加大宣传推介的力度。

四、经营和运作

太平文化广场的经营管理应以政府为主导,采取市场化运作的方式进行。具体应做到"三个一":

(一) 成立一个公司

成立太平文化专业营运管理公司,坚持政府扶持、公司运作,通过市场化的方式对太平文化广场进行宣传、推介和运作。营运管理公司在政府的指导下,以经营公司为主体,对照AAAA级景区要求完善对太平文化景区的规划,进一步扩大景区的规模,完善景区的配套设施。同时,由营运管理公司负责对太平文化的策划设计、宣传推介和经营管理,开展前期宣传,组织商业运营,开发旅游产品,举办文化活动,实现太平文化广场项目的良性运转。政府有关职能部门对运作公司完成的公益性活动情况及对现有资产维护情况进行年度考核、奖惩,建立长效管理机制。

（二）打造一个团队

由营运管理公司负责聘请全国知名专家、引进重量级的文化旅游策划人才或委托高层次的文化创意公司，打造专业宣传、策划、运营团队，开展好太平文化的包装、宣传、推介工作，增强太平文化的吸引力。专业团队主要负责以下事项：一是负责太平文化元素的挖掘、策划和包装，以太平文化广场和太平禅寺为基础，设计打造自成一体、独具特色的太平文化品牌项目。二是负责太平文化的加工创作，推出一批诠释太平文化的文艺作品和演艺节目，组织编制通俗易懂、朗朗上口的宣传阅读材料，充实太平文化的内涵，提高太平文化的含金量。三是负责太平文化的宣传推介，精心策划太平文化节活动及各种形式的宣传推介活动，在全省、全国范围内打响太平文化品牌。四是负责太平文化产品的加工、设计和开发，制作一批体现传统太平文化元素、反映时代精神、满足不同层次人群的太平文化产品。五是负责太平素食馆餐饮文化和菜肴的策划包装，塑造别具一格的太平素食餐饮文化品牌。

（三）构建一个机制

以太平文化营运管理公司为主体，建立一套太平文化广场项目的建设管理机制，促进太平文化广场各个项目正常运转。一是筹资。一期工程主要由政府投资，二期以上工程可以采取政府资金扶持、引进民资、社会募资相结合的方式进行。二是建设。太平文化广场工程建设由市政园林工程处负责统筹，由成立的营运管理公司具体实施负责二期以上的工程建设。三是经营。对一期工程现有设施及以后建设的相关设施、载体主要采取租赁的方式经营和使用。四是管理。由营运管理公司负责太平文化广场的日常维护和管理。五是收益。太平文化广场由营运管理公司负责维护管理，收益也归公司所有，市政园林工程处负责监管。对租赁的设施收取租金，工程完全竣工后收取门票，相关收益用于广场的日常维护和管理。

（陈卫平）

在当今信息技术不断发展的时代,媒体发展对技术的依赖越来越强。习近平总书记在2014 年 8 月 18 日中央全面深化改革领导小组第四次会议上强调,要坚持传统媒体和新兴媒体优势互补、一体发展,推动传统媒体和新兴媒体在内容、渠道、平台、经营、管理等方面的深度融合,形成立体多样、融合发展的现代传播体系。处在苏南现代化示范区建设前沿阵地的扬中,一直是率先引领、科学发展的排头兵,推进媒体融合,为现代化发展提供有力的舆论支持,已迫在眉睫、刻不容缓、势在必行。

一、扬中媒体融合面临的综合形势分析

媒体融合,其实已经不是"新鲜"的概念,包括扬中在内的全国各级,一直在媒体融合领域进行着初步探索与尝试。与以往"做增量"的改革完全不同的是,这次中央提出加快推动媒体融合发展,可谓是媒体传播的一次革命,不仅是引导舆论方向的传统变革,而且是媒体发展理念、技术创新、平台支撑、渠道整合、管理运营、体制机制等全方位、一体化的整体改革,是一系列涉及体制机制、传播渠道、内容资源、媒体格局的深刻变革。

(一) 攸关媒体之生死

当前,新兴媒体发展之快、覆盖之广超乎想象,给传统媒体带来巨大冲击。新兴媒体的话题设置能力、舆论影响能力日渐增强,很受年轻人欢迎,并能在网上迅速生成、发酵、扩散,传统媒体的舆论引导能力受到严峻挑战。在这个异常激烈的媒体竞争时代,不转型,就是"拱手退让",不融合,就是"坐以待毙"。可以说,传统媒体已经到了一个革新图存的重要关口。

154

（二）媒体转型之必然

随着新兴媒体的异军突起，传统舆论阵地受到了极大的挑战。互联网思维给宏观经济社会发展带来深刻变革，也使传统宣传生态重新洗牌。加上新媒体在数字应用、内容集成、分众传播、精细开发等新技术手段上具备先进的传播优势，传统媒体正面临严峻的颠覆性挑战，媒体转型已势在必行。

（三）"新常态"运行之考验

当前，中国经济社会发展已经进入了增长速度"换挡期"，结构调整"阵痛期"和前期刺激政策"消化期"。"三期"叠加已成为当前中国经济的"新常态"特征，对扬中当前及今后一个时期的经济社会发展产生了深远影响。发展中所表现出来的各类突出问题，以及思想意识形态领域的多元多变，尤其需要全媒体的融合提升，为经济社会发展筑牢"舆论之盾"，营造"和谐强音"。

二、当前扬中媒体融合发展的现状

传统媒体与新媒体实现融合发展，不是此消彼长的关系，而是互动融合的关系，需要一个较长的探索磨合的过程。近年来，扬中新闻战线、各新闻单位面对各种新兴媒体快速发展带来的巨大挑战，都调整心态、放下身段，积极研究应对措施，主动调整战略目标，通过内部资源整合及市场化运作，在推进传统媒体与新兴媒体融合方面进行了一些探索实践，取得了一些成效。

（一）"报网联动"开启报媒"以网兴报"新时代

报纸与新媒体的融合是大势所趋，近年来，扬中市新闻中心积极探索新时代媒体发展的新模式。一是推动报网整合。早在2004年，扬中就成立了扬中新闻网。此后，历经数次改版，目前网站涵盖了本地新闻、论坛、房产、民生、户外、公共服务等内容。特别是2011年新开设的"扬中论坛"，由于政府部门发言人平台的设立，加上传统纸媒的跟进推动，架起了政府部门与普通网民沟通联系的桥梁。这一报网互动的尝试，使《扬中快报》新开掘了众多的新闻资源、丰富了报纸内容，更重要的是实现了与网民"年轻化、知识化"群体之间的互动交流，既扩大了受众面，又提升了媒体影响力。二是推出数字报刊。扬中市新闻中心2006年面向全社会推出了《扬中快报数字报》，以其新颖悦目的视觉效果和多媒体视频新闻功能的整合受到了社会各界的广泛关注与好评。此后，又大胆尝试推出了电子杂志，数字报刊的推出提高了快报发行的时效性，大大降低了印刷和发行成本，也标志着扬中市新闻中心在新兴媒体与传统媒体融合领域迈出了坚实一步。三是全方位拓展媒体传播渠道。新闻中心积极尝试拓展各种新的传播渠道，以进一步提升媒体影响力。一是推出了手机报。2008年9月，联合移动公司、电信公司推出了《扬中手机报》，至今已有用户近3万人。二是推出了微博、微信账号,通过开设微博、微信平台,将新闻及时高效地推送给用户。三是推出了"掌上扬中"新闻客户端。随着手机、平板终端的普及,2013年,扬中市新闻中心自行研发了"掌上扬中"手机客户端,集成了新闻阅读、论坛、公共服务等项目,让"手掌一族"随时随地了解家乡动态。目前客户端装机量已近万人次。在新媒体建设过程中,充分发挥媒体的影响力和传播力优势,并采取市场化手段,策划组织开展房展、车展等各类展陈活动,扩大传播渠道,提升媒体竞争力。

(二)"台网整合"架起广电"一体两翼"新格局

扬中市广播电视系统在办台理念、办台思路及具体的工作实践中,积极探索音视频网络全面发展、相互融合的多媒体融合发展的路子。特别是近年来,扬中市广电中心积极创新广播、电视等传统媒体的栏目,不断改进栏目制作、播出的质量,形成了一批如行风热线、党建播报、法治在线、小姚服务热线、生活直通车等品牌栏目,既扩大了栏目的影响,又贴近了普通市民的日常生活。在此基础上,又开设了扬中广电传媒网,将广播、电视的热门栏目集合在一起,观众打开网页,随时都可以选择收听或观看任何栏目,消除了受众收听广播收看电视栏目的时间限制。

与此同时,扬中加快互动增值业务建设,推广普及数字电视智能终端,大力开发本地化信息发布平台。2009年2月,扬中开始启动数字电视整体转换。目前,全市已有近7万用户安装了数字电视机顶盒,数字电视用户覆盖率超过95%。

此外,扬中市广电中心还主动对接"智慧城市"建设,筹划智慧社区项目,依托现有的数字电视网络,并融合物联网、云计算等技术,实现社区信息互动、远程医疗、智能家居、物业管理等业务。目前,平台方案进入最后论证阶段。

三、扬中媒体融合发展存在的问题

(一)从思想认识看,意识不强、重视不够

一种思想认为扬中是小地方,媒体竞争力不强,总认为没必要干,等等看再说。还有一种就是"用老观点对付新问题",仍然用传统媒体的管理思维去理解全媒体,片面地认为"全媒体"就是"大而全",将全媒体简单理解为多种媒体形式的简单叠加,没有把握在新媒体、新技术的基础上,推进内部资源整合和创新业务流程的重要性。

(二)从发展形态看,层次低下、形式单一

客观地说,扬中媒体融合的尝试基本上还停留在新闻单位内部资源整合的阶段,也就是报与网、台与网的整合互动。这种整合形式简单原始,没有按照融合发展的趋势及全媒体业务的要求对全部信息内容进行全面有效整合,在"用户至上"方面做得不够,没有结合各个媒

体的传播特点和受众的需求进行重组加工和分装推送,从而提升新闻的传播质量和吸引力。

(三) 从产业基础看,底子薄弱、实力不够

从客观条件来看,由于扬中地域小、受众少,因而媒体少、实力不足。就具体的产业发展而言,新兴媒体产业结构不完善,尤其是手机、电子阅读器这些终端很大程度上掌控在运营商手中。同时,新兴媒体产业的服务体系也不完善,缺乏有影响力的传媒集团。

(四) 从人力资源看,人才缺乏、后劲不足

要大力推进传统媒体与新兴媒体的融合,离不开大量高素质的人才队伍。尽管扬中一直重视人才队伍的培养,但目前扬中媒体的大多数采编人员还不能适应多媒体平台业务的发展需要。这也从根本上制约着扬中传媒产业做大做强,影响着扬中全媒体的推进速度和发展前景。

四、加快推进媒体融合发展的措施与建议

面对已经到来的全媒体时代和日趋激烈的媒体竞争新形势,我们将从以下四方面入手,推进传统媒体与新兴媒体的融合发展。

(一) 加快理念融合,提高互联网思维和决策能力

观念引领行动,认识推动实践。我们对媒体融合发展的理念认识得越深,在实际工作中的实践经验就会越多。首先要做的是加强学习、更新理念,加快形成符合实际工作需要的互联网思维。要及时了解信息传播技术的新变革,及时掌握传统媒体与新兴媒体融合的各种有效途径,还要深入学习各种新兴媒体的业务流程,尤其是基于移动网络技术平台下的新媒体业务模式,切实提高新媒体的业务能力。其次要研究传统媒体与新兴媒体融合的方式、技术和模式,善于扬长避短、长短结合,达到传统媒体和新兴媒体融合后"1 + 1 > 2"的效果。

(二) 加快体制机制融合,营造符合全媒体发展要求的媒体架构

深化媒体融合,推动传统媒体流程再造和内部整合是关键。要进一步推进媒体内部运行机制改革和创新,通过对内部组织结构的调整,更好地整合新闻信息、人力资源和客户资源,实现内容集约化生产、新闻信息产品多层次开发。要以内部融合和外延拓展这两种方式和手段,继续推进以数字化为导向的全面转型,主动利用各种新的传播技术,积极抢占各种新的传媒阵地,努力形成符合全媒体时代发展的扬中媒体新格局。

(三) 加快技术融合和流程融合,探索主流媒体在全媒体环境下引领舆论的新途径

吸收大数据、云计算、4G 移动通信等前沿技术,建设满足各频道内容、多媒体形态一体

化运行的技术支撑平台；要建立报纸与网络、手机报、客户端采编播一体的"全媒体采编平台"，整合电视、广播与新媒体业务，建立多平台的"采编播总平台"。创新新闻业务模式，善于使用各种新兴媒体的优势资源，加强对重大主题、热点舆论及突发事件的引导能力，牢牢掌握营造热点舆论的主动权和引导舆论走向的话语权，确保舆论引导取得实效。

（四）加快管理融合，确保新媒体有力、有序发展

当前，新兴的网络媒体已经成为各类虚假有害信息传播的主要渠道，这其中既有当前社会矛盾多发的内在原因，也有对网络等新兴媒体的监管和引导缺乏经验缺乏手段的问题。必须认真看待当前网络管理中存在的这些问题，进一步明确管理主体并加强网络等新兴媒体的规范性管理，制订出台相应的管理制度和管理手段，以严抓严管促规范发展，积极营造文明和谐的舆论氛围。

（黄勇）

社会民生篇

SHEHUIMINSHENGPIAN

城市管理是城市发展的永恒主题,随着社会经济的发展,在城市化进程中,人们的生活方式日益呈现多样化,利益和需求也更加复杂化,对城市管理提出了更高要求。面对改革发展新的形势和最美扬中建设的新任务,必须以更加创新的思维、更加务实的举措优化城市管理,保持最美扬中靓丽的岛城风貌。

一、要上下一心、凝聚共识,增强城市管理责任感

2014 年,扬中"四城同创"工作取得突破性进展,城乡环境明显改善,城市功能日趋完善。但城市管理中存在的薄弱环节也非常明显,市民聚焦的热点问题亟待解决,齐抓共管的责任意识需要强化。我们必须切实增强责任感、紧迫感和使命感,以勇争一流的精神、求真务实的作风,坚决打好城市管理攻坚战。

(一) 强化城市管理是城市发展的重要载体

城市的建管水平,直接体现这个城市的形象和综合竞争力。城市管理得越好,文明程度就越高,城市形象就越好,城市的集聚力、辐射力、带动力就越强。要实现扬中跨越发展,提升城市影响力和美誉度,必须在城市管理上下功夫、求突破,真正把城市做优、做美、做大、做强,全面提升吸引力、竞争力和可持续发展能力,为建设最美扬中提供有力支撑。

(二) 强化城市管理是改善民生的重要抓手

随着经济社会的不断发展,广大市民对生活品质的要求越来越高,强烈渴望有一个整洁、优美、和谐的生活环境。加强城市综合管理,就是要通过明确职责、整合资源、加大投入、

长效管理,优化人居环境,提升城市品位,提高群众的满意度和幸福指数。

(三)强化城市管理是四城同创的基础工作

"四城同创"是 2014 年扬中全市的工作重点,创卫工作有 60% 与城市管理直接相关,创园、创模、创国家环保城市也都有大量工作交叉重叠。根据创卫暗访反馈的信息,扣分重点集中在农贸市场管理、占道经营、车辆乱停放等方面。必须进一步强化"四城同创从城市管理做起"的理念,进一步加强城市管理工作,为"四城同创"打牢基础。

(四)强化城市管理是践行群众路线的应时之举

根据群众路线教育自查结果和督导组反馈信息看,群众对城市管理工作提出了更高要求,如违法违章建设、乱倒渣土、交通拥堵、卫生死角等问题还未能得到根本解决;城市管理方式比较粗放,多头执法、突击式管理、执法不规范、效能不高等现象还存在。必须坚持问题导向,顺应群众期盼,强化长效管理,好事好办、实事办实,解决群众最为关注的城管难题。

二、要突出重点,标本兼治,彰显城市管理品牌

坚持管理、执法、服务"三位一体"的模式,理顺体制、破解难点、完善措施、提升效能,打造群众满意的城市管理品牌。

(一)突出理念创新,努力打造城管亮点

要以"有利发展、有利民生"为准则,服务于民、便利于民、受益于民,切实提高城市管理水平。重点要树立三种理念:

1. "大城管"理念。城市管理作为一项系统工程,涉及众多责任部门,衔接规划、建设、管理、执法等各项环节,因此不能局限于狭隘的、城管局的"小城管",要着眼于满足城市居民需要、面向全社会的"大城管",责任单位密切配合、无缝合作,切实提高城市管理水平。

2. "共建共享"理念。要积极构建政府主导,社会、中介组织、公众等多元主体参与的现代城市治理格局,注重发挥全社会特别是市民参与城市管理的积极性、主动性和创造性,真正做到"人民城市人民管,城市管好为人民"。

3. "和谐管理"理念。要正确处理好"市容"与"繁荣"的关系,妥善应对困难群众、残疾人等社会弱势群体自谋职业、就业等生存问题,以人为本、依法行政、规范管理、文明执法,最终达到改善环境的目的。

(二)突出项目带动,推进环境综合整治

2014 年,扬中全市共排定 40 项城市环境综合整治任务,要坚持项目化推进、目标化管理,确保按期保质完成整治任务。主要应做好三项整治:

1. 违章违法建筑整治。保持对违筑"露头就打"的高压态势，各镇（街、区）、村（社区）要充分发挥在防违治违拆中第一责任人的作用，继续坚持动态巡查、联动联防、"周五拆违日"等制度，严控增量、削减存量，对新产生的违章建筑，发现一处，查处、拆除一处，坚决遏制违建蔓延之风。

2. 户外广告整治。扬中全市户外广告规划及泰镇高速公路、238省道、迎宾大道两侧高炮广告规划已经出台，要采取"招拍挂"的形式，将户外高炮广告发布权推向市场，提高城市空间盈利水平。城管、规划、交通运输、公路等部门要按照各自职能加强户外广告管理，拆除破损陈旧、影响城市景观的户外广告，提升城市形象和品位。

3. 市容市貌整治。要进一步加大市容环境综合整治力度，着力解决好城区乱贴乱画、乱披乱挂等问题，确保市容环境整洁有序。各地要结合城中村改造、农村居民点规划和"三集"园区建设，加强村容村貌整治，确保居民点、园区建成一片、入住一片、管好一片。

（三）突出职能强化，实现精细化管理

要牢固树立精品意识，"精心规划、精致建设、精细管理"，把管理触角延伸到每一个角落，把管理范围覆盖到每一寸土地。重点应提升三项工作水平：

1. 卫生保洁水平。要以城区道路、居民区、背街小巷、农贸市场等区域为重点，健全18小时不间断滚动保洁制度，加大主次道路机械化清扫率和冲刷洒水率，做到环境整洁、绿化、美化，无积存垃圾、无乱堆乱放、无水体黑臭。

2. 市政公用设施管理水平。园林部门要强化市政设施检查，及时维修改造，不断提高管养标准。城管部门要对照创卫标准，加快建筑装潢垃圾中转站、中扬康居苑垃圾中转站建设和园丁路公厕搬迁，提升垃圾处置能力。电信、移动、广电、供水、燃气等管线单位，要加大对各种井盖、沟盖的巡查力度，确保完好、正位。

3. 数字化城管水平。（1）要拓宽覆盖面：目前城管委36家单位中已有21家单位纳入考核，下一步要将其他单位逐步纳入考核范围，确保考核全覆盖。（2）要扩大信息采集范围：要将信息采集的触角向绿化、环卫、渣土运输等领域延伸，提高信息收集率和时效性。（3）要提升响应速度：要进一步强化快速反应机制，在管理态势上实现常抓不懈，在应急时间上力求抢占先机，在工作实战中做到以快制快，减少执法成本，钝化群众矛盾。（4）要强化部门联动：要充分发挥市级平台的指挥和调度功能，实现成员单位之间资源整合、信息共享、统筹协调、合力攻坚。

（四）突出排忧解难，解决创卫难点问题

2014年9月，创卫工作即将迎来国家级技术评估，江苏省住建厅也对创园工作进行现场初评，对照创建标准，大量的工作未整改落实到位。各地各部门要不断强化超越意识，提高标准、细化作业、责任到底、无缝对接。主要解决要四类难题：

1. 占道经营。要强化疏导规范，加快城北公园夜间跳蚤市场和城区便民修理店建设，从源头上解决摊点占道经营问题。要加强对主次干道两侧日用品、小商品、宠物、花卉、建材

等专业市场的管理,确保市场摊点不外溢、不占道,既方便市民又不影响市容。

2. 渣土外溢。要提高准入门槛,全面实行公司化运作、渣土车密闭化运输。严格源头管理,落实"两证合一"制度,未办理相关证件的坚决停止运输。要加强渣土运输途中管理,对抛洒滴漏污染城市道路的要严管重罚,确保规范运输。

3. 物业管理。要进一步健全市、街道、村(社区)三级管理工作机制,加快老旧小区改造,规范市场秩序和物业服务行为,全面提高物业服务质量和管理水平。要高度关注老旧小区、失管小区物业管理工作,做到小区定期清扫,垃圾日产日清。

4. 车辆乱停乱放。要积极探索停车泊位有偿使用制度,强化交通秩序整治和交通设施管理,提高主次干道和背街小巷的利用率,解决好车辆乱停乱放的问题。

三、要明确责任,齐抓共管,形成城市管理合力

(一)加强领导,明确责任

各地、各部门要牢固树立全局"一盘棋"的思想,增强大局观念,加强协作配合,合力推动城市管理工作。城管委办公室要牵头召开联席会议,组织协调推进,解决问题和矛盾,形成整体合力。各成员单位要切实增强责任意识,不推诿、不扯皮,敢于执行、勇于担当,不断提高部门的管理和服务水平。

(二)严格监督,考核问效

2013年,各成员单位年终考评结果没有与机关作风建设和目标管理考核挂钩。2014年,我们要完善考评办法,严格督查考核,提高工作按期处置率。城管委办公室要加大督查考核力度,对得分较低、交办任务处置缓慢的单位予以通报批评。对未列入机关作风建设和目标管理考核的单位,城管委办公室将相关单位的管理工作、考核结果通报上级主管部门。

(三)加强宣传,浓厚氛围

城市管理工作的好坏、城市文明程度的高低与广大市民的文明素质息息相关。要充分发挥舆论的导向作用,大力宣传城市管理新理念和新举措,注重曝光破坏城市环境的反面典型,形成全社会关心、理解、支持、参与城市管理的良好氛围。

(卜兴荣)

人口老龄化是老年人口在整个人口中比例不断上升的过程。这是人口发展的必然趋势，也是人口结构转变的必然结果。扬中市早在 1986 年就进入了老龄化社会，并且处于加速老龄化的进程中。预计到 2020 年，扬中全市老年人口将达 7.5 万人，约占总人口的 27%，其中 80 岁以上高龄老年人口接近 1.5 万人，约占老年人口总数的 20%。老龄化的不断加剧将会对扬中全市社会、经济、政治等各方面产生全方位的影响。为解决好老年人的养老问题，必须建立完善的养老服务体系，提高养老服务水平，满足人民的养老需求，保障老人安度晚年。

一、实践与探索：老有所养走出扬中路

国际通常选择的养老服务模式有三种：居家养老、机构养老和社区养老。随着社会经济的发展，老年人需求不断增多，传统居家养老功能在不断弱化；由于心理不适应、收费偏高、经济承受力低等原因，许多老年人不愿意住进养老机构；由于成本相对较低，同时又能减轻家人照料负担，社区居家养老服务成为养老新趋势。扬中市紧紧围绕老年人多样化、多层次的养老服务需求，推进"以居家养老为基础、社区服务为依托、机构养老为支撑、信息服务为辅助"的社会养老服务体系建设，取得了显著成效。

（一）政府引导政策到位

扬中先后出台《关于全面推进养老服务工作的意见》(扬政发〔2010〕37 号)、《社区(村)居家养老服务工作实施细则》、《扬中市民办养老机构建设标准》等规范性文件，引导社会力量兴办养老服务机构。对"社会力量兴办养老机构"进行建设和运营补贴，实行社区居家养老服务中心购买服务补贴制度，每年累计投入资金 600 余万元，为符合条件的困难老人及有

特殊贡献的老年人提供每月价值 100～400 元的养老服务,养老服务事业经费纳入了年度市、镇(街、区)两级财政预算。

(二)居家养老发展迅速

2009 年扬中仅有一家居家养老机构。截至 2013 年年底,扬中全市社区(村)居家养老服务中心(站)实现全覆盖,并建立 1 所虚拟养老服务中心,覆盖城区 16 家社区(村),为 214 名老年人提供服务。其中,省级示范性居家养老服务中心 9 家,城乡社区居家养老床位总数达 422 张。依托市区"虚拟养老服务中心"信息服务平台,启动智慧养老服务综合信息平台建设,为服务对象免费提供"一键通"服务。

(三)机构养老注入活力

扬中全市社会福利院总床位增至 150 张,入住老年人 86 人;民办养老机构发展势头良好,建成民办养老机构 18 所、农村"老年关爱之家"7 所;三茅街道三茅护理中心、勤丰居家养老护理中心分别投资 5000 万和 1100 万,新建了高规格的养老服务中心,其中三茅居家养老护理中心已投入使用,建筑面积 4000 平方米,设置床位 200 张;五保供养环境持续改善,集中供养率达 78.3%,供养标准逐年提高。

(四)从业队伍不断扩大

探索建立"养老护理员"职业培训制度,由民政局、人社局和镇(街、区)等联合实施"养老护理员"职业技能培训和竞赛。扬中全市有 300 余名养老护理员获得了职业资格证书,1 人获得"扬中市技术能手"称号,9 人获得了镇江市人社局颁发的养老护理员高级证书;通过基层老年协会,组织和发动低龄健康老年志愿者,为有需要的老年人提供多种形式的志愿服务;委托基层老年协会对服务机构的服务情况进行跟踪调查,对政府购买养老服务的落实情况进行监督评估。

二、阻碍与困惑:老而优养依然路途远

目前,扬中市主要养老形式是机构养老(占老年人的 3%)和居家养老(占老年人的 90%)。全市现有老年公寓 1 所,床位 150 张;各镇(区、街道)建有敬老院 6 所,床位 710 张;民办(民营)养老机构 18 所,可提供床位 1443 张;农村"老年关爱之家"7 所,可提供床位 200 余张,"老有所养"的目标基本实现。但随着经济的发展与社会的进步,老年人对晚年生活的质量要求也在不断提升,要达到"老而优养"仍然面临许多阻碍和挑战。

(一)养老观念亟待改变

社会对面临的老龄化的严峻形势尚没有足够的认识,没有充分意识到日益增长的养老

服务需求与养老设施严重不足的尖锐矛盾。受传统观念影响,机构养老认可度低,90%的老年人愿意居家自我照料。居家养老易被理解为政府购买服务,给人造成"居家养老服务就是政府为自理有困难的老人购买服务"的印象,带来"家庭照料期望移植政府",既加重政府负担,也影响居家养老制度的可持续发展。

(二)养老需求供给差距大

随着失能、半失能老人家庭养老压力的增加、人数的增多,护理型养老床位严重不足,如扬中市社会福利中心常年存在需入住老人排队等候的情形。一些养老服务机构特别是民办养老机构,护理员专业化程度较低,只能保证简单的供养,不能提供医疗、保健、康复护理、文体娱乐、精神慰藉等多层次服务。

(三)社会养老管理相对滞后

各部门在推进养老服务工作上缺乏高效的养老服务体系建设管理体制机制;社会养老标准体系和规章制度尚不健全;社区(村)养老服务场所管理力度和方法不够;社会养老服务缺乏总体规划等,影响了社会养老体系健康快速发展。近期,扬中市质监部门牵头成立了"市居家养老服务标准化试点建设领导小组",开展居家养老服务业标准化试点,积极创建养老服务品牌。

(四)民办养老机构面临瓶颈

一是准入门槛高。尤其是民办养老机构消防许可证办理困难,导致相关优惠政策无法落到实处,影响投资者的信心。二是设施简陋。多数民办养老机构由旧建筑和民宅改建而成,规模小、设施差、硬件和软件投入不足、缺少活动场所、服务水准低。三是从业人员素质参差不齐。专业护理人员有限,从业人员大都为五六十岁的人员,文化程度、持证上岗率低,缺乏专业护理服务知识。

三、前进与发展:完善体系需要组合拳

面对社会养老服务总量供给不足、发展不平衡、服务水平不高等问题,扬中市需要深入贯彻落实江苏省政府《关于加快发展养老服务业完善养老服务体系的实施意见》精神,打出系列"组合拳",加快推进社会养老服务体系建设,不断适应人口老龄化快速发展的形势,满足老年人日益增长的养老服务需求。

(一)加快政策完善

一是进一步完善社会养老政策体系,积极贯彻国务院、省政府一系列优惠扶持政策的实施意见,出台优惠扶持政策,在土地、税收、用水、用电、用气等方面给予优惠,吸引社会力量

参与养老服务业。二是健全社会养老服务培训上岗政策,由政府提供教育培训费用,吸引劳动力向社区养老服务岗位流动。三是规范服务标准,依法保障服务提供者和服务对象双方的合法权益,形成社会监督和市场竞争。四是完善奖励制度,对取得良好社会效益的服务提供者实行重奖,吸引企业家开办社会养老服务。

(二) 加强资源整合

支持、鼓励和引导非政府公共组织和公众积极参与社区为老年人服务的管理,提供制度化的参与途径,政府和非政府公共组织、公众之间实现良性互动,优势互补;创造良好的市场、投资环境,降低市场准入门槛,消除体制障碍,吸引社会民间资本进入养老服务业,鼓励、支持社会力量兴办养老服务;积极引导、合理利用社区内机关、企业、医院、学校部队等驻区单位的资源,如人才、资金、场地、设施等,为老年人提供养老、医疗、学习、文化、体育场所和设施。

(三) 构建服务网络

加快居家养老服务中心建设,满足绝大多数老年人居家养老服务需求,为老年人提供日间照料以及助餐、助洁、助浴、助医、助行、助购等走出家门的社区服务和送上门的居家服务,同时兼顾老年人文化娱乐、学习教育、体育健身、精神关爱、社会参与、权益维护等多种需求;推进公办养老服务机构建设,支持社会力量兴办护理型养老服务机构,实现农村敬老院向区域性养老服务中心转型,从"改造一批"和"新建一批"两个方面入手,加快城市小型托老所和农村"老年关爱之家"建设,并通过实行规范管理,确保安全运行。

(四) 壮大人才队伍

一是大力发展养老护理职业教育。二是推行养老护理员职业资格认证和持证上岗制度,大力实施"养老护理员免费培训工程"。三是积极推进在居家养老服务中心设立公益性岗位。四是推动养老机构开发社工岗位,力争扬中全市公办养老服务机构全部设立专业社工岗位。五是积极培育和发展各类为老服务组织。六是加快培育从事养老服务的志愿者队伍。

(五) 建设信息平台

加快推进智慧养老服务综合信息平台建设,通过信息网络,及时为居民提供所需的各项服务。将独居老人、空巢老人、高龄老人、残疾老人等的家庭情况、子女联系方式、健康状况、希望得到的服务项目等相关资料输入计算机,建立一户一卡,实施动态管理,逐步建立植根社区、上下贯通、覆盖扬中全市的"老年服务信息管理系统",适时了解掌握扬中市老年人的服务需求状况,实现全市养老服务信息全覆盖。

(宫金生)

扬中素有"水上花园、江中明珠"的美誉,多次被评为中国中小城市科学发展百强和中国十佳"资源节约型、环境友好型"中小城市,是全国首批"国家级生态示范区"。走进扬中,我们不仅能感受到如火如荼的发展热潮、富庶文明的百姓生活,更为迤逦秀美的田园风光所陶醉。如果说,现代工业文明是"四千四万"精神的生动诠释,那么整洁的农村环境则要归功于"八位一体"农村公共服务运行维护机制的建立和完善。

近年来,扬中在推进新农村建设的过程中,积极探索农村公共服务运行维护长效机制,对河道保洁、垃圾处置、绿化管护、农村道路养护、生活污水处理、村容村貌"三乱"整治、村级综合服务中心维护、文体活动设施管护等工作实行一体化管护,有力保障了农村基础设施持续发挥服务功能,实现了公共服务效益的最大化。2012 年,扬中作为苏南唯一的县市,被江苏省综改办确定为全省农村公共服务运行维护机制建设示范试点单位。2013 年,扬中市又被确定为全国村级公共服务运行维护标准化试点。

开展农村公共服务运行维护的最终目的,是让群众享受到优质、便捷、高效的公共服务,但从实际来看,许多地方由于人员、资金、机制等原因,公共服务运行维护水平亟待提高,与群众的期盼相比,还有一定差距。这就要求我们更多地关注当前农村公共服务运行维护的薄弱环节和难点所在,进一步找准症结、对症下药。

在没有建立"八位一体"维护机制之前,扬中和其他地方一样,农村公共服务运行维护也存在着许多突出的矛盾和问题,主要表现为"三多三少":

一是事情多,人员少。过去,对垃圾处置、河道保洁等工作,扬中的村(社区)虽然建立了专门的保洁队伍,但主要还是依赖误工干部或临时人员。这部分人中,有的还承担着村集体交办的其他任务,不仅管护力量跟不上,管护时间保证不了,管护质量也上不去。这便导致农村脏乱差的问题难以从根本上得到解决,一些基础设施年久失修,群众对此颇有微词。

169

二是花费多,补助少。据了解,扬中一个村每年仅用于卫生保洁方面的资金就超过 15 万元,有的甚至高达 20 万元。此前,扬中市、镇两级财政虽然根据各村规模的大小,安排了 6 万~10 万元不等的补助资金,但面对高昂的维护费用,很多村集体还是感到心有余而力不足,导致部分设施建而不用、用而不管,无法取得预期成效。

三是条口多,统筹少。河道保洁、垃圾处置、道路养护等工作都有对应的职能管理部门,各部门也都履行着自己的职责,落实了管护人员,出台了考核办法。但到村一级,却缺少统筹协调的管理机制,各人"自扫门前雪",有时一些管护人员为了图自身轻松,甚至将工作"转嫁"到别人头上。比如,河道管护员将河道中的垃圾打捞上来后直接扔在路上,卫生保洁员将生活垃圾倾倒在路边或绿化带中,使得管护效果大打折扣。实践证明,这样的管护机制已远远不能适应当前农村公共服务运行维护的新任务、新要求,必须加紧进行改革。

扬中的农村公共服务运行维护工作之所以能取得实实在在的成效,并走在镇江前列,关键在于他们紧紧抓住了一个"统"字,即对所有的公共服务运行维护工作进行统筹,实行"一个龙头出水",集中力量、各个击破,切实解决了公共服务运行维护难题。

针对农村公共服务运行维护中存在的问题,扬中按照改革与发展并重、建设与管护并重的要求,探索形成了新形势下农村公共服务运行维护的"扬中模式"。这具体可以归结为"四个统筹":

一是人员统筹配备。按照 400 名村民配备一名管护人员的比例,由各镇(街、区)统一公开招聘管护人员,组建专业管护队伍,对农村公共服务设施实行一体化维护。在实际操作过程中,扬中市结合"百村万户"双达标行动,注重向农村"5060"人员倾斜,通过开发公益性岗位,帮助解决低收入家庭的就业问题,实现社会效益的最大化。目前,扬中已经建立了由 900 多人组成的管护队伍,其中"5060"人员占比达到了 70%以上。

二是资金统筹保障。按照"保基本、全覆盖"的原则,扬中市财政对城市规划区范围内及人口在 3000 人以下的行政村平均每村每年补贴 12 万元;对人口在 3000 人以上或年经营性收入 100 万元以下的行政村平均每村每年补贴 14 万元,并要求各镇(街、区)财政按照 1∶1 的比例进行配套。在此基础上,鼓励各行政村积极争取社会力量支持等渠道筹措资金,从而形成完善的农村公共服务运行维护投入机制,为维护工作提供了有力的资金保障。

三是工作统筹开展。打破过去条线作战的格局,实行网格化管理,各行政村根据管护人员的数量,将村域划分为若干板块,每个板块明确一名管护人员,专门负责区域内的"八位一体"管护工作,做到定人、定岗、定责。同时,根据各项维护工作的轻重和时序,科学排定时间表,要求管护人员每天必须对日常工作进行一次以上的检查,对阶段性工作进行不间断巡查,发现问题及时处理,做到"一把笤帚扫到底",避免了过去相互"打架"的现象。

四是考核统筹实施。按照"八位一体"的具体内容,组织城管、水农、农委、交通等部门,制订管理考核评分体系,对各村(社区)公共服务运行维护工作实行百分制考核,每月组织一次暗访,每季度开展一次明查,及时通报检查结果,下发整改通知单,并结合整改情况,公正、客观地进行考核计分,考核结果作为兑现补助资金的重要依据。在此基础上,年底根据考核结果,评出一、二、三等奖,分别给予一定额度的资金奖励,这样一来就进一步提高了基层的工作责任心和积极性。

任何一项改革,都有一个循序渐进、逐步完善的动态过程,不可能一蹴而就,更不可能一劳永逸,农村公共服务运行维护机制改革也不例外,只有不断地探索和深化,才能永葆创新活力,焕发勃勃生机。

如今,扬中市确定了建设"最美扬中"的目标,并将农村公共服务运行维护作为其中的一项重要内容,开始了新的探索和尝试。

一是推动公共服务从保基本向高标准转变。重点做好"提标"和"扩面"两篇文章。提标,就是以新社区建设为龙头,加快完善农村基础设施,到2015年,所有通规划布点村庄道路宽度达到6米以上,镇村公交实现规划布点村庄全覆盖,污水处理率达到100%,建成10分钟文化圈和体育健身圈。扩面,就是在保障基本公共服务的基础上,积极探索将公共服务的领域向养老、托幼、健康医疗等非基本公共服务延伸,不断完善农村便民服务网络,让农民过上更高水平、更有质量的生活。

二是推动管护机制从单一化向多元化转变。在进一步加强农村管护队伍建设、强化村集体主体责任的同时,借鉴城市社区物业管理制度,引入市场化运作机制,鼓励有条件的村组建劳务合作社,将农村公共服务运行维护工作整体"打包",发包给劳务合作社,不断提高管护工作的水平和层次。发挥扬中工商资本丰富、投资愿望强烈的优势及财政资金的"金种子"作用,鼓励社会资本进军非基本公共服务领域,努力形成公办民办比翼齐飞、竞相发展的格局。

三是推动考核方式从单维度向多维度转变。目前,扬中的考核方式主要还是职能部门对行政村进行考核,考核结果作为兑现奖补资金的依据。下一步,扬中市将进一步发挥农办的牵头抓总职能,将农村公共服务运行维护工作,纳入对各镇街区和相关职能部门的目标管理考核,以进一步强化镇街区和部门的工作责任;通过多维度的检查考核,最广泛地调动各方力量参与农村公共服务运行维护工作,确保各项管护机制落到实处。

不断的孜孜以求、不断的探索创新,换来了扬中农村公共服务的累累硕果。我们坚信,在新的征程上,扬中必将创出新的业绩、积累更多经验,"水上花园城市"的金字招牌必将更加熠熠生辉!

(范选华、左杰)

171

现代化的城市需要现代化的管理,伴随苏南现代化建设示范区规划实施的快速推进,一幅大城管的蓝图正在绘制,一个大城管的格局呼之欲出。如何在新型城市管理体制下,全力助推城市管理的全面提升,着力打造一座形神兼备的现代化扬中岛城,是我们必须面对的新挑战和亟待破解的新课题。

一、扬中城市管理现代化面临的现实问题

近年来,扬中市在强力实施"加快二次率先、建设最美扬中"的进程中,不断加大城市管理体制机制改革创新力度,城市管理水平迈上了一个新台阶。但扬中在城市管理现代化方面仍然存在不少困难和挑战,具体表现为以下四方面:

(一) 法律法规不完善

城市管理首先应以具备法律依据为前提。相对集中处罚权的制度虽然在《中华人民共和国行政处罚法》第十六条中加以确立,但只是原则性的规定,在城市管理具体操作中出现了适用模糊甚至无法可依的现象。目前,由江苏省人大常委会颁布的《江苏省城市市容和环境卫生管理条例》为城市管理提供了法律支撑,但在适用过程中,一些法律条款过于笼统、原则,许多具体问题未做明确规定或不合时宜,缺乏可操作性,使城管执法仍然处于依法行政与无权执法的矛盾当中。一些城市管理法规对某些行为只有禁止性条款,没有详细的处罚规定或细节规范比较模糊;针对某一项具体的违法行为,有的法规或规章有禁止规范却无处罚依据,有的法规有处罚依据而无禁止规范,有的禁止规范不明确,有的处罚依据欠充分等,这些都给实施行政执法带来诸多不便与困惑。

（二）管理机制不健全

健全精细化的管理机制是城市管理工作能否有效实施的保障。当前扬中市城市管理机制存在的主要问题是：一是管理缺乏预见性。当前在管理过程中，执法人员将大量的精力花在突击检查、集中整治和事后查处上，缺乏管理的前瞻性、预见性和主动性，没能很好地从源头加以控制。二是部门联动机制不健全。具有城市管理工作职能的部门较多，加上各部门的工作侧重点和法律依据不同，因而造成了职责分化、执法信息不对称、各自为政，导致在工作中不予支持、缺乏有效联动。三是管理标准体系落后。扬中市城市管理工作目前还没有一套科学、系统、完整的精细化管理指标体系与之相适应，也没有针对街景容貌、园林绿地、环境卫生、广告设置及便民摊点的具体状况制订相应的配套管理标准。

（三）可支配资源不足

城市管理可支配资源不足，在城市管理过程中受到各种条件的制约，这在解决城市管理中一些"老大难"问题时显得尤为突出。这主要表现如下：一是执法力量不足。随着城市化建设和社会经济的迅速发展，城区面积不断扩大，而城市管理执法人手不足，给城市管理带来了困难。与此同时，由于体制和机制的原因，镇区、街道、社区、居委缺乏城市管理的压力和动力，在城市管理工作中的基础性作用没有得到应有的发挥。二是经费短缺。城市管理工作线长、面广，情况复杂，违法违章现象普遍，需要的经费也多。光市区清洗小广告、覆盖乱涂写就存在巨大资金缺口，这在客观上制约了城市管理效率的提升。

173

（四）执法人员满意度不高

工作满意度是指工作本身可以满足或有助于满足自己的工作价值观需要，而产生的一种愉悦的感觉程度。满意度是决定执法人员是否愿意全身心地投入精细化管理工作的关键。当前执法人员满意度偏低的原因主要有：一是待遇不高。工资和福利对工作满意度的影响主要体现在公平感上，这种公平感体现在同其他类似单位相比较时，自己的待遇水平是高还是低。这种差距导致部分执法人员产生了消极怠工现象。二是发展空间狭小。目前，城管执法人员采用事业编制，而绝大多数的事业编制通常都只能在中队且基本得不到晋升，一线队员自我实现的需求难以得到满足，这在一定程度上影响了基层队员的士气和工作积极性。三是价值观影响。由于城市管理对象的敏感性，每当执法人员和执法相对人发生冲突时，围观群众大多都会站在执法对象一边，群众的不理解和不支持，让执法队员对自己的工作价值产生了怀疑。

二、推进城市管理创新，助推城市发展现代化的路径选择

针对目前扬中市在现代化发展和"最美扬中"建设进程中存在的问题，现就推进城管体制机制创新，以城市管理现代化助推城市发展现代化提出如下建议：

（一）准确定位城市管理工作，推进城管部门设置的合理化

当前，面对日益复杂的城市管理工作，我们既不能将城管部门的职责随意地扩大化、无限化，也不能弱化城管在经济社会发展中的地位，而应准确定位城市管理工作，科学设计配置城管功能。

明确城市管理是促进经济发展的助推器。要树立环境也是生产力的观念，充分发挥城市管理创造整洁有序文明环境的主阵地作用，以环境的优化推动经济的发展，助推生产力和GDP的提升，全面增强城市软实力。

明确城市管理是建设和谐社会的稳定器。要树立城市管理事关民生的理念，从法律法规配套、政策制度完善、城管执法保障等方面入手，充分发挥营造和谐环境主力军作用，有效化解管理中的矛盾。

明确城市管理是推动社会进步的协调器。要充分认识到城市管理是物质文明、精神文明、生态文明建设的最佳结合点，是实现城市科学发展的切入点，只有真正把城市管理工作与经济工作放在同等重要的位置，将城市管理工作作为各级领导干部的"开门七件事"，才能真正推进政府职能转变与职责的回归，实现城市管理工作的顺利开展。

（二）有效整合城市管理要素，推进城管体制功能的最优化

纵向上落实分级负责，推进重心下移。在下放市容环境卫生管理和城管执法的事权、物权、处罚权和大部分的审批权的基础上，进一步推行市场化运作机制，实现"管干分离"。进一步培育市场体系，引入竞争机制，全面推行道路清扫、公厕保洁、粪便清挖、垃圾清运、牛皮癣清除、市政绿化养护、河道保洁、公共设施维护等城市管理作业市场化管理，完善招投标机制、代保洁机制和市场准入淘汰机制，使城市管理作业项目逐渐推向市场，实现公司化经营、市场化运作的管理模式。

横向上整合城管要素，强化综合管理。要大力推进和落实城市管理网格化责任制，将城市管理的触角向社区延伸，切实解决城市管理中"看见的管不到、管到的看不见"的现象。以综合管理为突破口，进一步梳理各部门的职能，明确哪些应当强化，哪些应该下放，哪些应该移交，哪些应该整合，努力解决好规划、建设、管理不协调，审批、监管、执法不衔接的问题，最终走向"大城管"管理模式。

体制上实行高位监管，推动齐抓共管。领导挂帅、高位介入是城市管理扎实推进的组织保障。建议学习杭州、常州等城市的做法，成立一个由市领导挂帅、各相关部门参加、城管部门负责日常工作的常设性指挥机构，形成政府统一指挥、部门联动、齐抓共管的体制合力。

（三）强化城市管理督查考核，推动城管绩效评价的科学化

建立政府目标管理考核体系。按照"大城管"格局的要求，修改城市管理的政府目标管理考核办法，将有关部门分散的城市管理目标统一起来，处理好经济与环境、建设与管理、执法与稳定，长期与短期、纵向和横向的关系。完善细化考核标准，科学设置考核项目，将城市管理中的重难点问题、薄弱区域管理和城市管理中的创新做法作为重点考核内容，推动城市

管理全区域、全时段、全方位;坚持将日常督查与专项考核检查、状态管理考核与城市管理事件处理效率结合起来,建立考核结果公正保障监督机制,推进考核工作的科学性、公正性。设立城市管理考核奖励基金,与各职能部门年终考核分数挂钩,以奖代补,用于各部门城市管理的绩效考核和改革创新的启动资金。

健全城市管理督查发现机制。健全完善领导督查、业务督查和执法督察为主要内容的"三位一体"督查体系,并将市、区督查与网格责任人徒步巡查有机结合起来,提高城市管理问题的主动发现率和城管事件的办结率。推行重大问题督查通知单制度。对城市管理的重大问题,实行下发督查通知单制度,明确责任单位、整改时限,并将处理结果和目标管理考核结合起来,严格奖惩。

建成数字城管网格管理平台。2013 年扬中市投入 700 余万元建成了数字城管监督指挥中心,并顺利投入运营使用。下一步,将重点加快推进作业装备现代化、管理手段智能化、养护标准精细化、员工队伍专业化、监管体制科学化进程,探索符合扬中城市特点的城市管理模式,实施"城市管理信息化战略",把市、部门、机关、企事业单位、社会团体所承担的责任细化到各单元网格,实现城市管理考核"零盲区"。加快装备升级,进一步加大数字城管、交通管理、环卫保洁、流动执法等现代化机械装备的投入力度,切实提高城市管理效能。

(四) 强化源头控制管理理念,推动城市管理环节的前置化

城市管理中的问题,相当一部分是由规划、建设的先天不足带来的。因此,要跳出管理抓管理,把管理的元素融入规划和建设环节中去,把着力点放到统筹建设和管理的需求上来。

要从源头抓起,制订扬中全市城市管理专业规划,完善对广告店招、夜景亮化、农贸市场、早餐摊点、大排档、公厕、垃圾中转站、停车场等城市配套设施的专项要求,发挥好规划的先导作用和约束功能。

要坚持以人为本的理念,高度重视与人民群众生活息息相关的基础设施的建设,在老城改造和新区建设中,将有关城市配套设施与主体工程同步规划、同步建设、同步验收。

要加大城市管理部门对城市发展规划、决策的参与权和话语权,学习深圳等地的做法,明确城市管理局"参与城区市政、环卫基础设施建设项目的规划设计和竣工验收"的工作职能,使城市管理的意见切实得到重视和采纳。

推进苏南现代化示范区建设,是改革开放以来扬中与苏南其他城市站在同一起跑线上的重大机遇,也是扬中有条件有优势抓住用好的战略机遇。准确把握这一历史机遇,加速推进城市管理的现代化进程,从而助推扬中现代化发展,建设魅力岛城宜居城市,既是全体城管工作者的不懈追求,也是所有扬中市民的殷切期盼。城市管理是一项快见成效的具体工作,是一个长期艰巨的系统工程,需要扬中市城管工作者开拓进取、创新工作,不断提升城市管理水平,让岛城扬中变得更宜居、更生态、更现代,让市民生活得更舒心、更幸福。

(孙显华)

近平同志说："人民群众是我们力量的源泉"，党的十八届三中全会也提出"必须紧紧依靠人民推动改革"，这些重要论述都明确地回答了改革"为了谁，依靠谁"的根本问题。在体制转轨、社会转型、利益多元、矛盾凸显的新形势下，在推进社会建设和社会治理的背景下，如何更好地组织、引领、教育、动员、服务群众是目前亟须深入研究讨论的问题。为了正确把握扬中市群众工作的现状和当前存在的问题，积极探索新形势下基层群众工作的新特点、新趋势和新方法，推动和谐社会建设，打造幸福扬中，我们对扬中全市群众工作现状进行了全面了解，对新时期群众工作面临的困难和问题进行了认真梳理，并结合其他地区群众工作先进经验，有针对性地提出了一些对策建议。

一、扬中基层群众工作的基本状况

近年来，扬中市按照城乡统筹、"五位一体"科学发展总体战略，深入贯彻落实科学发展观，紧紧围绕"二次率先"的奋斗目标，积极探索适应新形势下群众工作新特点、新趋势的工作方法，推动群众工作良性向好发展。

（一）思想重视，强化新时期群众工作

群众工作是党的全部工作的基础。一直以来，扬中市各级单位部门对群众工作高度重视，坚持社会发展与经济发展同谋划、同部署、同考核，特别是在步入率先实现基本现代化的新的发展阶段，改善民生、做好群众工作、提高群众幸福指数已经摆在了扬中市中心工作的首要位置。

1. 进一步明确了新时期群众工作思路

进一步明确了"把握政府引导主导权、突出群众主体性"的新时期群众工作思路。坚持"以人为本",以主动引导提高民主效率,以群众自主降低社会成本,抓好疏通民情、引导参与、化解矛盾三个关键环节,让广大群众在积极深入的参与中实现"共商共建共管共享"。

2. 健全了上下联动、左右协调的三级群众工作网络

在扬中市信访局的基础上率先组建了扬中群众工作部,对外设接待服务窗口,由国土、规划、住建、人社等 12 个部门派出中层干部入驻,负责对口接待处理相关群众诉求。扬中群众工作部下设三个中心,分别为扬中市社会管理服务中心、扬中市人民来访接待中心和扬中市社会矛盾纠纷调处中心。并且,扬中市市直部门也根据工作需要相应设立群众工作科室。与此同时,扬中各镇(街、区)同步成立群众工作站(或群众工作中心),各村(社区)设立群众工作室,在企业、学校等基层单位和各村民小组应聘群众工作信息员,延伸群众工作触角,真正形成了群众工作的网络体系。

3. 加强了群众工作队伍建设

选派政治素质高、业务能力强、善于协调、心系群众、群众满意的优秀干部充实群众工作一线,优化群众工作队伍结构。加大对干部群众工作理论和实践的培训,增强各级领导干部做好新时期群众工作的本领。安排新提拔的干部和后备干部到各级群众工作机构挂职锻炼,提高干部对群众工作重要性的认识。

4. 建立"四个一"联系服务群众机制

"四个一"联系服务群众机制,是扬中市直面社会转型期阶段性特征和群众工作实际,实现基层党建创新与社会管理创新双向推动的创新探索,即"一组一员""一家一档""一户一卡""一人一区"。截至目前,扬中全市已建立农民家庭档案 67428 份,并全部实现电子信息化管理,建立党员干部包片责任区 766 个,发放各类群众联系卡 68657 张,选任民情信息员 2145 名,实现了 81 个行政村(社区)全覆盖。江苏省委罗志军书记对扬中市"四个一"联系服务群众机制建设予以充分肯定:"扬中市给每家每户发放联系卡、建立民情档案,党员、干部在第一时间解决责任区内的具体问题,打通了党群关系'最后一米',做到'小矛盾不出村、大矛盾不出镇'。"

(二) 规范服务,夯实群众工作的制度保障

围绕规范服务,充分保障群众的知情权、参与权、表达权、监督权,建立完善了科学、规范、高效的群众工作长效机制,创造条件让群众参与民主科学决策和民主管理,有效实施民主监督,不断提高群众对政府工作的认可度和满意度,为做好群众工作提供强有力的制度保障。

1. 进一步规范服务型政府(机关)建设

大力实施组织机构和政府工作流程再造,理顺政府与市场的关系,推进"全能政府"向"有限政府"转变。大力推行了"阳光政务""阳光拆迁""阳光安置""阳光救助"等系列阳光工程,保证了政府工作的阳光透明、公平公正。比如,第八届园博会的"阳光拆迁"仅用两个

月不到的时间,就完成了全部 142 户拆迁户的拆迁协议签订工作,比扬中市委、市政府的要求提前了 10 天,创造了扬中拆迁工作的"园博速度"和"园博模式"。

2. 建立健全科学决策和民主管理机制

坚持把不断改善人民群众生活作为正确处理改革发展稳定关系的切入点,建立健全重大社会决策、重大工程建设社会稳定风险评估机制,完善事关群众利益的重大决策听证制度。凡与群众利益密切相关的重要改革方案、重要决策、重大项目和敏感事项,比如农村产权制度改革、村级公共服务和社会管理改革、村级治理机制、土地综合整治及拆迁安置等,都严格实行公示、听证、咨询等制度,广泛听取和认真采纳群众意见。

3. 建立健全群众利益诉求表达机制

拓宽社情民意表达渠道,搭建群众来信来访、公众听证会、区长信箱、区长热线、镇(街)党委书记电子邮箱、村(社区)民意信箱、农信通等多种形式的沟通对话平台。建立完善政府门户网站,加快信访信息系统建设,方便群众网上投诉和查询,及时沟通信息。设立领导信访接待日,现场与群众交流,协调处理群众诉求。如八桥镇开展的"一联四帮一评"活动,引导广大党员干部与群众结亲连心,帮助群众解决生产生活中遇到的各种困难,取得了很好的效果。

4. 建立健全群众利益调处机制

坚持"属地管理、分级负责,谁主管、谁负责,归口办理、一岗双责"的原则,切实落实了信访工作逐级负责制和责任追究制,进一步完善了领导接待、包案、阅信制度和领导干部带案下访、结案回访、信访代理制度,构建了以群众自治为核心、多方参与的大调解工作体系,着力解决反映强烈的利益诉求问题。

5. 建立健全突发事件应急处置机制

加强了信访稳定和决策风险评估,分析预测不稳定隐患的可控程度和风险程度,做好风险防范控制预案,坚持"统一指挥、高效运作"的原则,规范突发事件信息处理程序,理顺应急管理机构和各专业指挥机构的关系。完善了应急预案和应急物资储备机制,加强了专业应急队伍建设,积极开展应急演练。

(三) 让民做主,发挥群众的主体作用

发挥群众在村(社区)管理中的主体作用,真正实现群众的"自我管理、自我教育、自我监督、自我服务"是当前群众工作的核心内容和未来的发展趋势。通过村级公共服务和社会管理改革及新型基层治理机制的推行,最大限度地还权于民,真正让民做主,发挥群众的主体作用。

1. 扩大了村(社区)自治组织管理的范围

把驻辖区的单位人员、常住外来人口、驻村(社区)干部、老党员、退休干部纳入了村(社区)管理范畴。部分村(社区)正在进行通过选举程序从中选拔优秀人员进入村(社区)议事会或监事会的探索。

2. 进一步完善了村(社区)自治制度

进一步深化村(居)务公开和民主管理工作,完善村(社区)干部离任审计制度。建立了

村(社区)联系会制度,对涉及村(居)民切身利益的公共服务和社会管理项目,都及时召开村(社区)联席会进行协调解决。对于由村(社区)供给的项目,村(社区)可以通过议事会公开民主决定供给项目的种类、方式和建设的时序。对于由政府直接实施、委托实施或由市场主体实施的公共服务项目,村(社区)有权力对项目可行性及内容、效果进行评价,满意度达不到70%的,可以对项目实施否决或限期整改。对于涉及村(社区)之间的事务,比如公共服务和社会管理项目合作、联建及其他需要共同完成的事务,创造性地建立跨村(社区)联席会进行协商解决。

二、扬中基层群众工作面临的新形势

随着改革开放的深入和社会主义市场经济的发展,以及经济、社会结构的变化,群众的内涵、结构发生了变化,群众工作的对象、内容、要求和方法发生了变化,群众工作的主体也在发生变化。

(一) 群众工作对象呈现多元化

随着社会主义市场经济不断发展,以及工业化、城镇化和经济结构调整加速,我国社会组织结构、就业市场结构、经济发展方式的变革加快,产生了新的社会组织和经济组织,出现了新的社会阶层和社会群体。群众工作的对象由过去的以农村农民、工厂工人为主,逐渐扩大到私营个体业主、产业工人、农民工、商业服务人员、失地农民和城市无业、失业和半失业贫困人口等新的阶层和群体,群众工作的对象、类型日益呈现多元化的特点。新生代群众对党的认同已经从过去的感情认同,转变为法理型认同和利益认同。

(二) 群众工作的内容日趋多样化

当前,人民群众诉求从相对单纯的物质需求和生存需求,逐步向精神需求和民主权利需求转变,群众关心的热点、难点问题,涵盖了政治、经济、文化、社会等诸多领域和各个层面。从过去的以吃饭住房、就学就医为主,到现在的社会保障、房屋征迁、企业改制、干部作风、分配不公、贫富差距等多个层面,群众对共享改革发展成果、追求幸福生活的要求日益强烈。

(三) 群众工作的环境日趋复杂化

随着网络的普及和快速发展,人们民主、平等、参与的法制观念不断增强。特别是科技的发展改变了社会舆论的生成机制和传播机制,网络问政日益成为群众诉求的新方式、新途径,网民观点日益成为群众思想的新导向,批评和监督日益增多,舆论监督"倒逼"现象成为群众工作的新特点。同时,少数地方、个别党员干部的个别违法违纪案件被新闻媒体持续披露,经过网络网民过度炒作放大,使一些群众对党员干部的认识产生偏差,对党和政府的工作抱有质疑,使群众工作的社会环境更加复杂。

（四）群众工作的主体日趋年轻化

中国共产党经过 90 多年的发展,党员队伍的年龄结构、文化结构正在悄然发生着变化,党员干部知识化、专业化、年轻化的趋势日益明显。与老一辈相比,新生代党员干部在群众感情、对群众工作的认识和理解等方面有所不同。个别干部对做好新时期群众工作的认识还不到位,不愿意也不善于做群众工作,引起群众的积怨和不满,伤害了党与群众之间的朴素感情。一些群众反映的利益问题,比如征地农民拆迁安置问题、"以租代征"农民的利益诉求问题等,一时还得不到解决。

（五）群众工作的方式方法发生了新变化

过去,群众工作的主要实施者是各级党委、政府;今天,还必须发动群众团体、基层群众性自治组织和社会中介组织。过去,群众工作的手段主要是自上而下的行政手段,主要依靠行政组织资源垂直命令式地开展工作;今天,在市场经济条件下,经济手段、法律手段等在社会动员中的作用越来越显著,群众工作手段趋于法制化、理性化。

三、扬中基层群众工作创新的主要思路和方面

主要思路:核心是公正合理地协调好社会各阶层利益关系;重点是切实解决群众关系的热点和难点问题;难点是扩大工作的覆盖面,团结和凝聚广大人民群众齐心协力实现共同目标。

（一）推进理念思路创新

1. 树立群众工作主动化理念

群众工作与执政党的中心工作是一致的,具有经常性、常态性。因此,基层干部做群众工作千万不能走过场,要通过定期或不定期上门走访、沟通交流,充分利用身在群众、熟悉群众的优势,广泛听取群众的意见和建议,及时掌握和解决群众生产生活的基本情况和问题。

2. 树立群众工作人本化理念

基层组织要强化服务职能,从"管理型"向"服务型"转变,既要处理好关系全局的大事,也要解决好群众生产生活中的各种琐事、难事、小事。比如,拆迁安置、失地农民就业保障问题、环境卫生问题、居民的水电气讯问题、居民出行,以及孩子上幼儿园上学、休闲购物、健身锻炼等实际问题的解决都需要认真做细做实。相关部门和单位要落实责任和措施,确保每一件实事都见到实效。

3. 树立群众工作常态化理念

群众工作的主体是人民群众,群众工作贯彻于执政党全部工作的始终。那种只强调"政绩意识",缺乏"群众意识";只注重"领导工作",忽视群众工作;只注重抓经济社会发展,而忽视群众思想工作的观点,实质上是群众观、政绩观出了偏差。群众工作是党和国家事业的

重要组成部分,是各级党委政府的重要职责,是改革发展稳定工作的内在要求和重要保证,是内在的要求,而不是可有可无的。广大基层干部应当以群众工作的要求为指针,有了这种认识和境界,才能把群众工作做好。

(二)推进体制机制创新

1. 建立健全群众合理诉求的表达机制

要充分发挥人大、政协、政法机关的作用,逐步畅通群众反映意见的渠道。充分发挥工、青、妇等人民团体联系群众的桥梁纽带作用,经常了解基层情况和群众建议。一是引导上访群众以理性合法的形式反映诉求,及时解决群众提出的问题,维护群众的民主权利。二是畅通群众诉求表达渠道,通过调研、座谈、咨询、听证、网络等有效方式,及时听取群众的意见、建议和批评。三是建立集中民意和民智的长效机制,可以通过开展"民情大走访、民意大恳谈、工作大巡展"等主题活动,逐步建立完善一套针对性、操作性强的群众联系沟通协调体系。

2. 建立健全矛盾排查调处机制

要不断创新大接访、大排查、大调解工作机制,坚持人民调解、司法调解、行政调节相结合,把各类矛盾解决在萌芽状态。一是坚持经常性排查各类矛盾纠纷。要坚持"抓早、抓小、抓苗头",切实增强解决苗头性、倾向性问题的能力,防患于未然。二是加大矛盾及纠纷调处力度。充分发挥区、镇(街)、村(社区)群众工作网络在调解矛盾纠纷工作中的作用,将群众的诉求依法、及时、合理处理在基层,解决在萌芽状态。三是要切实维护正常的信访秩序。加大《信访条例》和有关法律法规及处理违法上访案件的宣传力度,教育引导群众以理性合法的方式表达诉求。

3. 建立健全突发事件应对机制

为了预防和减少突发事件的发生,控制、减轻和消除突发事件引起的严重社会矛盾,要居安思危、未雨绸缪,认真分析各类群体性事件产生的原因,特别是深层次的原因,努力从源头上减少群体性事件的发生。建立完善应急预案,一旦发生群体性事件,主要负责人要亲临现场、靠前指挥,以民主的方法、说服教育的方法对待群众,与群众对话,化解冲突,解决问题,平息事态。对部分群众的某些过激行为,要慎用强制手段。当问题性质发生变化时,要果断地依法打击群体性事件的组织者、策划者、为首者,维护好群众利益。

(三)推进工作载体创新

1. 创新载体,疏通民情传递渠道

如何利用互联网这一新技术做好形势下的群众工作,是各级党委和政府面临的重要课题。有调查显示,群众对"您反映问题的主渠道是什么?"这一问题的回答中,有117人选择了"向村两委反映",占64%;有36人选择了"直接向乡镇(街道)反映",占20%;有24人选择了"网络",占13%;有5人选择"向县(市)里反映",占3%。结果说明,群众反映问题渠道多样化,基层干部在平时群众工作中要提高认识、创新载体,疏通民情传递渠道,了解民

意。如通过开通微博,实现与群众(微博客)互动,关注群众关注的热点问题,将群众诉求与建议定期反馈作答并以微博的形式予以公布,网民可以进行自由评论,发表意见和建议,以此实现干群互动。

2. 建立信息资源库

以信息中心的信息平台为依托,充分利用市属各部门的局域网和数据库,建立综合性、集成式、共享性的信息管理系统,将信息网络连通到县(区)、乡镇(街道)和每一个社区(村)。资源库可以包括基础数据、短信互动、服务办事、管理系统和工作交流五个模块。可将所有居民的家庭状况、就业、计生、优抚救助、党建群团、教育等信息资料输入信息系统,形成简洁方便的信息检索系统,从而把分散、孤立的信息进行汇总整理并建立数据库。

3. 形成共享信息平台

群众诉求以短信、电话或走访收集后输入信息系统,系统立即自动受理,并在系统内根据内容分类和流转程序传递给全市各级、各职能部门,由相关单位负责限时办理,做到了"一口受理、一网协同、实时监控、双向考核",从而使各级各部门为群众服务的每一环节都有记录,确保群众反映的问题"件件有回音、事事有落实"。这不仅可以提升办事效率和质量,而且便于监督,防止推诿扯皮现象的发生。

(四)推进手段方法创新

1. 创新宣传教育形式

网络时代的到来,向群众宣传党的政策、政府的决定,仅仅停留在原有的靠会议、公告栏是远远不够了,要根据群众的实际需要和生产生活习惯,采取灵活多样、喜闻乐见的形式。比如充分运用广播电视、短信、互联网等载体与人民群众互动;大力开展文化体育活动,在丰富群众文化生活的过程中做好群众工作。在宣传教育过程中要学会和使用群众语言,用喜闻乐见的群众语言,用群众中涌现出来的先进人物教育、启发群众。做群众工作不能以"官老爷"自居,而要把自己当成普通老百姓,以普通朋友的姿态和群众沟通,与群众推心置腹,坦诚相见,从而得到群众的信任和支持。

2. 发挥群众的主体作用,利用群众的力量来做群众的工作

发挥群众在村(社区)管理中的主体作用,真正实现群众的"自我管理、自我教育、自我监督、自我服务"是当前群众工作的核心内容和未来的发展趋势。一是积极引导群众参与信访工作。尝试在村(社区)群众工作室或镇(街)群众工作站建立"群众信访轮值制度",邀请群众中的热心人士到工作室或工作站接待群众来信来访,让群众服务群众。二是积极引导群众参与矛盾化解。在人民调解的基础上,尝试建立"陪审参照法",成立"民事调节庭"或"法律顾问团",在每次矛盾化解中,成立由矛盾双方、法律人士、利益不相关人士、公证人士及群众评判团等组成专门处理小组,公开透明协调矛盾,把最后裁决权交给群众评判团。比如,有的地方对拆迁过程中的老上访户,可以聘请律师介入拆迁案件。让律师介入拆迁案件,实际上就是靠社会力量解决群众之间、群众和政府之间各种纠纷的尝试。上海在世博会之前有许多大型的城市建设项目涉及拆迁,涉及法律问题,而邀请独立的第三方参与其事,

就避免了政府与民众的矛盾尖锐化。三是建立群众工作责任承包制。比如舟山市的"网格化管理、组团式服务"模式,以基层干部和党员落实责任、发挥主体作用为基础,以各级组织为群众提供更多更好的服务为落脚点,变自上而下命令式的层级管理方式为双向互动的网状服务模式,形成了"党政主导、城乡统筹、上下联动、条块结合、社会协同、公众参与"的群众工作新体制。

3. 健全基层群众工作服务体系

重点抓好以党组织为核心的村级组织和社区组织配套建设,发挥基层组织和群团部门做群众工作的职能和优势,注意发挥协会、学会等社会中介组织的作用,不断壮大志愿者队伍和社会工作者队伍,探索建立联动服务机制。一是要完善群众服务网络,在服务群众上"扩容""增量",努力实现群众工作横到边、纵到底、全覆盖。二是把群众工作资源充实到基层,从工作重点、政策指导、力量配置、经费保障等方面,向工作一线倾斜、向基层组织倾斜、向群众工作倾斜,做到有人管事、有钱办事、有场所议事。三是要注重群众工作干部的培养、教育、使用。基层党员干部要成为"有所长、有所专、有一技之长"的技能型干部,增强党员干部为民服务的责任意识,成为能够为群众和企业释疑解惑、提供各种帮助的服务员。

(常燕萍、冯芸、郭林森、高晓峰)

当前,深入推进社会管理创新,革除机制、体制、方式、方法的弊端,激发社会活力和创造力,已成为深化平安建设必须解决好的一个重大而现实的命题。创新是多种因素综合作用的结果,但追根溯源,都是建立在一定文化底蕴基础上的。伴随着经济社会发展的新要求和人民群众的新期待,人民群众对平安的要求越来越高、期待越来越强烈,在平安创建活动中,平安文化日益受到重视。如何通过平安文化建设的大繁荣大发展,进一步推动社会管理创新,笔者谈谈以下几点认识:

一、平安文化的内涵及基本作用

平安文化是一个新生事物,是指平安建设过程中通过物质、行为、制度等因素的影响,逐步形成的价值观念、群体意识、管理方法及精神风貌的文化积淀;是通过长期创新社会管理实践,开创群众工作的一种思维化的特种引导。

从渊源上看,平安文化从有人类文明社会之时就存在,是历史文化的精华积淀和传承,是经济飞速发展、人民群众生活富足对平安的需求,也是政府善政善治、保障群众安全、建立和谐干群关系的执政方式。从目的上看,平安文化是为了实现全社会重视平安、创造平安、守护平安、共享平安的目标,追求的是人与人、人与自然、人与社会环境及内心的平安和谐。从内容上看,平安文化有着高度的包容性和丰富的层次性,它是受地域文化、经济、人文等发展情况影响的综合体现;它的内涵是以平安为内核,以文化为支撑,以心灵的平安为最终归宿,具有多样性的特点。从成效上看,平安文化建设是社会管理创新的手段,注重精神引领和支撑,大力弘扬社会主义核心价值体系,可以提高社会管理水平和层次,促进经济社会发展。

平安文化潜移默化地影响着社会管理创新,对社会管理创新的推进具有基础性、方向性、能动性作用。具体讲有以下几点：

平安文化具有教化功能，有利于培育共建平安的人文精神。"关乎人文，以化成天下"，文化的一个重要作用就是培养人、陶冶人、提高人。平安文化也不例外，它能够通过文学艺术、经验交流、典型带动、组织管理等手段，引导平安建设职能部门培养扎实的工作作风和高尚的职业操守，为更好地开展社会管理创新奠定坚实基础；能够引导全社会共同关注、共同支持平安建设，自觉传承优良传统。

平安文化具有调适功能，有利于推动管理服务良性互动。现实的社会管理是双向互动的，所有的创新都只有落实到行动上，才能促进社会内生力量的发挥。但在社会发展过程中，管理与被管理、服务与被服务之间，因各种原因总会发生矛盾，制约着社会管理创新的推进。而平安文化则可以通过对制度、机制进行不断改革、补充、完善，来调节和修正这些矛盾，把各种管理要素更好地组织起来，理顺关系、凝聚力量、增强互动，推动管理创新目标更好实现。

平安文化具有约束功能，有利于规范行政执法行为。社会管理创新必须建立在严格、依法、规范行政执法行为的基础之上，否则，就会粗制滥造，甚至偏离轨道。平安文化从思想观念、伦理关系、实践活动上对行政执法行为进行约束，使之按照严明的纪律，规定的程序、标准、要求进行执法操作、加工和处理。这能够保证社会管理创新始终沿着正确方向开展，生产出最好的"产品"。

平安文化具有传播功能，有利于提升社会管理效果。平安文化能利用各种渠道感染社会，通过组织开展走访座谈、开门纳谏、群众评议，以及编播反映平安建设的影视作品等途径，既可使政府相关部门更加全面地了解群众对社会管理工作的新需求，有针对性地搞好决策，改进和创新管理的内容、方式和方法，使之得到社会的普遍认同，更好地被服从和遵守；又可增强政府的公信力、亲和力，更好地调动和利用社会资源，提升创新管理的社会效果。

185

二、平安文化建设存在的问题对管理创新的影响

（一）继承发展不足，削弱了创新管理的基础
一是不注重历史文化遗产的挖掘与开发。认为过去的就是过时的，将历史和现实割裂开来，一些优良作风和传统被淡化。二是不注重平安文化发展历史的研究。特别是对平安文化的产生根源、演变过程、价值作用和经验教训等深层次问题研究浅显，未能把握内在规律，总结、汲取精华，扩大成果指导实践，从而削弱了传承根基，一些制度机制因此弱化了价值认同，执行力下降，平安文化对各项工作的促动作用打了折扣。

（二）联系实际不足，降低了创新管理的效能
一是"无用论"。这一思想片面认为文化建设是虚功，是形象工程，耗时费力。这实际上忽略了内因对外因的影响，必将使平安文化建设动力不足。二是"简单论"。这一思想认为

平安文化就是搞搞文体活动、搞搞教育，与其他工作是两码事，没有将文化建设与实际工作结合起来，在开展各类文体和教育活动中积极运用文化武器去提升思想、鼓舞斗志、推动实践，解决管理和行为中遇到的实际问题。三是"严管论"。一些政府部门特别是少数行政执法部门认为，要管理就决不能手软，在实际执法和管理过程中，过多地强调强制性，忽视了人性化的一面，从而制约了内外部活力，影响了执法管理的法律效果与社会效果的统一。

（三）时代精神不足，迟滞了创新管理的步伐

社会管理创新不是一种简单意义上的措施加强。它应该追求一种全新的价值，有一个质的变化。无论是管理方式，还是思想观念，都要有真正意义上的转变和突破，也就是除强调秩序以外，更重要是还要能够最大限度地有利于社会活力的释放、人的自由全面发展及和谐社会关系的建立。实现这一目标，准确把握社会发展客观规律和深层次矛盾问题是基础和关键。但一些部门却未能认清社会管理创新的这一时代特性和目标要求，未能摆正宏观与微观的辩证关系，将平安文化置于社会这个大系统与时代这个大环境中来考量和推进，用先进的理念去引领、用时代的要求去规范、用社会的效果去评判，而是往往从本行业出发考虑和对待问题，缺乏时代特色，与动态、开放、变化的社会发展需求不相适应。比如，在社会矛盾化解上，面对矛盾纠纷大量增多的实际，在源头预防和消除上研究不够、方法不多；在社会治安综合治理上，重管治轻自治，对社会资源的发动重视不够、利用较少，管理社会化程度不高，工作方法单一陈旧，缺少应有的活力。文化的落后必然导致理念和行动的落后。不能认识客观世界、了解现实社会，管理创新就找不准问题的症结、找不到解决问题的突破口，就无从入手，难有实质意义上的突破。

三、加强平安文化建设促进管理创新的建议

（一）明确文化建设目的，建构社会管理创新的思维与行为方式

平安文化建设必须着眼于社会管理创新，为创新提供精神的动力与智慧的支撑。这就关涉到新时期平安文化建设的目的与方向。首先要在培育管理者的精神文化上下功夫。新时期应突出和谐文化、和谐哲学的建设与培育，同时要用以人为本的核心价值观统领平安文化建设，以形成行政执法价值观同社会核心价值观的统一，进而在社会管理创新活动中取得社会公众的广泛认同。其二，要在制度文化的建设上有所突破。重点是打破陈规陋习，建立起有利于社会管理创新的各项工作机制，尤其在平安综治建设绩效考评机制建设上要突出创新发展，鼓励基层单位以挑战的精神开拓进取，加重有关和谐社会建设的内容，如公众满意度等。其三，要在行为层面上有所规范与引导。社会管理创新也包括管理方法、管理作风的创新。因此，要十分注重在工作上加强对行政执法部门理性、平和、文明、规范执法的引导，从思想和行动上引导执法、管理由强调刚性限制向刚柔并济、以柔为主转变，增强行政执法工作在社会公众中的亲和力，注入更多的人文精神。

（二）理顺文化建设体制，营造促进社会管理创新的良好环境

发挥文化在创新上的作用，前提是文化必须能够广泛深入持久地开展起来。一要加强组织保障。强化对平安文化的研究创作，努力多出作品、创造精品，丰富内涵和感染力；强化日常组织、指导和推动，提高文化建设的执行力和影响力。二要完善建设模式。改变以往以宣传、教育、管理为主的单一、枯燥的文化建设模式，坚持健康向上、丰富多样、广泛全面的思路，健全公众参与、有机结合、规范有序、系统科学的平安文化建设模式，以平安文化涵养素质、凝聚群众、塑造品质、振奋精神。三要健全长效机制。紧密联系现实社会公众需求和行政执法、管理服务工作实际，制订完善与平安文化建设、组织、管理、应用等相配套的一系列规章制度，形成长效机制，做到有制度支持、有监督落实，努力保持平安文化建设的长期效果。

（三）改进文化建设形式，增强促进社会管理创新的能力水平

创新需要优良的技能和心理素质，而这些来源于优秀文化的涵养。一要丰富文化载体。拓宽平安文化的网上网下阵地，既为行政执法、管理服务部门学习交流、借鉴提高、创新方法等提供有效服务，也为社会公众认识平安、支持管理、共建和谐搭建广阔平台。二要科学建设方法。改变以往"管理有余、柔性不足"的状况，由重"硬性"管理向重"软性"管理、重"监督"管理向重"激励"管理转变，使平安文化建设更加符合群众的思想、工作与生活，真正使群众感到被尊重，从而把接受管理和法律规章制度约束转化为自觉行动。三要拓展推进手段。深化平安文化历史的研究，继承、借鉴好经验、好做法。在此基础上，继往开来、博采众长，积极汲取现实社会主流文化中有益成果，围绕和谐建设、科学发展等时代主题，在更宽的领域、更深的层次上，发展和创新文化建设举措，使之永葆先进性，更好地被全社会所认可和接受并主动参与平安建设，增强社会管理创新的活力和创造力。

（四）强化文化建设支撑，夯实促进社会管理创新的发展根基

保障好，文化才能建设好，创新才能发展好。一要培育好人才。以复合型、专业化为目标，努力打造平安文化建设队伍，为各项平安文化事业上层次、上水平，不断实现新的发展和进步提供人才资源。二要落实好资金。切实从思想观念上扭转对平安文化建设重视不够、认识不足的问题，将其作为事关平安建设深化发展的一项基础性工程抓起来，合理规划，加大投入，在资金上实行专项保证。同时，积极争取社会支持，采取文化共建的方式，借助社会财力、物力，充实建设保障，确保各项平安文化事业稳步发展。三要树立好标杆。即浓缩、提炼出一种包罗面广、体现卓越的平安文化精髓，并在不同时期、不同环境下，通过总结成功经验、清晰核心价值、理顺观念差异，使之得到进一步丰富和发展，引领平安文化建设不断追求最佳、追求完美、追求高境界，进而推动平安建设、社会管理创新各项工作实现全面、协调、可持续发展。

（童国际、左昌宇）

　　稳定是发展的重要前提和保障,只有社会稳定和谐了,才能更好更快地发展。建设"最美扬中",打造独具扬中特色的现代化建设示范区,更加需要和谐有序的社会环境。做好矛盾纠纷调处工作,完善多元化矛盾纠纷解决机制,是确保改革发展稳定大局的客观要求。这不仅可以有效地预防和减少群体性事件和"民转刑"案件,而且可以为党委政府分忧,为人民群众解难,密切党群干群关系,巩固我们党的执政基础。

　　近年来,扬中市按照加强和创新社会管理的总体要求,从丰富载体、创新方法、完善机制入手,积极探索大调解工作的新路子,着力构建多层次、全方位、功能相济、有机衔接、资源整合的社会矛盾纠纷解决机制,不断提升全市社会矛盾纠纷调处工作质效。

一、扬中开展矛盾纠纷调处的主要做法

(一) 以组织建设为基础,构建立体化调解体系

　　1. 加强基层调解组织建设。按照"五有"(有相对固定的办公场所、有人民调解委员会标牌、有印章、有调解文书、有统计台账)和"四落实"(组织落实、制度落实、工作落实、报酬落实)的要求,始终把建立一支政治强、业务精、作风正、能战斗的人民调解员队伍作为化解矛盾、维护稳定的重要措施,不断强化力量、健全组织。扬中全市共建成59个村调委会,22个社区、部门调委会,15个厂企调委会,共有调解员537名,调解信息员近5000名,夯实了矛盾调处第一道防线。

　　2. 加强专业性、行业性调解组织建设。在进一步加强医患、劳动争议、婚姻家庭、道路交通事故纠纷等专业性调委会建设的同时,积极整合社会资源,在征地拆迁、土地承包等矛盾纠纷多发领域成立由行业业务骨干和律师组成的专业服务队,在全市工业园区、科技园区

成立人民调解联合会,提供特殊区域的纠纷化解服务。

3. 加强社会化调解队伍建设。坚持"重心下移、关口前移",探索建立个人调解工作室。经群众推选和镇(街区)调委会考察,聘请一批口碑好、威望高的老党员,或从事法律服务工作数十年的退休老同志,以及法律专业科班出身、对调解工作热情高的大学生村干部为调解员,并以他们的名字命名成立调解工作室,担当调解员、普法员、维稳员"一人三员"工作。2012 年以来,通过个人调解工作室调解的纠纷共有 83 件,调解成功 81 件,调解成功率达97.59%。目前,扬中全市已实现了个人调解工作室全覆盖,这在镇江尚属首家。

(二)以五大对接为核心,构建特色化对接模式

1. 创设"访调对接""访援调对接"模式。建立访调座谈制度,出台访调对接办法,明确三类纠纷协同处理程序,对涉及重大、疑难、久访不息的三类纠纷,安排当事人在当周的市领导接访日由市领导接访,直接由信访局按照信访程序予以督办,调处中心工作人员积极参与信访局群体性上访事件的处理工作。由调处中心、信访接待大厅的工作人员负责,对来访的申请支付农民工工资、工伤赔偿案件的当事人直接签发"法律援助救助卡";法律援助中心在第一时间内指派律师对持卡人进行援助代理,最大限度地维护当事人的合法权益。

2. 推进扬中特色的"诉调对接"机制建设。以诉讼服务中心、诉讼服务站及诉讼服务点为三级平台,积极推动法院与相关职能部门、基层组织开展矛盾联合预防与化解,将纠纷化解工作进一步向前推移,向下延伸,四面扩展。以立体、多元、高效的运行模式,实现诉讼与非诉讼纠纷解决机制的无缝对接,即以法院诉讼服务中心为一级平台,实现诉调对接;以法庭诉讼服务站为二级平台,实现联动对接;以村(社区)诉讼服务点为三级平台,实现全面对接,搭建起"法院有诉讼服务中心、乡镇有诉讼服务站、社区有诉讼服务点"三位一体的便民诉讼服务网络。自 2010 年 3 月该机制建立以来,共委托调解成功案件 610 件,委托成功率达 60% 以上。扬中市人民法院还被省高院授予"江苏省涉诉矛盾纠纷化解工作先进集体"。

3. 实现全市矛盾纠纷调处信息化。投入 20 余万元为市、镇两级调处中心配备专用计算机、旋转式摄像头、投影仪、显示屏等设备,以市调处中心视频调解指挥中心为核心,借助司法行政专网将其与各镇区调处中心的视频终端进行联网,实现条线上的矛盾调处远程指导、法律法规在线咨询、调解动态实时掌控。

(三)以考核激励为手段,构建高效化运行机制

1. 在村(社区)推行群众诉求代理服务制。在村(社区)建立"群众工作室",重点调处婚姻、房屋宅基地、邻里纠纷和村务管理纠纷,并为群众寻求政策咨询和法律援助,引导群众以理性合法的方式表达诉求,依法行使民主权利、维护自身合法权益。2014 年,共接待群众诉求 132 人次,成功调解各类纠纷 86 件,为群众提供法律服务 65 次。

2. 在镇、街区建立矛盾纠纷调处四项责任制。由各镇(街道、区)政府(办事处)与村民小组、村(社区)、调处中心、分管干部分别签订责任状,构建一级对一级、层层抓落实的工作格局。在此基础上,强化奖励手段,实行村主任、支书的调解工作与年终奖金挂钩;镇分管干

部、镇调处中心工作人员的调解工作与评优评先挂钩；对一年内无矛盾纠纷上交、连续三年不发生重大越级上访和非正常死亡事件的村民小组组长、村（社区）两委干部及直接责任人进行物质奖励，确保"小事不出组、大事不出村、矛盾不上交"。

3. 在扬中全市实行矛盾纠纷调处激励机制。制订《扬中市矛盾纠纷解决机制考核奖励办法（试行）》，对调处纠纷成功、形成书面调解协议并建立规范化卷宗的调解组织和调解人员，经考核合格后，根据案件的难易程度和影响，分别给予每件 50 ～ 300 元的奖励。各级调解组织自行调解的，奖励资金由市财政专款拨付，法院委托调解的，由法院专款奖励。目前，扬中全市共兑现考核奖励资金近 80 万元，有效调动了广大一线调解员的工作积极性。

二、扬中矛盾纠纷调处工作面临的现实问题

（一）农村社会矛盾纠纷呈现新特征，纠纷调处的难度和压力进一步加大

1. 农村社会矛盾纠纷的类型呈现多样化。新形势下，人民内部矛盾已由传统的婚姻家庭、邻里等民间纠纷扩展到征地拆迁、劳动争议等以经济利益诉求为主要特征的新型矛盾纠纷。

2. 农村社会矛盾纠纷规模呈现群体化。当前很多矛盾纠纷主体利益一致、要求相近，容易形成集体上访，酿成群体性事件。如征地安置、拆迁补偿、社会保障、拖欠工资等引发的矛盾纠纷，这些矛盾纠纷当事人往往结成利益共同体，易造成群体性事件。有的为实现自己的利益，或串联上访，或鼓动、支持、参与集访，给社会稳定带来较大的影响。

3. 当事人寻求解决纠纷的方式呈现激烈化。异常、过激信访行为明显增多，对抗程度不断升级，围堵政府大门、滞留办公场所、举横幅标语等现象时有发生，越级上访、进京上访数量有增无减。

4. 矛盾纠纷调处工作难度呈现加剧化。征地拆迁、土地承包类纠纷因法律不完善，土地征用补偿、征地后失地农民安置等政策不配套、不连贯、不落实，村组之间、组组之间权益划分不清，村级组织自治权与群众个人权益难以协调平衡等问题，往往使调处工作陷入僵局或两难境地。

（二）大调解工作力量和经费保障不足与形势任务要求不相适应

1. 市调处中心功能聚集性不强，大调解资源有待进一步整合。多年来，作为扬中全市矛盾纠纷化解的龙头和骨干单位，市调处中心一直处于有名无编、力量单薄的状态，大调解功效发挥受限。行业性、专业性调委会建设进展缓慢，除医患纠纷、交通事故等四个专业调委会外，在征地拆迁、环保、土地承包经营等重点领域的专业调处机制亟待健全。中心进驻部门人员素质良莠不齐，工作力量需要进一步整合和优化。

2. 镇、村（社区）两级调处力量相对不足，有待进一步充实。矛盾纠纷调处工作重点、难点都在基层，大量矛盾纠纷要化解在萌芽状态、控制在一线，镇、村两级矛盾调处任务越发繁

重。而镇（区）调处中心骨干力量多数也都是基层司法行政人员,既要从事大调解、社区矫正、刑释解教人员帮教安置、法制宣传教育工作,还要承担地方政府拆迁安置、经济发展等中心工作,应对面广量大的矛盾调处工作往往力不从心。80%以上的村、社区的治保主任和调解主任由一人担任,负荷加大、压力加重、任务加码,不利于工作质量和效率的提升,满足不了基层群众维护自身权益的新期待。

3. 人民调解员队伍整体素质不适应形势和任务的需要,有待进一步提升。新形势下利益主体的多元化和社会管理的复杂性、艰巨性,对各级人民调解组织和人民调解员提出了更高的要求。扬中市的调解人员绝大多数能够胜任工作岗位,但少数调解员的法律知识、文化知识水平偏低,缺乏相应的调解技巧,加上缺乏足够的学习培训,在一定程度上影响了调解功能的整体发挥。

4. 两级调处中心的运作经费相对不足,有待进一步增加。尽管近年来扬中市对大调解工作经费投入较大,但随着群众民主法治意识日益增强,市、镇、村三级调解组织工作职责、工作范围和工作量大幅度增加,现有经费已不能满足工作需求,村级调解经费亟待政策倾斜和扶持。

三、构建多元化矛盾纠纷调处机制的对策建议

（一）强化基础,积极培育专职化、社会化人民调解队伍

1. 在市级层面,努力配齐配强市级调处中心、各专业性、行业性调解组织人员力量,主管部门（市司法局）加强对其管理、引导和监管。

2. 在镇级层面,引导各镇、街区结合实际循序渐进地推广"群众工作室"、规范化个人调解工作室。

3. 注重吸纳社会化力量参与矛盾调处工作。一方面,充分整合系统内资源,引导和组织律师、公证人员、基层法律工作者参与矛盾纠纷调处,为重大、疑难、复杂矛盾纠纷化解提出法律意见和建议;另一方面,充分整合系统外资源,吸收懂法律、威信高、乐于做群众工作的退休老党员、老干部等加入调解队伍。

4. 加强业务能力建设。按照分级分类培训的原则,在市级层面组织全面培训的同时,镇区层面结合各地实际,有计划地对调解人员进行业务培训,使其熟练掌握调解的基本知识和技能,进一步增强对矛盾纠纷的预警、应急、排查、化解能力。

（二）拓展领域,着力完善专业性、行业性调解组织建设

1. 积极发展企业、行业人民调解组织,大力推动企业调解组织的全覆盖,加快在经济综合区、集市贸易区、外来工聚居区建立调解组织,进一步扩大人民调解的社会基础。

2. 探索建立专业化调解工作机制。不断总结市医疗纠纷人民调解组织成立运行以来的工作经验,建立和完善医疗纠纷人民调解联席会议制度、信息通报制度、联防联调制度等,

为建立健全其他专业化调处机制提供借鉴。

3. 深化星级人民调解组织评比活动,把四项责任制的落实与星级调委会评比有机结合起来,充分激发调解队伍的活力。

(三) 创新思路,切实打造便民化、实战化一线调处平台

1. 不断完善远程视频调解系统工作平台。加强市、镇两级调处中心远程视频调解系统硬件配备,将两级视频终端进行实时联网,出台《远程视频调解系统实施细则》,成立由各行业、各领域专业人才组成的专家库,实现上下实时联动、资源共享,提升调解质效。

2. 不断拓展基层区域性调处工作平台建设。在矛盾纠纷多发的区域,依托镇区各类服务中心、园区服务中心、部分村企成立集矛盾调处、诉求代理、法律咨询、普法教育等为一体的司法服务工作站,及时进行纠纷化解。加强村(社区)、企业之间的联动,整合周边调解工作资源,组建区域性调解组织,就近化解区域内矛盾纠纷,促进区域内和谐稳定。

(四) 完善机制,保证人民调解工作规范化、有序化开展

1. 建立网格化排查预警机制。各镇(街区)加强与村、社区的协调,将相邻几个村、社区划分为网格单元,通过层层明确责任,真正使矛盾纠纷早发现、早预防、早控制,提高矛盾纠纷的预警率和调处的成功率。

2. 完善沟通协调衔接机制。加强与上下、左右的沟通协调,定期分析研判,按照矛盾纠纷性质制定分类维稳预案和具体工作措施,确保联调联动取得实效。

3. 完善信息互通共享机制。通过矛盾纠纷分析例会、成员单位工作会议等形式,加强市、镇两级纵向上及职能部门横向上的信息互通共享,为正确实施调处工作举措提供保障。在此基础上,着力强化五项制度(纠纷调处工作性制度、工作责任制、网络平台纠纷信息录入相关制度、信息宣传报送制度、人民调解员个案补贴制度)的落实。

(朱红军)

随着扬中市经济建设步伐的加快和工业化、城镇化进程的推进,农村集体土地征用已是常态性工作。2014年以来,不断发生因征地补偿款分配引发的纠纷、起诉、上访甚至闹事,已一定程度影响到农村社会稳定。如何才能做好征地收入分配工作,解决好在征地收入分配过程中遇到的问题和矛盾,既能保证征地款的分配工作顺利完成,又能公平、公正地保护每一位农民的合法权益,促进社会主义和谐社会建设呢?近期,我们集中对近几年来征地分配工作的开展情况进行了梳理和调研。

一、引发矛盾的主要原因

(一)民主意识缺乏

这主要表现为村民的民主意识淡薄,主动参与民主决策的人极少。征地补偿款分配方案的制订是征地款分配过程中极其重要的一项工作,也是最容易产生矛盾的工作。个中原因是补偿款的分配方案没有固定的模式,也没有统一的标准,村民可充分发挥民主意识制订分配方案。这样一来,分配方案中涉及的分配方式、分配比例、分配时间、分配对象等问题,都需要得到全部或是绝大多数村民的认可。由于各种历史和现实原因,大多数村民只考虑自身的利益,对分配方案的制订表示出漠不关心的态度,也不会主动参与到分配方案的制订过程中,却又要求分配方案能最大限度地保障自身的利益。当分配方案制订完成后,与自身的期许存在差距,矛盾也就随之而来。如油坊镇同德村某组,之前有过一次小规模的征地,由于当时分配金额较小,人田各半的分配方案得到了大家的一致认可。2013年,该组又一次被征地,这次涉及的征地补偿款总额达到几百万元,人均有几万元的征地分配款;此时就有一些农户对原先的分配方案不同意了,要求重新确定新的分配方案。该组多次召开社员会议商议修改分配方案,会上大家各执一词,为了自身的利益针锋相对。镇政府、村委会也多次派人参加会议,并积极协助做工作,分配方案几经修改,但还是不能达到80%的同意率,分配方案的制订很长一段时期陷入僵局。

(二) 政策意识淡薄

对于征地补偿款的分配问题,扬中市早在2009年就出台了扬政发〔2009〕74号《关于征地补偿及相关费用分配的指导意见》(以下简称《指导意见》)。但是由于农民普遍教育程度不高、参与民主决策的积极性和主动性不够及小农意识的影响和束缚,部分农民政策意识淡薄,不能正确地理解和运用政策。如在《指导意见》中规定,集体经济组织成员婚嫁户口迁进、迁出的期限,集体经济组织可纳入村民自治范畴,由村民大会或村民代表会议按照法定程序,本着民主、协商、统一的原则具体商定。这里没有明确规定集体经济组织成员婚嫁户口迁进、迁出的期限,在分配款总额恒定的情况下,每多出一个参加分配对象,都会直接影响其他分配对象的利益,因此,有些村民为了自己能够尽可能多地得到补偿款,对户口迁进、迁出期限如何界定存在很大的分歧和矛盾。如我镇某村民小组,因划入工业预留地需要征用土地,村民在得知这一消息后,纷纷想尽办法将户口能迁进本组的家庭成员迁进,导致原本户籍只有80多人的村民小组一下子变成了将近110人,这多出来的20多人户口迁入时间跨度有近半年。究竟是按照土地征用方案公布日期为限还是以征地协议签订日期为限,矛盾双方互不相让,吵架事件时有发生,甚至还有人为此大打出手。经过多方协调,历时大半年才将分配款分配完成。

(三) 群众组织乏力

一般情况下,征地款补偿款从分配方案的制订到最终的分配都是由村民组长、队委等群众组织负责的。这就要求这些群众组织充分发挥作用,将整个分配工作组织好、协调好。但在实际操作过程中,这些群众组织往往由于各种原因,不能发挥应有的作用。有些在工作中畏首畏尾,不能当机立断地解决出现的各类矛盾;有些被少数别有用心的人牵着鼻子走,不能很好地运用政策来解决问题;还有些由于历史原因,群众对其缺乏信任感。群众组织表现乏力,影响了整个分配工作的进程。

(四) 指导意见模糊

虽然扬中市在2009年就出台了《指导意见》,对征地补偿及相关费用分配的原则及土地补偿费、安置补助费及青苗费等其他费用的分配办法做了相应的规定和说明,但在征地补偿款分配的过程中,由于涉及村民的切身利益,经常会产生意想不到的矛盾和问题。对这些矛盾和问题,《指导意见》并没有明确的规定和解决措施,部分特殊群体的利益不能得到应有的保障,会随之产生一些矛盾和冲突。

（五）组织协调不力

农村集体经济组织经济收益分配问题表面上属于村民自治范畴,但鉴于我国农民的小农经济思想根深蒂固,农村村民的自治离不开政府的正确指导和帮助,否则农村自治很容易走入"盲区"。但从目前扬中市的现状来看,在农村征地款分配这一问题上,镇政府、村委会基本不直接干涉,也没有参与到农村征地款分配方案的讨论和制订过程,同时,对村民缺少必要的思想教育、政策指导和组织协调,没有让村民树立起对农村经济分配的正确认识,从而导致分配方案的制订问题重重。

二、建议和应对措施

（一）村民自治与政策引导相结合

目前,征地补偿款的分配方案都是村民小组制订的,乡镇政府及村委会一般不介入。村民小组可以打破原有的队委局限,依照村民自治的原则和村民自身意愿,选举成立新的分配领导小组,进行分配方案的制订。然而这并不意味着乡镇政府及村委会可以放手不管。一方面,村委会可以提前对分配领导小组进行相关政策培训,在制订分配方案时尽可能兼顾各类特殊分配对象的合法利益,减少不必要的矛盾,同时,介绍其他地区的典型做法和成功经验,提高分配方案制订的成功率;另一方面,在制订分配方案时,镇、村两级可组织人员适度参与,通过政策指导提高分配方案的可行性和成功率,确保分配工作顺利进行。

（二）充分发挥群众组织的作用

在征地款分配方案确定之前,要充分发挥村民组长和队委的作用,及早将有可能会影响整个分配工作的人员排查出来。人员排查出来之后,要发挥一切力量,做好思想工作。同时,要充分了解他们的要求和利益诉求,对于合理的要求和合法权益,在制订分配方案的时候应该予以考虑。这样一来,一方面,可以充分保障他们的合法权益;另一方面,也为整个分配工作减少矛盾。

（三）完善相关配套文件

目前,扬中市的征地补偿款的分配问题,一般都参照《指导意见》。但是,由于该指导意见制定的时间较早,且存在一些遗漏项,对于在具体的征地分配中出现的一些个性的问题不能面面俱到地做出解释,而征地分配问题,由于涉及被征地农民的切身利益,群众相当敏感,因此,在程序上一定要严格按照相关政策法规进行。同时,镇党委政府可以考虑依据相关政策法规、上级相关文件和市农委总结的征地分配若干问题的解释,同时结合在征地款分配过程中经常遇到的实际问题,出台相关配套文件,为村民征地款的分配提供更加完善和具体的政策指导和依据。

（四）征地补偿款的保管及监管

征地补偿款数额巨大，由于种种原因，被征地群众不愿意将征地补偿款存放在村委会的账户上，而绝大部分村民小组又没有自己的独立账户。为充分保障资金安全，可以采取先将补偿款以村民组长或本组其他有威望的村民的名义办理存折，设立密码，然后将存折存放在村委会，由专人进行保管，等到分配方案确定后，再将存折交还给村民小组。通过这种做法，村委会及镇财经中心等相关部门能对资金起到一定的监管作用，切实保证资金安全。

（五）创新征地补偿款的发放方式

目前，大多数地方征地补偿款都是一次性付给被征地农民，有些被征地农民拿到补偿款后，不是对其合理使用，而是把补偿款拿去吃喝玩乐，有的甚至拿去进行赌博等活动，补偿金很快就被挥霍一空，对社会稳定造成了一定的隐患。另外，虽然大部分人目前都有固定的工作，但随着年高体弱，也会逐渐丧失劳动能力而成为失业或无业人员，终将成为社会不稳定因素。2013年，市政府推行的失地农民保障制度是一种很好的尝试，因此，在制订分配方案时，可以考虑适当留存一定比例的补偿金，以后逐年进行发放。一方面可以给被征地农民提供最基本的生活保障；另一方面可以避免征地补偿款的分配方案制订时，因种种原因遗漏的分配对象要求进行分配时出现的矛盾，保障其合法权益，可谓是一举两得。

（黄克良）

积极推进城乡道路客运一体化发展,是深入贯彻落实党中央、国务院关于统筹城乡协调发展、加快社会主义新农村建设和推进城乡基本公共服务均等化的有关精神和战略部署的一项重要举措。国家、省市都出台了一系列关于积极推进城乡道路客运一体化发展的文件、政策和措施。

2011年年初,扬中市十五届人大四次会议把"采取有效措施,加快实施城乡公交一体化"建设列为大会1号议案。为切实推进城乡公交一体化改造,改善市民出行环境,市政府把推进城乡公交一体化改造列为2011年度的一项重要民生工程。经过一年多的努力,扬中市对城乡客运线路进行公交化改造,建立了城市、城乡、镇村三级公交运行网络。坚持以政府为主导的城乡公交一体化惠民工程已经运行一年多时间,为此,市审计局于2012年10月对扬中市2011年5月—2012年9月城乡公交一体化运行绩效进行了专项审计调查。审计调查采取调查问卷、座谈、实地调查等方式,重点调查了解扬中市近一年来城乡公交一体化的实施状况及市政府对公交运行的扶持和补贴机制,客观评价了扬中市城乡公交一体化运行取得的社会效益及经济效益,真实反映了公交一体化在运行、管理中存在的问题及影响公交发展的不利因素,并进行了必要的原因分析,围绕如何进一步提高城乡公交一体化运行的效果,增强城乡公交一体化运行的管理水平,从机制、体制、管理、制度层面上提出审计建议和对策。

一、基本情况

(一)扬中城乡公交一体化运行实施情况

2011年年初,扬中市政府专门成立了城乡公交一体化工作领导小组,全面负责该项工作的统筹、组织和领导。在反复论证的基础上，扬中市政府于2011年初出台了《关于加快推进城乡公交一体化工作的意见》，具体指导全市城乡公交一体化工作的开展；市交通运输局（以下简称市交通局）聘请专门机构和专家编制了《扬中市城乡公交一体化规划》（以下简称规划），并出台了《扬中市城乡公交一体化运营实施方案》。实施过程中坚持政府主导，全面推进城乡公交一体化改造。优化调整了原有的城市、城乡公交线路11条，对农村道路、桥梁进行了改造，新辟镇村公交线路14条，在公交线路上投资建设了150个公交站亭和134个站牌；完成了对原先承包经营的农村客运中巴车报废下线的平稳过渡，同时推行了公交经营体制改革，成立了扬中市中扬公共交通运输有限公司（以下简称扬中市中扬公交）具体负责城乡公交客运经营。截至2012年9月，共计投入运营车辆104辆，开通公交线路27条，线路总长度为346.6千米；城乡公交一体化网络已经初具规模，运行基本正常，并已经完成阶段性的城乡公交一体化任务。

（二）资金投入情况

截至2012年9月末，城乡公交一体化建设工程共计投入资金7090.80万元。其中：（1）扬中市中扬公交购入104辆公交车投入2838.90万元，其他固定资产投入65.26万元，共计2904.16万元；（2）市交通局投资建设公交站亭150个、站牌134个，投入资金约559.84万元。（3）各镇、区、街道办对镇村公交线路上的农村道路、桥梁进行了改造，投入资金约3300.80万元。（4）原来承包经营的中巴车报废下线及人员安排等费用约326万元。

（三）扬中中扬公交营运情况

扬中市中扬公交于2011年5月注册成立，注册资本3000万元，具体承担扬中市城乡公交营运工作。公司现有驾驶人员133人，行政管理人员29人。公司成立以来，扬中市城市建设投资发展总公司（以下简称市城投公司）强化对公司的内部监管，指导制订了涉及车辆、安全等18条管理制度和考核细则。经审计，扬中市中扬公交内控制度执行情况较好，财务收支基本合规合法、收支报批手续基本齐全。2011年5月—2012年9月，车辆总行驶里程734.93万千米，客运量826.92万人次，实现营业收入1724.08万元；支出2833.41万元（其中燃油总消耗863.71万元）；亏损1109.33万元。

以上亏损中没有考虑：（1）扬中市财政已到位补贴款600万元；（2）未收到的政府燃油补贴；（3）扬中市中扬公交参股股东10%的投资回报。

审计调查结果表明，扬中市已建立起安全可靠、服务规范、经济舒适及沟通市、镇、村三级城乡的公交客运一体化网络，城乡公交一体化的运行已步入良性发展轨道，城市形象明显提升，基本满足了扬中市城乡居民出行和经济社会发展要求，社会效益明显。

1. 规划中的近期目标基本实现

截至2012年9月，扬中市已投入营运公交车辆104辆，公交线路开通27条，线路总长度346.6千米。其中，城市公交线路3条，总公里数34千米；城乡公交线路10条，总长度225.60千米；镇村公交线路14条，总长度87千米。镇村公交通达率、城乡公交客运一体化覆盖率达 100%。2012 年 8 月,市镇村公交一体化成果通过了江苏省镇村公交发展成果考核验收,并且居全省前列。至此,扬中市已基本形成了以城区为中心、上下片区为基点,由城市公交、城乡公交、镇村公交共同构成的三级公交网络,完成了城乡公交客运一体化近期工作目标。

2. 社会反映良好

审计调查中,审计局围绕城乡公交运营中,城乡居民出行安全性、方便性、公交服务质量、票价等内容,采用问卷调查的形式,对公交乘客、驾驶员及其他城乡居民进行了调查。调查结果表明,城乡居民对扬中市城乡公交运行一体化的综合满意度为 75.52%,比以前提高了 35.22%,不满意度为 3.83%,比以前下降了 6.37%,社会反响良好。

3. 政府及相关职能部门的行政效率较高

2011 年,扬中市政府把城乡公交一体化建设列入年度为民办实事工程,在城乡公交一体化运行实施中,市交通局、市城投公司、财政局等相关单位及职能部门和各镇区、街道办在市委、市政府和市城乡公交一体化领导小组的统筹、组织和领导下各司其职、全力配合,克服时间紧、任务重、资金压力大等困难,通过一年多的努力,扬中市城乡公交一体化工程已经步入良性发展的轨道。政府及相关职能部门为民办实事的较高行政效率得到了城乡居民的高度认可。

二、制约扬中公共交通服务水平的主要因素

(一)部分公交线路客运实载率不高

据审计调查,镇村公交 14 条线路,投入车辆 15 辆,2012 年 1—9 月实载率为 19.7%,日发班次 416 班,日均客运量 632 人次,平均每班车仅有 1.52 人次乘客,线路亏损 112.64 万元。又如城市公交中 2 号线投入车辆 4 辆,2012 年 1—9 月实载率为 8.81%,日发班次 71 班,日均客运量 161 人次,平均每班车仅 2.3 人次,线路亏损 33.41 万元。

原因主要有:(1)部分线路首末班运行时间跨度短。(2)投入的车辆少,造成发车间隔时间较长。城市公交 2 号、3 号线平均发车间隔在 15 分钟以上;城乡公交中有 7 条线路发车间隔在 20 分钟左右;镇村公交大部分发车间隔都在 40 分钟左右。(3)公交主枢纽、次枢纽站没有建设,乘客换乘不方便。(4)临时站台、牌没有标明线路通过的站点及首末班车时间等公交信息。(5)现有镇村公交线路客源分布广、散。(6)因道路修建导致公交线路不断调整,不便于居民出行。(7)城乡居民乘坐公交出行的意识还不够强。(8)私家车、厂车、电动车增多。

(二)公交枢纽站建设、智能公交系统和公交专用停车保养场等近期建设计划进展不快

1. 公交基础设施滞后。根据规划,城乡公交一体化的配套基础设施近期应建成 1 个公交主枢纽站(包括一定规模的公交停车保养功能和公交调度指挥中心)、4 个公交次枢纽站(包括一定规模的公交停车保养功能)、19 个公交回车场、8 个公交首末站。截至 2012 年 9

月底,所有主次枢纽及部分重要节点上的回转场、首末站没有建设。

2. 智能公交系统建设没有到位。为加强城乡公交信息化建设和管理、提高公交服务质量,根据规划,近期应投资建成智能公交系统,估算资金约 1000 万元,目前该项工程没有推进到位。

3. 没有专用的公交停车保养场。根据规划,扬中市中扬公交近期应建成兼维修功能的公交专用停车保养场。截至 2012 年 9 月该工程没有建设,扬中市中扬公交的车辆维修在镇江市江天集团下属修理厂修理,维修成本较高。

造成以上问题的原因是投资大、建设资金和建设用地没有落实到位。

(三) 扬中中扬公交人才队伍建设缺少后劲

1. 驾驶员队伍老化。扬中市中扬公交驾驶员大多数是以前农村中巴车驾驶员转岗而来的。截至 2012 年 9 月底,扬中市中扬公交共有驾驶员 133 人,其中年龄在 40 周岁以上的占 56.39%。

2. 人才储备不够。(1) 根据规划近期还需增加 30 辆车,短缺驾驶员 43 人。(2) 扬中市中扬公交公交车维修和保养等专业技术人员太少。

存在以上问题的原因主要有:(1) 扬中市 A 证驾驶员比较短缺,中扬公交驾驶员大多由原中巴车驾驶员转岗过来,缺乏公交车驾驶经验及公交服务等方面的综合素质。(2) 驾驶员工作压力大、上班时间长(工作时间 12 小时之上)且工资待遇较低(年收入含保险等只有3 万元),招聘驾驶员等人才存在一定的难度。

(四) 扬中中扬公交营运资金短缺,已经影响到公司的正常营运

1. 截至 2012 年 9 月底,扬中市中扬公交实际累计投入资金 4128.73 万元。其中:(1) 累计亏损 1109.33 万元。随着公交线路的增加及调整,车辆、人员投入相继加大、车辆老化维修成本升高及票价的进一步下降,扬中市中扬公交亏损会逐年增加。(2) 公交车辆等固定资产投入资金 2904.16 万元。(3) 营运流动资金投入 115.23 万元。

2. 截至 2012 年 9 月底,扬中市中扬公交实际资金来源为 3600 万元。其中:(1) 注册资本 3000 万元(扬中市中扬公交成立时明确市城投公司占股 51%,其他两家私营企业占股49%),两家私营企业的资本金还没有到位,3000 万元注册资本全部为市城投公司投入。(2) 市财政年初补贴 600 万元。

3. 扬中市中扬公交实际投入的资金与其实际资金来源的差异 528.73 万元为银行借款。

4. 根据近期规划及审计调查结果,为维持扬中市中扬公交的正常营运,近期还须投入资金 2107 万元,但投资资金来源尚未落实。其中:(1) 急需增加 30 辆公交车,投资约 1107万元。(2) 投资建设智能公交系统,估算资金约 1000 万元。

扬中市中扬公交资金短缺的原因主要是维持正常营运的固定资产投资大、营运亏损大,且对扬中市中扬公交投入机制及财政补贴机制还没有真正形成。

（五）相关扶持政策及一些具体事项还不够明确,实际操作还有一定的困难

2012 年 1 月 10 日,扬中市政府出台的《关于明确城乡公交一体化相关扶持政策的协调会议纪要》中,明确了农村道路、公交站场等硬件实施的投入以融资方式解决,以及对中扬公交政策性亏损和经营性亏损的补贴列入财政预算,但实施中具体操作有一定的困难。具体有以下两个方面:

1. 公交基础设施等建设投资的资金来源未具体明确投资融资的承担单位。如各镇、区、街道办负责实施且已经完成的对镇村公交线路上农村道路、桥梁改造投入资金约 3300.80 万元,审计调查中实施单位反映当初市城乡公交一体化领导小组讨论稿中明确市级财政应给予一定的补贴,但未能明确和落实。

2. 对中扬公交政策性亏损及经营性亏损补贴的核实缺乏参考依据。一是公交智能化系统尚未建成,不能提供政策性亏损的结算依据;二是没有建立对中扬公交经营中的料工费定额考核和对中扬公交服务质量综合考评等细则,因此测算其经营性亏损也是无据可依。

造成以上问题的原因主要是城乡公交一体化工程中公交基础设施等建设的投融资体制、机制及公交亏损的补贴体制、机制还没有真正建立起来。

三、提升扬中公共交通管理水平的几点建议

对照基本实现现代化指标,公共交通服务水平——每万人公共车辆拥有量要达到 15 标台,2012 年度实际为 9 标台,仅完成 60%。要实现上述目标,不断提升扬中市公共交通服务水平,可以从以下几个方面入手:

（一）加强城乡公交一体化工程的投资、融资、补贴、收益的体制机制的建设

1. 多元化实施城乡公交一体化基础设施等的投资建设。公交枢纽站场、智能公交系统和公交专用停车保养场等重大基础设施应由市政府主导投资建设;地处镇区、街道办管辖的公交基础设施应由各镇区、街道办实施建设和投资;新建城乡住宅小区、学校、医院、现代生产物流企业等人口聚集地的相关建设项目应在建设时由建设投资方同时建设公交站台。

2. 对扬中市中扬公交维持正常营运超过其承受能力的固定资产投资资金的短缺,建议市政府应给予政策扶持,以确保公交正常营运。对扬中市中扬公交运行的政策性、经营性亏损补贴,建议城市、城乡公交线路亏损由市级财政列入预算,对镇村线路亏损应由各镇区、街道办列入财政预算,并按时进行年中预拨和年底清算。

3. 建立健全扬中市中扬公交运行中政策性亏损和经营性亏损的考核机制,如市财政局应建立中扬公交运行中料工费等定额消耗的财务管理细则,市交通局应加强中扬公交运行中公交服务质量综合考评细则制订等。

4. 市交通局要加强对已经建设的公交站台经营性广告资源的管理,充分利用其资源,收取合法的收益用于公交站台的建设维护保养。

（二）不断提高公交管理服务水平，加大公交基础设施的投入，增加公交吸引力，满足城乡居民的出行需求

1. 进一步优化线网布局，加强与毗邻区域和其他客运工具的网络衔接；完善公交信息标识，增加公交车辆投入，根据各线路的实际情况适当延长公交运行时间，科学安排相关线路的公交车班次密度，提高公交准点率。

2. 有计划地建设公交基础设施，将城乡公交一体化建设与城乡其他建设规划统筹兼顾，并将公交基础设施建设计划列入扬中市年度重点项目。

3. 逐步提高驾驶员的工资和福利待遇，减轻工作压力，增强驾驶员工作积极性，加强人员素质教育和定向培训计划，做好人才储备。

4. 进一步推出乘坐公交的惠民利民措施，加大宣传，提高城乡居民出行乘坐公交和参与公交管理、提出改善公交服务意见的意识。

（三）检查监督和教育相结合，确保公交安全运行

1. 相关职能部门应定期检查公交车运行线路中的安全隐患，及时整改和排除公交车运行线路上的安全问题。

2. 扬中市中扬公交应常抓对驾驶员安全行车的教育和培训，并强化对公交驾驶员安全行车的奖罚制度建设。

（蒋晓梅、鄂彩华）

党的十八大报告提出:"开展爱国卫生运动,促进人民身心健康。"健康是促进人的全面发展的必然要求。扬中市委、市政府历年来十分重视和关心人民群众的健康水平,把创建国家卫生城市作为改善民生、实施民心工程的重要载体,连续八年在全市上下广泛开展爱国卫生运动,致力于创建国家卫生城市,建设最美扬中。经过几年的不懈努力,扬中卫生创建工作取得的成果有目共睹:城乡环境卫生明显好转,市场秩序逐步规范,城市面貌大幅改善,城市品位有效提升。随着经济社会和发展的步伐加快,人民群众对卫生水平的要求越来越高,卫生创建工作也因此显得格外重要和任重道远。

一、扬中创卫工作中存在的不足之处及其原因分析

(一)基础设施不到位

目前,扬中城市建设步伐正在加快,各大工程正在抓紧实施。由于老城区基础设施条件较差,部分主干街道、小巷道路坑洼不平,改造提升难度大;城市破旧建筑涉及面广,拆除进度慢,城市市容环境卫生有待进一步提升;各住宅小区正规物业管理公司少,管理有不到位现象,部分小区卫生环境较差,居民居住环境有待进一步改善;一些企业因改制后管理不规范,脏乱差现象特别严重。基础设施建设要达到创建国家卫生城市的各项标准,需要大量的资金投入,但扬中因财力不足,创卫投入不多,直接影响了创建工作的整体推进。

(二)思想认识不到位

各个阶段性创卫检查过后,我们就会发现,各职能部门和基层组织对创卫工作就有所松懈了,大街小巷的脏乱差又死灰复燃了。这些现象遭到了许多群众的质疑:"创卫"是不是

"一阵风"？是为了一块牌子、一张证书？是领导的一个荣誉吗？这些问题归根到底是观念认识的问题。创卫长远效果在一定程度上取决于人们观念的改变、素质的提高和责任意识的树立。目前至少有三种有失偏颇的认识：一是"创卫时机不成熟"，认为创卫是经济发达城市做的事，扬中地方小、实力弱、处于城乡过渡阶段，创卫难度大。二是"自我感觉良好"，认为扬中已经蛮好了，创卫工作已经做到位了，一些卫生城市也不过如此，对新的创卫标准了解不够、盲目乐观。三是"短期突击可以过关"，认为没有必要完全对照"标准"行事，可以抱着别人的经验走走捷径、遮遮盖盖、投机取巧，搞些形式主义。这些错误认识侵蚀着许多扬中人的头脑，很多人在思想上对其不够重视，也导致了创卫工作不够踏实有效。创卫工作一定要端正思想、脚踏实地，要用实实在在的努力夯实城市卫生的每个环节。

（三）宣传引导不到位

创卫过程中如果做好做活宣传工作，将会收到事半功倍的效果。然而就目前而言，创卫宣传还存在一些不足之处。首先，宣传引导工作有上热下冷现象。街道办上下全体动员，每周五去村、社区参与劳动；领导干部每周甚至每天到基层检查，督查创卫情况。与之形成鲜明对比的是，极个别村、社区干部重视不够，不宣传，不发动群众参与。相当一部分市民对创卫活动一无所知、态度冷漠，在创卫过程中没有积极配合，反而成为创卫阻力。其次，对扬中新市民的宣传教育力度不够。一些外来务工人员，卫生习惯差、性情刁蛮，成为创卫工作中的难点之一。第三，创卫宣传气氛不够浓厚。许多基层干部只顾埋头苦干，不少同志干得多、说得少。第四，宣传工作没有建立长效机制。创卫不是应付检查，而是提升市民素质和城市整体水平的有效抓手和长期工程。宣传工作亦不能止步于创卫，要通过长期的多层次多角度的宣传使市民养成习惯、形成意识，这才是做好宣传工作的意义所在。

（四）社会合力不到位

创卫工作牵扯面很广，涉及住建、城管、工商、药监、环保、质检等多个执法部门。各部门在工作时间、任务上存在一定的冲突，协调存在困难；许多工作没有形成合力，造成整治力度、执法力度不够。例如在私设屠宰点、建筑垃圾偷倒、店外经营等问题上，涉及部门较多，各部门间主动承担责任的少，缺少"亮剑精神"，街道和村、社区没有执法职能，无法彻底解决。这需要全市统筹安排。有些问题迟迟没有得到解决，群众也有许多怨言，认为干部说话不算数，影响了党和政府在群众中的诚信。

二、落实四个强化，实现四个提升，努力创建国家卫生城市，建设最美扬中

（一）增加创卫投入，提升城市基础设施建设水平

高质量编制城市建设规划，是维护文明城市、卫生城市的长远措施。要以创卫为抓手，提升城市基础设施建设水平，解决制约城市发展的交通、环境、设施建设、综合管理等突出问

题,创造最佳的人居环境和投资环境,让老百姓生活得更加安逸、舒心。一是要加大城市建设的资金投入,不断配套完善城市基础设施,并保障日常管理经费到位。按照"费随事转""以费养事"的原则,确保城市建设维护费、垃圾清运处理费、保洁员工资等各项费用专款专用。二是合理制订城市基础设施改造方案。目前,有很多小区破墙开店;一些餐饮店还把排污管接到小区落水管内,造成小区下水道堵塞,给小区居民生活造成非常恶劣的影响。建议新建小区专门设立店面排污系统,从根源上解决问题;商业、文化业等与居住小区进行隔离,从根源上遏制环保、噪声等污染。三是按照新型城市化建设的要求,推进户外广告、园林绿化、夜景灯光、建筑立面、空中管线、屋顶景观等各方面市容规划上水平、上档次,全面提升城市基础设施建设水平。

(二)强化宣传引导,提升群众整体素质

群众广泛参与是做好创卫工作的基础和先决条件。一是拓展宣传渠道。各相关部门要积极采取群众喜闻乐见、富有成效的各种宣传形式,立体式、广密度、多角度、深层次地开展创卫宣传活动。要充分发挥报纸、电视、广播、政府网站、政务微博等宣传主渠道的作用,通过开设专版、专栏、专题报道,扩大宣传覆盖面,及时报道创卫工作进度,充分调动广大群众的积极性和创造性。二是树立先进典型。应当将创卫过程中基层干部展现出的精神风貌、创卫成果、感人事迹积极地展示出来,选树典型、设立标杆,通过新闻、报纸、广播等形式广泛宣传,形成创卫人文风景线,浓厚创卫氛围,让更多群众感受到创卫气氛,主动积极地参与到创卫工作中。三是倾听群众呼声。要发挥党员、团员、妇女代表等先进群体的示范作用和桥梁纽带作用,积极组织群众开展创卫评议活动,通过群众测评、座谈点评、满意度调查等多种形式倾听群众的声音。要得到广大市民的理解和支持,形成凝聚民心、汇集民智的强大合力。要让群众感受到在创卫中得到的实惠,看到政府为民办事的决心和成效。要让群众知道:创卫是载体,实际树立的是城市形象,凝聚的是人心,保障的是健康,受益的是群众,从而实现由"要我创卫"向"我要创卫"的转变。

(三)强化长效管理,提升城市服务水平

创卫工作中有一幕让我念念不忘:中秋节当天,由于大部分创卫工作人员放假过节,创卫工作出现短暂松懈,大街小巷的垃圾桶满溢,车辆停放杂乱无章,城市又陷入无序状态。创卫工作容易反复和反弹。创卫工作只有起点,没有终点,取得成果不易,守住成果更难。如何巩固和发展创卫成果,建立完善的创卫长效管理机制,是我们工作的重点与难点。我们要按照"常检查、常整治""广宣传、严考核"的工作思路,以完善机制、理顺职责、强化监督为抓手,建立一套严格的管理制度,组建一支精明的管理队伍,每周一督查、每月一检查、每季一评比,努力使创卫工作纳入常态化管理的良性轨道。

(四)强化考核奖惩,形成全民创卫新格局

一是政府机构加大对职能部门监督考核和奖惩力度。检查过后,许多市民感觉职能部

门对卫生环保等管理有所松懈，很多居民对小区饮食店环境污染、噪音污染的投诉得不到有效解决，甚至得不到答复。应当把公众参与职能部门的考评工作落实到位，专设举报机构，并建立健全一套行之有效考评奖惩体制，对考评差的单位，要严厉惩处，并通过新闻媒体予以曝光；对做得好的单位，则要予以表扬和奖励。只有这样，才能推动城市卫生管理工作走上制度化、法制化的轨道，使"创卫"活动有章可循、有法可依。

二是加大卫生监督执法力度。实行卫生、工商、公安、环保、消防等行业联审制度，发挥综合管理的有效性，规范食品和公共场所等重点行业发证管理；严厉整顿无证经营、占道经营、乱摆乱卖；对证件齐全的但不合卫生标准的餐饮行业，及时进行处罚、扣留相关证件及停业整改；对未落实"门前三包"责任的商家也建议实行严厉的处罚机制；建立公共卫生违法行为有奖举报制度，形成公众参与机制。

三是加强对行为人的处罚力度。严格的执法手段是确保工作质量的前提。进一步扩充执法队伍，加强巡逻力度，同时将随地吐痰、乱丢废弃物、粘贴"黑色广告"等不文明行为都纳入严厉处罚的范围，让不守法的人因重罚而警醒。

（林晓宁、杨淑静）

生态文明篇

生态是扬中最大的特色。一直以来，扬中市委、市政府始终坚持生态优先发展理念，深入实施"生态立市"战略，全市生态文明建设取得明显成效。扬中市先后制订了《扬中市生态红线区域保护规划》，成功获得国家生态市授牌和国家卫生城市、环保模范城市国家技术评估和国家园林城市创建省级考核。全市四镇一街道全部建成了国家生态镇，开发区建成了省级生态工业园区。

一、扬中生态文明建设方面存在的问题

对照十八大提出的"五位一体"要求，对照江苏省镇江市关于生态文明建设综合改革的任务，对照人民群众的感受和期盼，扬中在生态文明建设方面还存在一些差距和不足。

（一）部分水体污染严重

城区生活污水收集不到位，雨污分流不彻底，部分污水随雨水流入河道，明珠湾、扬子河等一些河港时常发黑发臭。一些农村集中居住小区缺乏收集处理设施，生活污水大都直接或间接排入通江河港。少数镇、村污水处理设施运行不正常，甚至无法运行，未能发挥应有的效用。部分工业园区污水集中治理设施建设滞后，少数企业向周边水体偷排污水。农业面源污染严重，农户普遍存在农药化肥过量使用现象。通江河港水质监测结果显示，氨、氮含量最高的超标达3.86倍。一些农民将秸秆直接抛入河中，平时也向河里倾倒建筑、生活垃圾，阻塞了河道。有些通江河港清淤不到位，非骨干河道水系不畅，与长江水交换频次不够。电镀企业排放废水，导致水体污染严重。

（二）大气环境质量堪忧

扬中市环境监测站的监测结果显示，2014 年 1—6 月份，全市空气质量平均优良率仅为 50.95%，与 2014 年国民经济和社会发展规划中的空气优良率目标值 62% 相差 11 个百分点。主要内因包括：（1）项目拆迁、道路施工、渣土车运输过程中抛、撒、滴、漏所形成的扬尘污染日益加剧。（2）随着城乡居民汽车保有量的逐年增加，机动车尾气污染日趋严重。一些老旧车辆和高污染车辆排放大量有害气体，造成城市空气中的柴油污染，道路通行状况也加剧了机动车排气造成的空气污染。（3）餐饮业油烟污染较重。部分餐馆所配备的油烟净化处理设备装而不用。路边街头的烧烤也加剧了污染传布。（4）江边倾倒、焚烧垃圾现象时有发生。（5）农村秸秆焚烧屡禁不止。

（三）生态绿岛建设差距较大

1. 村庄林地破坏严重。原森林覆盖率较高的老自然埭因项目建设、房屋拆迁、土地复垦等原因消失殆尽。新的农村居民点绿化覆盖率低。沿江林地屡被占用，大片林地变成厂房、码头、观光农业园区和休闲娱乐场所。

2. 江滩湿地屡遭破坏。一些部门为向上争取资金和用地指标而包装农业项目，导致江滩上鱼塘遍地开花，造成湿地资源的过度开发利用。

3. 全市目前尚无正规的公路绿化管养队伍，部分公路绿化因管养成本高、资金落实不到位，基本上处于失管状态。238、231 省道沿线村庄密集，私开道口现象较为普遍。

（四）生态规划系统性不强、行政执法偏软

扬中全市现有的生态红线规划是 2013 年由江苏省政府确定的，生态文明规划目前还处于论证阶段，尚未通过。由于历史的原因及认识上的局限，生态规划制订远远落后于各类单项规划，导致很多单项规划在制订之初仅考虑了其自身要求，对单项规划在整个生态体系中的定位缺乏考量，在执行过程中甚至相互矛盾，生态规划与各类单项规划不协调。如江滩被不同的单项规划分别定位为湿地、林地甚至农业产业园区。行政执法还存在监管盲区，少数企业依然存在偷排、偷放、扬尘污染等环境违法行为。

二、扬中加强生态文明建设的重点工作建议

针对这些问题，要坚持多措并举、综合施策、突出重点，以抓铁有痕、踏石留印的劲头，切实抓好以下六点：

（一）深化城乡水环境整治

1. 要加强生活污水的处理力度。对于城区污水的治理，市政府每年要列出重点整治片区和整治工程，并坚持数年将之列入政府工作报告民生十件实事之中，直到彻底解决城区水

污染问题。要继续加大城区污水管网建设,大力推进老城区雨污分流改造,对已建工程要组织竣工验收,对达不到设计要求和功能的工程要返工,确保已建设施的使用效率。同时,对破损、短路的管网要认真组织清查和修复,保证污水管网畅通,提高污水浓度和收集率。各镇、村的污水处理设施要尽快投入正常运行,并减少生活污水的直接排放。对非规划居民点、老自然塆产生的污水,要因地制宜、大力推广分散式小型污水处理设施,通过培养微生物的方式进行污水净化。

2. 要加强农业面源污染防治。据调查,目前扬中全市广大农户每年用于病虫害防治方面的农药花费在 250 ~ 300 元/亩。建议在充分尊重农民意愿的前提下,将农户每年 103 元/亩的农资补贴统一收缴为植保绿保专项资金,引导扶持专业化的植保队伍从事病虫害防治工作,通过连片统一防治减少农药使用量,提高防治效果,减轻农民负担。同时,加大宣传管理力度,将全市的农业病虫害情况向农户进行宣传,对镇、村组农业植保员、技术员加强管理,督促他们及时发布各类病虫害防治信息,对外来推销农药人员进行严厉打击。

3. 抓好水系畅通工程。做好城乡水系规划,对骨干河港及其支流开展清淤和河道整治,列出详细的整治计划,逐年予以解决。同时,对已治理的大量农村河道,要严格落实农村公共服务“八位一体”运行维护机制相关考核要求,实行农村河道保洁长效管理,防止出现边治理边污染、边清障边设障、边整治边失控的现象。针对农村二、三级河道闸口不开导致的内河不畅,市水农部门要加强统筹控制、监管和指导,增加内河水与长江水的交换频次,形成长效工作机制,确保主要河港通江大闸和二、三级河道闸口及时开闸通水,贯通城乡河道,促进水系流通,提高河水自净能力。

4. 加快金属表面处理行业提标改造进程,进一步优化整治方案,加快淘汰落后生产工艺和设备,实行长效监管。要进一步加大环保执法力度,对违反环保法律法规行为从重、从快、从严处理。要合理污染企业布局,完善排污许可制度,增强排污总量控制度,并随季节不断加以调整。

(二)继续实施大气污染综合治理

1. 做好前期规划准备,设计行之有效的拆迁模式,避免部分工程同时开工形成集聚扬尘效应,实现城市体系的微重建。

2. 以提升城市管理水平为目标,加大城市扬尘污染治理。全面推行“绿色施工”和建筑工地“环保公示牌”制度,推行施工扬尘污染防治项目经理负责制。认真落实渣土运输管理各项规定,杜绝渣土车带泥上路和抛撒滴漏等现象发生。

3. 积极开展企业提标改造工程。制订计划,逐年淘汰 10 吨以下的燃煤锅炉,以油、气、电等清洁能源替代燃煤;加大对工业企业废气治理力度,减少污染物排放;加大对餐饮企业的监管,确保油烟净化装置正常使用。同时,要监督小餐馆做好油污分离工作,杜绝直接将油污排入下水道的行为。

4. 政策引导,立项支持,推进主要农作物秸秆资源的综合利用。先进行局部试点,待成功后再在面上铺开。

5. 大力实施公交优先发展战略,加快城乡公交体系建设。将公共交通系统与城市土地综合开发利用进行统筹规划,加大资金投入,落实资金拨付,提高城乡公路等级,建立完善的覆盖城乡的公交系统。加快完善城乡公共自行车网点,改善城乡步行环境,引导市民绿色、低碳、环保出行。继续强化机动车尾气污染治理,建立公安、交通、环保联动机制,加强执法,有效控制机动车尾气排放。

(三)大力实施生态绿岛工程

1. 在干线公路绿化管养上,要严格执行干线公路管养移交办法,明确在干线公路绿化养护期满验收合格后,交由专业管养单位管养,确保建、管、养并重,以管养为主。

2. 积极推进林业发展。国土部门要在土地利用总体规划中划定明确的林业用地范围,明确森林覆盖率建设指标,林业用地要划定到具体的地块,严禁任何项目侵占。要挖掘拓展造林空间,采取扩建绿地、整治裸地、造园增绿、拆违建绿、见缝插绿、垂直挂绿等措施,全方位、多渠道增加城市绿化量。充分利用河渠、道路等资源见缝插绿,对复垦和整理出的土地要及时增绿补绿,同时强化森林抚育管理。

3. 加强江滩湿地保护。江滩湿地是水禽、鱼虾等生物的天然栖息地,要避免盲目开发对其造成的破坏。要严格限制江滩鱼塘遍地开挖,更不能为解决土地紧张问题而包装项目向上争取资金,对江滩湿地过度开发。

4. 推进城乡生态环境综合治理,加快城市环境综合整治步伐,落实村庄环境整治长效管理机制,构建宜人环境和宜居生态。

(四)科学制订规划,优化国土空间开发格局

1. 要树立全局观念,综合考虑经济、社会、人口与环境等各种要素的配置,抓紧颁布实施《扬中市主体功能区实施规划》,按照国家、省、镇江市功能区规划的定位要求,结合扬中市实际,确定不同区域的主体功能,明确开发方向、重点、强度和秩序。

2. 要优化国土空间开发格局,控制开发强度,调整空间结构,促进生产空间集约高效、生活空间宜居适度、生态空间山清水秀,给自然留下更多修复空间。

3. 要加快实施主体功能区战略,推进各地区严格按照主体功能定位发展,构建科学合理、协调一体的城市化格局、三产发展格局与生态安全格局。

4. 要严守生态红线,继续推进"三集"发展,严控建设用地规模,按照生态环境功能区规划严格环境准入,按照区域资源环境承载力,对重点产业和重大项目布局实行严格的环境监管。

(五)加强生态文明制度体系建设

1. 建立目标责任机制。认真分解细化相关单位年度目标任务。各部门应根据扬中市推进生态文明建设发展的统一部署,结合各自职能,明确总体目标和年度实施方案,认真细化分解各项目标任务,确保任务完成。环保部门要加大环境监管执法力度,增加监测频次和

加大检查力度。对环保违法刑事案件一经查出即严肃办理,增强社会震慑效应。

2. 完善考核监督机制。把资源消耗、环境损害、生态效益纳入经济社会发展评价体系,健全环境责任追究制,增加生态文明建设在年度责任制考核中的比重。

3. 建立生态补偿机制。进一步优化财政支出结构,加大财政转移支付力度,完善循环经济、节能减排项目、绿色创建奖励补助制度,建立健全森林生态效益补偿机制,建立饮用水源保护生态补偿机制和基本农田保护补偿机制等。

4. 建立公众参与机制。要强化社会监督,公开环境质量、环境管理、企业环境行为等信息,维护公众的知情权、参与权和监督权。涉及公众权益的发展规划和建设项目,要通过听证会、论证会或社会公示等形式,听取公众意见,接受舆论监督。要加大宣传力度,提高全社会的生态环保意识,改变路边焚烧、毁绿种菜、随地吐痰、乱丢乱扔、私搭乱建等不良行为习惯。

(六) 加大资金投入,为生态文明建设提供有力保障

1. 要以政府投入为引导。市财政要不断加大对环境治理、保护的投入力度,将环保投资作为公共财政支出的重点,积极发挥市级财政资金的激励、引导作用,进一步建立健全生态文明建设投入机制和生态环境补偿机制,加大财政向生态文明建设的倾斜力度,确保生态文明投入资金增幅不低于同期财政经常性收入增幅。

2. 要以市场化投入为重点。树立生态经济理念,将生态建设与经济发展相结合,大力发展生态产业。要进一步完善"政府引导、市场推进、社会参与"的投入机制,根据"污染者付费、治污者受益"的原则,引导鼓励各类社会资本进入环境基础设施建设和经营领域。

3. 要以多渠道投入为特色。千方百计争取生态旅游、环保治理、生态示范工程、旅游业发展等专项资金,争取住建、水利、交通包括水环境整治、"美丽乡村"建设等工程项目,并集中使用配套资金,发挥各类资金的集聚效应,更多地增加对生态文明建设的投入。

(冯锦跃)

213

共建宜居宜业宜游的
水上花园城

一、八年创建，历久弥坚，生态建设取得了显著成效

国家生态文明建设示范区、国家生态市，是一个城市生态建设水平、转型发展水平和可持续发展潜力的综合体现，是城市形象的集中展示。2014 年 5 月，扬中正式获得"国家生态文明建设示范区（国家生态市）"命名。生态创建的理念深入人心，生态环境发生了许多有形和无形的变化，主要成效体现在四个方面：

（一）细胞工程成果丰硕

扬中 4 个镇 1 个街道全部获得国家级生态镇命名，在镇江市率先实现生态镇全覆盖；开发区创成省级生态工业园区；全市先后创成国家级生态村 2 家、省级生态村 21 家、镇江市级生态村 59 家，全市生态村创建比例达到 92%；创成镇江市级绿色学校 37 所，其中国家级绿色学校 1 所、省级绿色学校 29 所，兴隆中心小学正在创建国际生态学校。

（二）基础设施日趋完善

创建之初，扬中仅有 2 家污水处理厂；创建之后，新坝、油坊、八桥、西来桥等 4 个镇污水处理厂全部建成并投入运行，实现了乡镇污水处理厂全覆盖。与此同时，全市有 18 个行政村先后建成农村分散式生活污水处理设施，不仅实现了创建之初"零"的突破，而且建设比例达到 34%。

（三）环境整治成效显著

突击整治和改善了非建制镇环境和农贸市场环境，规范了医疗废弃物处置，关闭或提标

改造了一批污染企业,完善了垃圾处置机制,加大了绿化造林力度,城乡面貌焕然一新,生态环境持续优化。

(四)转型升级步伐加快

各类产业转型升级,生态效益日益彰显:

1. 致力生态工业。深入开展"整治违法排污企业,保障群众身体健康"环保专项行动,推进治污减排,加快产业升级,电力电气产业基地成为全省首批"新型工业化产业示范基地"。

2. 立足生态农业。大力发展特种水产、果蔬园艺、休闲观光等特色产业,"现代渔业产业园"创成省级园区。

3. 倡导生态旅游。依托"大江风貌、生态绿岛、江鲜美食、田园风光"等优势资源,大力发展生态体验、休闲度假等旅游业态,建成园博园、滨江公园、长江渔文化园等旅游景区,雷公岛、西沙岛旅游开发步伐加快。

二、突出重点,全力冲刺,确保"创模"圆满成功

(一)创模检查中存在的主要问题

2013年6月,扬中顺利通过了环保模范城市创建省级预评估;11月,通过了环保创模技术调研。2014年5月19—21日,扬中顺利通过了环保部技术评估,但同时专家组提出了整改意见,主要包括三个方面的问题:

1. 污染治理不到位

(1)空气污染。这主要表现为建筑施工扬尘污染。目前,城市片区改造、房屋开发建设、道路施工等建筑工地遍地开花。但施工工地未能按照建筑施工扬尘管理要求围场施工、密闭运输,未能杜绝"跑冒滴漏",防尘控尘水平参差不齐,扬尘二次污染未能得到有效控制。

(2)水环境污染。城区主要河道水环境达不到功能区水质要求。在检查中发现,部分河道水面及两侧有漂浮物和垃圾,水系通畅度不够,水体置换效果不佳,导致水体发黑或发绿,甚至有臭味,感官上就不能达到水体水质要求。

(3)农业和工业污染。畜禽养殖农户在规模化、标准化养殖上,水平不齐、档次不高;养殖废弃物综合利用和无害化处理水平也是参差不齐,造成较大环境污染。个别工业企业还在使用国家明令淘汰的落后工艺及设备。扬中市胜利电镀有限公司还在使用氰化镀锌落后工艺,扬中市福达钢厂目前还在使用30吨以下电炉和横列式棒材轧机。部分污染企业污染治理设施运行不规范,存在超标现象;危废识别不清,处置不规范。

2. 应对能力不足

饮用水备用水源地建设滞后。按照创模考核指标要求,创建城市应具有与城市集中饮用水需求量相匹配的备用水源地。目前,扬中备用水源地建设项目审批手续尚未完善,备用

水源地未制订环境保护规划,主体工程建设相对缓慢。2014年6月12日,在"整治违法排污企业,保障群众健康"环保专项行动电视电话会上,许津荣副省长通报,全省58个县以上城市中,已有51个城市建成应急备用水源,还有7个县市未建备用水源,扬中就是其中之一。

环保能力建设滞后。创模城市要求,每个城市要有两套PM2.5空气自动监测仪,对城市空气环境质量进行全面监测,并做到"两用一备",确保空气监测数据完整、规范。目前,扬中只有一套PM2.5空气自动监测仪;在环保能力建设上,环境应急、机动车尾气监管只是增挂了牌子,信息中心编制到位了,但人员尚在招考报名阶段;尤其是面对日益多发的长江水污染事故,筹备多年的饮用水预警站建设进度缓慢。

3. 台账资料不完善

在资料检查中,相关单位提供的数据与年鉴数据不一致,存在数量级上的出入。个别单位提供的材料不完整,有头无尾,只有计划而无实施过程和实施总结;或有尾无头,只看到整治后的成效,没有具体整治方案,也没有整治期间的资金投入等数据加以佐证。

(二)做好相关创模整改工作

根据目前扬中"创模"的形势和要求,环保部正在对考核指标进行修订,预计将从2015年开始实行新标准。因此,扬中在2014年年底前必须完成环保部"创模"考核验收。按照国家环保模范城市管理办法,每五年授牌一次,如果2014年不能通过环保部考核验收,2015年就不能得到环保部授牌,2016年起"创模"工作势必从头开始。倘若如此,扬中十年"创模"的艰辛付出也将付之东流。因此,全市上下必须不折不扣地做好各项整改提升工作,立即行动、全力以赴、加快冲刺,以志在必得的信心和决战决胜的姿态,全面迎战年底前的"创模"国家级考核验收。这里重点强调五个方面的工作:

1. 大气环境整治

住建部门要按照建筑施工扬尘管理规范,制订扬尘污染整改方案,对全市建筑工地进行检查,全面落实硬化、清运、洒水、围挡、遮盖、冲洗车辆等防尘降尘措施,有效控制扬尘二次污染。

2. 水环境综合整治

城管部门要加大对城区主要河道的保洁,配强保洁力量,加强城区河道巡回保洁力度,建立长效管理制度,对河面垃圾、漂浮物第一时间发现,第一时间打捞、处理,确保河道卫生。水农部门要加大主要河道特别是省控、市控断面和城区黑臭河的整治力度,排定时段,定期换水。要对全市通江河道实施引江调水,科学合理调度河道涵闸,做到引水排水科学化、常态化、制度化,使河道水环境质量得到根本改善。住建部门要加大备用水源地建设力度,完善备用水源地建设项目审批手续,制订备用水源地保护规划,加快备用水源地江滩围垦、河塘开挖建设,对照创模目标,倒排工期、挂图作战,确保整体工程在创模考核前完成。广电中心要加快对千斤河的水环境整治力度,制订方案,快速推进,确保千斤河水环境质量明显改善。

3. 环保能力建设

环保部门要按照环保能力建设要求,在满足编制的情况下,调整配齐相关人员,落实岗位职责,确保机构健全、人员到位;财政部门要落实环保能力建设专项经费,确保尽快建立环保信息平台,增加两套 PM2.5 空气自动监测仪、一套饮用水预警监测设备,满足环保能力硬件建设条件,确保环保能力建设达到标准化建设要求。

4. 污染防治

据 12345 政府公共服务热线反映,近期有很多市民投诉畜禽养殖户影响环境(投诉有 46 人次,主要涉及三茅街道东风 16 组、油坊鸣凤 12 组、新坝向阳 9 组、西来桥新程 6 组、八桥长胜 13 组)。随着气温上升,此类投诉可能还会增加。因此,农委一定要加大农业面源减排力度,加强对现有畜禽养殖场的管理和整改提升;今后不再鼓励扶持传统畜禽养殖,将逐步压降规模,减少农业面源污染,必须确保实现年度减排任务。同时,要倡导农民科学用药、合理施肥、慎用激素,减少农药、化肥使用量,坚持走生态农业发展之路。发改经信委要制订扬中市胜利电镀有限公司和扬中市福达钢厂的落后淘汰工艺及装备的整改计划,加快结构调整,促进生产工艺、装备和产品的升级换代,确保在环保部考核验收之前全部整改到位。环保部门要针对专家组提出的意见,举一反三,对全市污染企业进行逐一梳理,做到“一企一策”,对存在的问题限期整改,明确专人负责、定人定厂,按期完成整改任务。要督促企业规范建设治理设施,做好废水分质分类处理,提高治污能力,确保污染物达标排放;要加强企业特征污染物监测力度,强化企业治污设施运行监督管理,对长期超标排放且达标无望的企业坚决予以关停,确保全面完成国家下达的污染物总量削减任务;要加强固体废物和危险废物的规范化管理,加大对全市危险废物的产生、贮存、转移和处置的全过程监管力度,完善危险废物暂存场所贮存设施,全面规范危险废物转运联单制度,彻底解决危险废物贮存和处置不规范的问题。

5. 台账资料完善

创模办要根据专家组提出的意见,立即对创模资料进行完善。各相关部门要对上报的数据进行认真审核,确保符合逻辑、前后一致;基础台账资料,要从本部门工作实际出发,提供工作方案、组织实施、工作总结等相关资料,确保科学规范、数据翔实,具有说服力和支撑力。

三、着眼当前,强化保障,全面做好青奥会期间环保工作

2014 年 8 月 1—31 日,青奥会在南京举行,根据全省统一部署,各地都要制订实施《保障青奥会环境质量临时管控方案》。镇江市政府专门召开部署会,宣布了保障青奥会环境质量的临时管控方案,扬中市的总体目标是:青奥会期间,扬中全市空气质量显著改善,城市水体满足景观要求,不发生环境安全事故。围绕这一目标,各地、各部门要强化工业大气污染防治、机动车污染防治、扬尘污染防治、饮用水源地保护等措施,尽最大可能改善空气质量和水

环境质量,有力、有效处置环境信访问题和环境突发性事件,保障南京市青奥会顺利举行。具体由扬中市环保局牵头,各镇街区和发改经信、商务、公安、住建、城管、水利、市政园林、信访等部门密切配合,共同做好青奥会环境质量临时管控各项措施,重点强化"四个保障":

(一)保障空气质量

实施重点废气排放企业限产或停产措施,严格集中供热企业排污控制,确保主要污染物达标排放,督促重点燃煤企业做好低硫煤采购和储备工作。增加对储油库和重点加油站的抽查抽测频次,确保油品质量达标、油气回收设施正常使用。2014年6月30日前,完成淘汰黄标车年度任务的50%以上。加强执法巡查,严控无标车、黄标车和"冒黑烟"车辆上路行驶。加大对产生扬尘的作业的管控力度,推行绿色文明施工,落实施工现场封闭围挡、设置冲洗设施和道路硬底化等扬尘防治措施。加强道路保洁,对全市主次干道、主要支路等增加作业频次,提高道路机扫率。

(二)保障水体质量

加强废水排放管控,严格控制特征污染物排放,削减污染物排放总量。做好生活污水的控源截污工作,提高城镇生活污水的收集率和处理率,做好农村生活污水的防控。加大河道排水调度,实现河道水清岸洁。针对可能出现的台风暴雨等极端天气,制订完善的应急措施,确保主要景观水体不发生河道黑臭、大面积死鱼等水环境事件。

(三)保障社会稳定

完善应急机制,强化突发环境事件演练。青奥会期间各地、各有关部门要建立落实24小时值守制度,迅速有效处置各类突发环境事件。要全力排查和处理重点环境信访问题,落实工作措施,及时化解环境信访问题。

(四)保障措施落实

各地、各相关部门做到任务明确、责任落实、应急迅速、协作有序。

1. 要强化监督管理。市监察局、环保局对各地、各相关部门落实措施的情况进行监督检查,对工作不力、措施落实不到位的严肃追究责任。

2. 要强化信息交流。市环保部门负责加强空气质量监测,会同气象部门进行空气质量预测会商,快速提供青奥会举办期间扬中空气质量实时信息,及时发布空气污染预警,强化对重点污染源的全面监控。

3. 要强化公众宣传。依托新闻媒体,向社会进行广泛宣传,及时通报各项任务的进展情况,取得公众舆论的理解、支持和监督。

(于德祥)

一

党的十八大报告第八部分着重阐述了"大力推进生态文明建设"的纲领、目标和举措。报告指出:建设生态文明,是关系人民福祉、关乎民族未来的长远大计。必须树立尊重自然、顺应自然、保护自然的生态文明理念,把生态文明建设放在突出地位,融入经济建设、政治建设、文化建设、社会建设各方面和全过程,努力建设美丽中国,实现中华民族永续发展。方针是坚持节约优先、保护优先、自然恢复为主,坚持节约资源和保护环境的基本国策,着力推进绿色发展、循环发展、低碳发展,形成节约资源和保护环境的空间格局、产业结构、生产方式和生活方式,从源头上扭转生态环境恶化趋势,为人民创造良好生产生活环境,为全球生态安全做出贡献。报告从优化国土空间开发格局,全面促进资源节约,加大自然生态系统和环境保护力度,从加强生态文明制度建设等不同侧面提出了严格要求。

十八大报告这段文字表述表明中央高层既看到了发展过程中环境污染带来的深层次问题,又显示了重拳出击遏制、治理环境污染的坚定决心和必胜信念。这是整个中华民族的福音,是中国共产党方针政策体现民意、执政为民、以民为本理念最集中、最卓越的展示,是科学发展观理念的再落实、再升华。作为中国共产党的一员、人民公仆的一分子,我们深受鼓舞!

二

通过对党的十八大报告的学习思考,笔者得出了这样的观点:生命权高于发展权。

生命权是人们正常享受健康生活、正常生存的一种权利。发展权通常是指一级政府或企业谋求经济和社会事业发展的一种权利。正常情况下,生命权与发展权并不是绝对的矛盾体。因为无论是从政府角度而言,还是从企业方面来说,发展经济和社会事业的主观愿望还是繁荣经济、促进就业、提高人民收入、改善生活质量。而一级政府也好,一家企业也罢,保持生存权与发展权的统一,都取决于发展方式。粗放式、高污染、重耗能的发展路径则不可能做到这一点,相反会激化生命权与发展权的矛盾。当生命权与发展权发生严重冲突时,如何取舍,对我们决策者是一种严峻考验。是置生命权与发展权的激烈较量于不顾,以牺牲环境、危害百姓健康,甚至以生命为代价,换取一方的经济发展? 还是尊重生命、保护生态,放弃或放缓发展步伐? 笔者以为:智者、理性者、真正以民为本者理应选择第二种方式。理由有三:

(一) 全心全意为人民服务宗旨的要求

我们党的宗旨是全心全意为人民服务。人民的需要就是党的需要,人民的利益就是党的利益。发展的目的是满足人民日益增长的物质文化生活的需要,改善和提高人民生活水平,促进人的全面健康发展。如果发展方式危害了人民的需要,损害了人民的利益,很显然我们就要果断抛弃。

(二) 科学发展观的根本要求

科学发展观是马克思主义同当代中国实际和时代特征相结合的产物,是马克思主义关于发展的世界观和方法论的集中体现,对新形势下实现什么样的发展、怎样发展等重大问题做出了新的科学回答,把我们对中国特色社会主义规律的认识提高到了新的水平,开辟了当代中国马克思主义发展新境界。科学发展观的精髓在于崇尚自然、尊重自然、顺应自然,违背自然的发展显然与科学发展观格格不入。

(三) 珍爱生命的必然要求

生命最为宝贵,人的生命只有一次。留得青山在,不怕没柴烧。生命权是人民利益中的最高利益。如果我们以牺牲环境为代价,甚至是用百姓健康生命作筹码,换取口袋的殷实,换取官员政绩的出彩,这无疑是一种犯罪。无法用健康或生命享受发展的成果,这种发展有何意义? 那种毒死了总比饿死了强的观点是极其荒谬和有害的。腐败是危害党执政根基、关系国家存亡的大问题,同样,环境污染也不容忽视。现在"长江以北有河皆污,黄河以北有河皆枯"的现象不能不引起我们的高度重视了。"水能载舟,亦能覆舟。"环保问题是影响社会稳定的又一颗"定时炸弹"。厦门、大连重大污染项目的下马，启东"王子事件"的出现，绝不是偶然现象。这些群体性事件中百姓诉求的表达方式固然存在欠妥之处，但也说明了百姓环保与自我保护意识的增强与觉醒，更说明了领导干部要从中吸取教训，要讲究重大决策的科学性、民主性，要充分走群众路线，虚心听取民意，避免"拍脑袋、拍胸脯、拍屁股"现象的发生，真正做到对党负责、对国家负责、对人民负责、对炎黄子孙负责。

当然，生命权高于发展权，这并不意味着否定发展权。生命权高于发展权不能成为地方官员不作为的托词。为官一任，造福一方。发展依然是主旋律，是一方官员义不容辞的职责。生命权高于发展权是对发展的更高要求，不能因发展"好心办坏事"，发展要赋予生命更高的含金量，要锦上添花。

自然灾害有时无法预测，而人为生态灾难完全可以预防和控制。实行科学发展是唯一途径。这既是对各级领导干部的一种自律要求，又需建立完善一整套监督约束机制和科学的政绩考核体系，消除违背科学发展观发展的条件，铲除背离科学发展观发展的土壤，断决一切有违科学发展观发展的念想。

三

反观扬中市，基本上做到了经济、社会与自然的和谐发展，人与自然的和谐共存，一座美丽的现代化水上花园城市正崛起于神州大地。这一成果来之不易，是几代扬中人为之奋斗不懈的结果，是历任市委、市政府及各级领导干部正确决策、组织落实的结果，是扬中深入贯彻落实科学发展观的必然产物。

扬中是全国首批生态示范市之一，为中国十佳"资源节约型、环境友好型"城市、全国造林绿化百佳市、江苏省园林城市。有着经济与生态协调发展良好基础的扬中，更应珍惜这一局面，乘势而上，向着更高生态目标挺进，科学定位城市性质，巩固扩大生态成果，同时确保经济发展不滑坡。

扬中市委书记孙乾贵在2013年2月17日市委、市政府召开的决战"二次率先"动员大会上响亮提出了建设"最美扬中"的口号，在全市城乡建设工作会议上对"最美扬中"又做出了阐释。这种最美，就是充分彰显城市个性，展现出有别于其他城市的独特魅力。扬中之美在于四面环江的水韵特色，在于生态宜居的环境特色，在于无污染或轻污染、高科技含量、高附加值的产业特色。而生态宜居则是"最美扬中"最闪亮的名片。鉴于此，笔者一孔之见以为扬中城市定位应当是：城乡一体、经济繁荣、生态文明、社会和谐、宜居宜游、百姓富裕的水上花园度假休闲城市。

度假休闲城市的定位基于以下根据：

（一）优越的半封闭地理环境

扬中从纯粹的地理学上来讲，算是一个相对独立的半封闭循环地理系统。四面环江，境

内水网密布、沟河纵横交错、四季分明、雨水充沛、气候宜人，尤其是充满灵气的水资源特别丰富。水、阳光、土壤是构成生命的元素。水也是构成良好生态环境的重要基础。有了水的衬托，无疑会给自然生态环境加分。因此，我们决不能"守着水，没水喝"。保护良好的水环境，做足做美净水亲水文章是我们各级领导干部务必做好的基本功课。"水韵·芳洲·新园林——让园林艺术扮靓生活"，第八届江苏省园艺博览会带给了 33 万扬中人民新的期盼。

（二）经济与生态协调发展的良好基础

经济与生态协调发展在扬中有成功的经验，也取得了丰硕的生态和经济发展成果。这条路对于扬中人来说是走对了。但是，我们也要清醒地看到：万里长征仅仅走出了第一步，任重道远。更何况我们的生态文明建设不是完美无瑕的：城乡河水环境治理还有艰难的路要走，部分工业企业仍存在不同程度的污染，农村生活污水的收集治理还需要花大气力。喝没有污染的水，呼吸新鲜的空气，吃上安全的食品，是新一届中央政府对 13 亿中国人民的庄严承诺。这看起来似乎具体而微观，然而事关民生、事关社会稳定、事关人民能否安居乐业。可见，扬中市的担子不轻。事实上，在我们身边也不时会出现刺鼻的气味，发生河水污染的情况。业已拥有的生态光环固然值得我们自豪，但潜在的生态问题，尽管有些是细枝末节的问题，也值得我们警惕、重视、防范和杜绝。

（三）四面互通的交通优势

如果说扬中曾是一座孤岛的话，那么扬中长江大桥的建成则结束了这一历史。随着扬中长江二桥的建成、泰州过江通道的开通、扬中三桥的开工，扬中也彻底告别了没有快速交通、缺乏高速公路的历史，扬中通向外界的立体交通网络全面形成。扬中与世界的距离越来越近。便捷的交通既为扬中经济和社会事业的发展开辟了高速通道，又为扬中发展度假休闲产业架起了一座座金桥。发达的交通网络放大了扬中区位优势。扬中地处长江金三角经济发达地区，周边布满大大小小的城市，离国际大都市上海也只有三个小时的路程，这为城市白领阶层"下乡"度假、放松心情、愉悦身心提供了可能。也许有人会说，扬中历史短暂，人文底蕴不厚，无名胜古刹，能撑起旅游产业吗？这种疑虑可以理解，但是度假休闲不能简单等同于旅游。度假休闲是一种生活方式，是一种常态，就看谁的生态环境做得好，哪个地方空气更清新、天空更湛蓝，哪个地方水更干净，哪个地方更会做体验文章。这是一种良性循环。这种产业做得越大，经济实力就越雄厚，就越有能力淘汰或抵制一切污染企业。向一切污染企业说不，既要有胆识，又要有底气。这种底气来自培植壮大度假休闲产业。

（四）精美的江鲜美食基础

纪录片《舌尖上的中国》中没有扬中江鲜美食的位置委实令人遗憾，但由于已经成功举办了十届"中国江鲜美食节"，创出了一定的影响，扬中在中国乃至世界的饮食文化方面占据了一席之地。河豚等江鲜美食提高了扬中这张名片的含金量。每年的美食节既吸引了周边城市地区大量的美食爱好者，也博得了世界五大洲友人的青睐与光顾。这种良好的人脉基础既扩大了江鲜美食的影响,又形成了良好的蝴蝶效应。下一步的关键是做好江鲜美食的体系化文章、平民化文章和季节化文章。所谓体系化文章,就是要根据江河不同的鱼类品种和扬中地方特色饮食分类做文章,形成完整、配套的饮食体系。所谓平民化文章,就是要放下身价、降低成本,用低廉的价格吸引普通消费者的眼球。如果眼睛只是盯在上层,消费空间就难以拓展,消费市场遇上"倒春寒"就会遭受挤压,甚至萎缩,走向死胡同。所谓季节化,就是要根据不同的季节、不同的饮食需求,确定江鲜美食方案,即推出时令美食。如春季长江三鲜、秋季江蟹、冬季扬中羊肉等。

思路决定出路,思想决定态度。能不能实现扬中人的梦想:把扬中建设成宜居宜游的水上花园城市,贵在扬中上上下下能否形成城市准确定位的共识,能否把这一美好憧憬化为实实在在的行动,能否学会了真正意义上的生态保护与经济发展的舍与取。全国劳模李素丽说过:用力做算合格,用心做才算完美。如果我们扬中的每一位领导干部在经济发展与生态保护这样的大文章下都精心去做,美丽扬中离我们还会远吗?!

(朱怀林、莫纪奎、王德洲)

扬中市四面环江,沿江岸线长 120 千米,是长江第二大岛,素有"河豚之乡""江中明珠"的美誉,同时,由于生态系统比较脆弱,生态环境的优劣对扬中市经济社会发展的制约作用也比较明显。一直以来,在推动经济社会发展的同时,扬中市委、市政府坚持生态文明理念,不断加大污染防治力度,积极构建生态经济体系,着力打造生态宜居的现代化水上花园城市。在全市上下的共同努力下,扬中市境内绿树成荫、生态优良,城市绿化覆盖率达 40%,是全国首批"国家级生态示范区"和"江苏省园林城市",列中国十佳"资源节约型、环境友好型"城市第二位。长江河段水质稳定在二级以上,三类以上地表水比例达到 100%,全年空气质量优良率保持在 97% 以上。

近期,我们围绕扬中基本实现现代化、建设"最美扬中"这一主题,结合自己的工作实际,就扬中市生态文明建设情况进行了调研与思考。

一、扬中生态文明建设基本情况

(一) 创建生态市和环保模范城市

扬中的生态创建工作起步较早,是首批获得命名的国家级生态示范区。2006 年开展国家级生态市创建以来,扬中市加快完善环境基础设施,深入实施环境综合整治,生态环境持续改善。2011 年 4 月,生态市创建通过了省级验收,12 月份通过了国家级技术评估,并于 2012 年 5 月顺利通过了国家级审核验收,进入授牌程序。2013 年,扬中市又适时重启了环保模范城市创建工作。

生态市创建、环保模范城市创建工作都是集全市之力开展的环保会战。在创建过程中均成立了以市领导为组长的领导小组,构建了跨部门、多层次、全覆盖的组织网络,并做到了责任到人、科学规划、保障健全,解决了一系列环保重点、难点。一是促进了环保基础设施建设。开展国家级生态市创建当年,扬中市同步实施了污水处理厂扩建工程,使市污水处理厂污水处理能力从 1.5 万吨大幅提升到 5 万吨,并将污水管网覆盖到周边地区。到 2010 年,实现了乡镇污水处理厂的全覆盖,镇级污水处理厂总处理能力达到 4.8 万吨,配套建设污水收集管网达到 150 千米以上。二是提升了工业污染的治理水平。在创建过程中,政府、部门、业主齐心合力,行政、经济、技术多措并举,基本实现了治理能力与经济发展的同步提速。三是强化了部门联动的大环保机制。环保部门在创建过程中积极发挥牵头作用,与住建、水农、市政等部门在基础设施建设、蓝天工程、餐饮油烟整治、黑臭河治理等工作中形成合力,破解难题。市委宣传部主持开展创建宣传,充分利用"两台一报"提高公众环保意识,取得了良好的效果。

(二) 强化企业监管

企业监管是强化污染源头治理的重要环节,最高法院和最高检察院关于环境污染刑事犯罪的司法解释出台后,客观上增大了企业监管上的压力。对此,扬中市环保局一是增加了检查频次,强化现场监管。特别是对金属表面处理、化工等重点行业,定期检查污染源和污染防治设施运行情况。同时创新监察形式,利用节假日和夜间开展不定期的突击检查,2014 年 1—8 月,共实施各类现场检查 1200 余厂次,依法立案查处环境违法行为 26 起。二是强化了科技辅助监察,加强了对重点污染源的自动在线监控设施的建设。目前扬中全市共安装水、气污染物在线自动监控 53 家,实现了企业监控点数据超标和设备状态异常的及时报警,以及对污染事故的发生全天候预警。三是督促企业提标改造污染治理设施。不管是在生态市创建、环保模范创建的进程中,还是在电镀、化工等专项整治行动中,环保局都抓住契机督促企业进一步提升废水、废气处理设施,提升处理能力、增强处理效果。扬中市的电镀、化工生产企业污染处理设施基本都进行了升级改造,部分企业从建厂至今已升级改造三四次。四是促进行业内部优胜劣汰。对整改无望、不能稳定达标的企业,坚决提请市政府关闭。2007 年以来,共关闭、搬迁或转产化工企业项目 25 个,在 2014 年开展的第三轮化工生产企业专项整治行动中,还将关闭 8 家化工企业。

(三) 饮用水源地保护

饮用水源地保护关系到扬中 33 万群众的饮水安全,为强化该工作,扬中市一是根据省人大《关于加强饮用水源地保护的决定》的要求,重新调整了保护区划分标准,编制实施了《扬中市长江饮用水源保护规划》。二是督促关停乡镇取水口,推进实施区域供水。原有的 8 个乡镇取水口目前已有 4 个关闭并拆除,1 个改为环太集团工业取水口,2 个作为应急水源,仅定时少量取水维持设施,西来桥镇区域供水工程正在积极实施。三是严格划定饮用水水源保护区范围。实施区域供水后,二墩港水源地承担了扬中全市饮用水供水的主要任务。2008 年,根据省人大《关于加强饮用水源地保护的决定》的要求,扬中市对二墩港水源地一、二级保护区和准保护区做了划分并上报,获得了省政府的批复。四是设立保护区界标。按照省人大相关文件要求,扬中市依照《饮用水水源保护区划分技术规范》,在二墩港取水口处设立了大型取水口水上警示牌和饮用水源陆上图形标志,在取水口四周设立了水上警示围栏,在一级、二级保护区和准保护区设立了界标和交通警示牌。五是加强水质监控预警能力。市环境监测站在每月对饮用水源水质进行例行监测、每年两次对水质进行全分析的同时,于 2009 年投入 150 万元在二墩港取水口安装了饮用水源水质在线自动监测站,目前运行正常,实现了水质瞬时自动监测,切实保障了水源地水质安全。此外,扬中市还编制了《扬中市集中式饮用水源突发环境事件应急预案》,每年举办二墩港取水口饮用水源应急演练,以提高应急队伍在环境突发事件中的快速反应和应急处置能力。2014 年内,扬中市还将建设完成备用饮用水源地,进一步加强全市饮用水应急能力和安全保障。

二、扬中生态文明建设中存在的矛盾和问题

(一)生态系统比较脆弱

扬中市四面环江,生态系统相对封闭单一,易受自然灾害和长江整体水环境的影响,有一定的脆弱性。

(二)城区水环境问题较为突出

一方面,污水收集体系不健全。全市虽然已经建成部分污水管网,但覆盖率较低,目前的管网建设只是实施部分主干网,支管网还未形成,部分小区和居民点还没有实施雨污分流,生活污水直接排放,影响水环境。另一方面,河道自净功能不强。近年来随着城市建设步伐的加快,城区水系遭到一定程度的破坏,水体自净能力有所削弱。

(三)农村环境综合整治有待进一步加强

农业面源污染依然严峻。化肥、农药使用量仍然偏高,污染了农村河塘,降低了农产品质量。农村的零散养殖户污染防治设施不健全,或利用率不高,粪污渗漏和直排现象仍有发生;农村河道因私设坝头、石驳侵占等,造成有的沟不通河、河不通港,难以自流净化、改善水质;少数垃圾池布点不尽合理,存在垃圾外溢、焚烧和清运不及时等问题;部分农村居民点,特别是一些老安置点大多没有配套污水管网和处理设施,这既造成了现实污染,又不利于今后的治理。

(四)公众的环保意识还有一定差距

环保意识的培养和确立需要一个长期的过程,扬中市环保法律法规的宣传教育虽然取得了较好成效,但深度和广度仍然不够,某些人群的环保意识还比较淡薄。特别是少数企业经营者重经济利益、轻社会责任,不重视治污设施建设,甚至蓄意偷排滥放。在群众中,环保公益意识也没有普遍树立,往往是受到环境污染影响时就反映强烈;有的人则既是污染的受害者,又

是污染的制造者。

三、对扬中生态文明建设的建议

(一) 加大环保宣传力度,全面树立社会环保意识

进一步加大环保法律法规和生态知识的宣传力度,将集中宣传与日常宣传相结合,在社会上逐步树立环保优先的发展理念。积极倡导绿色文化,通过开展青少年环境教育、全民义务植树、整治居住环境和倡导"绿色消费"等活动,增强全民环保意识,不断提高公众参与环境保护的自觉性和积极性;实行地区环境质量、环境管理程序、企业环境行为"三公开",建立和完善污染举报奖励制度;加大环境保护正反两方面的宣传力度,特别是要适时曝光环保违法行为,拓宽公众参与渠道,方便社会各界行使监督权。尤其是各级领导干部要牢固树立对人民群众负责、对下一代负责的责任意识,坚持经济建设、城乡建设与环境建设同步规划、同步实施、同步发展的方针,在城乡规划和重大建设项目决策中充分考虑环境与发展的协调统一。

(二) 注重政策引导,全面推动经济转型升级

一是坚持绿色发展。在招商引资中切实提高准入门槛,严格环保前置审批,防止"两高一低"项目上马和低水平重复建设,优化产业布局,从源头防止环境污染和生态破坏。

二是推进环保科技创新。着力培育自主知识产权、自主品牌和创新型环保企业,加大节能环保关键技术的创新研发力度,组织开展与生态文明建设相关的基础理论和宏观战略研究。深化产学研合作,加强生态文明建设工程人才的培养和使用。

三是加大环保投入。充分发挥政府主导作用,不断加大公共财政投入,运用各项政策措施调动社会资本投入环保基础设施的建设和运营,重点推进城乡污水管网建设,扎实有效地提高污水收集处理率。

四是引导企业自我治理。研究制定污染企业改造、调整和搬迁的引导扶持政策,完善激励机制。加大排污费征收力度,运用经济杠杆促使企业下大力气治污,减少污染物的排放。

(三) 强化执法监督,全面提升环保监管水平

依法加大环境治理力度,上下联动,形成合力。各级政府要切实履行好对辖区企业的排污监督职能,主动检查相关企业"三同时"制度执行情况,对出现的环境违法行为要及时制止,并上报环保机关予以查处。环保部门要建立健全与基层环保工作联系机制,切实加大对违法行为的巡查和打击力度,真正做到有法必依、执法必严、违法必究;坚持前置审批和建成验收"两手抓",对审批通过的企业或项目,切实加强事后的检查验收;对违法排污企业强化整改措施的落实,确保治污效果;对屡查不改或治理无望的企业要依法坚决关停;对偷排、超标排放造成重大环境污染事件的,要坚决移交公安部门立案查处,依法追究刑事责任。

（四）采取切实有效措施，全面加强水环境综合整治

深入落实中央有关文件精神，以新一轮水利建设为契机，进一步完善地区水网功能，充分发挥水系对于净化环境的应有作用。

一是实施水系畅通工程。在调查研究的基础上，科学布局水系水网，分期分片开展整治工作。通过整治坝头、石驳，修建泵站、涵闸，科学调度、加快水体交换等系统工程，确保河通港、港通江，引得进、排得出，并注重加强入江口的治理和监管。

二是突出整治重点。对一些群众反映较为强烈的重点河港，要拿出切实可行的治理举措，强化水质监控预警和应急处理能力建设，尽快从根本上解决问题。

三是加强长效管理。研究制定河道管理具体办法，明确责任主体和管理措施，形成齐抓共管的整体合力。

四是确保饮用水安全。提高自来水水质检测频率、提升检测水平，加强相关设备设施的日常维护保养，确保其运行正常。

（五）深入开展农村环境整治，全面改善人居环境

一是加快生态农业建设。加强畜禽养殖污染的长效控制，积极探索农业面源污染控制配套技术和监测体系建设，实施化肥、农药、氮磷源头生态拦截工程，优化化肥、农药使用结构。

二是完善农村环境基础设施建设。结合新市镇建设，进一步优化镇村污水收集处理、垃圾一体化处置等环境基础设施配置；积极推进城乡垃圾分类处理，逐步提高无害化处置率。对于农村居民点的生活污水问题，除推行无害化户厕改造外，还要逐步实施小型集中收集处理改造，特别是对新建居民点，要强制同步建设生活污水集中处理管网和处理设施。

三是加强农村环境长效管理。不断优化完善农村环境长效管理体制机制，加强镇村保洁员队伍建设，明确责任、细化考核、改善待遇。坚持疏堵结合，重在利用，采用各种方式推进秸秆综合利用，从根本上解决秸秆禁烧难题。

（何尔平、何继荣）

自2006年扬中开展生态文明创建以来，市委、市政府加大了对环保的投入力度，加快完善环境基础设施，深入实施环境综合整治，生态环境持续改善。2014年5月16日，环保部发布了《关于授予江苏省扬州市等37个市(县、区)"国家生态文明建设示范区"称号的公告》，扬中正式获得"国家生态文明建设示范区(国家生态市)"称号。八年历程中，扬中市的创建支撑体系不断完善，部门协作有力，生态理念深入人心，为扬中继续创建国家环保模范城市、深入践行生态文明理念积累了宝贵经验。

一、坚持制度先行，打牢创建成功的坚实基础

扬中市委、市政府在开展"四城同创"的进程中，建立完善了领导有力、责任明晰、规划科学、保障有力的系列机制，形成了强大的创建合力，这是生态市创建成功的坚实基础。

1. 领导重视。扬中成立了国家生态市创建领导小组，市长亲任组长，构建了三级联动、覆盖全市的创建网络，定期召开协调会、推进会。扬中市委常委会、市政府常务会议定期研究生态市创建工作；扬中市人大、市政协多次视察和监督生态创建；对创建重点工程，市领导实行分片包干，保证了重点工作按时推进。

2. 责任到人。扬中市将生态创建工作纳入年度综合考评，将相关工作履职情况作为政绩考核的重要内容，实行"一把手"负责制，充分调动了各单位的工作积极性。市领导每周都对创建工作进行一次督查，各有关部门向创建办输送精干人员，切实做到了"守土有责"。

3. 规划科学。2006年创建之初，扬中就组织编制了《扬中市生态市建设规划》，并依据最新生态市指标体系进行修编。全市四个镇和一个街道也编制了环境保护规划，实现了环保规划的市域"全覆盖"。

4. 保障有力。资金保障方面，坚持政府引导、政策扶持、多元投入，2008 年以来财政年均环保投入增幅达 35.46%。宣传保障方面，开设了环保专栏和网站，组织开展了环保主题教育、环保志愿者行动和环保知识竞赛等宣传活动。

二、坚持部门联动，锻造攻坚破难的中坚力量

针对生态市创建过程中的薄弱环节，通过部门协作、城乡联动、综合整治，取得了明显成效。在综合环境整治中，重点开展了餐饮业油烟整治行动、噪声达标整治行动，进一步规范了金属加工、洗车、废旧品回收等行业的管理。强化了集镇农贸市场的环境整治，加强了对医疗卫生机构的监管，各镇区卫生院医疗废水处置设施全部安装到位并规范运行，医疗固废处置利用率达 100%。在大气环境整治上，开展了以工业废气、机动车排气污染、扬尘污染为重点整治对象的专项行动，取缔茶水炉 35 家，整治燃煤锅炉 47 台；严格执行机动车排气污染检测，机动车环检率大于 85%。强化扬尘污染监管，实行易抛洒物料封闭运输，建筑施工现场配备清洁设施。在水环境整治上，扬中共疏浚整治骨干河港 24 条 89 千米、一级和二级河 123 条 115 千米、村前埭后老河沟 2300 余条，改建坝头 3100 余座。出台了《扬中市骨干河港管理办法》《农村河道长效管理考核办法》，对河道、绿化、道路等重点区域实行统筹管护，做到"人员、设备、责任、资金"同步落实。在环保基础设施建设上，扬中污水处理厂由创建之初的 2 家增加到 6 家，实现了乡镇污水处理厂全覆盖，配套的污水管网建设、雨污分流改造不断完善，污水处理总能力达 4.4 万吨/天，并全部实现了在线自动监控，城镇生活污水集中处理率达 86.09%。有 18 个行政村先后建成农村分散式生活污水处理设施，建设比例达到 34%。

三、坚持全民参与，凝聚严控污染的强大合力

推进生态文明，建设美丽扬中，是人民群众的新期待。顺应这种期待，环保部门做的不仅是宣传引导，更是重拳治污，让群众的期待落到实处，激发全民参与环保的正能量。

1. 环保监管不断强化。在污染源现场监察和建设项目"三同时"监管上，对 79 家重点污染源现场监察每月不少于一次，对一般污染源现场监察每季度不少于一次。远程辅助监管覆盖面不断扩大，目前已安装水、气污染物在线自动监控仪 53 家。仅 2013 年，对各类污染源及其污染防治设施就进行了现场监察 1700 余厂次，"三同时"、限期整改监察 100 余厂次。危险固体废物的处置利用率 100%；医疗废物无害化处置率 100%；辐射应用项目持证率、检查率 100%。排污强度不断降低。扬中四项主要污染物排放强度在全省处于低水平，仅占全省平均水平的一半左右。

2. 减排工作紧抓不懈。减排工作是重中之重，每年都要提前谋划、扎实推进，把减排项

目分解落实到具体企业,并从工业减排拓展到了生活减排、农业减排。同时要推进清洁生产,加快淘汰落后产能。专项行动成效显著。对扬中7家金属表面处理中心和7家内配企业开展了专项整治行动。目前所有企业整治方案已通过专家评审,正在进行整改落实。从2014年3月起,开展了油坊新材料工业区环保专项行动,对问题较严重的5家企业下达了"限期整改通知",对1家下达了"限产通知",并跟踪企业进行废水、废气、噪声污染防治设施的提升改造。

　　3. 生态创建与绿色创建并重。在环保部门的宣传和带动下,扬中上下积极参与生态创建和绿色创建。先后创成国家级生态村2家、省级生态村21家、镇江市级生态村59家,扬中全市生态村创建比例达到92%。创成国家级绿色学校1所、省级绿色学校29所,镇江市级以上绿色学校37所,兴隆中心小学正在创建国际生态学校。绿色环保和生态文明的理念深入人心。

　　回顾八年创建的艰辛历程,我们强烈地感受到,成绩属于集体,努力还要继续。成功创建国家生态市,标志着扬中的生态建设迈上了新台阶。站在这样的新高度,我们对大气、水环境等方面存在的问题认识更加清醒。不论是正在进行的环保模范城市创建,还是被确定为第六批国家生态文明试点地区,都需要我们巩固创建成果,不断彰显扬中的生态特色。

（童中）　

232

　　大江奔腾欲何至？天落三岛集于此。扬中四面环江，岛外大江风貌，岛内河港纵横、沟渠交错，是典型的江南水乡。"岛城水色、生态宜居"理应成为扬中对外最靓丽的名片，"河清岸绿、碧水长流"更应成为扬中最亮丽的风景。然而，随着社会经济不断发展，扬中也和其他发达地区一样，生态环境保护问题越来越突出，"既要金山银山，更要绿水青山"已成为全社会的共识。因此，全市上下必须高度重视，在河道环境综合整治中，举全市之力，攻坚克难，决战决胜。

一、扬中河道环境存在的问题及原因分析

　　扬中四面环江，境内为单一水网圩区，水系发达。目前，扬中全市共有各类排灌沟渠3500多条，其中骨干河港27条，全长127千米，由市水利农机局河道管理所统一管理；一级河港144条，全长236千米，由各所属乡镇管辖；二级河港及村前埭后老河沟共约2323条，全长1121千米。

　　扬中河道、河塘绝大部分都诞生于改革开放以前，至20世纪80年代初，全市基本形成了一个以骨干港河为主轴、一级河道为支系和乡村老河沟为网络的水系。然而，近30年来，随着社会经济的发展，扬中河道的数量、面积逐渐减少，对现存河道也基本没有进行过系统全面的疏浚整治及长效规范的日常管护，大部分（特别是村庄河道）都存在这样那样的问题：

（一）河流数量、面积正在大幅度减少

　　近几年来，扬中除27条骨干河港未曾减少外，一级河港、二级河港和村前埭后老河沟的数量大大减少。据统计资料显示，新中国成立初期，扬中水面率（水域面积占区域总面积的

比率)约为 15% ~ 16%，现在已经下降到 10%，甚至还有下降的趋势。

究其原因：一是城市建设、土地复垦，需要填河或变明渠为"暗道"。近 30 年来，扬中一批市政重点工程相继开工，在城市建设发展的过程中，很多项目填埋了河流，或使其变为地下管网。二是企业项目、房地产开发，出现与水"争地"的现象。企业项目的落户、房地产的开发，都需要大量的土地，在"腾地"的过程中，一些项目遇水就填，出现了与水争地的现象，而最终的结果就是河流、水体"退出"，变为土地。三是农村的土地复垦，也在一定程度上填埋了部分河流。另外，也是最大量存在的是，在农村，几乎村村埭埭、家家户户，都对自家门前屋后的河道进行填埋驳岸，大举侵占河床，有的甚至用以搭建违章建筑物。

(二) 河道的部分功能已经丧失

在扬中，骨干河港、一级河港等河道都承担着调蓄、防洪排涝甚至是通航运输的功能，二级河港和村前埭后老河沟承担着农田灌溉、饮用等功能。随着城市的发展和河道的破坏，河道的部分功能已经丧失。

究其原因：一是河道减少、水面萎缩，造成河道蓄水能力削弱，每遇大雨就积水快、满溢，甚至形成内涝，现在这种现象在市区一些小区还相当严重；二是河道长期淤积，没有疏浚，有的河道因被侵占而成断头河，原来的活水变死水，涝而难排。原来的清水变臭水，别说饮用（当然现在都是自来水）了，就是灌溉都嫌脏。

233

(三) 水系不畅，水质下降，生态环境遭到破坏

尽管近年来扬中对骨干河港加大了疏浚整治力度，但是农村面广量大的二级河港及村前埭后老河沟的污染还是日益严重，杂草丛生、垃圾成堆，环境脏乱差。生态的破坏，导致这些河流水系不畅通、水质下降，河道的自身净化能力也变得越来越弱。

究其原因：一是市民爱河、护河的意识不足。在扬中，尤其是广大农村，一些群众管护意识不强，将生活垃圾直接丢弃在河道之中，类似塑料袋等一些无法降解的垃圾直接悬浮在河面上，情形触目惊心。同时，大量的建筑垃圾因为无法处理，群众也选择倾倒在河道里，造成河道堵塞。二是城市基础设施配套功能的不完善、雨污不分流及生活习惯的改变，造成了水体的污染严重。在农村，大量的农药、化肥，也基本上都是直接排放到河流中，河流污染日益严重。

综合以上问题，究其根本原因就是管理的不到位或者说是缺失。据扬中水农部门介绍，全市 27 条骨干河港由扬中水农部门进行管理，一级河划分给各镇区进行管理，除此之外，分布较广的二级河沟和村前埭后老河沟，归所属的村、社区管护。但实际上，这些面广量大的二级河沟多数处于"无管护主体、无管护制度、无管护人员、无管护经费"的"四无"状态。与此同时，随着河道治理中生态、植物措施及水景观工程的融入，河道治理已成为集水利、环境、生物、园林等多学科的综合性工程，而在农村，这样的配套工程还不能完全跟上。

二、扬中河道环境整治的主要措施

在决战"二次率先"的过程中,扬中提出了建设"最美扬中"的理念。要实现"最美",离不开水的灵动。扬中市委、市政府十分重视河道环境综合整治工作,将河道环境综合整治作为生态文明建设、落实科学发展观的重要抓手,将整治好河道、管护好河道、美化好河道作为执政为民的重要实事。

近几年来,扬中出台了河道治理的多项实施意见、整治办法和规划。在制度上,扬中先后出台了《扬中市骨干河港管理办法》《扬中市农村河道长效管理考核办法》,明确了农村河道长效管理市、镇、村三级的职责。2012年,扬中还出台了《扬中市2012—2013年河道疏浚的实施意见》。同时,各村、社区还将河道长效管理纳入村规民约管理,引导群众自觉养成爱护水环境的良好习惯。

与此同时,扬中强力推进河道环境整治工程。在2009年之前,开展了第一轮河道疏浚整治,累计疏浚整治河道3000多条,长1800余千米,完成土方1100余万方,改造坝头3100余座,提前一年完成了河道疏浚整治任务,并顺利通过省级考核验收,等级为"优秀"。

2012年起,扬中开展第二轮河道疏浚整治,重点以骨干河港整治为主,同时也纳入了部分村庄河道和涵闸翻建工程。作为镇江市唯一立项的扬中中小河流治理重点县项目已全面开工,项目投入资金2.4亿元,分三年实施完成。该项目共需疏浚整治河道88.31千米,完成土方145万方;打通断头河道4条,沟通引排水沟渠113.8千米,新(改、翻)建建筑物694座;拆除建筑物195座,清理侵占河道岸坡的废弃物2万吨;建设浆砌石护岸91.31千米,生态砼护岸2.9千米,植物草坪护坡204.9千米;加固河港堤防86.22千米。

要搞好环境整治,资金是保障。近几年来,扬中在河道治理资金上加大了投入力度。从2006年起,扬中除了在水利建设经费中安排河道疏浚资金外,还在新农村建设资金中专门设立了以奖代补资金;在河道管理上,扬中财政每年安排骨干河港管理资金,对每个村河道长效管理进行补助,各镇区也专门安排资金用于河道疏浚和管理。2014年,扬中小农水利项目获得了省水利农机厅奖励的500万元,奖励直接用于农村河道整治工程。而2014年作为镇江市唯一立项的扬中中小河流治理重点县项目,总投入达2.4亿元,更是史无前例。

三、对扬中河道环境整治的几点建议

当前,扬中正如火如荼地开展河道环境整治,着力恢复河道功能、改善城市和农村水环境。笔者认为,为完成基本实现现代化村庄环境整治达标率的指标,最终实现"水清、岸绿、河畅、景美""村村绕水、村村清水、人人乐水、人人护水"的河道环境整治目标,不断向"最美扬中"迈进,扬中必须具体在整治和管理两方面苦下功夫,才能取得更多的成果。

（一）立足未来，做到科学定位、长远规划

水是生命之源，水环境整治功在当代、利及千秋。河道环境整治是一项长远工程，需要有发展的眼光，必须科学规划，高起点规划，分步骤实施。作为岛市和水乡，扬中的河道环境整治规划起点再高都不为过。2010 年，扬中编制了《扬中市 2011—2012 年农村河道疏浚整治规划》。经过几年的连续奋战，扬中县乡级河道和农村河塘疏浚整治工作取得了一定成效，"河清岸美、碧水长流"的家村水环境已经初步显现。2013 年 7 月，扬中又编制了《扬中市 2013—2015 年农村河道轮浚规划》，明确了整治的指导思想和目标并正在围绕目标，积极推进。而中长期规划必须牢固确立建设"水上花园城市"，打造"亲水岛市"的目标，做足"水文章"，使扬中"因水而兴""因水而盛""因水而美"。

（二）要大力宣传，提高全民爱河护河意识

河道环境整治是一项长期的民生工程，涉及千家万户。要充分利用各种宣传工具，多形式、多层面地宣传河道环境整治的重要意义，引导群众增强社会公德和环境意识，倡导文明、卫生的生活风尚，形成人人爱护河道、自觉维护河道环境的良好生活习惯，营造全社会广泛参与河道环境卫生整治的良好氛围，促进河道环境整治工作的开展。

（三）理顺体制，建立四位一体的运行模式

经过多年的努力，扬中已经初步建立了市、镇、村三级农村河道管理体制。但面对依然存在的问题，必须要实现绿化、垃圾、道路和河面四位一体的运行管理模式，全方位地进行管理和维护。在扬中开发区，通过这种管理模式的实施，目前辖区内所有骨干河港环境已经全部得到了改观，大的水系全部沟通。四位一体的运行管理模式在实施过程中也要有所侧重：对中小河道的治理，主要侧重于坡岸的稳定、保护水体、有效实现防洪排涝；对通江涵闸的泵站，要以双向泵站为主，实现可引可排。

（四）形成合力，建立长效管理机制

河道环境整治是一个系统工程，不是一个部门、一家一户的事情，需要各相关部门的协调配合，尤其是水利、农委、国土、建设、环保等涉及农村水利、农村环境的各部门，要进行统筹协调，形成资金、技术合力，进行全方位的综合治理。同时，在长效管理上，要建立新机制、推出新举措，进一步明确各个部门职责，健全完善河道整治考核办法，实施定政策、定责任、定河段、定人员、定考核的"五定"措施，并加大监管力度，有效督促各责任单位和镇街区、村社区开展日常化、制度化、常态化的工作。

（夏福洪）

235

水是城市充满活力的灵魂，也是城市功能的重要承载。扬中素有"江中明珠"之美誉，境内河网众多，全市大小河道共 1500 多千米。这些河道在扬中的社会发展进程中具有独特的作用，对扬中的交通航运、生活用水、农业灌溉、防洪排涝、工业供水，以及建筑布局、区域文化、风俗习性等都产生了深远的影响。因此，扬中建设生态花园城市必须彰显水环境在扬中的特殊地位，使其在提升城市的产业力、环境力和文化力方面发挥独特作用。

一、水环境是扬中的第一自然环境

亲水近水是人的天性，也是人与自然对话最常用的"语言"，所谓"半亩方塘一鉴开，天光云影共徘徊"。扬中多水，水是生命之源，水也是孕育扬中这样一座年轻城市的源泉。

（一）水是扬中第一自然资源

杭州因西湖而名闻天下，南京因秦淮河胜景而千古传诵，苏州因河道纵横被誉为东方威尼斯，成都因府南河整治而赢得三项世界人居奖。经验告诉我们，一座城市有水才有绿意，有水才有灵气，有水才有生机。扬中是万里长江中第二大岛，总面积 332 平方公里，水域面积 104 平方千米，占总面积的三分之一，域内共有 3512 条河道。可以说水是大自然留给扬中的最重要财富，是扬中的第一自然资源，是扬中的根和魂。

扬中历史上水网密布、沟渠纵横、碧水绕村，水资源总量相当丰富。优越的水环境曾是扬中最大的特色，贯穿城区的条条水脉更是赋予了扬中这座城市独特的生机和灵气。小桥、流水、人家，典型的江南水乡。改革开放以来，年轻的扬中正是凭借躺在中华母亲河怀抱里得天独厚的水资源条件，尽情享用母亲河的滋哺，迅速成长为万里长江中一颗璀璨的明珠。

作为扬中的第一自然资源,扬中区域内的河网水系为城乡居民的生活和生产提供了水源,为减轻洪涝灾害提供了通道和空间,为绿地的建设提供了基地,在为市民创造文体娱乐与亲近自然的空间等方面发挥了不可替代的作用。近年来,扬中还利用丰富的水资源,做足水文章,大力发展滩涂鱼类养殖,举办江鲜美食文化节,发展观光渔业,带动了咸阳草、燕竹笋等传统土特产产业的发展。同时,随着扬中长江大桥、长江二桥、幸福大桥和泰州长江大桥的建成,扬中进入了"桥时代",四通八达的交通网络使扬中成为连接苏南、苏北的交通枢纽,成为真正的"江中走廊"。

(二)水环境是扬中第一自然环境

扬中境内水网密布、沟渠纵横,优越的水环境是扬中最大的特色。自有人烟开始,扬中人不论房屋朝向如何,总是在房前屋后或埭前埭后开挖沟河,并把挖出的泥土堆放在宅基地上,使宅基地高起,防止沟河水潮侵袭,然后在高起的宅基地上造房。随着移民的不断增加,村落渐成规模,并形成了市集;依水而市慢慢地形成集镇,商业开始繁盛起来。由于城外大河贯通、城内河道纵横,扬中形成了房舍临水而筑、百姓滨水而居的空间布局和建筑特色,完整地保持了长江水乡的自然生态。

作为第一自然环境,扬中尤其注重延伸水环境的内涵、拓展水环境的功能,在风光带公共绿地空间中临水安排铺装广场,设置一些较舒适的座椅,让人近水观赏或游赏水景;安排多种健身设施与器具,创造了舒适的休闲健身空间环境;大量水岸服务设施的设置,如水上廊桥、观景廊架、亲水平台、河滨散步道、护岸、栈桥、主题公园等,拓展了水岸艺术空间的景观构想。扬中的水环境建设满足了人们亲水性的要求,再现了蓝天白云、青山绿水、亲水乐水的优美图画,体现了人与自然的和谐统一。水环境在如今扬中建设中的地位和作用日益突出,成为扬中文化的一个重要组成部分。

二、扬中水环境建设存在的问题及原因分析

对于扬中而言,水事关扬中的生存与发展,是扬中的生命之源、发展之基,历届扬中市委、市政府都高度重视水资源的保护和水环境的建设。但近年来,扬中区域内水体整体情况不够理想,水环境容量几近极限。扬中人与水疏远了,最具有扬中特色的水正逐步失去其美感与灵动。这其中有历史的欠账,也有现存的结构性和人为性的破坏。水环境问题已经成为制约扬中可持续发展的突出问题。

(一)存在的问题

1.水域萎缩,河流减少

(1)无序填埋

扬中市地处长江之中,是一座依水而生、傍水而兴的岛市。然而随着工业化、城市化步

伐的加快,非农用地的扩大导致河道填埋现象日益普遍,不少河道在城市建设中已变成了街道,在建城区内原有的体系清晰的河网脉络已不复存在,以前连片的水系都已成"零碎",水城特色逐渐消失,江南水乡正失去昔日的风采。据统计,从1980年到2010年,扬中市水面被填埋面积达总面积的28%,河网率从20世纪七八十年代的98%下降到72%,正常蓄水量减少了21%。

(2)私自侵占

部分市民过分追求宅基地的扩大,未经批准擅自侵占河道搞驳岸、建坝头;有些居民将生活垃圾直接倾倒在河道内,有的自然村的宅河已经沦为天然垃圾场。与水争地,造成河道断面缩小、水量变少、河水引排不畅,不少水系逐步变成了"龙须沟"。

2. 水系不畅,水流不活

(1)河流阻断

扬中特有的地域特点决定了域内沟河纵横,形成了一个畅通的水系。"田通沟、沟通河、河通港、港通江"及"河河相通、港港相通"成为扬中最大的水乡特色。但是,城市建设的快速发展、公建设施和居民点建设,使原本自然流淌的水系、河港被分割或填占。原本通畅的河流被阻断,严重影响了河网水系的连通性和水动力特性,造成许多河沟的水变成静止的"死水",由此带来了水系阻断、流动不畅、水质恶化等诸多问题。明珠湾就是因城市建设破坏了原有水系,河水不能自由流淌,成了"一潭死水",必须依赖翻水站进行换水。再如三茅大港曾是天然的"自来水厂",长江之水可长驱直入,每逢涨潮,江水汹涌而来,急流而去。原先那湍急的水流,就是三茅大港的灵魂、灵气。早年,大港两岸的水洞随处可见。在水洞的里侧,连接着河头。其河有长有短,不论长短,都是河流连着河流,形成大小河流相通的河网。沿河就是良田,块块良田都有墒沟联系着河床,形成江通港、港通河、河通墒沟的水系。如今三茅大港因水流阻断,潮涨、潮落,港水都少了生气,没了灵气。

(2)河道淤积

扬中一直有"罱河泥"的传统,所以河网水系一直相互沟通、畅流无阻。但是,20世纪80年代以后,由于农村经营体制的转换和生产生活方式的改变,农民不再"罱河泥"做肥料,河道淤积的问题越来越严重,导致河道水体流动缓慢、河道不畅。加之河道底泥长期未清,底泥不断释放分解为氮、磷等营养盐,导致水体富营养化,水体逐渐变绿,藻类疯长,每年大量的水草枯死后沉积在河床上,使得行水不畅。

(3)内外不畅

扬中四面环水,四周大堤形成了周围高、中间低的内部地形,属典型的封闭水流域。一年中有一半时间为枯水期,即11月至次年4月,该时期长江水位低,尤其是三峡大坝建成后,长江水容量降低、流速减慢,江水根本无法进入内港,致使内河水体流动性差,水循环速率低,又无足够的补充水源,水体自净能力下降,水质只能呈现恶化趋势。

3. 水体污染,水质下降

(1)工业污染

由于历史的原因,还有很多坐落于河流附近的企业环保意识不强,工业污水处理不达标,甚至不经处理就直接排入内河,污水中的重金属离子对水体危害尤为严重。

（2）生活污染

一是扬中大多数宾馆、饭店、洗浴场所等未建设污水处理设施,特别是农贸市场,杀鸡、宰鹅的污水每天都源源不断地排到内河中,污染了河水;部分居民的生活污水也未经三格式卫生化粪池处理,直接排入下水道进入河道。明珠湾、丰收河、三茅大港清淤时,排污管口之多、管径之大触目惊心。二是农村生活污水量大面广,均直接排入河道。三是目前扬中市区生活垃圾收集率虽然已达90%,但仍然有大量垃圾在城郊和乡村露天堆放,而农村由于尚未全面开展垃圾收集工作,目前沿河依然存在着垃圾随意倾倒入河的现象。这些生活垃圾对水体的污染不可小觑。

（3）农业面源污染

在农业生产活动中,大量的氮、磷等营养物质、农药及其他有机或无机污染物,通过农田的地表径流、农田渗漏或挥发作用而形成污染,主要包括农药污染、化肥污染、农膜污染、秸秆污染、集约化养殖场污染及污水灌溉带来的污染。对化肥和农药的过度依赖是扬中市农业水源污染的主要原因。据调查,扬中市亩均化肥使用量达到40千克,高出全省平均水平近一倍。

（4）雨污混流

从污水管网来看,扬中市虽已建有部分管网,但覆盖率很低,多数地区特别是老城区未实行雨污分流,污水收集率不高,污水直接入河,污染内河水体。从污水泵站来看,城区泵站分属住建局、水农局、三茅镇等不同单位多头管理,往往衔接脱节,泵站不能正常运转。

4. 水利不利,功能退化

（1）大量河道河床硬化

扬中市对于河流治理已经做了大量的工作,但大批河道治理工程片面追求河岸的硬化覆盖,钢筋混凝土、块石等直立式护岸的建设使河流完全被人工化、渠道化,破坏了自然河流的生态链,改变了河流的自净功能和生态功能。如明珠湾在整体改造时,不仅驳了岸,河底还全部浇筑了混凝土底板,人为地切断了地下水与土壤的联系,使水系与土地及其生物环境相分离,使河道中的生物和微生物失去了赖以生存的环境,影响了河道的自净能力。失去了自净能力的河道只会加剧水污染的程度,这与城市生态发展的要求严重相悖。

（2）水利工程功能退化

扬中市的水利工程大多修建于20世纪五六十年代,最近的也是70年代建的。几十年来,这些水利工程在扬中经济社会发展过程中发挥了巨大作用,但随着时间的推移和形势的发展,这些水利工程已经不能适应新的要求。这主要体现在两个方面:一是原有的水利工程普遍老化,有些工程年久失修,已经失去了作为水利工程的功能;二是由于当时技术条件的限制,修建的水利工程只能满足当时发展的要求,几十年后,虽然这些水利工程还在用,但已经不能满足现在的需要。例如修建于20世纪的通江大闸,只能自然进出水,如果遇到严重内涝,也无法排水入江。不仅如此,通江大闸也不具备引水进港的功能;在枯水期,当长江水位低于内港时,无法实现内外水的交换。

（3）污水处理不力

目前,扬中市虽建有污水处理厂,但由于运行经费欠缺等原因,运行不够正常,污水未能实现有效处理,导致直排污水入河量远远超过了河流的纳污能力。

（二）原因分析

1. 对于水环境建设的重要性认识不足

从大环境来看,在过去的发展中,人们片面强调经济发展,对自然环境、人居环境和事关人民群众生活质量提高的基础性工作却较少顾及。水利建设虽是一项关乎农业长远发展的基础性工作,但由于无法看到立竿见影的投资回报,所以人们对于水环境建设的重要性普遍缺乏足够的认识。从扬中的具体情况看,随着自来水的普及,扬中人对水的珍视程度也大大削弱了,河道被垃圾污染的情况普遍存在,而污染严重的河道则被简单填埋。

2. 对于水环境建设的科学性认识不透

水作为宝贵的自然资源,其运行是有规律的。但人们在利用水资源的过程中,往往不能充分认识水环境建设所必须遵循的科学性,逆自然规律而行,且对逆水的特性而行造成的不良后果还浑然不知。如不顾及有限的水资源总量和水环境承载能力,过度地开发利用水资源,致使河流断流、水域萎缩、水质恶化、水土流失、水资源浪费严重,自然环境遭到极大破坏。

3. 对于水环境建设的系统性认识不全

人们往往局限于一时一地,有什么问题解决什么问题,就水论水,而不是全局地、统筹地考虑水的问题,特别是还没有把人、水、自然作为一个大的整体系统加以综合分析,孤立了彼此联系及其相互作用。

4. 对于水环境建设的长期性认识不够

水环境的最大特点是污染容易治理难。莱茵河治理欧洲几国联手耗时30年,美国华盛顿湖整治花了近40年时间才使水质得到改善,杭州的西湖整治10年方初见成效。治污是一场"持久战"。而我们在对待河流治污的态度上,往往缺乏耐心,总希望能以突击式、运动式整治而毕其功于一役,而不是着力于建立行之有效的长效机制。对水环境建设的长期性、艰巨性和复杂性认识不足,水环境整治的成效就容易反复,且使水环境整治工作常常停留在表面。

三、扬中水环境建设的主要对策

随着全面建设小康社会、率先基本实现现代化战略的推进,社会关注的热点逐渐转向人居环境的改善,城市发展的热点放在了城市品位的提升上。因此,扬中社会的文明进步,必然对水环境提出更高的要求,水环境建设已经成为扬中经济社会建设最重要的内容之一。

（一）确立一个目标

以科学性、合理性、可行性相统一为原则，以充分体现河道水系的社会服务功能为出发点，以活水、清水、秀水工程为中心，全面规划，科学治理，突出重点，分步实施，通过对河道及沿河人居环境的整治、城市景观的建设、旅游景点的开发，使扬中水环境质量及沿河景观有根本性改善，充分展示出富有生气和灵气的城市自然生态环境，形成既有江南水乡风采又富有扬中民风、民俗、民居特色，河畅水清、岸绿园美、人水和谐的"碧水、蓝天"的园林式生态城市。

（二）编构三片规划

随着扬中城市经济和城市建设的飞速发展，河网系统在城市发展过程中的积极作用却未能在规划管理上给予足够的重视，从而造成了许多遗留问题，如对于原有水域的大量填埋，已对城市环境和城市特色造成了难以逆转的不良后果。规划思想缺乏前瞻性和相应管理工作的滞后，使得河道两岸的用地功能安排不尽合理，与河道先天的自然幽美环境产生强烈反差。为此，依据《扬中市城市防洪规划报告》和《扬中市水系规划建设报告》，结合主要河流水系，与防洪和水系规划一致，将扬中的水系规划分为三大区域，分别为城区片、南部片和西来桥片。在各片区域内，对骨干河道和中心城区内部河道进行整治美化，以现有骨干河港为基础，形成"二十横十纵"的骨干河网水系。

1. 城区片："九横三纵"

"九横"为南通夹江北通主江的河道，有：新联河接丰收河；新坝大港；全红河与杜家港、营房港、铁皮港；联丰港；向阳河接何家大港和夏家港、三茅大港、扬子河、东滨河接永勤河；三跃港与光明河。

"三纵"为东西向贯通横向河道的调节河道。北自大江的前进河接红胜排河等，向南至三封港；北自大江的丰乐河向南直至建中河与三茅大港相接；北自王六港南至东新港。

2. 南部片："四横五纵"

"四横"为东西向的河道，主要连通大江与夹江，有：东新港接六圩港；长旺港接红星河；新四墩子港接团结河；红旗河接卞家港与战斗河。

"五纵"为南北向的河道：北自夹江起点处的新圩河，南至夹江的长兴圩；北自兴隆闸南至六圩港闸；北自团结港起点南至思议港口；三跃港起点至新龙港入主江；团结河起点至农场站入夹江。

3. 西来桥片："七横二纵"

拓浚整治光明河、同心河、穿心港、幸福河、向阳河、团结河、合兴河等七条东西向的横向河道，连通夹江与主江。新开南北向两条骨干河道，一纵河道北由曙光站通夹江，南至合兴河；二纵河道由光明河向南至小夹江。

（三）实施五大工程

1. 宣传工程：牢固确立水环境是扬中第一自然环境的观念

扬中正处于一个快速发展的时期，对于环境问题仍存在着一些思想上的"误区"：一是把

水体保护与经济发展对立起来,认为只要搞建设,就会有污染,现在强调发展是硬道理,当务之急是"先发展,后环保""先污染,后治理"等。二是现在有自来水了,有没有河水已经无关紧要了,对河水的功能认识不足,只看到其饮用价值,未看到河水的净化及灵动的作用。三是看不到水对一个城市建设的重要作用。对于扬中而言,水是不可多得的自然资源,水环境是独具特色的第一自然环境。水除了具有蓄洪排涝、水上运输、灌溉等功能外,在城市化过程中,还具有旅游休闲、环境景观、生态等功能,但这些功能往往被人们忽视。

针对这些观点,要大力加强宣传教育,普及人们对水之于扬中重要性的认识,使人们自觉提高水环境意识,提高水忧患意识、节水意识和环境意识,使扬中人更加自觉地珍惜水资源、保护水资源、优化水环境,使水环境保护等环保意识深入人心,从而使扬中的经济建设走上可持续发展道路。除各媒体的日常宣传外,可以适时举办一些集中宣传活动,如每年举办"爱河杯"少儿书画大奖赛、水资源保护科普宣传活动、母亲节"母亲河宣传节"活动等,以丰富多彩的宣传形式提高全体扬中人的公德意识、环保意识。

2. 保护工程:像保护眼睛一样保护好现存的每一条河流

（1）统计建档

水环境保护综合规划是水资源开发利用的基础。通过分析水资源分布和水环境的承载能力,摸清家底;在此基础上,对扬中现有河流进行统计、编号、建立档案,从而有效保护现存的每一条河流。

（2）落实责任

扬中的河流是扬中的先人留给我们的一笔财富,每一代扬中人都有责任珍惜这笔不可多得的财富,并将之保护好。目前,国家已出台了《水法》《水污染防治法》《水土保持法》等涉水法律,这些法律的实施,对推动水资源开发利用和水环境保护起到了重要作用。但仅有这些法律还远远不够,我们建议建立和制订扬中河道管理和防治水环境污染的地方性行政措施,出台《扬中市河道管理实施细则》和《扬中市水污染防治实施细则》,做到有法有规可依、违法违规问责,使扬中市的水环境治理走上规范化法治化的道路。如对河流填埋、驳坎堤坝、日常保洁等涉水工程层层落实责任,严禁肆意填埋、驳坎河岸,严格控制占用城市河道,凡占用者其水域占用费补偿标准要明显高于同一地段的土地市场价值。通过一系列手段,达到保护河道的目的。

（3）成立机构

长期以来,多龙管水的体制反映出许多弊端:供水不管用水、用水不管排水、排水不管治污。这种局面与水环境保护所面临的形势极不适应,也不科学,必须在管理体制上有所突破。建议成立由政府办、水农局、国土局、规划局、园林局、住建局等单位组成的扬中水环境与水资源建设管理委员会,对水环境建设中的具体问题和事项共同研究、协调,实行统一管理,实现优化配置、高效利用,从而促进人口、资源、环境和经济的协调发展。

3. 活水工程:让母亲河的水与内河水自由流淌

常言道:流水不污,户枢不蠹。"流动"是河流的基本特征,河流在流动过程中调整了河床和河岸的平衡,同时提高了河道水体的自净能力,营造出和谐的生态环境。所以,启动活水工程,是一项功在当代、利及后世的百年大计。扬中的活水工程必须做到:港港相通、港河串联、水系联网、内外通达、科学调度。

（1）内外联通

所谓内外联通,就是要将长江的江水与内港的港水联通起来。扬中虽处长江之中,但内河有一个长达半年之久的枯水期,枯水期内长江水量减少、水位下降,加之内河河沟淤积,致使河床抬高,从而导致长江水位长期低于内港水位,内港与长江之间无法进行水体置换。要解决这一问题,必须兴修水利工程。目前,扬中市城区只有夏家港有引排两用的提水泵站,但夏家港的水系已经被部分阻断,其引排功能受到限制,而油坊镇虽有泵站,但规模都比较小,不能满足水系内外联通的要求。因此,我们必须借鉴张家港等地区的做法,建设双向节制闸,枯水期用提水水泵将江水抽入内港,让江水与港水联通起来,达到净化的目的。

（2）内河流动

所谓内河流动,就是要将港水与河水联通起来。对在城市化过程中被切断的河流必须重新开凿联结,使岛内水系成网,让内河水与大港相通,使扬中大地的毛细血管不再堵塞。

4. 清水工程:重现清冷冷的河水

"水兴则市兴,水清则民安。"面对经济社会发展给扬中水体带来普遍污染的严峻形势,必须在全市范围内实施以"改善水质"为核心的"清水工程"建设,从更广范围、更深层次、更大力度上推进水生态、水环境的治理,要把清水工程作为生态文明建设的重要内容和重大的民生工程来抓,力求从根本上解决影响水环境的突出问题,持续有效提升河港水质。

（1）治污

"问渠哪得清如许,为有源头活水来。"要让清水重返城乡河道,截污堵源、源头治理是关键,是治本之道。要在对扬中全市不同污染源进行调查摸底的基础上,针对不同污染源的具体情况采取不同的治污方法,真正做到有的放矢。对工业污染要坚决治理、达标排放,以农业面源污染要通过控制使用有害农药逐步加以解决。我们建议在"十二五"期间,制订出台《扬中市"清水工程"五年实施计划》,力争通过五年的努力,使主要河道水质有根本性好转,努力实现"水质量提高,水循环正常、水安全保障"的建设目标。

（2）清淤

淤塞的污泥、上抬的河床直接影响着河道正常功能的发挥,影响着百姓日常生活。清淤疏浚,让河流重新畅通水清,应当成为扬中实施清水工程的一大重点。扬中的河道淤积情况比较严重,骨干河港平均淤积深度在 1 米左右,有些地段达到 1.5～2 米左右。据调查,多条骨干河港 10 年以上未经过疏浚,没有形成一个相互沟通和调节的完整河网水系,致使引排蓄能力不足。从 2006 年开始,扬中围绕提升水环境质量,实施了"千河疏浚"行动,对全市范围内的各级河港进行综合整治,共疏浚整治骨干河港 24 条 89 千米、一级和二级河 123 条 115 千米、村前埭后老河沟 2300 余条,改建坝头 3100 余座,水环境质量得到明显改善。但河道清淤是一项长期的工作,因此,"千河疏浚"行动应当而且必须落实责任制,使之日常化、长效化。

（3）保洁

有句顺口溜:"六十年代淘米洗菜,七十年代开始变坏,八十年代鱼虾绝代,九十年代洗

不干净马桶盖。"这正是扬中内河污染的写照。扬中河道的污染是结构性、人为性的污染,是改革开放30多年来的历史欠账,是社会经济发展对环境造成的后遗症。在调研过程中,我们看到扬中各级各类河道内的漂浮物增多,尤其是镇级河道和村级河道内的漂浮物更为严重,有些河道内的水花生等水生植物疯狂生长、塑料袋漂浮水中形成白色污染、生活垃圾和建筑垃圾随便倾倒、工厂废弃物沿河随意堆弃、死畜腐尸随波逐流……河道已成了"天然垃圾箱"。为提升河道管护水平,扬中已经出台了《扬中市骨干河港管理办法》,对27条骨干河港,按照2~3千米配备1名管理员的标准,配备专职河道管理员。目前,全市已经建立了专业河道管理队伍,共有河道保洁人员365人。我们建议将这一做法扩展到全市所有登记在册的河流。

5. 秀水工程:使扬中的水成为扬中的景

随着扬中城市化进程逐步加快,河道的功能已经由饮水灌排为主调整为以排水为主兼顾景观。在水环境建设中,必须充分考虑河道的生态景观功能,加强生态系统的保护。

(1)骨干河港两侧扩绿

河道的"两岸"既是限定河道空间的边界,又形成了沿河最为重要也是最近的景观空间。沿河道这一主线而形成的"两岸",同时还是陆上游河的线路。扬中作为一个岛市,水是最大的特色,因此,打造独具特色的水文化景观可从推进骨干河道的绿化建设着手,在骨干河港规定的绿化控制线范围内,选择合适树种,大规模植树造林,营造水秀岸绿的生态景观。

(2)堤顶公路两侧护林

因处于江心,堤顶公路本就是扬中的一大特色,加之堤顶公路外浩渺的大江风貌,便构成了一道独具韵味的自然景观。要充分认识堤顶公路的价值,开发利用好这里的水环境,必须包装美化江堤,在堤顶公路两侧成片栽种各种适合的林木,形成一片片桃林、银杏林、香樟林、棕榈林。这不仅可以达到护堤的目的,在景观效应上也可实现在不同的时节环绕堤顶公路遍览大江风貌时,能欣赏到不同的两侧景观。

(3)滨江新城掘土成湖

扬中虽然水资源丰富、河港纵横,但缺少具有别样风情的湖。历史上,扬州瘦西湖就是一个人工湖。近年来,石家庄市环绕市区开挖了一条长达56.7千米的"生态河",并沿河建设了20个公园,水面面积达到250万平方米,成为城市水环境建设的典范。依照这些成功的经验,仿照扬州瘦西湖成湖的经验,扬中完全可以以建设滨江新城为契机,凭借新建的滨江新城濒江的有利条件,在滨江新城选取恰当位置掘土成湖、堆土成山,形成一个人工湖,打造出一个有水有坡的新景观,改变扬中有港无湖、有水无湖的状况。

(4)城区河道美化亮化

对城区的三茅大港、明珠湾、扬子河等主要河流要高品位、高标准规划,科学绿化,形成特色。一是要绿化,在河道两侧植树造林;二是要亮化,实施亮化工程,让灵动的水在晚上亮起来;三是要人文化,在扬子河、三茅大港等主要河道两侧建一些亭台楼阁等人文景观,既方便人们休闲小憩,又可增加景观的人文内涵。

(孙国荣、常燕萍、郭伟英、冯芸、李华)

优化水环境建设
提升生态核心竞争力

一、扬中水环境建设的历程和现状

245

扬中市地处长江中下游平原水网区,是长江中的一个岛市,市域面积331平方公里,陆域面积226平方公里,常住人口33.78万人。自先民登岛垦种以来,扬中人就开始了水环境的治理,筑坝围堤、滩涂围垦、清理水道、修建涵闸。新中国成立以来,党和政府带领扬中全市人民开展大规模的治水和农田基本建设工程,建成了具有一定规模的防洪、排涝、降渍、灌溉、航运交通等各类工程,形成了一个系统的水环境体系。扬中水环境的现状和特点表现在以下几个方面:

(一) 江港堤防为主的防洪体系框架已经建成,能够满足防洪的要求

新中国成立后,党和政府就高度重点防洪工作,经过广大干群的坚持不懈、艰苦奋斗,尤其是1986年和1998年两次江堤达标建设,全面培修加固堤防,堤防达到了抗御50年一遇洪水标准;对江堤迎风顶浪地段,铺浇块石护坡或砼护坡,堤顶外侧砌筑挡浪墙;坍江地段修筑退堤、抛石治理;堤防内外侧挑筑护堤平台;对堤身渗漏和堤脚漏洞实施钻探、劈裂帷幕灌浆处理;对堤身涵洞、排涝站出水池等建筑物接长加固。现有达标江堤120.151千米。在江堤达标建设的同时,结合河道拓浚,对港进行培修加固、达标升级,提高了内河堤防抗御高水位的能力。

(二) 以县级河道为主轴,以乡级河道、村庄河塘为网络的平原圩区水系初具规模,能够满足基本的引水、排涝需求

新中国成立后,在全面整治旧自然水系的基础上,扬中对原河道进行拓浚、裁弯取直,并新开挖了一批新的河道,修建了通江节制闸和出江排涝泵站。经过历年的建设,扬中已建有

县级河道 27 条、乡级河道 144 条、村庄河塘 2323 条，河道总长度近 1500 千米；建有通江闸（站）15 座、骨干河港出江排涝站 8 座。

（三）江堤管养、河道管护体系初步建立，为保持良好的水环境提供了基本保障

2001 年，扬中成立"扬中市河道管理所"，开创了农村河道管护工作的新局面，在不断探索完善河道管护方法的同时，不断加强河管队伍的建设。2008 年，扬中成立了专业的骨干河港管护队伍，27 条骨干河港聘用了 46 名河道管护员；2012 年各行政村（社区）逐步建立了河管员队伍，每村聘用河管员 5～8 人，负责本区域范围内乡级河道和村庄河塘的管护工作，全市各类河道管护得到了充分保证。2003 年，扬中成立扬中市环岛江堤公路管理所，负责扬中范围内长江堤防工程的运行、维修、养护等日常工作，并负责堤防工程巡查、观测。堤管所聘用人员 58 名，其中管理人员 11 名、养护人员 47 人，负责全市 47 个堤防标段的管养工作。

二、扬中水环境建设的层面与要求

水环境是指自然界中水的形成、分布和转化所处的空间的环境，是指围绕人群空间及可直接或间接影响人类生活和发展的水体，主要由地表水环境和地下水环境两部分组成。水环境建设就是以水环境保护为目标，所采取的各种改善水环境质量的工程和非工程的措施。从建设扬中生态市、水上花园城市，率先实现现代化的需求出发，结合扬中改善城乡水环境，为全市经济、社会可持续发展提供坚实保障的实践，我们要重点做好以下几方面的工作：

（一）治坍护岸，构筑扬中的防汛第一线

扬中大江侧岸线受江心暗沙迁移、深泓溜线摆动的影响，江岸时涨时坍；夹江侧岸线因江面狭窄，深泓溜线左右转折冲刷，江岸涨坍遵循凸岸堆积、凹岸侵蚀规律。治坍工程由早期的沉排、沉梢、抛石拉护治理，到现在的抛石平护和抛石护坎治理，长江岸线得到了较好的治理，基本保证了长江岸线的安全。但扬中的坍江岸线较长，未治理或治理标准不高的还有近 40 千米，我们在加强观察的同时要千方百计筹集资金，切实加大治理力度。

（二）培土固堤，提升河道防洪能力，构筑扬中的生命线

扬中市属于长江中下游冲积平原，以砂性、粉质土为代表。江港堤防受雨水侵蚀和河水冲刷的影响较大，堤防的堤顶宽度、高程和坡比逐年下降，部分河道在河道开挖和堤防夯筑时就未达到设计标准，给工程的运行和管理带来了安全隐患。在河道清淤过程中，要利用清出的淤泥堆土筑坝、加固堤防，或结合相关水利工程建设购土固堤，不断提高堤防标准。

（三）打通断头河、改造节节坝，夯实水环境的坚实基础

由于历史的原因，部分老河、道断头河无法与下级河道互通互连；村前埭后老河沟和部

分其他河道,因群众为方便生产、生活而自建的简易坝头建设标准极低、过流断面偏小,不能满足过流的要求,严重影响水系的完整性和水流的通畅性。在水环境建设的过程中,要按综合规划、分步实施、集中连片、发挥效益的思路,分区分年度实施坝头改造工程,解决河道连通问题。

(四)疏浚整治河道,提升河道引排水能力,改善河道水质

扬中地处长江下游段扬子江中,水资源丰富,江堤外的长江水体成了扬中主要的水源。同时,江水中夹带的泥沙在内河中沉积,也加剧了河道的淤积。江南水乡,水乡的居民临水而居,有发展水产的习性,但水生植物凋零后的腐殖质加剧了河道的淤积;历史遗留的损毁建筑、违章建筑、违章搭建、坡面弃置物、各种杂物,以及弃置的建筑垃圾和生活垃圾也影响了河流的通畅。为了恢复和提升河道的引排水功能,要引导农民的水产种养殖,定期进行河道清淤拓浚和岸坡整治,修整河道防护林及坡面绿化,提升河道的整体环境观感。

(五)维修改造配套建筑物,着力提升河道控制能力

河道上建造的涵闸、泵站、农桥等水工建筑,因当时历史条件的制约,建设标准低,经过几十年的运行,工程老化和损毁严重,既影响了河道引排水等功能的发挥,给工程的运行带来了安全隐患,也影响了河道的面貌。通过对老旧和损毁水工程建筑物的翻建和改造,有效提升了水利工程建筑的建设标准,消除了防汛安全隐患,也对河道环境起到了亮化和美化作用。

(六)加强管护队伍建设,实现水环境持续高效运行

通过对长江、骨干河港和圩内河道分级管理,建立固定的管理队伍,聘请专门的管护人员,落实专项管理资金,保证河道环境有人管、垃圾杂物无留置,河道附属物有专人操作,使河道能够得到定期维护和保养。

三、扬中水环境建设存在的问题

虽然扬中的水环境建设工作取得了一定的成绩,但我们也要清醒地认识到,水环境建设还存在许多问题。

(一)各行政部门的职能交叉、自成一体、力量分散,对水环境建设的认识存在差距

城市规划建设由规划、水利、国土、环保、市政、园林等多个行政部门共同进行。城镇规划建设及市政、园林建设过程中对水环境规划和建设重要性认识不足,水资源开发利用率不高,低水平开发建设也未能有效提升水环境面貌。雨污管网建设和河道控制规划滞后于城市的发展。城乡建设部门对居民个人自发的水环境建设行为缺乏引导和管理,侵占河道岸

线的情况时有发生。自然生态的河道保护不够,水景观、亲水型建筑对面广量大的农村河道而言,数量仍然偏少。

(二)防污治污取得阶段性结果,仍面临严峻问题

扬中已经初步建成了城市污水管网,扩建了污水处理厂,雨污收集、治理取得了良好的成绩,改善了城乡居民的生活环境。但近年来城市发展较快,一些新建小区遇雨即淹,污水管网不完善,仍有部分污水入河,部分农村居民规划点未建污水集中处理设施,农业面源污染未有效防控影响了河道水质。城中村居民生活污水未能完成收集治理,也成为城中村河道污染的重要原因。

(三)长江岸线崩坍得到有效治理,部分地段仍存在安全隐患

扬中长江岸线由早期的沉排、沉梢、抛石平护治理,到现在的抛石平护和抛石护坎治理,长江岸线崩坍地段得到了较好的治理,基本保证了长江岸线的安全。但扬中的坍江岸线较长,未治理或者治理标准不高的还有近40千米。2014年7月和9月长江夹江九十三圩段就发生了较大规模的崩坍。坍江如不能得到根治,将永远是扬中的心腹之患。

(四)河道被侵占、填埋仍屡禁不止,水面率下降

由于城镇建设和工业建设,原有的河道被填埋,水面积等量置换没能实施;居住在河道边的居民非法侵占河道,束窄了河道水面,影响了河道过流断面,也直接导致水面率下降,影响了河道的蓄水能力。

(五)宣传力度不足,社会对水环境建设与管护的认识不足

我们对水环境建设的宣传已经做了一些工作,管护范围内设立了管护人责任牌,管护范围告知牌及水利法律、法规宣传牌;在电视、广播、网络也进行了相应的宣传、报道。但我们的宣传的效果还不太理想,社会对水环境建设的认识还不够充分,既存在对水环境建设和管护重要性的认识不足,也存在对水环境建设和管护工作片面性理解的误区。我们的宣传力度还需要加大,以适应社会发展和科技进步;宣传方式还需要进一步优化,要更加贴近群众和社会。

四、扬中水环境建设的发展和未来

为了进一步夯实扬中水环境的基础,打造强有力的防汛防旱体系,为社会经济持可持续发展提供坚强的保障和有力的支撑,为扬中的城市发展提供良好的水环境,在这个历史的发展的机遇点上,回顾过去,展望未来,我们需要做好以下几方面的工作:

（一）切实加强水利规划编制工作，确定扬中水环境建设的近远期目标

在城市总体规划的指引下，尊重区域发展、行业发展和城市发展客观规律，制订江滩开发与保护总体规划及符合扬中长远发展的水系水环境建设与控制规划。合理布置给水、排水、集污治污、供电、供热、燃气供应、邮电等工程线路，既考虑城市的发展和市政工程的建设与发展，同时兼顾水环境建设、管理和安全的需求，为水环境长远发展提供良好的空间。水环境建设要紧紧依托水利规划，逐步实现规划目标，打造良好的水环境。

（二）以长江堤防提标升级、新一轮治江工程建设为重点，打造安全的水环境

扬中江港堤防经过20世纪末的达标建设，已具备一定的水平，但经过近20年的风雨、潮水的侵蚀及受沿江开发加速的影响，目前已经满目疮痍，远远落后于周边地区堤防建设，给人民群众的生产、生活及安全都带来了较大的不便和隐患。我们应该巧借东风、趁势而上，做好长江堤防提标升级工作；同时要掀起新一轮大治江的高潮，打造更稳定、更坚固、更生态的长江生命线。

（三）加大小型水利工程建设力度，打造生态文明的水环境

继续发挥国家基建项目、小农水重点县和中小河流重点县建设等国家级资金项目的引导作用，充分挖掘扬中水环境建设的社会投入潜力，掀起新一轮的水环境建设新高潮。以沿江双向泵站建设、圩内泵站和涵闸改造、农村河道综合整治为抓手，以工程建设推动防洪、排港、引水能力的不断提升，推进环境绿化、美化和河道景观建设，打造"河畅、水清、岸绿、景美"江南水乡风貌。建设人水和谐的水生态环境，体现时代发展的要求和广大人民最迫切的需要。

（四）实现雨污分流，配套管网建设，大幅度提升污水收集率

在实现工业污水治理达标排放的同时，进一步减少农业的面源污染，推广使用低毒农药和有机复合肥料；逐步推广农村生活污水收集，加强镇区污水处理厂建设，逐步实现农村生活污水集中收集处理，限制含磷洗涤用品的使用，推广使用无磷洗涤用品。

（五）加大水环境管护资金投入，实现水管体制改革

随着我们对水环境工程建设的不断投入，水环境建设的重点将由"重建"向"强管"过渡。扬中是省级水管体制改革试点单位，加强水环境管护资金的投入、打造一流的管护队伍、不断提升水环境管护的能力和水平是全市今后水环境建设工作的重要内容。在加强水环境巡查、维护、保养的同时，我们要加强制度建设，积极引导人民群众加入到水环境建设和保护中。

（郭峰、蒋长春）

民主法治篇

扬中市委十一届四次全会提出了"抢抓改革发展机遇,全力建设'最美扬中'"的目标。作为党内监督的专门机关,扬中市纪委准确研判当前反腐倡廉建设形势,严格按照中央纪委关于"三主三转"的工作思路,深入推进改革,强化执纪监督,以更加务实的作风和更加优良的形象,为扬中的跨越发展保驾护航。

一、强化主业意识,切实转变职能

针对坚持标本兼治、突出治标为主的阶段性特征,围绕作风建设、惩治腐败、预防腐败三大重点,全面履行党章赋予的执纪监督职能。

(一)强力推进"清风行动"

认真落实中央八项规定和省、市十项规定,建立常态化的联动督查机制。依托"江洲清风网"、行风热线、12345 热线等载体,畅通群众监督的渠道。建立扬中市纪委委员带队巡查机制,紧盯作风问题易发高发的重要时段,一个节点一个节点地推进作风建设。完善作风建设违规行为处理办法,点名道姓通报曝光。

(二)严格抓好执纪办案

充分发挥扬中市委反腐败协调小组作用,建立健全腐败案件揭露、查处机制和查办案件组织协调机制。制订案件线索收集制度,完善与执法机关和工商、住建等部门的案源线索移送机制,加强网络舆情线索搜集。坚持抓早抓小,对苗头性问题及时约谈、函询,加强诚勉谈话工作。建好案件谈话和安全陪护两支队伍,实行纪委常委负责制、主办责任制,加强对基层案件的督办,完善案件质量监管平台,提升办案质效。

(三) 全面构建惩防体系

以中央和省、市新一轮惩防体系的建立为契机,出台具有扬中特色、符合扬中实际的实施意见。深化"江洲清风"廉政文化教育行动,加强反腐倡廉宣传和舆论引导。健全制度执行监督和问责机制,加强对法规制度执行情况的监督检查,促进制度刚性运行。深入推进"清廉村风"工程,推行"四议、三公开、两监督"工作法,夯实农村基层党风廉政根基。

二、坚决履行主责,切实转变方式

坚持在扬中市委统一领导下,将牵头抓、协调抓、具体抓有机结合,充分发挥各职能部门的作用,做到各负其责、协同作战。

(一) 进一步发挥组织协调职能

按照党风廉政建设责任制的要求,督促各级党组织切实履行主体责任。按照上级纪委的统一部署,精简议事协调机构,把不该参与的工作交还给主责部门,切实做到不越位、不缺位、不错位。

(二) 进一步创新督查方式

建立失职责任追究制度,实现由责任同担向各负其责转变;建立执法廉政风险动态巡查制度,由依赖职能部门向依靠多方力量转变;发挥电子监察系统作用,从对行政审批(许可、备案)事项的监察逐步扩大到对行政执法事项的监察,从源头上遏制腐败行为的发生。

(三) 进一步严格执纪问责

规范纪律检查建议书、审理建议书、监察建议书的使用和管理,增强执纪问责的严肃性。严格实行问题上查一级,责任倒追一级,不仅要追究直接责任部门的责任,而且要追究审核审批部门的责任;不仅要追究直接当事人的责任,而且要追究分管领导的责任,形成层层执纪问责的机制。

三、加强"四度"建设,切实转变作风

认真落实"打铁还需自身硬"的要求,对各级纪检监察干部做到严格教育、严格管理、严格监督,努力提升忠诚度、胜任度、融合度和满意度。

（一）教育引导转作风

打牢思想根基,大力开展"四查纠四坚持四提升"活动,引导纪检监察干部找准方向、拔高标杆、提升境界。提高履职能力,设立业务讲堂,请有丰富实践经验的人来上大课、搞辅导,加强信访、案件查办、执法监察等业务知识的学习,着力培养业务带头人、文字能手和办案能手。

（二）加强监督正作风

扎实开展群众路线教育实践活动,深入开展"三进三听三问"活动,广泛听取各方面的意见和建议,认真查找"四风"方面存在的突出问题,及时公开整改措施,提高群众对反腐倡廉建设的参与度和满意度。

（三）严格制度塑作风

理顺工作流程,围绕重点环节,建立健全严格有效的内控机制,切实防止"灯下黑"。建立扬中市纪委常委服务基层"四个一"制度,定期深入基层一线开展调查研究,为企业和群众办实事、解难题。加强对纪检监察机构的领导和管理,建立定期约谈制度,完善纪检监察组织绩效考核机制。

255

（姚敬源）

近年来,扬中坚持项目化管理、序时化推进,不断掀起"法治县(市、区)"创建的新高潮。2007 年,扬中荣获江苏省首批"法治县(市、区)"创建活动先进单位;2008—2011 年蝉联全省"法治县(市、区)"创建活动先进单位;2010 年被表彰为全国首批"法治县(市、区)"创建工作先进集体;2012 年被命名为全省首批"法治江苏建设示范县(市、区)"。扬中是镇江地区唯一获此荣誉者。

一、要在"法治县(市、区)"创建中看到成绩、增强信心

(一) 推行依法决策与依法治官相结合

一方面,在全省率先推出了《市委议事决策规则》,形成了"法治前置"理念,做到了"三个凡是":凡是涉及市民利益的重大决策,全部依照议事决策程序进行;凡是重大行政行为的实施,全部征询政府法律顾问的意见;凡是重大事项、重要决策、重点项目,全部进行社会稳定风险评估。另一方面,注重培育领导干部的法治理念,领导干部任前法律知识考试、学法读书笔记、公务员学法考试及述职述廉述法制度、行政首长出庭应诉等制度的落实,以及党委中心组集体学法活动、市委党校"法律大讲堂"等阵地的建设,提高了领导干部遵守法律和依法决策的意识和能力。

(二) 推行依法行政与打造"三型"政府相结合

以提前一年实现"法治政府"为目标,把推行依法行政作为打造"阳光型、规范型、责任型政府"的基础,不断形成特色。

1. 在全省率先推行依法行政工作责任制,日臻完善《扬中市法治政府建设考核评价办

法》，配套制定45项制度，形成了上下联动、左右贯通的责任体系。

2. 在全国首创"说理式行政处罚文书"，获得了省政府法制工作创新奖；在全省率先推行"标准化行政执法"，获得了全省政法工作创新二等奖。

3. 近年来，政府依法行政工作连续实现了三个100%：行政权力网上运行覆盖率100%，真正做到了一件不少、一步不落、一项不错、一个系统、一把尺度；制发规范性文件的报备率、及时率、规范率达到100%；全市行政首长出庭应诉率100%，高于全省平均水平20个百分点。扬中自2008年被确认为首批"省级依法行政示范点"以来，连续三次摘得了这一荣誉。

（三）推行公正司法与依法治警相结合

将执法规范化建设贯穿于政法队伍建设的始终，不断推进公平、公正、文明司法。以活动促教育。相继开展了社会主义法治理念、科学发展观及"三抓""三新"等系列法治主题教育实践活动，开展了十佳规范执法单位、十佳规范执法干警的"双十佳"评选活动。以公开促公正。向社会面公开政法各部门的执法依据、执法程序、收费事项、监督措施。建立司法机关"一把手监督"机制，首创案件办理内部督察员制度，出台"八小时之外"行为监督规定，推行"办案告知卡""廉洁自律卡"和"回访监督卡"的"一案三卡"制度，率先实行由人大、政协"外部选任"人民监督员制度。以制度促规范。严格案件流程管理，完善执法监督机制，推行责任追究制度，实行执法办案网上流程管理，推行案件质量评查机制，切实把权力关进了制度的"笼子"，政法机关形象明显提升。扬中市公安局被推荐为"群众工作创新工程全省十佳公安局"，市检察院被评为"全省检察机关先进集体"，市法院被命名为全省"文明行业"，市司法局被评为"全国基层司法所建设工作先进单位"。

（四）推行法治文化建设与法制普及教育相结合

扬中在实现"省级普法先进市"创建"四连冠"的基础上，全面启动"六五"普法。日前，"六五"普法阶段性工作已顺利通过了镇江市考核验收。在普法进程中，逐步形成了"点、线、面"相结合的法治文化阵地体系。点：打造了城北法治公园、地税局税务法治文化陈列室、开发区环保法治体验馆、油坊农民学法馆、八桥法文化馆等法治场馆。线：形成了江洲西路法制宣传显示屏一条街、新坝镇和三茅街道法治漫画围墙、开发区法径通幽长廊、西来桥镇法制宣传一条路等法制宣传的线路。面：创办了《法治在线》电视栏目，开通了"扬中普法网"、《法治讲堂》广播节目及手机短信普法平台。

（五）推行依法管理与法治惠民相结合

坚持每年把社会管理领域中的热点、难点问题，作为开展"法治实事"活动的突破口，近年来为民办理法治实事80余件，取得了群众满意、社会认可的效果。在政法工作领域，市司法局构建的司法行政惠民服务体系，做到了司法惠民服务站全覆盖、法律服务全覆盖、调解网格化全覆盖、法治文化阵地全覆盖;市公安局的民意警务、市法院的便民诉讼服务中心等载体活动,有力地树立了司法为民的形象。在行政管理领域,扬中地税局倾心打造一次性告知、一站式服务、确保二次办结率100%的"112民心秤"工程,扬中质监局的"审前听述"制度及法律提示书、法律建议书、风险提示书的"法律三书"制度等,深得百姓赞许。在基层民主建设领域,三茅街道推行的点题公开、专题公开等民主听证形式,开发区恒跃村推行的党群议事会、村民授权的做法,均活化了民主法治的内涵。

二、要在"法治县(市、区)"创建中查找薄弱、认清形势

扬中法治建设取得了一定的成效,但是与上级的要求和人民的期盼相比,仍有一定差距。主观上,少数部门认识还不够到位、工作的主动性不强;客观上,有些执法机关公共权力运行不够规范,存在不依法、不作为、不文明的现象,信访不信法的问题依然较为突出等。从当前形势看,在创建"苏南现代化建设示范区"的大背景下,欲每年持续完成法治建设满意度90%以上的目标,任务非常艰巨。2013年3月,镇江市通过随机拨打固定电话访谈群众的方式抽样调查了扬中180位居民,结果显示扬中法治建设满意度仅为80.3%,在镇江市位居第三。从调查内容来看,主要有以下问题:

1. 乡镇、街道政府有没有做出过损害群众利益的决定、规定方面,选择"有"的占6.1%;选择"记不清""说不清"的分别占9.4%和10.0%。

2. 乡镇、街道政府在依法行政、依法办事方面,选择"一般"的占22.8%;选择"不太好""说不清"的分别占4.4%和12.2%。

3. 公正司法满意方面,选择"一般"的占13.9%;选择"不太好""说不清"的分别占3.3%和19.4%。

4. 公民遵纪守法方面,选择"一般"的占12.8%;选择"不太好"和"说不清"的皆为1.7%。

5. 村(居)委会落实民主管理和服务群众方面,选择"一般"的占29.4%;选择"不太好""说不清"的分别占7.2%和5.0%。

6. 接受法制培训教育或参加群众性法制文化活动方面,选择"没有"的占86.7%。

7. 当前法治建设最需要解决的问题是什么？依照顺序分别为环境污染、食品药品安全、医患矛盾、制假售假、违规征地拆迁等。

综上所述,产生这种调查结果的原因大致在三个方面:一是受调查者亲身经历或耳闻目睹过不法侵害行为;二是侵权人或党政机关确实存在违法违规的表现;三是社会乱象造成了群众的极大不满。如何改变这一现状,切实解决老百姓答案中诸多"说不清""记不清""没有"的问题,切实提高人民群众对法治建设的认知度、满意度,迫切需要我们统一思想,提高认识,扎扎实实地抓好各项工作的落实。

三、要在"法治县（市、区）"创建中突出重点、合力推进

对照实现"苏南现代化建设示范区"的要求，按照"法治县（市、区）"创建的标准，我们要立足当前、放眼未来，加速推进依法治市工作。就长远而言，各地各部门要围绕十八大报告和习近平总书记关于法治建设的重要论述，抓好各项工作。

（一）提高领导干部运用法治思维和法治方式解决问题的能力

首先是深化三个理念，增强领导干部三项法律意识。即深化依法科学民主决策理念，增强程序规则意识；深化立党为公的理念，形成权利与义务对等的思维意识；深化执法为民的理念，增强权益意识。其次是逐步形成法治思维引领决策行为的惯性态势，着力提高领导干部运用法治思维深化改革、推动发展、化解矛盾、维护稳定的能力。力求在四个方面谋求新成效：在制度革新上，强化制度的执行力；在推动发展上，形成法治前置理念；在化解矛盾上，发挥法治保障功能，形成多元化矛盾化解机制，规范信访秩序；在维护稳定上，探索形成改革征地、调节收入分配、处理人民内部矛盾的新机制。

（二）研究解决人民群众最关注的核心问题，维护公民权益

加大实施法治惠民工程力度。在项目建设内容上，研究解决人民群众反映最强烈的突出问题、热点问题，提高法治知晓度；在项目建设方法上，采取以民生为重，项目化管理、工程化推进的实施方式；在项目建设实效上，整合司法建议和法治建议的资源，形成工作合力。

（三）深化公正廉洁执法，制约和规范公共权力的使用

要进一步提升执法公信力，深入开展道德领域突出问题专项教育和治理。继续打造阳光规范型、法治责任型、政务服务型政府，推动政府诚信；开展诚信守法企业创建活动，推动商务诚信；加强市场监管，依法打击各类经济犯罪，大力开展放心消费等活动，推动社会诚信；开展"执法一线创一流"主题活动，深入推进公正廉洁司法，推动司法公信。

（四）弘扬社会主义法治精神，深化社会主义法治理念

要着力加强法治文化建设，做到"三个结合"。在理念上，做到"道德和法治"的结合，将引导公民自觉守法作为推进公民道德建设工程的重要内容；在文化形态上，注重法制宣传和法治文艺的结合，让老百姓喜闻乐见，增强"六五"普法的渗透力；在法治文化建设的内涵上，注重法制宣传教育和生态文明建设相结合，做到相互依存、相得益彰。

（五）努力实现社会管理法治化，推动基层民主建设创新发展

紧紧围绕社会管理创新工程和民生幸福工程，加快推进基层民主建设。重点是推广开

发区党群议事会、村民授权的做法，并在此基础上积极探索人民群众当家做主的民主法治新路子。

四、依法治市的重要举措

1. 实施文明交通工程。借助园博园举办之机，我们要深入实施文明交通工程，广泛开展文明出行教育，规范交通秩序整治行动，严格规范交通行为。

2. 结合党的群众路线教育实践活动，在扬中地税局召开"112 民心秤"工程现场会，在行政执法部门推广"112 民心秤"工程的经验做法，将执法为民理念普及到每一个执法部门和每一个执法人员。

3. 完成"法治县（市、区）"的考核验收。2014 年是"法治县（市、区）"创建工作的大考之年，其考核体系严、检查内容多、涉及部门广、工作任务重。希望各地各部门恪尽职守，各司其职，在规定性动作上求厚实，在自选性动作上求创新，努力完成创建任务。

4. 确保人民群众对法治建设的满意度在 90% 以上。要通过法治文化建设，切实提高人民群众对法治建设的知晓率；要通过实施法治惠民工程，切实提高人民群众对法治建设的认同感；要通过开展"法治在进步"等专项主题活动，切实提高人民群众对法治建设的满意度。

（沈大银）

$\mathbf{在}$全党深入开展群众路线教育实践活动、加大反腐力度的大背景下,"四风"问题在诸多领域得到了有效遏制,"八项规定"逐渐成为广大干部的纪律高压线,党风政风明显好转,人民群众普遍拍手叫好。但是,随之也有一些不如人意的现象开始涌现,并有蔓延之势,比如少数干部开始滋生"为官不易"的思想,出现了能不做事就不做事、能少做事就少做事的"为官不为"现象。习近平同志任职浙江省委书记时,曾撰写过一篇文章《要拎着"乌纱帽"为民干事》,提出"每一个领导干部都要拎着'乌纱帽'为民干事,而不能捂着'乌纱帽'为己做'官'"。所以,对于"为官不为",必须给予足够重视、高度关注,结合党的群众路线教育实践活动,科学应对、大力整治,让干部始终铭记虽然"为官不易",但绝不能"为官不为"。

一、"为官不为"的类型分析

为官不为,归其根本就是公职人员不履行、不完全履行或不及时履行自身的岗位职责,造成了"懒政""荒政"等问题。结合实际情况分析,"为官不为"主要有以下五种类型:

1. 拖拉懒散型

这一类型的主要表现是:要做的不做,该办的迟办。这类干部对待一些工作和任务,不是马上干、立即办,而是能拖则拖,能对付一天是一天,直至把工作拖到石沉大海。有时在领导的再三催促和群众的多次反映下,才心不甘、情不愿地机械办理。他们开展工作没有自主自觉,推一下、动一下,该办的事不办,"一杯茶,一支烟,一张报纸看半天",群众对此类干部最为反感。

2. 推诿耍滑型

这一类型的主要表现是:把问题推出去,把成绩揽回来。对待一些棘手或可能产生矛盾的工作,推诿扯皮,想尽办法不办事、少办事。遇到难处绕道走,换个说法推出去;遇到新问题、新事情,能躲就躲、能推就推,防止做多错多,"得罪人"的事不干,"讨人嫌"的话不说,只会亦步亦趋地守着"不出事"的逻辑,世故圆滑地成为推脱难题的"太极高手",形成了责任的"击鼓传花"。而遇到容易出成绩的事情,则往往具有比较高的工作热情。

3. 求稳怕事型

这一类型的主要表现是:老和尚撞钟,按部就班。有的干部能力强、有想法,但考虑的问题、顾虑的因素过多,便抱着"宁可不做事,但不能做错事"的心态去工作,不求有功但求无过。如受"铁本"事件影响,扬中的少数干部总是担心因改革或创新的力度较大,引起不必要的争议,对自身政治前途产生影响,于是工作起来墨守成规、束手束脚,开拓创新的劲头不足。

4. 无利不往型

这一类型的主要表现是:看脸色行事,无利不起早。见风使舵,对待可办可不办或可急可缓的工作,没人打招呼坚决不办或缓办,领导看不到坚决拖着办或简单办,人为设置"AB面""黑白脸"。存在靠权力寻租的唯利心态,缺乏大局意识,眼光狭隘、贪利贪势,把部门利益、局部利益看得过重,或者把个人得失看得很重,许多事情为与不为、办与不办全看是否有利可图、有名可扬。

5. 欺上瞒下型

这一类型的主要表现是:欺上又瞒下,信奉摆平就是水平。对于上级交办的任务,对下不提不问不落实,对上做完做好做得棒,不真正把上级布置落实到位,或是弄点虚假材料和报表往上一报了事,或是弄个盆景、迎接检查算是完成任务,习惯于上下糊弄,形成"中梗阻"现象。

二、"为官不为"的原因剖析

造成"为官不为"问题的原因是有很多,概括起来主要有内源性和外源性两方面。

(一)内源性原因剖析

一是因懒,不愿为。一些干部存在"多一事不如少一事"的懒人心态,全心全意为民服务的宗旨理念出现松动,安于现状,看摊子、守位子,推着干、看着干,工作热情减弱,进取意识淡化。特别是一些任职时间较长的干部觉得"船到码头车到站",不愿再吃苦挨累。二是唯利,不肯为。一些干部存在靠权力寻租的唯利心态,缺乏大局观念,过于看重部门利益、局部利益,过于看重个人得失,所以许多事情能推就推,或者靠人情才肯办事。三是怯懦,不敢为。一些干部存在"事不关己高高挂起"的旁人心态,缺乏担当精神,怕工作失误、冒风险,担心踩到红线、触犯规则,"穿钉鞋、拄拐杖",把"不出事"作为最大原则;怕触及利益、得罪人,担心引火烧身、担心承担责任,畏首畏尾、缩手缩脚。四是恐慌,不会为。一些干部存在"黔驴技穷"的庸人心态,一方面能力素质不强,对深化改革、调整结构、转变方式等新任务不熟悉、不学习、不钻研,开展工作不得要领、无所适从;另一方面在"擦边球""闯红灯"、搞规避变通、靠吃喝处感情、拉关系跑项目等传统打法不管用的情况下,有些束手无策。五是哀怨,没有特权为何为。极少数私欲极强的干部,把"干净"与"干事"对立起来,觉得"四风"被打压,车子没了,特权没了,公款吃喝提心吊胆,"油水"没了,干事也没劲了,与"当官的"相差甚大,心理有失落感,所以宁愿不做事、少做事。

(二)外源性原因剖析

1. 考核激励作用缺失

一些地方干部考核激励机制欠缺,没有树立起鲜明的实绩考核导向,对干部考核弹性大、空间大,表面上什么都考,实际上什么都考不出来,导致勤勤恳恳干的考核等次未必好,浑浑噩噩混的考核结果未必差。考核机制缺乏约束力,其中既有考核指标设置宽泛模糊的问题,也有考核信息收集手段单一的问题,更有结果运用刚性不强的问题。比如,按照规定,每年评先评优比例仅占干部总人数的15%～20%,评先评优物质奖励力度较小,且存在轮流坐庄现象,不与政治待遇挂钩,评先评优的激励作用难以最大化发挥。考核机制起不到鞭策激励效果,必然造成忙的忙、闲的闲,闲的人在旁边看笑话,应了"劣币驱逐良币"的法则。

2. 用人导向存在偏差

近些年来,在干部选拔任用工作上,一定程度地存在着重考试、强调公开竞选比例等问题。一些能考试、会演讲的干部风光满面,而一些长期默默无闻、扎实干事的干部,既流汗又流泪,却得不到提拔重用,长此以往难免打消积极性。再者,很多地方没有建立起凭实绩用干部的导向,在干部选任中人为因素占上风,搞平衡、搞照顾,一些"官二代"迅速走上领导岗位,让很多埋头苦干的干部觉得,"低头干事"没有出息,"抬头看路"才有出路,把精力从真干实干转到拉关系、跑官要官上,一身的浮躁气,静不下心来干工作。

3. 问责处置力度不够

对干部不作为造成严重后果的,一般都会按照对领导干部问责的相关规定进行问责。但即使这样,也存在问责制度落实不力,问不到实处、责不到痛处,板子高高举起、轻轻落下等问题。有的被问责的干部甚至"毫发无损""超速复出",因而达不到问责、纠错的目的。有的干部的不作为,没有造成短期内可以看到的严重后果,他们只要把上级重视和交代的任务完成好,就是"政绩斐然";只要把基层矛盾掩盖住,调任之后就与其无关。对这些人的问责根本无从谈起,尸位素餐才得以大行其道。

4. 权责设定模糊不清

很多领导岗位没有划分职责,存在着职权交叉、责任模糊、相互制约等情况,加之对干部应该做什么、该怎么做等方面疏于教育和引导,让干部不知道自己该做什么。同时,对干部不作为没有界定和处罚,干部不该做什么没有明确的底线规定,也缺乏相应的管理制度,没有专门的部门对干部不该做的行为进行监督和约束。有些管理制度,好比网孔稀疏的笼子,关得住骆驼,关不住耗子,管得住大的方面,却让小的方面钻了空子。

5. "污名"现象日趋严重

近年来,干部队伍出现了一些不良事件,如"表哥"这样的害群之马,通过网络媒体的快速传播和渲染,群众很容易将这些现象主观放大到整个干部队伍,从而出现了"无论干部做什么,群众都不喊好"的现象,大大挫伤了干部干事创业、为民服务的积极性。在当前的信息时代,人人都有麦克风。一项改革、一种言行,随时随地接受成千上万网民的监督和评论,但很多领导干部不善于、不习惯在媒体关注和公众监督下推进工作,生怕被舆论绑架,特别是看到一些大胆作为但效果不理想的干部遭舆论"批判"时,更坚定了"多做多错、不做不错"的"信念"。

三、"为官不为"的对策解析

刘云山同志在第二批教育实践活动推进会上强调,"为官不易"不能"为官不为"。遏制"为官不为",必须牢牢把握住制度建设这一根本,着力健全"五大制度体系",建立起权责清晰、奖罚有力的制度保障,为经济社会创新发展打造一支想干事、干成事、会干事、不出事的干部队伍。

264

(一)健全价值体系,解决为谁而为的认识问题

把树立正确的世界观、人生观、价值观这个"总开关"问题放在首位,切实解决干部思想上"贫血"、精神上"缺钙"、行动上"乏力"的问题,筑牢"为官有为"的行动基础。一是思想引领。依托创新发展论坛、领导干部培训班、党员电教频道等载体,激发领导干部深入学习中国特色社会主义理论体系的动力和热情,不断加强主观世界的改造,树立正确的价值观、群众观。二是历史引领。每年有计划地组织领导干部到红色摇篮、革命老区,开展革命传统教育学习体验活动,通过现场学习和亲身体验,缅怀革命先烈的革命激情,净化心灵、坚定信念。三是道德引领。把道德监督制度作为"为官不为"的屏障,加强领导干部职业道德建设,促进干部不断提升职业道德修养,对职位始终保持强烈的责任感和使命感。同时,完善干部考德工作,加入为官不作为、为官不尽责相关内容,采取反向测评、上下询访等方式,对干部进行道德监督,让干部不作为无法遁形。

(二)强化责任体系,解决为与不为的界定问题

正确处理好依法行政和"为官不为"的关系,以依法行政为根本,构建分工明确、职责清晰的责任体系,从权责划分上预防"不作为"的发生。一是明晰岗位职责。开展岗位职责分析,由各地各单位根据"三定"方案,分析各岗位的具体职责、明晰能力要求,每个位置都有自己清晰的权责,为所有干部的"为"指明方向和依据,提供支撑和保障,让"不为"的干部露出水面、感到可耻。二是实行标杆管理。按照"高点定位、适当加压、鼓励创新"的原则,科学设置各有侧重、各有特色的指标任务,按照时间节点逐项分解成季度目标、月度计划,适时进行

抽查和通报,以加压负重倒逼干部实际"作为"。三是晒出"负面清单"。梳理归纳领导干部岗位不作为的具体表现,引导干部随时"自我体检",及时"自我修复"。同时,定期、不定期邀请党员干部、普通群众前来搞开门活动,鞭策干部认真履行岗位职责。

(三) 修正权力体系,解决为有过失的问责问题

改革贵在行动,喊破嗓子不如甩开膀子。而甩开膀子就需要制度来保证干部的责任风险,让领导干部减少后顾之忧。但甩开膀子干不代表乱作为,还要引导干部摆正解放思想与可为尺度的关系,让干部既敢为愿为,又能把握尺度,防止乱作为损害党和人民的利益。一是敢于放权。大胆放心地给干部布置任务,不盲目地干预下级的各项决策,更不超越权限、越级指挥,增强干部的主体意识,提升干部主动作为的自觉性。二是宽容失败。保护敢闯敢试的干部,尤其是保护在改革探索中受到挫折、有些失误的干部,不将其"一棒子打死",尝试建立试错免责机制,最大限度地宽容理解干部,有时还要主动为干部承担责任,避免"大干大错、小干小错、不干无错"挫伤干事者积极性的消极现象出现。三是鼓励创新。引导干部在遵守原则、遵循客观规律的前提下,结合区域实际,加快改革进程,创造性地开展工作。对于那些工作中主动作为、敢于探索、取得成绩的干部要表彰表扬,对改革创新成效突出、群众公认的干部要提拔重用。

(四) 完善考核体系,解决所为好坏的标准问题

考核是"指挥棒"。官员是为还是不为,归根到底要靠考核指引。这就需要强化对干部"所作所为"的考核,引导干部努力作为。一是树立实绩导向。围绕新《党政领导干部选拔任用工作条例》对实绩的新要求,加强和改进干部考核工作,根据干部岗位职责、目标任务和重点工作等,构建起干部个人承诺、主管领导点诺、集体商议定诺、向社会公开承诺的实绩承诺机制,并将考核结果与干部的评先评优、职务晋升、惩戒奖学等有效衔接,坚决让其成为决定干部升迁去留的一把"尺子",鞭策干部始终保持率先争先的气势和劲头。二是加强综合研判。围绕配强合力干事的"好班子",选准真抓实干的"好干部",加强干部综合分析研判工作,把实绩考核结果作为研判干部的主要依据和支撑,注重在重要时刻、重大项目中观察识别干部,为那些敢于负责、敢抓敢管,但得票不高、考核结果失真的干部主持公道,加强综合分析研判的准确性和科学性。三是加大奖惩力度。在政治激励上,把位置留给踏踏实实做事的人,留给敢于拼搏、敢于攻坚的人,留给一心为民、百姓认可的人。对那些鉴定为"不为"的干部,不列入提拔重用的对象,并以通报批评、限期整改、组织调整等方式严格追究责任。在物质激励上,积极推行绩效工资,公开透明地科学设置对标找差等奖金奖项,用经济手段激发干部干事的激情,形成"干多干少不一样、干好干坏不一样"的正向激励效应。

(五) 做实关爱体系,解决主动作为的氛围问题

一个良好的干事氛围,能够激励"有为"、鞭策"不为"。一是加大交流力度。适时适度地加大干部交流力度,注重调整不胜任现职干部,加大干部适岗性、适需性研究,防止干部因

长期从事一项工作而产生麻痹、懈怠、疲惫，让干部重燃奋斗激情。二是注重人文关爱。处理好工作与生活的关系，通过落实公休假期制度、帮助干部解决困难等途径，让干部以饱满的精神状态全身心投入工作。同时，积极塑造领导干部的阳光心态，加强谈心谈话工作，引导领导干部正确对待社会压力和地位变革。三是突出能力建设。紧密结合综合分析研判，找准班子和干部在能力建设上的短板，针对性开展培训锻炼工作。注重开展实践锻炼，积极选派不同层面、不同特长的干部到重点工程、征地动迁、项目建设等一线开展工作，让他们在破解难题、勇闯新路中增长才干。四是加强舆论引导。完善网络回应机制，通过良性的网络互动，把舆论的关注点从有过失干部的家长里短，转移到工作失败的原因和对策大讨论上来，营造相对宽松、支持创业的社会环境，共同为社会的发展出谋划策，扫除干部"污名化"阴霾。

（黄子来）

习近平总书记在全国组织工作会议上强调:培养选拔年轻干部,事关党的事业薪火相传,事关国家长治久安。加强和改进年轻干部工作,要下大气力抓好培养工作。对那些看得准、有潜力、有发展前途的年轻干部,要敢于给他们压担子,有计划地安排他们去经受锻炼。推动年轻干部一线成长,是培养年轻干部、让他们经受锻炼的有效途径。近年来,扬中市高度关注全市年轻干部工作,开展了"百名机关干部赴一线"等活动,对年轻干部一线成长进行了大胆探索和实践,也为进一步加强和改进年轻干部工作提供了经验和借鉴。

一、念好"三字经",积极让年轻干部在一线墩苗

(一)挂,让年轻干部挂到基层一线去

坚持把基层一线作为年轻干部成长成才的广阔舞台,2012—2014 年扬中市连续三年组织开展了"百名年轻干部赴一线"活动,通过单位推荐与组织点名相结合的办法,在市级机关分别选派了 126 名、80 名和 40 名优秀年轻干部,奔赴农村、企业、信访等一线进行为期一年的全脱产挂职锻炼。市委组织部专门研究制定了《"百名机关干部赴一线"活动目标管理"三级联考法"》,由挂职干部明确职责任务,制订目标责任书,由市、镇、村三级成立考核委员会定期进行考核打分。2013 年,又从市级机关部门选派 35 名年轻副科级领导干部全脱产到 35 个年经营性收入低于 70 万元的经济薄弱村(社区)担任党组织"第一书记",不脱贫不脱钩。

(二)派,把年轻干部派到发展一线去

在选派年轻干部脱产赴一线的同时,每年有计划地安排缺乏实践锻炼的机关年轻干部、新录用公务员和省委组织部选调生参与全市重点工程、重大项目建设,让他们在"急、难、苦、

重"任务中砥砺意志品质、培养担当精神、学习"操作技能"。近年来,先后两批选派了30名年轻干部赴企业推进重点项目建设,选派了40名年轻干部参与拆迁工作、30名年轻干部参与园博园建设、20名年轻干部参与"创卫"工作。对年轻干部在工程项目建设中的表现情况,市委组织部通过现场察看、查阅资料、个别谈话、民意调查等方式进行跟踪考察。

(三)轮,把年轻干部轮到服务一线去

积极采取内部轮岗、跨单位交流、外派培养等多种途径,把年轻干部调到服务一线、群众工作一线去,为年轻干部提供一线多岗位锻炼的机会。近两年来,先后选派了23名优秀年轻干部到镇(开发区、街道)担任领导职务,推动32名年轻领导干部在部门之间进行换岗交流。在机关中层干部层面,专门制定了《扬中市中层干部交流轮岗工作实施办法》,促进年轻干部跨镇、街道、开发区或跨系统大规模交流轮岗。2011年以来,全市中层年轻干部交流轮岗260余人次,有效丰富了年轻干部的工作阅历和实践经验。

二、注重科学墩苗,是推动年轻干部真正一线成长的法宝

近年来,尽管开展了一系列推动年轻干部一线成长的活动和工作,但工作中也较为清晰地暴露出一些客观存在的问题,还需要不断总结、完善和探索。

(一)年轻干部一线成长的思想认识还要深化

在实际操作过程中,许多地方对年轻干部到一线工作仍是戴着"有色眼镜",觉得年轻干部只是"过客",而且"嘴上无毛,办事不牢",平时只是交给他们一些"边缘化"的工作,不愿意安排重要工作给年轻人锻炼。同时,也有少数安排挂职或派驻项目一线的年轻干部存在"镀金"思想,工作缺乏主动性,甚至抱着"挂职一身轻"的态度,工作不踏实,没有沉下去了解基层、了解群众、学习基层的工作方法。部分年轻干部派出单位也因挂职干部是单位业务骨干,存在中途抽回或根本就不让其下到基层,导致一些"虚挂"现象的产生。

(二)年轻干部一线成长的管理监督存在虚化

年轻干部被派到一线去后,容易产生接收单位不问、派出单位不管的现象。比如在挂职工作中,接收单位对挂职干部没有实质考核权,挂职干部来了就"多双筷子",不来也"无关痛痒";一些派出单位对挂职干部也是采取放任自流的态度,使挂职干部处于无人管理的"真空"状态。同时,一些年轻干部因无人过问或能力欠缺,在基层无所事事,找不到工作方向,找不准工作重点。这些问题虽属个别现象,但违背了年轻干部一线成长的初衷。

(三)年轻干部一线成长的跟踪考评还需细化

在具体考核上,虽然扬中对挂职工作制定实施了市镇村三级联考办法,对日常工作、重

点工作和创新工作分别进行考核评分,但是在操作上依然过于笼统,对打分参考性不强;对于选派到重点工程的,没有具体的考核方案,基本上是"事毕人走"。同时,对于年轻干部一线成长,普遍没有建立科学的成长评价机制,对于经过一线历练后的成长性和能力等方面缺少评估,对于后期的培养任用不能提供详实的参考依据。

(四) 年轻干部一线成长的载体形式仍显僵化

目前,扬中市及各地推动年轻干部一线成长的主要路径是挂职或参与某项重点工作,基本满足了年轻干部成长和基层发展的现实需要。但是从时代发展及年轻干部精神需求的角度来看,这几种类似"运动"的传统形式,已经一定程度上略显滞后或僵化。比如扬中经过连续两年的"百名机关干部赴一线"活动,共选派了200多名机关干部赴一线,机关单位的骨干已经抽调了个遍;今后如何活化形式、创新载体,推动年轻干部日常化、长效性地在一线成长,是下一阶段亟须思考和解决的问题。

三、强化组织手段,构建年轻干部科学墩苗的保障机制

在全国组织工作会议上,习近平总书记讲:好干部不会自然而然产生。成长为一个好干部,一靠自身努力,二靠组织培养。干部要深入基层、深入实际、深入群众,在改革发展的主战场、维护稳定的第一线、服务群众的最前沿砥砺品质、提高本领。对年轻干部而言,除了他们自身需要勤加努力之外,组织上也需要更多更好更规范地为年轻干部提供在一线历练成长的实践舞台。

(一) 鲜明导向,刮好"风向"定"心向"

习近平总书记指出:用一贤人则群贤毕至,见贤思齐就蔚然成风。所以,用人导向一定程度上引领和影响着干部的思想认识和努力方向。面向基层一线选拔干部,它的影响力不仅仅是选拔了几个岗位的领导干部,关键是进一步树立了面向基层选人用人的良好导向,激励了更多年轻干部眼光向下、扎根基层。如扬中市2012年年初面向有挂职经历的年轻干部选拔了6名副科级干部,有力激发了年轻干部去一线挂职的热情。在具体实践中,应把重视一线、强化基层的各项政策和精神具体化,制定出台基层一线选拔干部的制度体系,做到面向基层一线选拔干部工作的制度化、经常化;在岗位条件设置、酝酿人选时,注重向有基层工作经历的干部倾斜,从而凝聚"在基层成长、从基层出干部"的思想共识。

(二) 定向培训,打牢"基础"帮"入戏"

针对年轻干部下到基层思路不清、能力不足等问题,建立年轻干部基层一线工作能力培训制度。在公务员初任班、公务员年度主体班次等培训课程上,纳入基层工作经验教育课程,请一些"老法师""土八路"讲经验、传心得,精选一些基层工作读本,为年轻干部下到基

层历练成长预先提供"疫苗",打好"预防针",缩短年轻干部的基层适应时间。

（三）联区包干,构建"根据地"压"重担"

在不断健全、规范挂职、派驻、交流等推动年轻干部基层成长机制的基础上,不断探索年轻干部扎根基层的新载体、新平台,为所有年轻干部在一线成长提供舞台。要结合"三解三促"、扶贫帮困等一系列下基层服务资源,将所有年轻干部推到本单位或本单位领导干部联系点内,固定联系两到三个村组或居民小区,建立属于自己的一线成长"根据地",以一人一企、一人一贫、一人一事、一人一岗等活动形式,为每名年轻干部落实助推村企发展、帮助村民脱贫、解决重大问题、开展义工服务等责任和要求,创新网上服务、远程援助等新式一线成长途径,既压担子,也明方向。同时,配套实施年轻干部"根据地"工作情况年终述职、公开评议等制度,将年轻干部在"根据地"内的表现,作为年终考核评先评优的重要依据。

（四）科学研判,沿途"跟踪"重"发现"

优秀的年轻干部应当予以选拔任用;特别优秀的年轻干部,可以破格提拔。当前,年轻干部选任已经成为社会关注的一个热点,"官二代""火箭官"在社会舆论的烘烤下,早早露出了马脚。除了程序"出格"这一重要因素之外,没有年轻干部跟踪发现机制,而结构性"临时抱佛脚"提拔没有过硬业绩的年轻干部的问题也不可忽视。所以在一线历练中发现优秀的年轻干部,是组织部门应该关注的课题。应着力探索建立常态性的年轻干部一线成长考核评价机制,科学设置年轻干部一线成长考评指标,建立平时考察制度和定向考察制度,加大对年轻干部一线成长的日常工作检查、交流、汇报工作力度,实行当地党支部、所在党委、组织部门三级审查,彻底防止实绩认定讲人情,注重经常性、动态性的考核。同时,定期针对年轻干部一线成长情况,分析并反馈每个年轻干部在年龄、知识、能力、性格气质等方面的优化方向。

（五）激励宽错,提升"精气"畅"空间"

探索建立透明化的年轻干部激励机制,结合考察考核情况,多途径激励年轻干部。对德才兼备、实绩突出、埋头苦干、群众公认的年轻干部,积极开展职务级别及精神物质方面的激励;对能力不强、工作平庸的年轻干部,根据所了解和掌握的情况,与所在部门领导一起及时诫勉谈话,进行负激励。同时,探索建立年轻干部宽错机制,鼓励年轻干部创新,允许年轻干部"试错";对有创新意识和创新实践的年轻干部多加关注,并大胆推荐,以此激发年轻干部的工作热情,保护年轻干部的探索精神。

（徐昌桂）

党的十一届三中全会提出:"为了保障人民民主,必须加强社会主义法制,使民主制度化、法律化,使这种制度和法律具有稳定性、连续性和极大的权威";党的十六大提出了"到2010年形成中国特色社会主义民主政治";党的十八大提出了"全面推进依法治国";十八届四中全会更是把依法治国作为全会的主题。在依法治国、建设社会主义法治国家的总体进程中,法治江苏建设正在不断稳步推进。而依法治理是依法治国方略在基层的实践,是依法治省、依法治市的基础和重要组成部分。

一、对依法治市工作的认识

所谓依法治市,就是区域内的各界人民群众在党组织的坚强领导下,依照宪法和法律规定,通过各种途径和形式,参与管理区域公共事务,管理和分离区域经济文化等社会事业和公共产品,保证区域建设和发展各项工作依法进行。

(一)依法治市的内涵

依法治市的提出,深刻反映了现代法治的精神实质,"法治"这才由手段上升为目的,成为有特定价值追求的、非人格化的恒常的权威,具有至上性与普遍性。它的内涵包括:

1. 法律应该是其他社会系统的价值标准。辖区内政治、经济、文化各系统都必须而且只能通过法律来构筑,没有法律对其他社会系统的目标定位和导向,区域的发展必然是盲目的、自发的。

2. 法律具有绝对的最高权威和优势。政府应对法律负责,法律应该成为权力的控制器,权力的内容、行使范围及其方式都有法律明文规定。超越法律规定的权力行使都是无效

271

的、非法的。

3. 法律应当是解决社会管理冲突的首要渠道。法律通过把社会冲突"纳入法律轨道",可以大大降低区域社会震荡的可能性。

(二) 依法治市的基本构成

1. 依法治市的主体。也就是说谁来依法治市,这是法治理论的首要问题。依法治市必然是民主的,即人民群众依法治理,而不是单纯的政府依法治民,因此依法治市的最大主体应该是生活在区域内的人民群众。政府及公务人员只是通过群众的授权来管理区域经济、文化和社会公共事务,并不是实质意义上的唯一主体。政府与群众的关系是从属性的,并且要接受群众监督;否则,有执行权的政府和体现公意的法律就成了"治民之具",这就背离了法治精神。

2. 依法治市的对象。依法治市的对象是区域内各项事务和各项工作,其重点在于依法治权。权力如果不加以限制,很容易扩张膨胀,造成权力的滥用和官员的腐化,侵害到广大群众的利益。在现代社会,法律是对权力最好的约束方式。法律可以通过界定政府各部门的权限、规定权力的具体内容及分配、行使程序等,对权力进行管理、监督与控制,使公权力与其责任相符并将其限定在法律范围内。

3. 依法治市与权利保障。政府存在的主要目的,也是为了维护公民的自由、安全与幸福。现代市场经济是权利型经济,现代民主政治是权利型政治。在现代市场经济与民主政治的前提下,公民对正当权利和利益的理性追求,显而易见是合理合法的,它既受到社会主义伦理精神的支持,也受到宪法和法律的保护。进一步扩大人民参政议政的范围,增强公民的权利意识,通过规范化、多样化的渠道扩展权利的广度和深度,是区域法治建设的重要内容。

(三) 充分认识依法治市建设的长期性与艰巨性

依法治市是一项十分艰巨的任务,需要相当长的时期,应当在工作中树立正确的工作理念:

1. 推进依法治市工作受扬中经济、政治、文化和社会发展的制约。法治化是一个逐步推进的历史进程。法治建设不是无水之鱼,其实现程度主要取决于市场经济、民主政治、理性文化及社会安定的程度。作为法治基础的经济水平、法治环境的改变不是一蹴而就的,它们的发展有着不可超越的历史规律。

2. 人的法治理念的提升、法律意识的增强需要一个长期的过程。我国历史上只有人治的传统,没有的法治的经历。新中国建立后,法治建设取得了不少成绩,但也经历了曲折。至今,法律信仰的缺失仍不同程度地存在,而法治的实现程度与人们对法律的信仰程度息息相关,要弘扬法律文化,增强人们的法律意识,不可能不经过相当长的时期。

3. 依法治理工作的进展不仅受制于依法治市、依法治省工作的进展,还受到依法治国形势发展的影响。虽然一个区域可以能动地通过自身努力进行本区域的发展建设,但是应该明白这种能动性是在得到国家、省、市的承认和支持这一前提和条件下发挥作用的。扬中的发展始终离不开镇江市、江苏省这一大背景，镇江市、江苏省的经济、政治、文化和社会的全面发展反制着扬中的发展。扬中的发展建设无论如何跳不出国家、省、市设置的框架。

二、法治扬中建设回顾

1990年以来，扬中在镇江市率先开展依法治市工作。20多年来，扬中市紧紧围绕依法治市、依法治省的总体规划和要求，立足构建和谐扬中，扎扎实实开展依法治市工作，取得明显成效。扬中市"一五"至"五五"普法先后获得市、省、全国先进称号，2007年被授予全省首批"创建法治江苏合格县（市、区）先进单位"称号，2010年度被中央授予"全国法治县（市、区）"创建先进集体，2011年被江苏省委、省政府首批命名为"法治建设示范市"。总结多年来的工作实践，我们的工作经验有以下几方面：

（一）以规划引领发展

科学编制规划，对于指导和促进扬中发展具有十分重要的现实作用。多年来，在规划编制和实施中强调了"三注重""四把握"，即注重理论性与可行性的统一，注重统筹发展与重点发展相结合，注重长期规划与年度计划相衔接。牢牢把握依法治市与依法治省的关系，将依法治市纳入依法治省总体范畴考虑，牢牢把握依法治市与三个文明建设的关系，将依法治市纳入扬中三个文明建设范畴，牢牢把握依法治市与市中心工作的关系，紧紧围绕市中心工作开展依法治市；牢牢把握依法治市与构建和谐扬中的关系，坚持人民群众是依法治市的主体。通过五个中长期规划和年度计划的编制与实施，有效增强了依法治市工作的科学性与延续性。

（二）坚持以重点推动发展

多年来，始终坚持依法行政和公司司法与法制宣传作为工作重点，常抓不懈。市政府按照建设"法治型"政府要求，大力推行行政执法责任制、执法公示制、执法评议考核制、违法责任追究制等制度，加强对行政执法的监督。在全省率先推行政务公开制度，并积极构建权力阳光运行制度，对执法部门的行政行为进行了全面清理；政法各部门树立和谐执法理念，围绕机制和公开两个重点，努力实现执法的法律效果与政治效果、社会效果、经济效果的和谐统一。同时，着力加强政法队伍建设，内强素质、外树形象，队伍的整体素质和执法水平有了明显提高。着力加强法治文化的阵地建设，不断拓展法治文化的内涵，强化重点教育人群的法制宣传，法治文化不断弘扬。

（三）坚持以创新优化发展

实践永无止境，创新永无止境。只有不断推进改革创新，才能使法治建设发展始终充满活力。多年来,我们面对工作形势的变化,紧贴扬中实际,积极调整思路,不断打造特色工作。如在全国首创行政处罚说理式法律文书,"标准化行政执法工作"荣获全省政法工作创新"二等奖"等。

(四)坚持让群众共享发展

实现好、维护好、发展好人民群众的根本利益,是法治建设的出发点和落脚点。多年来,扬中司法部门把群众是否满意作为第一标准,多次开展法治扬中问卷调查,坚持法治建设请群众监督、法治成效请群众评判。以法治实事为抓手,每年办好一批法治为民实事工程,解决一批群众关心的热点、难点问题,努力使法治建设成效更多地体现到改善民生上。

在总结成绩和经验的同时,我们也清醒地认识到工作中还存在一些不足,面对新形势、新要求,自身观念和机制还有不相适应的地方;工作发展不平衡。总体而言部门工作要好于街道;规范执法工作机制还有待完善,依法行政和公正司法方面一些深层次的矛盾和问题尚未得到根本解决;法制宣传还有盲区,全社会学法、用法、尊法的氛围还没有完全形成;群众主体地位还需进一步凸现,发展成功的惠及面还需进一步扩大。

三、法治扬中建设发展方向

(一)法治扬中建设的工作目标

1. 提升运用法治统揽全局的能力,以法治理念引领领导方式转变。扬中市委坚持科学执政、民主执政和依法执政,领导方式更加符合法治要求,决策机制更加完善。

2. 提升公共服务和社会管理的功能,以依法行政推进服务型政府建设。"服务行政、民主行政、公开行政"的理念得到有效树立,"责任政府""信用政府"和"服务型政府"的公信力得到提升,政府工作更具效率、更加公开。

3. 提升和谐执法的水平,用公正的程序保障公正的实体。社会主义法治理念牢固树立,执法的法律效果与政治效果、社会效果、经济效果得到最大限度的和谐统一,司法水平更加适应公正、高效、透明、廉洁、权威的要求。

4. 提升社会各界参与率,以主体意识培育推进法治建设进程。群体主体地位更加凸显,各类组织、各个阶层的作用得到更好发挥,法律素质显著提升,基层民主更加完善,利益关系更加和谐。

5. 提升制度机制的效能,以科学、高效工作机制破解发展瓶颈。领导、组织和保障机制更加科学高效;监督制约和公众参与机制更加健全完善;党委领导、全社会齐抓共管、人民群众广泛参与的工作格局全面形成。

6. 提升经济和社会事业发展的法治化水准,以成果共享促进社会和谐。法治建设对经济发展大局的服务保障能力和水平得到更好发挥,法治建设更具针对性和实效性,"四位一体"建设的法治化程度进一步加深,法治成果人人共享。

（二）法治扬中建设的工作路径

1. 使法治扬中建设成为率先发展的核心工程。建设"法治扬中"，必须使扬中各级领导真正做到科学执政、民主执政。继续完善决策程序、整合资源，对市委重大决策进行合法性论证，进一步提高决策的民主化、法治化、科学化程度。积极推行决策的社会公示制度、社会听证制度和专家咨询制度，努力提高决策的透明度和公众参与度。完善行政决策的监督制度和机制，明确监督主体、监督内容、监督对象、监督程序和监督方式，建立健全决策责任追究制度，实现决策权和决策责任相统一。

2. 使法治扬中建设成为科学发展的保障工程。加强"责任政府""信用政府"和"服务型政府"建设，在便民高效上下功夫，进一步构建权力阳光运行机制。在公开行政上下功夫，更好地发挥市政府法制办牵头职能；健全完善行政执法程序和执法考试软件，认真组织实施领导干部和公务人员学法；落实行政诉讼和行政复议有关要求，在加强各级领导和行政机关工作人员依法行政、依法办事的能力和水平上下功夫。不断深化扬中经济和社会事业发展法治化程度。

3. 使法治扬中建设成为和谐发展的基础工程。在政法部门树立和谐执法的理念，把促进社会和谐作为衡量政法工作绩效的重要标准。进一步加强政法队伍建设，提高政法干警的执法能力和做好群众工作的能力。进一步推动政法部门争先进位，在巩固成绩的基础上，再创在全省、全国有影响的特色品牌。继续以基层民主法治建设推进和谐社会建设，推广"幸福指数"工作做法，不断强化群众自我教育、自我服务、自我管理意识。进一步建立和完善企事业单位法人治理结构，不断增强企业经营者的诚信守法意识。

4. 使法治扬中建设成为百姓受益的民心工程。加强法治文化研究，在全社会确立法治理念、培育法治精神，形成"办事依法、遇事找法、解决问题用法、维护权益靠法"的社会风尚。继续把握"群众满意、社会认可"这一宗旨，围绕维护人民群众根本利益这一中心，注重解决影响社会和谐的现实问题，深化"法治扬中"实事工作，力求在重点领域、重点问题上取得突破、取得实效。

（三）法治扬中建设的工作要求

1. 树立正确的发展理念。牢固树立社会主义法治理念，充分认识法治建设长期性、艰巨性的本质特征，不以"运动"的方式推进法治建设，把长远目标与阶段性工作结合起来，既要全力推进，又不好高骛远，既不安于现状、又不急于求成。根据不同行业和不同对象的特点，研究确定法治扬中建设的重点内容和形式，因地制宜，分类指导，分阶段、有重点地推进各项工作。

2. 坚持科学高效的工作机制。努力探索科学高效的法治建设长效工作机制，进一步发挥好法治扬中各协调指导办公室的作用，不断加大组织程度和领导力度，健全完善责任机制，形成责任、考核与督查"三位一体"的工作机制，确保法治建设的每项要求在扬中各个部门、各个环节不折不扣地贯彻到底、落实到位。进一步深化"法治单位""法治镇（区）""民主法治示范社区"创建，加大对扬中各部门、街道、镇（区）的业务指导力度，推进创建工作上下联运、条块联动。

3. 突出群众在法治建设中的主体地位。深化"六五"普法工作,充分发挥好《法治在线》电视栏目等宣传载体的作用,进一步提高人民群众对法治建设的知晓率;采取形式多样的活动,引导群众参与法治建设,提高群众的参与率和满意率;继续开展基层调研月活动,深化加强法治建设理论与实践研究,了解群众的需求和建议,努力挖掘特色与亮点工作,不断提升扬中法治整体水平。

（王晓雪）

276

行政审批是行政主体对国家社会事务进行管理的一种重要事前控制手段,对保障经济和社会发展发挥了积极作用。但随着市场经济的发展,现有行政审批制度的弊端已成为束缚社会经济发展转型的体制性障碍,必须进行改革。早在 2003 年 3 月,扬中便在周边地区成立了首家集中办理行政审批服务的平台——行政服务中心,正式拉开了扬中行政审批制度改革的序幕。2012 年,党的十八大要求"深化行政审批制度改革,继续简政放权,推动政府职能向创造良好发展环境、提供优质公共服务、维护社会公平正义转变",因此,当前如何通过进一步深化行政审批制度改革,切实转变政府职能,又一次成为摆在我们面前的一个重大课题。

一、行政审批制度改革取得的主要成绩

(一)建设审批平台,集中效果不断提高

2003 年 3 月,扬中在镇江地区首家成立行政服务中心;2006 年,扬中在 27 个审批职能部门推行行政审批"三项集中"改革,实行项目在中心集中办理、科室在中心集中办公、流程在中心集中办结,"一站式"审批和"一条龙"服务初具雏形。自成立以来,中心累计受理各类行政审批(服务)事项 40 万件,收取各类税费 13 亿元,群众满意率达 98%。

(二)统一行权系统,审批行为不断规范

2009 年,扬中全面开展行政权力网上公开透明运行系统建设工作,对各部门权力事项进行了全面清理和规范,建立权力库。目前行权网中的单位共计 47 个,在用项目共计 982 个(其中行政许可 170 个、行政征收 52 个、行政其他 199 个、行政强制 90 个、行政处罚 471

个),挂起项目 4151 个,废止 204 个。2012 年年底,以第一位次通过江苏省政务公开和政务服务 8 个试点县(市)考核验收。

(三) 革新审批方式,服务效能不断提升

服务形式更亲民,普遍实行首问负责、延时服务、预约服务和绿色通道服务。服务节奏加快,行政服务中心项目平均承诺时限从成立时的 10 个工作日压缩为 5 个工作日。服务网络更健全,政务服务网络向基层延伸,镇(街区)建立便民服务中心、村(社区)普遍建立综合服务中心,为群众提供代办、咨询服务。

(四) 强化制度约束,监管力度不断加大

制定出台了《扬中市行政许可违规责任追究暂行规定》《扬中市行政许可监督管理办法》,通过 12345 热线平台建立政务服务群众满意度第三方调查评价机制。在此基础上加大检查督促力度,市纪委在行政服务中心设立效能投诉分中心,市效能办、法制办、物价局、行政服务中心等部门组成检查组定期开展检查,结果通过市政府《情况反映》等形式进行通报。

二、扬中推进行政审批制度改革中存在的问题

行政服务中心成立后,尤其是 2004 年 7 月 1 日《行政许可法》正式实施以来,扬中虽然在推进行政审批制度改革方面进行了一些探索,取得了一定成效,但从总体上看成绩是初步的,没有触及深层次问题,还存在很多不足。

(一) 对行政审批制度改革的重要性认识不够,甚至存在误区

虽然中央全力推进、群众热切盼望,但基层部门习惯于传统的行政审批思维和方式,担心失去权力被边缘化,说在嘴上、停在手上,虚功多、实功少,反复多、巩固少,经验总结多、群众感觉少。

(二) 成立行政服务中心的初衷没有很好彰显,作用没有得到充分发挥

部门、项目集中度不高,目前仅有 20 个部门窗口、158 个项目,存在窗口回归、项目回流等现象。"三项集中"不到位,授权不充分,窗口成了"中转站""收发室",群众和企业反响强烈。窗口被部门边缘化,优秀人员不愿意到窗口工作。

(三) 开拓创新动作不够,重点领域、关键环节改革推进缓慢

在商事登记制度改革、推进并联审批、规范审批前置、加强事中事后监管及对中介机构的监督管理等工作更多地停留在研究阶段,思想不够解放,顾虑较多,同时受部门利益影响,实质性突破不多。

（四）简政放权存在形式主义现象，感觉雷声大、雨点小

2001年以来，国务院先后分6批取消和调整了2497项行政审批项目，占原有总数的七成。本届政府将简政放权作为改革的"先手棋"，下决心要再削减三分之一以上行政审批，一年多来先后取消和下放7批共632项行政审批等事项，江苏省、镇江市层面也进行了减、转、放，但基层总体上还是感觉"含金量"少，仍然感受不到"阳光雨露"。

（五）中介服务严重拖累行政审批效能，吞噬改革红利

服务对象反映的行政审批时间长、收费多等问题，很多是因为中介服务多、时间长、收费高，行政审批无形中背上了中介服务领域问题的黑锅，一边是项目减、收费减，一边是项目增、收费增。政府部门与中介组织之间的藕断丝连、利益输送是问题产生的根源，同时中介市场化不足、垄断经营、监管机制缺失也是中介服务乱象丛生的重要原因。

三、扬中行政审批制度改革的建议

新时期行政审批制度改革已进入攻坚期和深水区，存在的问题和遇到的障碍说到底是职能和利益问题。下一步改革就是要冲破思想观念的束缚，进一步简政放权，加快政府职能转变，突破利益固化的藩篱。

（一）完善改革推进机制，凝聚改革力量

在纵向上，加快省、市、县三级工作联动的政务服务体系建设，防止基层政务服务中心"单打独斗"，最终导致"困兽犹斗"，变"自下而上"争取为"自上而下"的倒逼。在横向上，建立行政审批改革联席会议制度，理顺架构、明确职责，政务服务中心与政府系统"同频共振"，集聚更多啃"硬骨头"的改革能量。

（二）清理审批事项目录，找准目标方向

按照中央、省、市要求，进一步清理全市行政审批事项，全面清理非行政许可审批事项，做好省、市下放事项的承接，依法简化前置性审批，精简行政审批项目，建立并公布行政审批事项目录清单，实行动态管理，做到"清单之外无审批"。同时，国家和省级层面要更多地真正放权。

（三）推进审批集中集聚，建优服务平台

全面推进行政审批"三集中三到位"，部门行政审批事项及行政审批科全部及整建制进驻政务服务中心，受理、踏勘、审核、批准（签字、盖章）、收费、发证（打印）等所有工作全部在窗口完成，实现全市行政审批"一站式"和"一条龙"服务。

（四）推进公开透明运行，加强事中监管

通过网络、菜单等多种形式公开审批事项所需材料、审批流程、收费标准、承诺时间等要素。升级改造行政权力网上公开透明运行系统，行政审批事项 100% 进入权力阳光运行系统，运用技术手段，实现电子监察全业务、全流程覆盖。

（五）创新审批流程机制，实现重点突破

进一步提高行政效能，涉及两个及两个以上部门审批的项目，实行联审会办。与此同时，通过诸如商事登记制度、不动产登记制度等单项重大改革的深入推进，形成"珍珠项链"式的改革整体突破效应。

（六）建立中介监管机制，维护正常秩序

一是清理脱钩。清理行政审批前置中介项目，推进行业协会、中介机构与行政机关真正脱钩，并充分引入竞争机制，促进公平竞争。二是规范服务。做到自主选择、明码标价、服务承诺、诚信经营。三是管理考核。建立中介机构"目录库管理"制度和诚信数据库，实行"黑名单"考核管理，约束中介机构行为。

280

（徐剑）

随着社会发展过程中矛盾纠纷的日益凸显,信访正走进越来越多人的生活,并日益成为各方关注的焦点,成为关乎党的执政地位、社会长治久安的热点话题。

一、当前扬中信访工作的总体形势

近年来,扬中信访工作所面临的形势与全国其他地区基本相同,主要表现为:矛盾总量逐年增长,信访总量逐年攀升,越级上访逐年增多,维稳压力逐年加重。但由于历年来扬中信访工作始终保持积极主动、扎实细致的工作作风,基层各级党政组织对预防和化解矛盾紧抓不放,加之扬中民风平和纯朴,信访形势总体仍然保持平稳可控态势,信访工作成效在镇江市各辖市区中始终保有前列位置,在全省也居于前茅,对推动改革发展起到了积极且不可替代的作用。

根据2011—2013年统计数据,扬中市信访局每年受理的群众来信来访总量多在500~700件(批),其中关键的衡量指标"来市上访"基本徘徊在300~400批次,且呈现出逐年下降的态势,而所有信访指标中最为重要的"进京非正常上访"更是连续多年保持为零,这为"平稳可控"提供了最有力的数据支撑。当然,来市上访及越级上访统计数据的可喜并不代表扬中的基层矛盾就因此比外地少,也不能说明扬中的信访工作压力比人家小。实际上,扬中的社会矛盾总量并不少,反映信访形势的集体上访、重复上访量也在逐步增多,但由于我们通过强化信访工作基层基础,如充分借助"四个一"联系服务群众体系、全面建立三级群众工作体系、建立基层信访保证金制度等多种途径和手段,较好地调动起了基层干部预防和化解信访矛盾的积极性和主动性,有效增强了他们维护社会稳定的实际能力,从而把大量的信访矛盾解决在了基层，把大多数上访群众稳定在了本地，避免和减少了越级上访。同时在扬中市级层面，由于市领导高度重视、身先示范、畅通信访渠道，大力化解疑难问题，又消化了绝大多数从基层"越级"到市一级的信访矛盾。支撑以上观点的是"三个80%"：近年扬中市群众来市上访中80%是通过市领导信访接待日反映的，这其中又有80%是向市委书记和市长两位主要领导反映的，全年群众来市上访反映的信访事项80%以上都在限期内得到了解决。

二、现阶段扬中群众信访的主要特点

如形势一般，扬中的信访工作特点多与全国各地相似，但也有其独具的特点，如因地少人多，加之建设用地正处高峰时期，涉地矛盾占了信访矛盾的绝大多数（如征地、拆迁、安置、征地款分配、违章建设、土地纠纷等，约占全部信访事项的70%～80%）。本文试从信访人群、诉求类型、信访事项、信访形式、信访途径、信访行为、矛盾化解、维稳工作八个方面作一概述。

（一）信访人群广泛化

为自身或他人的利益需求而上访者，目前已经涵盖几乎所有城乡居民，其中主体是普通居民，但也不乏党员干部（甚至领导干部）、机关事业单位工作人员、企业老板和员工、离退休人员、外来务工人员等。

（二）诉求类型多元化

信访人反映问题，最终的诉求无非是政治、经济利益及人身等其他权益，可以将之分为：

1. 维护合法权益型——因本身合法权益受到侵害，个人或群体无法或不能迅速阻止、挽回。

2. 不服（不满）执法行为型——对行政机关的行政行为不服或不满意，认为执法失当或执法不严，这其中也包括对法院、检察院等司法机构执法行为的不服（通常将之归类为涉法涉诉类信访，在扬中此类信访也占相当部分，且由于其特殊性，往往长期难以解决——因为国务院和江苏省《信访条例》均明确规定不予受理）。

3. 民事纠纷求决型——因各类民事纠纷找不到解决机构或相关的机构不能、不愿帮助解决而求助政府，也有一相当部分是认为上访渠道免费且效率高（如各类事故的处理，因为司法程序漫长且不一定能有满意结果，故而通过来政府上访施压以求在短期内得到妥善解决）。

4. 追求不当利益型——有借小问题或无中生有的问题向政府施压以求不当利益的，也有看中"商机"而插手信访谋取非法利益的。

5. 建议或挑刺型——对党委、政府相关工作提出善意批评及有益建议，或出于不同心态给党委、政府工作"挑毛病"。

（三）信访形式多样化

1. 从人数来看,可以分为个人信访、群体信访(一般指 2 人以上 5 人以下,多指家庭类信访)和集体信访(5 人以上,代表不同利益方)。

2. 从人员构成看,可以分为:

自诉型——为自身的利益上访,有单个上访的,也有"抱团取暖"的(诉求相同或相近而抱团上访)。

代诉型——因各种原因由亲友代表其反映诉求。

陪诉型——有"挺身而出"的(亲友因同情或不平陪同上访),也有被动参与的(如利益诱使、言语挑动、外力强迫)。

3. 从参与形式看,可以分为:

台前型——自己的问题自己上访,反映本人真实意愿,并希望达成目的。

幕后型——有煽风点火、唯恐天下不乱的,有居心叵测而策划、煽动或鼓动上访的,有为谋求不法利益而主动替人、自告奋勇陪人或幕后指使他人上访的。

（四）信访矛盾集中化

目前,扬中群众信访反映的事项主要集中在以下几方面:征地拆迁类、劳动保障类、干部待遇类、环境保护类、违章建设类、城建城管类、违法违纪类、邻里纠纷类和突发事故类(交通、医疗、安全生产等事故)等。其中,征地拆迁类矛盾约占 50%,多年来一直是信访反映的焦点问题。此外,劳动保障、干部待遇、环境保护这三类有逐年增加的趋势,因突发性事故而上访的也呈不断上升的势头。

（五）信访途径分散化

前些年写信、走访比例约为 4∶6,近年来走访逐渐增多,纸质书信明显减少,电话上访、网络上访量一年比一年多。走访能当面反映诉求,电话、网络上访速度快,表明群众求快心理更加迫切,同时也体现了社会的进步。

（六）信访行为激烈化

作为移民城市,扬中人历来头脑精明灵活,反映在信访方面就是上访人多趋上,喜欢通过上级部门或大领导来施压。近年来这种特性又进一步凸显,发展成"唯上性",一些上访群众动辄去省,一不如意就扬言要进京、要找记者曝光云云,他们十分关注且不放过任何一个可资利用的机遇(如重大会议及活动期间、上级来人期间、节庆等重点敏感时期)。信访过程中的异常过激行为屡见不鲜,堵政府大门已是家常便饭,拉横幅、举标语、穿状衣、呼口号、捧骨灰盒、长期滞留接待场所等现象时有发生,更有辱骂接访人员、故意毁坏接待场所公共财物、妨碍公共秩序等偏激行为。

（七）矛盾化解艰辛化

一是群众的要求过高甚至无理，造成信访问题迟迟难以平息。二是相当一部分疑难信访问题牵涉面广、问题复杂，而群众的期盼又过高，导致矛盾长期难以解决，甚而激化。三是少数基层单位及其领导对信访工作重视不够，对化解信访矛盾关注不多、投入不多、方法单一，致使上访群众重访不断。四是一些上级机关或领导唯"稳"是重，不顾基层实际和案情复杂程度，随意下指示、提要求，给基层化解矛盾带来了极大的压力。

（八）维稳工作常态化

信访矛盾的大量存在、群众信访层次的逐步升级、信访人异常过激行为的不断加码，以及各级领导对信访稳定成绩的日益看重，加大了基层及信访部门的工作任务和压力，迫使他们不得不拿出更多的精力、花费更大的代价、付出更多的汗水，从以前的重点敏感时期专注稳控发展到全年经常性把维稳工作置于首要位置，天天都要想维稳、防越级、防异常，小心翼翼、不辞辛劳地维护社会稳定这个"易碎的花瓶"。

三、扬中信访工作发展趋势及对策

党的十八届四中全会已闭幕，依法治国的理念正在被提到一个全新的高度来进行广泛讨论。在这样的背景下，笔者认为，未来信访工作的发展方向应该是逐步让位于法治，以司法公正、执法严明取代信访救济，并最终裁撤信访局这样一个特殊的部门或精简信访机构的职能，使之不再承担处理信访矛盾职责，这是建立法治国家的必然要求。当然，要实现这一目标，要走的路还很长，需要不止一代人的努力，所以当前我们还是要重视信访工作，做好信访稳定工作。

从扬中的信访工作形势和特点来看，今后很长一段时期内，扬中的信访矛盾体量仍然会延续平稳增长的态势：来市上访特别是集体上访会逐年增多；越级上访中去省上访总体将呈上升趋势，中间可能会有小幅波动（一旦有疑难集访、无理缠访，就可能突破性增长）；进京上访在国家信访局宣布不受理初信初访的情况下可能会有一段时间的下降，但随后又可能趋于上升。信访工作诸多考核指标中最重要的"进京非正常上访"会在现有基础上有所增多，因为扬中原本基数很小，因而稍有增加就会是大比例突破。同时从镇江新区、丹阳等地现实看，当前相当部分上访群众摸准了地方党委政府对非正常上访空前重视的"脉搏"，找准了以非访来压地方党委政府让步的上访"捷径"。由于现今上访群体之间日益增多的联系，这一"经验"极有可能传到扬中甚至已经传到扬中。

在信访工作的做法上，我们既要结合建设法治国家的长远要求，进一步改革现行信访工作体制机制，又要针对当前扬中信访工作的现状，进一步强化各项举措。具体措施如下：

1. 坚持自己固有的好做法，如畅通领导信访渠道、加强矛盾纠纷联合排查化解、推动领导干部包案化解疑难矛盾、强化信访工作基层基础。

2. 真正把信访工作放到群众工作的大局中来考虑,使之全面融入服务群众、党的建设乃至经济发展等一切与群众有关的工作。通过规范干部言行、教育引导群众等途径,从源头上减少矛盾产生,将矛盾遏制于初发阶段,防止问题蔓延、矛盾激化。具体到扬中信访工作的实际,就是要充分运用好三级群众工作体系这一平台,使之成为沟通联系群众的桥梁、掌握社情民意的窗口、预防化解社会矛盾的阵地。

3. 狠抓源头预防,全力推行科学决策、民主决策,坚决审慎施策,严格依法行政,大力整治信访矛盾和问题突出的领域和地区,从根本上减少信访来源。

4. 摒弃"为维稳而维稳"的旧思维,对群众信访再认识,对信访工作再思考。要充分认清群众信访多是当前社会发展所必然会有的产物,无需大惊小怪甚至畏之如虎,不能认为群众上访就是社会不稳定,而应以平常心待之;要充分认清信访工作并不只是信访部门的工作,而是包括各级领导在内的所有党政组织、党员干部都是责任人的全局性的政治工作;充分认清当前信访维稳工作越维越不稳的根源就在于治标不治本;充分认清信访稳定工作需要的绝不是简单压制、暂时求稳,而是要动员全党、全社会的力量,从根上抓起,从长远稳定出发,扎扎实实做好各项基础性工作,真正用群众工作的理念、方法去预防和化解信访矛盾,与群众同呼吸、共命运。这样,群众的怨气自然就会减少,群众的难题自然就能及时解决,群众的信访活动自然也就会大幅下降,这才是维护社会稳定的长远和根本之策。

285

（何光林）

习近平总书记在"8·19"重要讲话中强调"党性、人民性从来都是一致的、统一的"。坚持党性的核心就是坚持正确的政治方向,站稳政治立场;坚持人民性就是要把实现好、维护好、发展好最广大人民的根本利益作为出发点和落脚点。习总书记的讲话,充分阐释了党和人民是利益共同体、党和人民利益的内在统一性,为我们长期在基层一线工作的党员领导干部如何做好新时期的群众工作指明了方向。

一、新时期,群众工作出现了许多新情况、新问题

随着世情、国情、党情发生深刻变化,我国社会生活也发生了巨大变化。改革开放以来,随着社会主义市场经济体制的建立和完善,经济成分日益多样化,随之而来的是分配方式的多样化、就业方式的多样化,社会阶层逐步发生分化,利益主体日益多元化,人们的思想观念、行为方式和价值选择也变得多元化。这些情况是前所未有的,在这样复杂多变的新时期,群众工作出现了许多新情况、新问题。

(一) 群众工作中出现的矛盾问题错综复杂

1. 时空压缩下的中国,各种矛盾问题交织,社会问题十分复杂。"美国著名新马克思主义者戴维·哈维在其《后现代的状况》一书里提出了一个重要概念——'时空压缩',中国改革开放以来的实践正是'时空压缩'的生动表现。短短三十余年,我们完成发达国家200至300年中不断出现、不断解决的矛盾与问题同样集中体现在'时空压缩'下的中国。"收入差距、土地征用、房屋拆迁、环境保护、食品安全、社会保障、看病难看病贵等民生问题亟待解决,官员腐败、分配不公、民族宗教等问题依然存在。这些问题涉及政治、经济、文化、社会、

生态等社会的诸多领域和层面;这些问题和矛盾也不是孤立存在的,各种社会问题往往交织在一起,产生叠加效应,使问题更加复杂化,做好群众工作的压力比任何时候都更大。

2. 互联网打破了时间和空间的限制,促使社会问题更加复杂化。"在过去的社会环境里,人们的交往方式有限,交往手段简单,信息传播速度慢,信息传播范围小,人们之间处于相对隔绝的状态,社会问题相互影响程度极小,很多问题都是局部性的,哪里发生,哪里解决,哪里消失,对其他地方影响极小。"随着互联网时代的到来,信息传播已经打破了地域和时间的限制,特别是网络与智能手机的普及,人人都能成为新闻的发布者。在这个人人都是自媒体的时代,信息传播扩散速度快、影响范围广,一个地方发生的事情很快就传播到了另一个地方,同时会出现各种反应并参与其中,使问题更加复杂化。

(二) 群众工作对象分化、主体意识强化

1. 人民群众分化为不同群体、不同阶层,对群众工作提出了新的要求。随着社会主义市场经济体制的建立和逐步完善,经济成分日益多样化,分配方式日益多样化,收入差距不可避免地逐步拉大,出现了不同的利益主体,社会阶层发生分化,出现了不同的社会阶层和社会群体。群众不再是计划经济体制内的笼统的、无差异的"大群众"概念,而演变成不同群体、不同阶层的"小群众"概念,群众工作的对象呈现出多元化、多层次化的特点,对群众工作提出了新的要求。而下岗职工、城乡贫困人口、失地农民、农民工等弱势群体不断显现,又给群众工作带来了更大的挑战。

2. 人民群众主体意识的强化给群众工作带来了新的挑战。随着经济和社会的发展,以及人们受教育程度的提高,群众的自主意识、平等意识、民主意识、法律意识、权利意识、参与意识开始强化,对公共事务越来越关注,参政议政能力越来越强。群众的角色不再是被动的服从者,而是从被管理的对象转变为被服务的主体,他们对政府服务质量的期许越来越高。这一方面说明了社会的进步、群众政治素质的提升;另一方面也给我们的群众工作带来了一定的压力。

(三) 群众工作的主体存在一些问题

群众工作的主体——我们的领导干部,存在着一些问题。比如说,有些干部群众观念不强、群众意识淡薄,有些干部素质不高、群众工作能力不强,难以担当新形势下宣传、发动组织群众的重任;有些干部做群众工作不讲究方式方法,习惯于采用简单粗暴的行政命令做群众工作和解决矛盾。

(四) 群众工作的制度改革、政策调整没跟上

改革开放以来,我国的社会生活发生了深刻变化,出现了一些新情况、新问题,但是某些领域中的政策调整和体制改革却跟不上已经变化了的新情况、新问题,对群众工作的顺利开展形成了障碍。

二、坚持党性和人民性的统一是做好新时期群众工作的理论基石

在社会主义的中国,中国共产党和广大人民群众从来都是利益共同体,党和人民利益的内在统一性贯穿于党和国家一切工作的始终。坚持党性和人民性的统一这条根本原则是做好新时期群众工作的理论基石。

(一) 在群众工作中坚持党性和人民性的统一是由中国共产党的性质决定的

中国共产党是中国人民的先锋队组织,以为人民服务为根本宗旨,始终代表中国最广大人民的根本利益,党性的最高要求是立党为公、执政为民,权为民所用、情为民所系、密切党群关系、做群众工作、走群众路线,这是我党的最大政治优势。从本质上讲,中国共产党的人民性在这里明白无误,党和人民始终是利益共同体,党的任何工作的最高政治方向、最终政治立场都是寻求党性和人民性的高度统一,党的群众工作作为党的全部重要工作的重要组成部分也不例外。

(二) 在群众工作中坚持党性和人民性的统一是由群众工作的本质所决定的

习近平总书记强调,"群众工作的本质是密切党群关系,核心是正确处理人民内部矛盾。做群众工作,要始终站在人民群众的立场上,真心为群众着想,全力为群众造福,办好顺民意、解民忧、惠民生的实事,维护好、实现好、发展好最广大人民的根本利益"。党的群众工作的性质深刻说明了群众工作中党性和人民性的密切联系性和不可分割性。坚持党性就是坚持人民性,坚持人民性就是坚持党性,党性寓于人民性之中,没有脱离人民性的党性,也没有脱离党性的人民性。

(三) 从历史角度来看,在群众工作中坚持党性和人民性的统一一直是我们党的优良传统

90多年来,从艰苦卓绝的革命年代,到筚路蓝缕的建设年代,再到风雷激荡的改革年代,人民群众对美好生活的向往始终是我们党的奋斗目标、政治立场。这种一致性是贯穿民族复兴大业始终的,更是贯穿群众工作始终的。在实现中华民族伟大复兴的道路上,在追逐中国梦的过程中,党和人民始终是命运共同体,这一点毋庸置疑,党性和人民性从来都是一致的、统一的。

(四) 在群众工作中坚持党性和人民性的统一是做好新形势下群众工作的现实需要

与革命年代、建设年代相比,现在无论是外部世界的情况还是中国的国情,都发生了巨大的变化。与此相适应,群众工作的对象、内容、环境也都发生了深刻变化,面临一些新情况、新问题、新挑战。在这种情况下,我们更要牢记群众立场是我们党的根本政治立场。历

史经验表明,我们党之所以能团结和带领广大群众取得革命、建设、改革过程中一个又一个伟大成就,最根本的原因就是始终站在最广大人民的立场上,任何背离人民群众意愿的实践最终都将以失败告终。因此,在群众工作中,我们要继续发挥党密切联系群众的政治优势,继续坚持党性和人民性的统一这一至高原则和绝对规律,研究和把握新形势下群众工作的特点和规律,努力改进和创新群众工作的方式方法,从而增强组织群众、宣传群众、发动群众、教育群众、服务群众的能力,凝聚民心、汇聚民智,最大限度地把群众凝聚在党的周围,实现中华民族伟大复兴的中国梦。

三、在坚持党性和人民性的高度统一中,积极探索新时期群众工作的新路径

面对新时期群众工作中出现的新情况、新问题,我们必须树立马克思主义的群众观,坚持党性和人民性的高度统一,解放思想、实事求是、与时俱进,开辟群众工作的新路径。

(一)转变群众工作理念,增强群众意识,为群众工作中坚持党性和人民性的高度统一奠定思想基础

与过去消极的被管理者不同,现在的群众转变为主动的被服务主体,与之相适应,我们的党、我们的政府也变成服务型政党、服务型政府。在这种情况下,我们必须转变群众工作理念,继续坚持人民创造历史的观念,舍弃个人英雄主义的精英意识,把取得的政绩归功于人民的智慧和力量,通过各种方式和渠道提高群众的政治参与度,真正由"替民做主"转变为"由民做主"。做好群众工作是实实在在地为群众谋利益,要树立群众意识,把群众利益放在首位,要把群众高不高兴、群众满不满意作为一切工作的出发点、落脚点和最终衡量标准。

(二)密切联系群众,增进党群干群感情,拉近党群干群情感距离,为在群众工作中坚持党性和人民性的高度统一奠定情感基础

工作在一线的基层党员干部直接面对面地和群众打交道,要带着感情深入群众,带着真心服务群众才能赢得群众的信任。亲密无间的党群干群感情和和谐融洽的党群干群关系是做好群众工作的情感基础。

不仅要通过及时接待群众来信来访等较为被动的方式与群众保持联系,为群众排忧解难,而且要主动深入基层、深入群众,与群众打成一片,对群众嘘寒问暖,增进党和人民群众之间的深刻感情,保持党和人民群众的血肉联系,在感情上和群众贴得更近,从而有利于调动积极因素、化解不利因素,更好地推动群众工作的开展。

(三)创新群众工作的方式方法,为在群众工作中坚持党性和人民性高度统一增添实效性和针对性

社会主义市场经济条件下,人民群众的民主意识、法制意识、自主意识、参与意识日益增

强,这就要求我们转变过去行政命令或行政管理的粗糙的强制性方法,综合运用法律、政策、经济、行政、科技等手段,综合利用教育、协商、疏导等方法,有的放矢地开展群众工作、解决实际问题,多运用平等交流、民主讨论的方法,加强对群众的人文关怀、心理疏导和精神抚慰,帮助群众提高认识、化解疑虑。在互联网技术普及化的新时代,高度重视互联网等新兴媒体的建设、开发与运用,开辟党群干群沟通新渠道,及时有效发布讯息、收集社情民意,发挥新兴媒体在宣传教育群众中的积极作用。

(四)建立健全群众工作制度,增强制度的约束力和执行力,为在群众工作中坚持党性和人民性的高度统一提供制度保障

作为一项关乎党和国家工作全局,涉及社会方方面面的一项工作,群众工作需要有规可依、有章可循才能减少随意性、盲目性,增强科学性、系统性。建立健全群众工作制度是坚持党性和群众性的高度统一、提高群众工作科学化水平的必然选择。

1. 畅通民意表达渠道。深入推进党务政务公开制度,确保群众的知情权和监督权;利用报纸、广播、电视、网络等大众传播媒介及时发布事实真相,宣传政策法规,引领正确的舆论导向;设置意见箱、热线电话、举报电话、电子信箱,方便群众反映情况、表达意见,对于群众反映的问题及时给予反馈,并通过相应的反馈评价机制对群众的满意度进行测评。

2. 健全群众工作决策机制。推广群众代表议事制度,将民意贯穿于决策的全过程,推进民主决策、科学决策。

3. 健全矛盾排查化解机制,积极预防和有效化解矛盾纠纷。健全矛盾纠纷排查调处工作网络,确保层层有人负责、有人抓、有人干,构建横向到边、纵向到底的矛盾纠纷排查化解工作网络;采取多种形式经常性地开展矛盾排查和摸底工作,对于排查出的矛盾要及时化解,对于有倾向性的苗头问题做到早知道、早发现、早化解,对于有可能演变成群体性事件的矛盾要采取有效措施,早处理、冷处理、处理好。

4. 健全信访工作制度。畅通信访渠道,健全人民群众反映信访问题诉求机制,防止越级上访事件的发生;倡导领导干部亲自接待群众来访,亲自处理群众来访中提出的重要问题;健全理信访问题终结机制,对群众反映的信访问题,各级地方政府及信访部门应本着化解矛盾、解决问题的原则,积极主动履行职责,认真负责地加以解决,尽量避免重复上访和越级上访。

5. 健全群众工作评价和监督机制。通过明确评价标准、扩大评价主体、严格评价程序、引入科学方法等,保证群众工作评价的客观性和科学性;加强督查,强化责任追究,把群众工作作为党员干部绩效考核、任用提拔的重要依据,强化干部做群众工作的责任感和使命感。

(朱文生)

打通联系服务群众
"最后一米"
——扬中市党的群众路线教育
实践活动实践和启示

在党的群众路线教育实践活动总结大会上,习近平总书记指出:"这次活动积极回应群众关切,着力打造联系服务群众的'最后一公里',形成了人往基层走、钱往基层投、政策往基层倾斜的良好导向,改作风改到群众心坎上。"在第二批党的群众路线教育实践活动中,扬中市全面贯彻中央、江苏省委和镇江市委要求,结合自身实际,反"四风"、转作风,以解决问题为导向,以群众满意为目标,致力打通联系服务群众的"最后一米",初步走出了一条具有扬中特色的联系服务群众之路。

实践与成效

根据上级统一部署,扬中市委坚持"不等不靠,预热升温",于2013年6月开始筹备,发放调查问卷1.8万余份,召开系列座谈会12场次,征集意见建议524条,为党的群众路线教育实践活动的全面开展奠定了坚实基础。

自2014年2月上旬正式开始至10月召开总结大会,扬中市的群众路线教育实践活动历时8个多月,覆盖了全市1196个基层党组织和23000余名党员,在打通联系服务群众"最后一米"方面取得了显著成效。

(一)清扫"四风",作风转改有力有序

扬中市在活动各阶段均取得了一定成果:筹备阶段,梳理各类问题153个;启动阶段,清理村(社区)超标办公用房超1200平方米、违规配备公务用车17辆;推进阶段,通过"百项整改集中行动",各类即知即改整改项目到位率达93.7%以上;整改阶段,全市压缩文件、会议、评比达标表彰活动达20%以上,取消和下放行政审批事项22项,调整清理办公用房

8362平方米,清理清退领导干部企业兼职43人,查处机关部门"中梗阻"问题3个,党风政风得到大力改进。

(二) 动真碰硬,党内生活从严从实

扬中市深入查摆问题,深挖思想根源。征求意见环节,突出统分结合征求意见,各镇(街区)和市级机关部门党组织征集到意见建议17000多条。谈心谈话环节,按照"四深谈四必谈"要求,科级以上党员领导干部共谈心谈话11800余次。民主生活会环节,相互批评不留情面、直击问题要害,开出了"辣味",开出了实效。组织生活会环节,一周之内1196个基层党支部专题组织生活会全部召开,广大基层党员普遍经历了一次深刻的党内生活锻炼。

(三) 服务群众,民生保障抓常抓长

教育实践活动重在坚持长效。扬中市通过群众路线教育实践活动:在联系群众上,不断深化"四个一"机制,即"一组一员、一家一档、一户一卡、一人一区";在服务群众上,积极推行"四式服务"体系,即推进"菜单式、智慧式、一站式、代理式"服务;在解决问题上,全力构建"三级联动"群众工作机制,即市设立群众工作部、镇设立群众工作站、村设立群众工作室;在接受监督上,全面落实干部监督进社区工作机制。通过各项立体链条机制,扬中市推动各级领导干部下基层、听民声、察民情,让老百姓真切感受到了活动带来的新变化和新气象。

特色与经验

在群众路线教育实践活动中,扬中市委站在坚持党的根本宗旨、巩固党的执政地位的高度去认识、把握打通联系服务群众"最后一米"问题,创新工作方法和制度机制,推动党员干部迈开脚、走基层、解难题,奋力谱写"最美扬中"的崭新篇章。诸多特色做法得到中央、江苏省委和镇江市委的充分肯定,受到群众普遍好评,被中组部、中央活动办表彰为"群众工作法优秀典型"。

(一) 探索"四学四提"方式,真心向群众学习

"学所以益才也,砺所以致刃也。"群众中自有"土"经验,群众中自有"实"办法,党员干部只有通过不断向群众学习,才能真正做到从群众中来,到群众中去。扬中市积极探索"四学四提"学习方式,引领党员干部向基层群众求知问学。

1. 领导领学提认识。扬中市委领导带头推广"点评式"和"标注式"学习法,强化"一把手"学习意识,做到责任担在肩,学习走在前。市委书记孙乾贵围绕"群众路线关键就在'最后一米'"主题为全市基层党组织书记、基层站所党务负责人及企业党组织负责人上专题党课,统一思想、提高认识。

2. 城乡互学提能力。扬中市级机关部门领导班子定期参加联系点单位"党组织统一活

动日"学习活动;村(社区)党委书记为结对联系的部门机关支部党员上一次党课,推动机关党员学习群众语言和群众经验。全市 79 名村(社区)党委书记与 82 名机关部门"一把手"互上党课 115 场次,举办学习讨论活动 105 场次,实现了在群众中学、在基层里提高,与群众面对面交流、实打实服务。市委党校精心组织了"群众观念群众路线百场巡讲"活动,积极发挥理论宣讲主阵地作用,受到普遍好评。

3. 群众讲学提实效。"讲得生动才能学得深刻",扬中市从机关部门和农村社区吸纳 20 余名"江洲名嘴"和"土专家""土教授",组建"群众讲师团"开展巡回宣讲 28 场,受众面达到 5400 余人次,实现了用"农家话"和"乡村语"宣讲群众路线,真正"让群众上讲台、让干部受教育"。

4. 典型助学提境界。扬中市在学习对照"焦裕禄""赵亚夫"等先进典型的同时,编印《乡土教材》,向全市推介"415"群众工作链条体系、"101"为民服务机制、"112 民心秤"和"民意警务""一员一户,双进双助"等联系服务群众的创新举措;培树本土典型,在全市范围内先后举办扬中典型人物傅德纯先进事迹报告会 26 场,以身边的榜样教育身边人,激励广大党员干部以先进典型为标杆,扎根基层、服务群众。

(二)开展"一统四联"活动,广泛听群众意见

群众的意见是试金石,群众的意见是方向标。以往的工作中有时会出现群众话语权行使不充分,或者各部门各单位为了听取意见建议各自"撒网"重复征求,让群众心生抱怨。为防止征求意见"一窝蜂"、听不到真话等问题的出现,扬中实化"问题清单",通过"条目式"的形式梳理"四风"表现。同时,创新开展"双提双看""一统四联"征求意见活动。"一统"就是市委活动办通过监督电话、绿色邮箱、网络调查等途径统一征求意见,用"背对背"的方式请群众说真话;"四联"就是把党员干部分为县处级党员领导干部、科级党员干部、普通机关党员、农村和企业党员四类对象,分别到联系点"面对面"征求意见,确保意见征求覆盖更全面、平台更广泛、层次更丰富。教育实践活动中,扬中市共统一梳理意见建议 3550 余条,各级党员征集意见建议 17360 余条。很多群众都反映:"现在越来越多党员干部走村入户跟我们谈心交流,经常听听我们的意见建议,我们如果有问题或者困难要解决,他们都会主动帮助。这种现象特别好,感觉政府与我们贴得更近了"。

(三)采用"四段推进"办法,着力除群众之患

"去民之患,如去腹心之疾"。作风转改不仅需要补牢精神之"钙"、画准"四风"之像、扫清行为之"垢",还要始终坚持问题导向。扬中市通过"四段推进"的办法,狠抓即知即改工作。

1. "三自一先"预热活动。扬中市各级基层党组织率先集中开展以"自查问题、自定措施、自觉整改,先行先试"为内容的"三自一先"主题活动,系统梳理各类问题 153 个,自行查找出即知即改项目 285 个,全面预热活动。

2. "专项整治"响亮开局。在全市动员大会上下发专项整治文件,清理村(社区)办公用

房、办公用品配置及办公用车,印发改进作风制度规定 16 个,通过抽查巡查、专项检查、明察暗访等渠道,及时查处各种违规违纪行为,让群众在家门口看到变化。

3."百项整改"取信于民。结合个别谈话、征求意见等渠道反映的情况,扬中市围绕民生实事,查找出即知即改项目 185 个,并以此为基础,开展"百项整改集中行动",在《扬中日报》公开公示整改措施,限期整改到位,确保以实效取信于民。

4."全面整改"开花结果。开展新一轮 11 项专项整治工作,扬中市各基层党组织共制订领导班子整改方案 160 余个、班子专项整治方案 86 个,出台各类制度规范 250 余项,公开公示全市党员领导干部 7400 余项个人整改项目,通过即知即改、立行立改,形成干群齐心、上下合力的良好局面。

(四)深化"四位一体"机制,全力为民生护航

全心全意为人民服务是党的宗旨,也是构建和谐社会的落脚点。活动中,扬中市深化服务群众的"四位一体"立体链条机制,积极打造作风建设、民生服务的有效载体。

1. 在联系群众上,"四个一"让干群沟通"无障碍"。推行"四个一"联系服务群众机制。截至 2014 年 8 月,全市聘任民情信息员 3060 余名,建立农民家庭发展档案 12 万余份,发放民情联系卡 15 万张,为群众办好事、办实事 37650 余件,群众满意率均达 96% 以上,做到了群众有需求、组织有反应、党员有行动。近日,扬中市实施"四个一"机制"深化拓展"工程,明确村书记抓"四个一"责任,把联系服务群众机制建设与村干部任用、奖惩挂钩。

2. 在服务群众上,"四式服务"为基层群众排忧解难。扬中市在深入推进党员群众"一联一"结对机制的基础上,积极在农村基层党组织中推行"菜单式、智慧式、一站式、代理式"服务。编印《扬中市(社区)党组织便民服务指南》6000 余份,发放至 79 个村(社区)和 1972 个村民小组;建立村级综合服务中心与"12345"政府公共服务热线平台对接机制、为民服务信息发布机制,向群众发布各类信息 1 万余条;建立"网格长 + 网格党员 + 民情信息员 + 志愿者"代理服务体系。近期,扬中市又实施了"四式"服务"规范提升"工程,在服务中改作风、赢民心。

3. 在接受监督上,"五个一"让群众监督"无死角"。为了加强对党员干部"八小时之外"的监督,2014 年初,扬中市 543 名科级领导干部赴居住地报到,参加干部监督进社区"五个一"活动(参加一支志愿者队伍、每年参加一次居住地党组织生活、每半年举办一次民情分析会、联系一户居民家庭、塑造一个好家风),并结合部门职能和业务专长,帮助基层研究解决实际问题,自觉接受社会监督、群众监督,让监督延伸到底、不留死角。

4. 在解决问题上,"三级联动"保障民生"全方位"。扬中市建立市群众工作部、镇群众工作站、村群众工作室三级联动群众工作网络,全方位解决群众问题。目前,村群众工作室每天接待来人来电 160 余人次,帮助解决群众问题 5400 余个,将 90% 以上的矛盾诉求化解在了基层。镇群众工作站处理村(社区)群众工作室上交问题 750 多件,群众抽样调查满意度达到 95% 以上。扬中市群众工作部受理基层上报诉求 310 件,一次性办结率在 96% 以上,实现群众问题"一站式受理、一条龙服务、一揽子解决",为"最美扬中"建设筑牢了民生

基石。近期,扬中市启动三级联动"作风转改"工程,构建作风转改新常态。

(五) 推进"六项工程"实施,倾情为群众服务

"作风建设永远在路上,为民服务没有休止符。"集中性教育实践活动结束后,扬中致力将巩固活动成果与构建"和谐扬中"结合起来,强抓后续整改工作,逐一落实中央21项、省委18项、镇江市委15项专项整治任务,结合中央和省委巡视组反馈意见,梳理制定整改措施110条。同时,推进实施以村级集体经济"升档进位"工程、村干部队伍"源头活水"工程、政社互动"减负提效"工程、"四个一"机制"深化拓展"工程、"四式"服务"规范提升"工程、三级联动"作风转变"工程为内容的"六项工程",让党员和群众对话更直接、交心更频繁、渠道更畅通,让基层有钱办事、有人管事、更好做事。

1. 村级集体经济"升档进位"工程。一是强化村级发展目标管理,科学制订村级集体经济发展按照目标,分类实施发展措施,确保稳步增收。二是拓宽村级经济增收渠道,按照"因村制宜、一村一策"的办法,鼓励各村选择合适的发展路径,加快增收步伐。三是强化优惠政策兑现落实,深入推进弱村振兴"361"工程,优化机关部门与村"一联一"结对制度,集中资源促进村级发展。

2. 村干部队伍"源头活水"工程。一是优选配强村"两委"班子,量化"双强"标准,选拔守信念、会发展、勇创新、善服务的优秀党员担任党组织书记。注重选派机关部门、企事业单位优秀年轻干部到村挂职。二是实施村干部"三制"规范化管理,加强村干部年初目标承诺、年中检查初评、年底考核评议管理。三是加强村后备干部培养,以大学生村干部、本村退伍军人、经济能人、返乡大学生为重点,选拔培养村后备干部,形成人才梯队。四是落实村干部待遇保障和激励;五是强化教育培训工作。

3. 政社互动"减负提效"工程。一是切实减少村级负担。实行公共事务准入制度,机关部门进村工作事项,必须经审批列入目录清单,村级原则上不建立考核评比专门台账等。二是建立"三社联动"服务机制。实施"1个社区3名社工、10个社会组织、50人常态服务居民志愿者""1315"计划,推行"社区+社工+社会组织"联动服务新模式。

启示与借鉴

"最后一米",其实就是从党员领导干部"此岸"到人民群众"彼岸"的心路历程。在群众路线教育实践活动中,扬中市围绕补足精神之"钙"、增强群众观念和提升服务水平,组建"群众讲师团",编印"群众工作"乡土教材,树立本土先进典型,创造性开展"四学四提""一统四联"等活动,采用"四段推进"等办法,推进实施"六项工程",拜群众为师,为群众服务,受群众监督,站稳群众立场,密切党群关系,拉进干群心理距离。教育实践活动让我们认识到打通"最后一米"重在真改、成在实干、贵在坚持。

启示之一：打通联系服务群众的"最后一米"重在真改，真改方能见效

风清则气正，气正则心齐，心齐则事成。"自己满脸脏东西，怎么号召人家讲卫生?"在群众路线教育实践活动中，扬中市聚焦"四风"问题，在规范权力运行、改进工作作风等方面制定出台了务实管用的工作制度和管理制度，对作风顽疾出重拳、下猛药。实践证明，打通"最后一米"重在真改。

一要扶正祛邪。扶正，就得照镜子、正衣冠，就是要以先进典型为镜，见贤思齐，做到思想上尊重群众、感情上贴近群众、行动上关爱群众。在组织学习焦裕禄、杨善洲、赵亚夫等先进典型的同时，扬中市组织"四提四学"活动，培树本土典型，在全市范围内先后举办傅德纯先进事迹报告会 26 场次，用身边的榜样教育激励广大党员干部扎根基层、服务群众。祛邪，就得勤洗澡、真治病，去"官气"、除"霸气"、降"傲气"。扬中市组织开展"一统四联"活动，通过监督电话、绿色邮箱、网络调查等"背对背"的方式统一征求意见，请群众说真话，同时组织各级党员干部与基层群众直接"面对面"征求意见。在整个教育活动中，扬中市统一梳理意见建议 3550 余条，各级党员干部征集意见建议 17360 余条。这些务实的举措，有力地破除了党员干部官僚主义的"心魔"，打开了党员干部为民服务的"心扉"，解开了群众怨怒的"心结"。

二要真抓实改。"笤帚不到，灰尘照例不会自己跑掉。"从严治党必须具体而不是抽象，认真而不是敷衍地落实到位。在群众路线教育实践活动中，扬中市查处侵害群众利益问题 21 个，化解信访积累案件 46 件，查处机关部门"中梗阻"问题 3 个，整顿软弱涣散基层党组织 7 家，查处违反八项规定问题 2 个，对作风问题敢于动真碰硬，用务实管用的举措，有力整治"四风"顽疾，有力解决群众反映强烈的突出问题，有力突破影响群众切身利益的症结难点，使得党风、政风和社会风气为之一新。与此同时，扬中市构建完善"四个一""四式服务""三级联动"等体制机制，为群众办实事好事 37650 余件，解决群众问题 5400 余个，以实实在在的成绩，进一步树立党在群众中的威信和形象，进一步凝聚党心民心，形成推动改革发展的强大正能量。

三要持续发力。逆水行舟，一篙不可放缓;滴水穿石，一滴不可弃滞。作风建设是攻坚战，更是持久战，必须防止问题反弹、雨过地皮湿、活动一阵风。在群众路线教育实践活动后，扬中市致力将巩固活动成果与构建"和谐扬中"结合起来，强抓后续整改工作，逐一落实中央 21 项、省委 18 项、镇江市委 15 项专项整治任务，结合中央和省委巡视组反馈意见，梳理制定整改措施 110 条。推进实施村级集体经济"升级进位"、村干部队伍"活头源水"、政社互动"减负提效"等为主要内容的"六项工程"，为基层社区群众办实事、做好事、解难事。

近期，扬中市根据上级关于在县处级领导干部中开展"三严三实"专题教育的有关文件精神，结合扬中实际，在全市党员干部中开展"守纪律、讲规矩、敢担当"主题教育活动，以锲而不舍、驰而不息的决心和毅力，把作风建设不断引向深入，把作风转变的好势头保持下去，使作风建设要求真正落地生根。

启示之二：打通联系服务群众的"最后一米"成在实干，实干方能干成

实干兴邦，空谈误国。打通"最后一米"关键在行动落实。

一要"准"，靶子要明确。在群众路线教育实践活动中，扬中坚持问题导向，针对基层和群众需求，务实开展：（1）"三自一先"主题活动，系统梳理各类问题 153 个，自行查找出即知即改项目 285 个；（2）专项整治活动，清理村（社区）超标办公用房、办公用品配置及办公用车，印发改进作风制度规定 16 个，通过抽查巡查、专项检查、明察暗访等方式，及时查处各种违规违纪行为；（3）"百项整改""全面整改"活动，围绕民生实事查找即知即改项目 185 个，出台各类规范 250 项，公开公示全市党员干部 7400 余项个人整改项目，用实实在在的行动让"天堑变通途"。

二要"狠"，态度要坚决。在群众路线教育实践活动中，扬中压缩文件、会议、评比达标表彰活动达 20% 以上，取消和下放行政审批事项 22 项，调整清理超标办公用房 8362 平方米，清理清退领导干部企业兼职 43 人，因公出国（境）批次下降 80% 以上，努力以"踏石留印、抓铁有痕"的态度，深入整治、着力扫除文山会海、迎来送往、吃吃喝喝等老生常谈的问题，坚决整治"门难进、脸难看、事难办"等衙门习气，敢于破陋习、树新风。

三要"韧"，意志要坚韧。对阻碍经济社会发展的老大难问题，对老百姓深恶痛绝的不良现象，一件一件查到底，一个问题一个问题改到位，做到问题不解决绝不放手，群众不满意绝不罢休。扬中市委书记孙乾贵在全市群众路线教育实践活动总结大会上的讲话中强调：要立足解决"最后一米"，把"零距离服务"向所有公共服务领域延伸，特别是向执法部门、窗口单位、服务行业、村居组织等覆盖，从提供运动式、集中化的服务，向提供常态性、制度化服务转变，把"为人民服务"落实到每项工作的具体环节、具体流程，真正把惠民政策落实到基层，把困难问题解决在基层，把矛盾阻力化解在基层。

启示之三：打通联系服务群众的"最后一米"贵在坚持，坚持方能恒久

凡事贵有恒。践行全心全意为人民服务的宗旨，坚持党的群众观念群众路线，自觉打通联系服务群众的"最后一米"，必须常抓不懈、久久为功。实践证明，打通"最后一米"长效在制度建设。

一要抓常抓长。在群众路线教育实践活动中，扬中市持续强化"四个一"机制，制定《"四个一"机制深化推进工作方案》《民情信息员评比表彰奖励》等 10 余项工作制度；优化"415"链条体制，深化"三级联动"体系，全面完善以市委群众工作部为龙头、以镇（街区）群众工作站为枢纽、以村群众工作室为基础的三级联动群众工作机制，逐步推进群众工作部与"12345""数字扬中""民情 E 通"等联系服务群众载体的对接融合；规范"四式服务"，即规范实施一站式、菜单式、智慧式、代理式等四式服务，深入推进农村公共服务"八位一体"运行维护及标准化试点工作，持续推进《扬中市村（社区）党组织便民服务指南》一本通，按照智慧社区要求，整合建立社区综合服务管理信息平台，建立"网格长 + 网格党员 + 民情信息员 + 志愿者"代理服务格局等，把有效的做法总结为成功的经验，把实践的成果确立为规范的制度，从体制机制上着手，建立完善联系服务基层群众的好制度好机制，引导各级党员干部带着感情、带着问题、带着责任，深入一线、深入群众，使为民务实清廉的价值追求内化于党员干部心中、外化为党员干部行为的常态。近期，江苏省委书记罗志军在扬中市调研时称赞：扬中市不仅经济发展好、生态好，而且组织建设也同样富有成效。

二要紧抓实抓。制度不能仅仅写在纸上、说在嘴上、贴在墙上。抓而不紧、抓而不实,等于不抓。扬中市委书记孙乾贵强调:要把制度的笼子扎得更紧,才能固化教育实践活动的成果。要坚决防止"制度作秀"和"破窗效应",严防制度变成"稻草人",防止纪律成为"不带电"的高压线,坚决纠正有令不行、有禁不止,严肃查处不正之风和违法乱纪行为,以制度执行的刚性保证制度的生命力。

近期,扬中市开展"守纪律、讲规矩、敢担当"主题活动,要求全市党员干部坚守"四个服从",即党员个人服从党的组织、少数服从多数、下级组织服从上级组织、全党各个组织和全体党员服从党的全国代表大会和中央委员会;坚持"五个必须",即必须维护党中央权威,必须维护党的团结,必须遵循组织程序,必须服从组织决定,必须管好亲属和身边工作人员。严守"六项规矩",即讲政治规矩、讲组织人事规矩、讲党内生活规矩、讲日常行为规矩、讲群众工作规矩、讲廉政规矩。做到"三个敢",即敢为,在困难面前敢于攻坚克难,不畏艰辛、敢抓敢管;敢改,在机遇面前敢于改革突破,扬弃传统、敢破敢立;敢创,在发展面前敢于创新举措,创先争优、创业创造。要求对不守纪律、不讲规矩、不敢担当的典型案件进行曝光和通报,并做出严肃处理。

三要坚持不懈。走群众路线只有进行时,没有休止符,永远在路上。习近平总书记在党的群众路线教育实践活动总结大会上的讲话中指出:现在,广大干部群众最担心的是问题反弹、雨过地皮湿、活动一阵风,最盼望的是形成常态化、常抓不懈、保持长效。扬中市明确提出,集中性的教育实践活动基本结束了,但是践行党的群众路线、全面从严治党的征程永远没有休止符,要求党员干部主动积极适应作风建设和从严治党的新常态,敬终如始、善作善成,以钉钉子的精神,一级带着一级的抓下去,一年接着一年的干下去,干出特色、落到实处、抓出成效,将"最后一米"铺设延展成为联系服务群众建设"最美扬中"的"康庄大道"。

(姚新春、张广武、王乔林、钱吕军、祝晋、李华)

近年来,在各级党委的正确领导下,随着农村基层民主建设的加强,广大农村基层组织党风廉政建设也不同程度地取得了成效。但随着改革的不断深入,新农村建设的大力推进,农村基层党风廉政建设中存在的一些问题和薄弱环节日益显现,应引起足够重视。

一、当前农村基层党风廉政建设存在的问题

(一)思想认识不够,农村基层党风廉政建设工作处于被动应付局面

一是认为村干部"权小位卑",村级集体经济薄弱,加强农村基层党风廉政建设意义不大。从西来桥镇来看,全镇农村党员 542 人,占党员总数的 58%;村级党支部 6 个,占基层党组织总数的 20%。因此,构建和谐社会,农村的和谐稳定是重头;纯洁党的队伍,农村党员队伍是关键。二是没有认识到农村基层党员干部的地位和作用。农村基层党员干部,既是群众的一分子,又是党员队伍中的一分子,肩负着贯彻落实党和国家在农村的各项方针政策、带领群众致富奔小康的责任。他们直接面对农民,面对农村的各种矛盾和问题,其言行举止直接影响着党和政府的形象。三是注重抓经济工作,忽视党风廉政建设,甚至把抓经济建设和抓党风廉政建设对立起来。对抓党风廉政建设积极性不高,没有把这项工作摆上重要议事日程,缺乏落实党风廉政建设责任制的紧迫感和责任感,对党风廉政建设责任制工作有部署无检查,有文件无落实,工作被动应付。

(二)农村党组织工作不到位,农村党员干部教育缺位

党风正则民风清。一个地方的党风、政风,直接影响着当地民风、村风。由于对农村"两委"班子和党员干部疏于教育管理,特别是农村基层党风廉政建设的宣传教育力度不够,因

而农村党组织工作多不到位。这表现为：农村党组织党员发展不正常，党员活动不正常，引导教育不正常，班子不团结，对群众关心的热点难点问题不公开等；农村党员干部在思想作风、工作作风、生活作风等方面存在问题，党性原则不强、群众观念淡薄，党员干部违纪违法现象虽有所减少，但小的违规却时有发生，激化了党群、干群关系，诱发了许多越级上访、重复上访、集体上访的事件，影响农村基层政权的稳固和社会的稳定。

（三）监督渠道不畅，各种监督手段没有发挥作用

尽管监督制度多，有党内监督、群众监督、社会监督，有上级监督、专门机构监督，等等，但在实际工作中，却出现上级监督不能、班子监督不力、党内监督不畅、群众监督不了、专门机构监督不上的尴尬局面。上级组织与基层组织之间的时空距离，使监督滞后，不能及时有效监督；班子成员内部怕伤和气，避重就轻，不愿监督；农村基层"两委"班子主要负责人掌握一定的权力，在当地具有一定的势力，对其为政不公、为政不廉的行为，党员怕打击报复、怕招来麻烦，不敢监督；村民代表大会议事制度没有真正开展，村民理财小组的作用没有真正发挥，党务、村务公开流于形式，重大事项群众不知情而监督不了；村干部任期经济责任审计制度，村干部述职述廉制度执行不够到位，专门机构监督不上，以致一些村干部成了无人监督的特殊干部。

（四）村干部行为不妥，违纪违法违规行为仍有发生

农村基层党员干部队伍的主流是好的，但仍然存在一些不和谐的因素，主要表现在政治理论水平低、党性观念不强、民主法纪观念淡薄等方面。有的缺乏政治敏锐性，执行政策不坚决，甚至走样；有的工作方法简单，不做耐心细致的群众工作；有的作风粗暴，"家长制"管理，独断专行；有的为政不廉、假公济私、损公肥私、以权谋私；有的缺乏公心，优亲厚友；等等。

二、农村基层党风廉政建设存在问题的原因分析

（一）村党组织建设滞后

村党组织建设远落后于形势发展，农村党员干部年龄倾向老龄化，不能适应社会潮流和引领社会风气。西来桥镇6个村（社区），村党委书记的年龄40岁到50岁、51岁到60岁、61岁以上三个年龄段三分天下，农村党员年龄35岁以下的仅占农村党员的11%，60岁以上的占44%。文化层次低，支部书记初中文化以下的占全体支部书记的43%，农村党员初中文化以下的占农村党员的63%。村级党组织党员发展不正常，优秀年轻人多数在单位上班是党员发展不正常的客观因素，在农村很难找到有文化、有水平、热心基层工作的优秀人才。农村干部工资低，因此优秀的年轻人为官积极性不高，许多人外出务工经商，后备干部人才匮乏。

（二）抓廉政教育力度不大

一是乡镇党委缺乏对反腐倡廉教育作用的正确理解,对基层干部特别是村干部重用轻教、重用轻管,抓党风廉政教育力度不大。二是学习氛围没有形成。农村党员干部忙于事务性工作,主动学习不够,没有把学习当成工作,没有树立终身学习观念,缺乏"学习型"村干部。三是反腐倡廉"大宣教"格局在农村没有形成。各部门、单位在抓宣传教育工作时各唱各的调,没有整合资源、形成合力,宣传教育的覆盖面和效果大打折扣。四是宣传教育的软硬件设施不完善,乡镇党校对基层干部的教育培训没有长期坚持,主阵地作用没有发挥。主题教育活动的针对性、实效性不强。另外,基层干部特别是村干部待遇过低,给教育、管理增加了难度,使廉政教育没有发挥应有效果。

（三）抓制度落实力度不够

各级组织抓制度落实的力度不够,规章制度制定了不少,真正执行落实却很少。村账镇管制度实行了多年,但落实效果参差不齐,只履行了记账职能,却没有履行监督职能,财务管理混乱状况改变不大,给一部分人钻了空子。党务、村务公开重形式轻实效,走过场,使公开制度形同虚设。对党风廉政建设目标责任制不落实,对职责范围内的腐败现象不制止或制止不力,很少实施责任追究等现象,造成了制度制定和落实两张皮,削弱了制度的严肃性和监督制约作用,在群众中造成了不好的影响。

（四）抓基层干部监督不力

失去监督的权力是滋生腐败的温床。农村基层干部特别是"一把手",集人权、事权、财权于一身,扮演着决策者、执行者、监督者三重角色,过于集中的权力,使监督难以到位。现成立了村级纪委和村民监督委员会,相应起到了理财和监督的作用。但其他党员干部怕惹人、怕惹事,对腐败行为和不正之风不敢监督、不敢揭露。上级部门以成绩论英雄,对村干部出现的问题采取大事化小、小事化了政策,造成惩治不严、监管乏力,助长了农村基层干部高高在上、脱离监督的习气,使少数农村不良风气成了"小气候"。

（五）基层纪委履行职责不够

执纪查案是纪检监察的重要职能。乡镇纪委没有正确处理好执纪查案与维护改革发展稳定大局之间的关系,没有完全履行党章赋予的职责。乡镇干部流动性大,对纪检监察业务不熟悉,执纪办案水平有限,客观上造成乡镇纪委干部难以充分履行职责。随着民主法治建设的推进,乡镇领导干部要经代表选举产生,因怕丢选票,主观上造成乡镇纪委干部难以充分履行职责。因此,对管辖范围内的党风廉政建设工作,领导干部不能全身心投入,对出现的倾向性、苗头性的问题不能主动介入、先行介入,把问题解决在萌芽状态。各村虽建立了纪委,但由于受村党组织领导,因而难以起到监督作用,工作缺少成效。这种状况与基层党风廉政建设的目标不相符。

三、加强农村基层党风廉政建设的对策

（一）党的基层组织，是党的战斗力的核心

加强农村基层党风廉政建设，是提高农村基层党组织创造力、凝聚力和战斗力，巩固党在农村执政基础，密切党群干群关系，促进农村社会和谐稳定的有效途径。解决农村基层党风廉政建设存在的问题，要按照《建立健全惩治和预防腐败体系2008—2012年工作规划》要求，标本兼治，在加强组织领导、制度建设、廉政教育、责任追究和惩治腐败五个方面下功夫，促进农村基层党风廉政建设。

（二）加强组织领导，配强基层力量

加强农村基层党风廉政建设，市委是关键，乡镇是基础，纪委是保障。一是市委党风廉政建设领导小组要进一步加强农村党风廉政建设工作协调力度，确保此项工作有组织、有领导、有实施。二是乡镇党委要切实负起责任，把农村基层党风廉政建设工作摆上重要议事日程，纳入新农村建设总体规划，与经济建设及其他工作一起研究、一起部署、一起落实、一起检查考核。三是纪检监察机关要加强组织协调，把农村基层党风廉政建设各项具体任务分解落实到相关部门，形成齐抓共管工作格局。有关部门要认真履行职责，增强抓农村基层党风廉政建设的责任感和自觉性。四是村级党组织积极参与。按照"五好支部"要求，加强班子建设，把年轻有为、公道正派、能力突出的优秀人才充实到村级班子，构成市、镇、村、相关部门、纪检监察组织五方互动的农村基层党风廉政建设组织机构网络。

（三）立足廉政教育，提高拒腐能力

针对农村居住分散、生产季节性强、文化水平不高的特点，大力开展农村基层反腐倡廉教育，提高农村基层党员干部拒腐防变能力。在教育内容上，突出针对性。抓住农村党员干部中存在的突出问题，进行党纪政纪和廉洁自律教育，以及党的群众路线、优良传统和作风教育，对广大群众要进行文明新风、遵纪守法等内容的教育，忌一刀切式的教育。在教育方式上，突出正面教育。坚持以正面宣传教育为主，引导党员干部进行自我教育、经常教育、自觉教育。使党员干部学有榜样，干有动力。在教育平台上，突出先进性。充分利用廉政影视片、农民文艺队、廉政标语、廉政宣传画、廉政宣传栏等教育平台，同时发挥报刊、广播、电视、网络、远程教育等现代传媒优势，提高反腐倡廉宣传教育的吸引力和感染力。在教育效果上，注重实效性。大力推进廉政文化进农村工作，把廉政教育融入日常工作中，以工作带动农村基层党员干部增强党性修养、群众观念、法纪意识，夯实拒腐防变的思想基础。

（四）强化制度建设，规范村务管理

建立和完善对农村党员干部的监督管理制度，建立健全农村集体资金、资产和资源管理

制度,完善民主管理制度,逐步消除滋生腐败的土壤。一是建立和完善对农村党员干部的监督制度,包括村干部任期目标责任制度、村干部任期及离任审计制度、村干部目标考核制度和民主评议制度等,确保农村党员干部在行使权力时有严密的监督网络。二是建立以农村集体资金、资产和资源为主要内容的经济管理制度,包括村级财务"村账镇管"制度和村级财务收支管理节点监控实施办法和村级财务审计制度。三是完善民主管理制度,推进基层民主政治。即完善村民监督委员会制度和村民会议、村民代表会议、"一事一议"等民主决策制度,以及村民自治章程、村规民约等民主管理制度,以及村干部述职述廉制度,以及"四公开、四统一""民主听证"等民主监督制度,切实保障群众参与村级事务管理和监督的权利。

(五)落实责任追究,严肃党纪党规

按照党风廉政建设责任制和有关责任追究的规定,把责任追究范围延伸到村级,严格责任追究。制订规范的责任追究制度和责任追究的具体实施办法,对农村党员干部职责范围内的反腐败工作敷衍失职、不抓不管,以致屡屡发生群众集体上访、越级上访等影响农村和谐稳定、造成恶劣影响的,严格责任追究。通过诫勉谈话、通报批评、责令辞职、降职、免职,直至给予纪律处分等处理手段,促使基层干部切实履行职责,促使基层党风廉政建设的各项工作任务能真正得到贯彻和落实。

(六)严惩腐败分子,纯洁党员队伍

纪检监察组织要加大执纪执法力度,通过查处违法违纪案件,达到打击极少数腐败分子和团结教育大多数干部的目的,达到纯洁党员干部队伍的目的。一是抓住群众反映强烈的突出问题,特别是那些严重影响改革、破坏经济发展环境、影响发展稳定、严重侵害群众权益的案件,严厉惩治腐败分子。二是畅通农村信访信息渠道,及时掌握各种苗头性、倾向性问题,通过批评教育、廉政谈话、降职免职等措施,把问题解决在萌芽状态,教育挽救党员干部。三是加大执法检查力度,认真纠正基层行业不正之风。对群众反映强烈的不正之风,突出重点、从严治理,构成违纪违法的,组织力量严肃查处。用纪律的手段维护党风的纯正,促进干部勤政廉政和社会风气的转变。

(郭波)

改革开放至今,中国经过长期的经济增长,民众物质生活极大丰富,但与此同时各种矛盾也日益凸显出来,影响了社会的和谐稳定,也危及国家的长远发展。稳定成为与经济发展同等重要的大事,"稳定压倒一切"成为越来越多人的共识。信访工作作为党的群众工作的重要组成部分,是党和政府联系群众的重要桥梁、倾听群众呼声的重要窗口和体察群众疾苦的重要途径。与此同时,随着越来越多的社会矛盾以案件形式进入司法领域,也出现了诉讼与信访交织、法内处理与法外解决并存的状况,导致少数群众"信访不信法",甚至"弃法转访""以访压法"等,问题比较突出,严重损害司法权威,影响正常有序的涉法涉诉信访秩序。

一、当前涉诉信访的主要特点

(一)"诉""访"混淆使用

"诉",一般是指当事人向有管辖权的人民法院提出的与审判有关,应适用诉讼程序解决的请求,包括起诉、上诉或申请再审等告诉类请求,还包括法律和司法解释规定的提出异议和申请复议等异议类诉求。"访",一般是指当事人通过来信、来访等形式向法院反映的与案件有关,但一般不能启动司法程序的问题和事项。简言之,"诉"是保障权利实现的方式,强调司法裁判的功能与作用;"访"是司法程序外党和政府联系群众的重要桥梁、倾听群众呼声的重要窗口、体察群众疾苦的重要途径,侧重于民主监督与个案正义的实现。而在处置涉诉信访问题的过程中,诉讼程序还没有终结就上访的信访案件占整个信访总量的比例越来越大,有些当事人甚至在一审或者二审诉讼过程中就开始来信来访,严重影响了审判秩序。

（二）涉执信访比重较大

"执行难"仍然是困扰基层人民法院的重大难题。2012年至2014年,扬中法院的信访总量为436件,涉执信访占226件,超过52%以上。其中,被执行人偿还能力不足是制约执行顺利开展的重要瓶颈。刑事附带民事判决赔偿案件中,由于案件的被告人多为外来流动人口,无稳定职业、无固定收入、经济状况较差,因此很少有财产可供执行。被执行人被羁押服刑的,执行的可能性微乎其微,根本没有履行能力。人身损害（交通事故）赔偿案,一些无牌无证的轻便摩托车致人重伤或死亡的交通肇事案,肇事者即使倾家荡产也难以偿付高额的赔偿款。当前扬中辖区企业中有相当一部分企业的流动资金严重短缺,从而导致企业绝大多数处于半停产、停业状态,可供执行资金极少。而且企业的厂房、机械设备、土地等固定资产已抵押至银行处,无法在执行中变现。此外,法院执行还要考虑企业的生产状况,防止因执行而使企业停产停业等。上述情形,直接导致法院执行不能。申请人的债权长期不能实现而引发信访,长期上访,甚至越级上访。

（三）信访群体诉求复杂

社会动荡往往不是发生在经济停滞的地方,而是可能发生在经历了经济增长的地方。经济领域日新月异的发展,带来了相应的社会问题,整个社会在追求公平和正义的过程中,诉诸法律的纷争不断增多。但是,相关法律体系和社会保障机制却不够完善,对新的利益冲突应对不够及时。信访群体诉求由以前的以人身损害赔偿、合同纠纷为主,扩大到复杂利益结构调整带来的争端,如房屋拆迁、土地征用、占地补、企业改制、劳动争议、医疗纠纷等众多方面。尤其当前扬中相当一部分企业因融资贷款、企业互保和民间借贷等引发的企业融资案件日益增多,不仅给法院审判执行工作带来诸多不利影响,也影响到社会和谐稳定,且涉案企业职工人数众多,如江苏雨龙电气成套有限公司职工达409名,其他均在100名以上,劳动监察大队在处理该类纠纷时,职工已经多次成批上访。因此,法院受理该类案件后,这些职工势必会转移上访地点,给法院、法官施压,维稳形势严峻。

（四）违法信访情况多发

当前,无理访、缠访、闹访已经严重影响了各级法院特别是基层法院正常工作的开展,也影响了社会的安定秩序。有的当事人对法律的程序规定不了解,案件调解结案后又反悔,试图通过信访得到补偿。有些信访当事人在签订息诉停访协议且已得到充分救济和扶助的情况下,仍然不守息诉承诺,又重新上访。部分信访当事人年龄偏大、文化层次偏低,他们之间相互联络、沟通信息、交流"信访经验",互相出谋划策,在重要会议和重大活动期间更是联系频繁、结伴上访,信访趋向组织化。有的信访人想利用上访向法院和承办法官施加压力,在案件审理阶段就上访,想迫使法院做出有利于信访人的裁判。

（五）信访终结效率低下

党的十八届三中全会通过的《中共中央关于全面深化改革若干重大问题的决定》明确提出，把涉法涉诉信访纳入法制轨道解决，建立涉法涉诉信访依法终结制度。现实中，由于当事人性格偏执等原因对法院裁判一再上访的现象难以避免，可是，作出裁判的法院必须经最高人民法院或高级法院审核后才能将该案件终结，这浪费了大量的司法资源。换言之，"涉诉信访案件须穷尽所有法律程序方能依法终结"的规定不符合司法规律，为当事人缠访、闹访大开方便之门。

二、不当涉诉信访对司法机关的影响

（一）影响审判秩序

某些本应纳入诉讼程序内的案件由于各种原因进入了信访渠道，导致"诉""访"不分，严重干扰了人民法院的正常审判秩序。诉访不分不仅不利于当事人通过正常的诉讼获得权利救济，也不利于人民法院妥善处置涉诉信访矛盾纠纷。因而有必要建立健全诉访分离工作机制，将属于"诉"的事项从信访工作中剥离出来，引导当事人依法行使诉权，提高涉诉信访工作的成效，做好信访工作中的维稳与维权。

（二）影响法官判案

有些当事人把信访作为左右案件处理结果的手段，案件尚在审理中就向上级法院、人大、信访局、政法委、政府等多个国家机关及新闻媒体等投诉承办法官执法不公，所反映的内容绝大多数为虚构事实或对法官进行无端的指责批评，试图动用社会一切力量给法官加压力，迫使法官按其要求办案。一些法官为了不产生信访案件，对一起简单的案件，却不敢直接进行判决，而是长期地进行调解，从而使裁判结果的时效性大大缺失，司法的公正性也大打折扣。各单位特别是政法机关，都惧怕上访，谈"访"色变。基层法院领导和法官总担心当事人去上访，普遍存在较大的心理压力和疲劳、压抑、焦虑、抑郁等情形。

（三）影响队伍稳定

法官一方面要面对日益繁重的审判工作任务，另一方面还要时刻面对日益严峻的信访形势。本来作为法官只要对法律负责，公正高效地进行裁判即可，但由于信访形势的要求，使得他们不仅要对法律负责，还要对一些信访当事人负责，包息访、包稳控，敏感时期还得日夜看死盯牢。在工作中必须做到打不还手、骂不还口，却常常受诬陷、受诬告，很多法官感叹，繁重的工作任务和信访形势压力，再加上基层法官职业保障的不到位（如工资水平低、人身安全无保障、其他职业保障差等），使大批基层法官流失，直接影响了法官队伍的稳定性。

三、依法处理涉诉信访的途径

（一）切实做好"诉""访"分离

对属于本院管辖，具有一审、二审或再审内容的来信来访，应纳入"诉"的范畴，特别是从性质上将申请再审界定为当事人的一项诉讼权利，是当事人不服已经发生法律效力的判决、裁定、调解，在符合法定条件的情况下，申请人民法院再审的诉讼活动。对已穷尽一审、二审或申请再审司法程序，当事人通过来信来访等形式针对人民法院诉讼案件提出意见、建议、投诉、申诉或反映其他事项的，应纳入"访"的范畴，一般按非诉讼的信访机制处理。对诉讼程序未穷尽的"诉"，要严格遵守诉讼法的规定，立案后移送相关审判庭审理，引导当事人充分行使诉权，保护当事人的合法权益，维护司法权威。对不能启动司法程序的"访"，要树立责任意识，按照分级负责的原则，由原一审法院作为办理信访事项的责任单位，上级法院跟踪催办、督办；同时有效利用其他国家机关、社会机构等资源，形成联动，综合治理，以及时化解矛盾纠纷、实现息诉息访。

（二）落实打击违法信访举措

当前，非法上访、无理上访等问题比较突出。由于个别部门和领导"谈访色变"，心理上对涉诉信访有一种无形的恐惧感，所以存在对非法上访、无理上访等教育和打击不力的问题。对于非法上访、无理上访的迁就，实际上就是对合法上访、有理上访遵纪守法积极性的打击，对信访制度的破坏作用极大。因此，在充分保障公民的宪法权利和各种诉讼权利的同时，要坚持打击非法上访、无理上访的行为，维护国家信访制度的正常运行。对无理信访，数年缠访的要耐心劝其息诉的同时，也要分析原因，理性处置，对为达到个人目的而无理取闹、蓄意煽动、诋毁法院形象、诽谤法官的人要依法制裁，起到警示作用。

（三）把握申请再审和信访申诉的界限

在《民事诉讼法》修改之前，由于对当事人提出再审申请的理由规定模糊、裁定再审标准不统一、启动审查的程序不严密等原因，导致当事人在一定程度上无法有效行使申请再审的权利。修改后的《民事诉讼法》确立了申请再审与信访申诉相界分的理念。信访申诉一般是指公民依照宪法享有的一项民主权利，而申请再审是宪法规定的申诉权在诉讼法中的具体落实和特定化，赋予当事人在法定条件下针对生效裁判寻求救济的行为以"诉权"或"诉讼权利"的性质，真正畅通当事人申请再审的渠道。把握申请再审与信访申诉界限的意义在于对可启动再审的"诉"，要给予当事人充分的程序保障，及时做出裁定，展示裁判结果；对信访申诉，则按照信访机制处理，解决当事人的实际困难，化解社会矛盾纠纷。

（四）完善信访接待机制

建立立案庭的信访职能机制，切实做好初信初访的化解工作。在诉讼服务中心，大力化解初信初访，有效减少信访积案老案。诉讼服务中心应开设几个窗口，为当事人提供立案、投诉、接访、咨询、判后答疑、案件查询、诉讼材料收转、诉前调解、司法救助等"一站式"服务，对涉诉信访人、诉讼当事人，第一时间引导、接待、解答、服务，力求做到使当事人消除"愁跑路耗时、愁敲门无人理、愁表述不清、愁释疑解惑"的心理，从源头上化解信访。同时，加强信访人员的配备，选择党性强、素质高、责任心强的专职信访员，做到有访必处、有信必复，切实做好初信初访的化解工作。

（五）健全司法救助制度

由于系统的司法救助体系尚不完善，因而法院在自身办公经费尚且紧张的情况下对生活困难当事人进行救助确实力不从心，对于符合救助规定的及时给予司法救助，对于给予司法救助后仍然存在实际困难的，通过民政部门、慈善机构等帮助解决实际困难。党委政府可以考虑重塑社区的功能等方式，解决"最后一米"失灵问题。

（杨佳龙）

社区矫正是与监狱监禁刑相对的行刑方式,是指将符合社区矫正的罪犯置于社区内,由专门国家机关在相关社会团体和民间组织及社会志愿者的协助下,在判决、裁定或决定确定的期限内,矫正其犯罪心理和行为恶习,并促使其顺利回归社会的非监禁刑罚执行活动。我国从2003年开始社区矫正试点工作。2011年2月十一届全国人大常委会十九次会议审议通过的《刑法修正案(八)》、2012年3月十一届全国人大五次会议通过的《全国人大关于修改〈刑事诉讼法〉的决定》初步确立了我国的社区矫正法律制度。在具体操作层面,司法部会同最高人民法院、最高人民检察院、公安部联合制定的《社区矫正实施办法》《江苏省社区服刑人员监督管理办法》《江苏省社区矫正工作条例》先后出台,为社区矫正工作依法顺利开展提供了具体细化的制度保证。与此同时,我国《社区矫正法》立法进程也已进入后期关键阶段。

扬中市自2005年4月启动社区矫正工作以来,在市委、市政府和上级司法行政部门领导的指导下,以保障社会稳定、构建和谐社会为目标,以争当全省排头兵活动为动力,夯实基础,探索创新,不断增强教育矫治质量和水平,切实加大帮困扶助力度,有力地促进和维护了地方的稳定。

一、扬中社区矫正工作的基本情况

截至2014年10月底,扬中全市累计接收社区服刑人员1827人,按期解矫1596人。目前在册社区服刑人员231人,其中缓刑211人、假释19人、暂予监外执行1人,未成年和按未成年社区服刑人员管理的3人。未发生社区服刑人员因监管措施不落实而重新犯罪案例。2006年3月,扬中市被江苏省矫正办确定为首批省级社区矫正示范区,全市4个镇(街道、区)被评为镇江市级"社区矫正示范镇街";2006年7月,中央电视台对扬中市社区矫正工作进行了专题采访报道;2010 年 5 月,省矫正办、省司法厅新闻中心拍摄扬中市创建社区矫正协会的做法,这是镇江市唯一入选《江苏省社区矫正工作回顾》电视专题片的题材;2011 年 7 月,江苏省司法厅在扬中市召开全省社区矫正工作座谈会;2011 年 9 月,扬中市社区矫正工作再上央视频道;2011 年 12 月,扬中市司法局成为镇江唯一一家被省综治委特殊人群服务管理工作领导小组评为"全省社区矫正工作先进集体"的单位;2011 年至 2013 年,扬中连续三年被镇江市司法局评为"社区矫正工作先进集体"。扬中市组建社区矫正协会助推社区矫正工作的做法被司法部编入《社区矫正实施办法解读》。近年来,江苏省司法厅、镇江市司法局和其他上级单位领导多次莅临视察,对扬中市社区矫正工作给予了充分肯定和较高评价。

二、扬中社区矫正工作的主要做法

在历年来的社区矫正工作中,扬中市始终坚持强基础、抓关键、重创新,在狠抓社区矫正规范化管理和建设上下功夫、求实效。

(一)注重多元化载体建设,搭建新型工作平台

坚持不断创新,积极丰富载体、拓展阵地,建设社区矫正"146"工作载体。

建成一个中心,即市社区矫正管理教育服务中心。通过丰富和强化各功能科室的职责,充分发挥指挥监督、综合管理和统筹协调作用。在市级层面上,依托中心实现了与市综治办及公检法等部门的联系沟通,确保社区服刑人员的教育监管、考核奖惩、社会适应性帮扶等工作落实到位;在镇级层面上,依托中心实现了与各司法所的配合协调,做好入(解)矫衔接、宣告及组织开展全市社区服刑人员法制、技能、心理教育或培训等活动,同时依托信息指挥中心对各地司法所及各类基地等进行即时性的业务指导,着力在全市构建无缝对接、运转协调、上下一体的社区矫正工作体系。

搭建四大平台。建立"阳光人生"在线交流网,组建腾讯 QQ 高级群,由市矫正办指派专人担任管理员,社区矫正领导小组成员单位的联络员及心理咨询师、法律工作者等介入,社区服刑人员加入,实现在线心理、法律、技能和管理实时咨询交流;建立实时监控互动网,主机设在市社区矫正教育管理服务中心的信息指挥中心,通过与各地司法所、各类基地进行专网连接,既可随时查看、浏览各地工作活动信息、监控实时场景,又可在线研讨疑难问题、对重点对象进行在线谈话教育;建立"技能培训超市"和"阳光人力资源市场"。通过与人社等部门的联系合作,加强与用人单位的沟通协调,收集、梳理用人单位的招聘、需求意向及社区服刑人员的自身特点、就业意愿等信息资源,建立信息库,并据此通过分类办班、因人施教培训、开辟专场专栏和搭船过河招聘等,促进社区服刑人员充分就业。

拓展六类基地。依托江苏省扬中中等专业学校和各地职教中心建立"阳光教育培训基地",突出工程电气等本地产业特征,以菜单式培训满足社区服刑人员的技能培训需求;充分利用油坊镇绿洲农作物培训基地、"新岸"农业基地等农业类技术培训基地,加强农业技能培

训和就业安置，为社区服刑人员提供农作物栽培、养殖等实用技能知识学习的场所；抓好各类支持参与社区矫正工作的工业企业，规范引导基地结合自身特点，开展培训，落实就业，建立一批企业技术培训就业基地；在社区服务基地的建设上，加强对各镇区原先基地的整合，同时在基层依托敬老院、广场、公园等搭建具备各自特色、实际效果突出的劳动基地，组织社区服刑人员开展教育学习和社区服务；在道德法制教育感化基地建设方面，结合市看守所新建，对原先设在该所的道德法制教育感化基地提前介入，预留场所和空间，做好规划衔接，结合扬中市法制文化教育中心建设，在其中预留社区矫正教育及心理咨询功能，与苏州、江宁监狱等加强联系，通过组织参观观摩、专题体验和结对共建等活动，发挥警示教育功能；在过渡性安置就业基地方面，依托大唐等有条件的企业和扬中现代渔业产业园，主要向"三无"人员和有特殊困难的社区服刑人员提供培训、就业、居住和生活服务。

（二）注重规范化体系构建，形成完整工作机制

切实细化和规范社区矫正工作流程，严把各个关口，进一步健全和完善社区矫正工作机制。

严把移交接收关，建立集中接收和交付执行机制。市社区矫正管理教育服务中心统一接收社区服刑人员，按照一人一档的要求建立执行档案。根据接收人员情况适时举行由居住地司法所工作人员、矫正小组成员和社区服刑人员参加的集中接受社区矫正宣告仪式和教育学习大会，将社区服刑人员交付各相应司法所接收矫正。各所分别与社区服刑人员进行个别谈话、开展入矫教育、建立健全工作档案，逐一落实社区矫正工作流程。保持与法院、公安、检察院的沟通，互相核实特殊人群数据信息。

严把责任落实关，建立"5＋1"基层矫正责任机制。成立由司法所工作人员、分片民警、所在村（社区）工作人员、所在单位（社区）志愿者以及社区服刑人员家属组成的矫正小组，分别签订责任书，通过"5＋1"结对帮教社区服刑人员工作责任体系的建立和多种形式教育矫正措施的落实，进一步提升社区矫正工作质效。

严把矫正质量关，建立专项培训和督查考核机制。除组织社区矫正工作人员参加省、市举办的业务培训外，坚持每年举办四次以上扬中市级培训，通过专题讲课、以会代训、业务研讨、座谈交流等形式加强对社区矫正工作人员队伍和志愿者队伍的培训。将社区矫正工作作为基层司法所目标管理考核的重要内容，进行量化考核，严格奖惩。对发生因监管措施不到位导致重新犯罪的，实行一票否决。采取日常督查、个案督查、季度督查相结合的方式，组织公检法司机关对各地社区矫正工作进行联合督查，进一步强化指导、落实责任，力促规范运作。

严把应急处置关，建立应急互动机制。结合扬中地方实际，制订社区矫正突发事件应急处置预案，明确处置程序和应对措施，依托司法行政内网、互联网、QQ群、远程视频等现代媒体网络加强纵向和横向之间的联系互动，确保信息畅通，形成全覆盖、全联动的应急处置体系。

严把矫正执行关，建立结构化监管机制。社区矫正结构化监管机制，就是以月为周期，

在确定的时间按固定的模式和标准的程序,将社区矫正的各项监管措施落实到位的监督管理机制。根据镇江市局的指导理念,扬中市迅速行动,积极探索,油坊镇司法所率先制订了一整套较为完善可行的结构化监管方案,被镇江市局认可并推广至其他县市区。2014 年 1 月,镇江市社区矫正结构化监管工作推进会在扬中市召开。目前,该项工作已在扬中市全面推开,2015 年应重点对此加强研究、督促提高。

(三) 注重一体化资源整合,汇集各方工作合力

积极整合凝聚社会资源,巩固“党委领导、政府负责、部门齐抓、社会参与”的社区矫正工作格局。

争取党委政府重视。通过主动汇报、积极协调,努力争取市、镇两级党委政府的关心和支持。在财力上,市政府拨款 200 万元专项用于市社区矫正管理教育服务中心建设,同时将社区矫正工作经费单项专列,并明确逐年予以增长。各镇(街道、区)党委政府也分别对当地司法所办公用房建设、办公设施配备等加大投入力度。在人力上,扬中市人大、市政协通过多次视察调研,为社区矫正工作奔走鼓呼,提出了关于加强社区矫正社会工作者队伍建设的议案,分别交由司法局主办,财政局和人社局协办。经三方协调,全市招录了 20 名社区矫正社会工作者。在机构设置上,经由扬中市编办批准,率先在镇江挂牌成立社区矫正管理局,奠定了开展新时期社区矫正工作的组织基础。

整合职能部门资源。对机关部门职能进行整合,成立市社区矫正工作领导小组,通过坚持定期召开联席会议、联络员会议等加强配合协调,互通情况、信息,充分发挥积极作用,形成围绕完成刑罚执行和社会适应性帮扶两类工作任务资源共享、优势互补的良好工作格局。

建立社区矫正协会。吸收机关、企事业单位、个人等作为会员,成立社区矫正协会,通过筹集社区矫正经费、整合社会力量,协助基层司法所共同做好辖区内社区服刑人员的监督管理、教育矫治、社会适应性帮扶工作,有效解决了人力不足、资金紧缺、帮扶效果和社会影响力偏弱等问题。目前,全市所有镇(街道、区)均已全部建立社区矫正协会,共发展会员单位360 余家,筹集经费 80 万余元,先后帮助 40 余名社区服刑人员解决就业问题,为 80 余名困难社区服刑人员提供临时救济 55 万余元,组织参加法制和就业培训 80 次 1500 余人。

三、存在的困难与问题

新的形势、任务和要求对社区矫正工作提出了诸多新的课题。结合基层具体实践,发现主要存在以下四个方面的难点:

(一) 社区矫正机构的设置问题

新的刑诉法第 258 条规定,社区矫正由社区矫正机构负责执行。《社区矫正实施办法》虽然在第 3 条里明确了县级司法行政机关社区矫正机构的监督管理和教育帮助职能,但在

以下的条文中,职能的行使和具体工作流程的操作实施主体依然是各级司法行政机关。个人理解,这是基于司法行政系统机构建设的现状而做出的一个过渡性规定。2012 年 2 月,扬中市编制委员会办公室下文批复,在扬中市司法局社区矫正工作科增挂"扬中市社区矫正管理局"牌子。从形式上看,扬中市的社区矫正工作机构有了,也挂了牌,但很明显,其建制和行政级别很低,相当于股级设置。这样一个局去管理指导社区矫正工作科和各地司法所显然不合适,与公检法机关直接发生工作联系更不现实。由于上级业务指导部门对机构的设置组建并未明确统一的模式和标准,省内同时又出现了"队建制模式",即在地级市司法行政机关建立社区矫正执法支队,在县一级建立执法大队,在乡镇一级建立执法中队的组建模式。执法主体不能规范统一一势必影响将来法律出台后的准确实施。

(二) 社区矫正执法人员的配备问题

社区矫正作为一项刑罚执行活动,执法人员限定为政法专编工作人员,但在基层社区矫正管理条线,社会工作者在数量上成为主要力量。目前,扬中市已按照 1∶15 的比例足额配齐社会工作者队伍,现有社会工作者 19 名。但政法专编人员比例较低,扬中市 6 个司法所只有 8 名社区矫正执法人员,管理压力较大。

(三) 执法的保障问题

这里主要是经费、车辆和专用设施设备问题。按照《社区矫正实施办法》的要求完成相关工作,究竟需要多少费用? 市社区矫正管理局曾就分列的 14 项工作任务做了个大概的测算,以管理 300 名社区服刑人员为基数,大致需要 176 万元,还不包括自选动作或者创新工作的开展。省定社区矫正专项经费为 2500 元/人,总量为 75 万元,其中省财政对照苏南补助标准 750 元/人下拨 22.5 万元,其余 52.5 万元由地方财政补足。经过两年的努力,目前扬中市级财政补助的标准达到 30 万元,镇级财政以提供或补助 15 名社会工作者工资报酬的形式提供支持,地方配套总量勉强到位。在资金支出需求上,按照 3.5 万元/(人·年)的用工报酬,社会工作者报酬的年度支出就需要 70 万元,其他 13 项工作的开展在经费上显得捉襟见肘。此外,社区矫正协会筹集的资金原则上用于社区服刑人员的教育帮扶,数量上也相对有限。基层社区矫正工作的资金保障问题日益凸显。2014 年省司法厅牵头下发了基层社区矫正机构配备执法用车的文件,根据联合执法及押解罪犯送监执行的要求适宜使用中型客车,但对照 1.8 升的排量限制标准难以选择车型。作为刑罚执行的主体,执法人员的规范制服、必要的警用约束械具无从配备。此外,随着信息化建设进程的加快,与社区矫正管理专网、信息指挥平台互接融通的身份信息核实、定位监管等管理设施及现场处置的矫务通终端设备急需加紧开发应用。

(四) 奖惩措施的单一化问题

《社区矫正实施办法》赋予了矫正执法人员一些特定的权限,同时取消了试点过程中采取的表扬、记功等所有行政奖励措施,取消了记过这一行政惩戒措施,从而在现阶段矫正工

作中,司法行政机关无可利用的行政奖励措施,在行政惩戒措施上仅保留了书面警告一项(不包括提请公安机关给予治安管理处罚)。司法奖惩的种类未发生变化,惩处措施的启动在程序上更为便捷,但奖励的实施全面紧缩(必须符合法定减刑条件)。原先采取的"两手抓"策略尤其是镇江市矫正办牵头下发的减刑管理办法(现已废止)的实施,较好地起到了奖优罚劣、导向鲜明、综合管理的效果。现今仅剩一根挥舞的"大棒",相形之下管理方式上显得较为单一。基于对未成年犯的特殊保护政策,对恶意违规的未成年社区服刑人员的教育管理难题尤其突出。

四、设想和建议

虽然扬中市坚持进行探索和尝试,社区矫正工作取得了一定的成绩,但与先进地区对比尤其是对照长远发展的要求,差距和不足也很明显。为此提出以下设想和建议:

(一)要加强研究,科学设置统一、一致的社区矫正工作机构

在国家层面以法律的形式明确执行主体的名称,以规划的形式明确机构的设置标准。在地方积极与省市机构编制管理机关沟通争取,尽快明确市、县级社区矫正管理机构的属性和行政级别,为社区矫正工作的开展奠定组织基础。根据现有规定,县级司法行政机关社区矫正机构负责对社区服刑人员进行监督管理和教育帮助,司法所承担社区矫正日常工作。各地对基层司法所一般实行县级司法局和所在乡镇政府双重管理,以司法局管理为主的模式,司法所编制一般从属司法局。在社区矫正工作机构的设置方式上,笔者个人倾向于选择队建制,其优点在于凸显其有别于司法行政机关行政执法的执法属性,有利于统一管理和相对独立运行。在乡镇司法所层面组建执法中队,相当于赋予其派出机构身份,授予了一定的执法权限。这样更有利于社区矫正工作的顺利开展,同时也可以让基层司法所现有社区矫正执法工作者从其他繁杂事务中解脱出来,回归其专职本位。

(二)要切实强化社区矫正的工作保障

在政法专编、辅助人员分配、装备配置上适当向基层矫正条线倾斜,增强基层的实战能力,重点防控基层社区矫正工作人员在编不在岗、专职不专用等异常情形。加速立法和配套政策措施出台步伐,加快社区矫正法治化进程。制定与社区矫正工作实践相结合的社区服刑人员减刑管理办法,重视未成年社区服刑人员教育监管方式的调查研究,加快制发统一、规范的社区矫正执行和工作文本、档案样式及更为细化、更具可操作性的工作流程。结合系统内部信息化建设,开发应用更为精准便捷的执法、管理平台及矫务通、电子腕带等终端设备。统一配发制服,增强执法的严肃性,配备必要的警用械具,增强执法安全保障。建立社工准入制度,提高社区矫正社会工作者的待遇水平,稳定工作者队伍。争取省级司法、财政部门的支持,提高社区矫正专项经费标准,缩小苏南、苏北之间省级补助资金的差距,让地方

财政专项资金有更为宽广灵活的作用发挥空间。

（三）要继续深化社区矫正监管教育的规范化建设

以监管安全为根本，以结构化监管为抓手，在工作标准、要求的规范和提升上加大力度。细化和规范社区矫正工作流程，抓好电话汇报、当面报告、面谈、集中教育和社区服务等关键监管措施，确保在规定的时间按规定的模式完成规定的动作。完善"146"社区矫正工作载体建设。在平台建设上重点确保符合条件的社区服刑人员对"阳光人生"在线交流的参与率及矫正中心和司法所音视频交流互动设施设备的完善，在基地建设上重点加强沿江现代渔业产业园农业养殖技能培训、就业安置基地的建设及大唐电器集技能培训、社区服务、电子阅览、心理宣泄、休闲健身、就餐居住等为一体的综合性、规模化安置帮教基地的打造，切实发挥基地在教育改造中的实际效果。

（四）要进一步提高社区矫正的社会化参与程度

扬中市社区矫正工作在领导重视、相关职能部门互动协作方面形成了良好传统，今后在保持这一优势的基础上，重点应在激发社会力量参与支持社区矫正工作方面做出努力。要充分借助和利用基层村（社区）司法行政惠民服务站这一已建平台，发挥好基层干部、派出所分片民警、"五老"对象在教育帮扶上的特殊作用。整合和集聚人社、民政、教育等部门及检察院"知心姐姐"等公益服务团队资源，继续在未成年犯等特殊对象的教育帮扶上探索尝试。调动社区矫正协会成员单位及热心特殊人群管理人士的积极性，在提供岗位和资金支持、提供人文关怀、形成监管帮教合力、营造社会氛围等方面取得更大的成效。

（金舜之）

党的十八大进一步指出,为人民服务是党的根本宗旨,以人为本、执政为民是检验一切执政活动的最高标准。在长期革命和建设实践中,我们党清醒地认识到,密切联系群众是党的最大优势和法宝。新形势下领导干部密切联系群众面临许多新的考验和挑战,因此,如何继续保持和加强新时期领导干部同人民群众的血肉联系,成为当前亟待研究并解决的课题。为此,扬中市专门成立了课题组,采取调查问卷、座谈讨论、走访基层等方式,在全市范围内展开了广泛深入的调查研究。在此基础上,课题组对扬中市领导干部密切联系群众中出现的问题进行总结,并剖析原因,提出当前加强领导干部密切联系群众的工作打算及建议。

一、领导干部"扎根基层,服务群众"的现实意义

(一)扎根基层服务群众是开展群众路线教育实践活动的客观要求

党的十八大做出了开展为民务实清廉群众路线教育实践活动的决策部署,中共中央办公厅下发了《中共中央关于在全党深入开展党的群众路线教育实践活动的意见》,决定自上而下分两批开展活动,并要求在省部级单位开展活动期间,省以下地区部门单位不要等待观望,该改的马上改,该做的马上做。扬中市自构建"四个一"联系服务群众机制以来,群众工作形成了许多特色经验,得到了省委书记罗志军的肯定,同时也为群众路线教育实践活动打下了坚实基础。所以,我们理应循势借势、加压奋进,在教育实践活动中争做典型示范,做到谋划在早、行动在先、举措在实。

（二）扎根基层服务群众是打造高素质干部队伍的有效载体

经济社会要发展，领导干部是关键。党的十八大指出，当前干部队伍面临着精神懈怠、能力不足、消极腐败的危险，究其本质是脱离群众、群众观念淡薄的具体表现，所以，只有把领导干部推向基层，让干部们在群众中摸爬滚打，坚信念、提能力、强作风，成为"狗不咬干部"，才能真正铸就一支政治坚定、能力过硬、作风优良、奋发有为的干部队伍。

（三）扎根基层服务群众是推进和谐扬中的有力保障

"四个一"的实践证明，干部下去的多了，群众的满意度就上来了。许多矛盾的产生和积累，源于信息诉求机制不畅、处置不快、解决不好。领导干部扎根基层，可以实现民情信息的扁平化管理，做到信息第一时间收集、第一时间反馈，有效实现基层的和谐稳定。

（四）扎根基层服务群众是建设苏南现代化示范区的必然需要

《苏南现代化建设示范区规划》的制定出台，对扬中市的现代化建设提出了更高的要求和目标，经济建设、社会建设、民生建设相辅相成，领导干部下基层做好联系服务工作，既是加强和创新社会管理的一个重要内容，也是促进城乡发展一体化、推动富裕文明宜居的实践路径。

二、近年来扬中市领导干部"扎根基层，服务群众"的生动实践

（一）开展"为率先承诺"主题活动，在服务基层发展中创先争优

2012 年以来，扬中市把"为率先承诺"活动作为创先争优的"自选动作"，建立健全了"定诺、承诺、履诺、评诺、考诺、用诺""六诺循环"考核体系。全市科级领导班子和领导干部共制订目标承诺书 1380 多份，确定"争第一、创唯一"及为民办实事项目 9830 多个，并坚持用群众评议衡量工作得失，发放群众评议测评问卷 1779 份，群众满意度超过 98%。

（二）推行"五步工作法"，扎实推进领导干部下基层"三解三促"活动

扬中市推行了调研问需查实事、集体会商定实事、公开承诺晒实事、整合资源办实事、督查评议考实事为主要内容的下基层办实事解难题"五步工作法"，切实解决与基层群众生产生活密切相关的实际问题。自活动开展以来，全市领导干部足迹遍布 81 个村、社区，走访了 120 余家企业和 580 余户困难群众，征求意见建议 320 余条，共帮助基层引进项目 32 个，协调解决资金问题 2600 余万元，帮助困难群众解决就业、就医等实际困难 1456 件，下基层走访联系率达到 100%。

（三）启动新一轮"4＋1"结对帮困活动，促进社会和谐发展

扬中市在以往开展的"双联四送"活动基础上，于 2011 年启动了新一轮"4＋1"（即 1 名

机关干部、1 名党员、1 名经济能人、1 个企业共同帮扶 1 户贫困家庭)结对帮困活动,帮扶对象为年人均收入低于 4000 元的家庭,联系帮扶贫困家庭 503 户,捐资捐物 66.98 万元,走访慰问 1945 人次,受到群众欢迎。2013 年,部分单位采取机关干部整建制下基层的形式,取得了良好的社会效果。

三、扬中市领导干部"扎根基层、服务群众"存在的问题与原因分析

在改革开放和发展社会主义市场经济的过程中,扬中市绝大多数领导干部都能够坚持扎根基层,密切联系群众,全心全意为人民服务,但也有部分领导干部群众观念淡薄,同群众的感情淡化、疏远,在联系和服务中存在被动应付、方法单一和满足于完成规定任务等问题,影响了干群关系。存在的问题主要有:

(一) 被动应付,联系基层局限于表面形式

问卷结果显示,有 52% 的调查对象认为,一些领导干部联系基层有偏重形式、走马观花、蜻蜓点水现象,没有真正深入基层。这主要表现为:

1. 下基层次数少。有些领导干部到非去不可才去,一年也不过两三次,根本了解不到真实情况。问卷结果显示,有 19% 的干部每月下基层次数少于 2 次。

2. 下基层流于形式。一些领导干部下基层存在"走村"现象,在村社区办公室坐坐就离开。同时也很少参加村、社区会议,与广大村社干部、群众接触少,仅仅起到"传话筒"作用。

3. 服务基层不到位。对于基层群众高度关注的土地征用房屋拆迁、民生保障、矛盾信访等问题,不能够深入基层了解群众所需所想,仅限于程式化地用法律、政策和文件来解答群众来信和来访。问卷结果显示,有 60% 的调查对象认为,一些领导干部"解决民生难题力度不大、举措不实"。

(二) 方法单一,帮扶基层习惯于送钱送物

一些领导干部联系帮扶群众的方法单一,局限于送钱送物。有 63% 的调查对象认为,一些领导干部"很少主动与群众交流沟通"。调研座谈反映,一些领导干部一般会每年去帮扶的群众家里看望一两次,送上 400～1000 元不等的钱物,拍拍照片,做做台账,甚至有极个别领导干部由他人转交。群众对把联系等同于送钱送物的工作方式比较有意见,有群众说:"送钱送物,不能为我们解决长期的困难。"

(三) 就事论事,服务基层满足于规定任务

由于挂钩单位和对象没有整合,因而会出现一些单位因几项事务而对应几个联系点的局面。由于本单位工作任务和人财物等资源方面的限制,这些单位下基层往往只能完成规定任务,就事论事,不关注其他问题,不敢多找麻烦,把完成规定任务作为第一选择和唯一

标准。

当前领导干部在扎根基层、服务群众工作中暴露出来的一系列问题,既有领导干部个人主观因素的影响,也有体制机制等客观因素的制约。通过调查分析,主要有以下几个原因:

1. 思想认识偏位,不愿意做到真心扎根基层

一些领导干部习惯于主角地位。问卷结果显示,有11%的调查对象认为,一些领导干部很少与群众沟通或不沟通。

(1)不相信群众。有的领导干部认为群众觉悟低,是"刁民",遇事喜欢无理取闹。

(2)不依靠群众。有的领导干部把市场经济错误地理解为能人经济,热衷于傍"小阔佬"、结交"大老板"、不攀穷亲,认为只要与上层能人、社会精英搞好关系,地方经济就能发展,群众自然就会得到实惠。

(3)不为群众。有的领导干部不是用好手中公共权力为群众谋福祉,而是一事当前先替自己打算,不管群众满意不满意,只想自己能不能得实惠,把权力当作谋利的工具。

2. 工作方式错位,不知道怎样正确扎根基层

(1)对上多于对下。有的"不怕群众不满意,就怕领导不注意",在处理一些问题上,以给上级交差为目的。

(2)对内多于对外。有的领导干部认为,单位内部职工同样也存在困难,内部问题还没解决好难以有时间和精力去顾及外部问题,因而将外单位群众视为局外人,对内多帮一点,对外少帮一点。

(3)对点多于对面。有人认为慰问几个典型就是联系群众,精心培养"小盆景",热衷打造"新闻点",不注重面上工作,导致对真正困苦的群众、复杂的问题、矛盾的焦点心中无数。

3. 机制制度虚位,不能够保证有效扎根基层

(1)缺乏统一协调机制。在服务基层方面,多条口安排领导干部服务基层,如挂钩联系、困难帮扶、卫生保洁、防洪抢险、秸秆禁烧等,联系单位没有整合,比较分散,帮扶单位疲于应付。

(2)制度规定比较模糊。相关制度大都软性要求的多,硬性规定的少,因规定内容过于笼统,实际操作中随意性较大,往往难以把握尺度。

(3)实际落实难以到位。有的制度缺乏规范运作的程序,导致一些制度放在嘴边、挂在墙上、写在文件中,成为"美丽的画饼",遭遇"落实难"。

(4)督查考评不够严厉。有的制度监督和考核评价缺乏量的规定与质的标准,基层群众的话语权被边缘化,并存在失责不究、违责不罚的现象。

四、推进领导干部"扎根基层、服务群众"的建议

针对存在问题,扬中将着力通过并建议以"引、定、联、考、督"为主要内容的"五法"机制,推进领导干部"扎根基层、服务群众"长效化、常态化和实效化。

（一）"引"——以"思想引导法"强化长效扎根服务的内动力

加强领导干部密切联系群众，首先就要解决好领导干部的思想认识问题。问卷结果显示，有53%的领导干部认为要加强干部队伍宗旨教育，提升领导干部主动扎根基层的动力。

1. 主题引导。依托创新发展论坛、领导干部培训班和党员电教频道等载体，以"扎根基层、服务群众"为核心主题，以集体授课、分组辩论、"乡土讲师来讲课"等形式，主题式开展领导干部联系服务群众思想政治教育活动，激发领导干部深入学习马列主义、毛泽东思想、中国特色社会主义理论体系的动力和热情，不断加强主观世界的改造，树立正确的价值观、群众观。

2. 典型引导。注重培树本土领导干部联系服务群众的先进典型，每年依托"七一"纪念活动，重点表彰一批"泥腿子干部"，注重宣传服务群众的先进事迹。同时，加大对反面典型的通报力度，在全社会形成"扎根基层是本职、服务群众是本分，远离基层是失职、脱离群众要减分"的浓厚氛围。

3. 历史引导。在全国范围内精选历史教育实践基地后备库，有计划有针对地组织全市领导干部到红色摇篮、革命老区接受革命传统教育的学习体验活动，通过现场学习和亲身体验，缅怀革命先烈、接受专题教学、追寻先辈足迹、净化心灵、坚定信念。

4. 阳光引导。加强领导干部道德教育，每年开展镇局级干部自学读书活动，以网络推选、干部推荐，确定一批"扎根基层、服务群众"的阳光读本。积极开展领导干部"345"阳光心态塑造行动，针对不同年龄阶段的领导干部，差别化设计实施课程，建优建强"阳光心态"塑造服务中心，邀请高校心理学专家教授，开展互动式大型封闭团体咨询，引导领导干部做到思想上尊重群众、感情上贴近群众、工作上为了群众。

（二）"定"——以"定村定责法"勾勒长效扎根服务的责任田

发挥组织作用，整合各个部门的行政资源，形成长效联系服务群众工作的整体合力。

1. 定好扎根服务领导机构。在全市上下建立"三级联动"的组织领导机制。在市级层面，建议市委成立由市委书记挂帅，副书记、组织部长为副组长的领导干部扎根基层联系群众工作领导小组，由组织部牵头，以纪委、宣传、政法委、机关工委、综治、发改、民政、人社、卫生、教育、环保等部门为成员单位，领导小组下设办公室，负责具体组织实施。在机关部门和基层村、社区层面，成立专门的组织领导机构，安排专人负责，形成一级抓一级，层层抓落实的工作格局。

2. 定好扎根服务点。联系服务群众是个宽泛概念，不仅要联系服务好本单位职工群众、服务对象，还要坚持重心下移，把服务好基层发展作为机关单位的职责使命。要加强"三解三促"、综治联系、秸秆禁烧、结对创卫等联系服务基层各类资源的整合，做到一个单位只定点联系一个基层村（社区），对于一些领导干部少、职工少的单位，由几个单位抱团定点联系一个村（社区），实现资源集中、联系方便。

3. 定好扎根服务五包责任。包和谐稳定，协助做好联系点内综治治理和平安创建工作，帮助梳理化解矛盾，代群众到相关部门"上访"，做好各项政策法规的宣传解释工作；包环境整治,协助做好联系点内村容整洁、河道疏浚、污染治理、秸秆禁烧等工作;包项目推进,联系点内涉及市委、市政府重点工程的,重点做好项目推进的服务保障和配合工作;包村级发展,围绕经济发展上水平、民生繁荣上层次、村民收入上台阶,帮助村(社区)积极解决发展过程中存在的突出问题,有力提高村(社区)发展后劲,提高村民生活水平;包党建科学化,加强村(社区)党员队伍和干部队伍建设,推进基层党组织规范化建设。

(三)"联"——以"结对联帮法"架撑长效扎根服务的干群桥

将领导扎根基层、服务群众活动与"四个一"紧密结合,推动领导干部联系服务群众的领导干部和村域范围两个全覆盖。

1. 建立结对五联制度。联区,即每个领导干部要联系村(社区)范围内的一块区域,落实五包责任,做到责任到人;联事,即每名领导干部要积极开展调查研究,重点帮助村(社区)办好一项重点工程或解决一个重点问题;联困,即每名领导干部在所联系区域内,重点联系一户贫困户,完善家庭发展档案,落实帮扶举措,以"输血式"和"造血式"帮扶相结合,帮助贫困户早日脱贫;联访,即每名领导干部在所联系区域内,重点联系一户信访户,做好矛盾化解工作,协助做好重点时期的稳控工作;联企,即每名领导干部结对联系村(社区)域内的一家企业或者创业大户,帮助解决企业发展和创业过程中的问题,并担任企业的党建指导员,做好党员发展、党员教育和党组织、党员作用发挥工作。

2. 建立联系公示制度。每名领导干部要给所联系区域和企业(创业大户)发放联系卡,公布自己的姓名、联系方式,并在村务公开栏及本单位公示结对联系的相关信息。

3. 建立民情记录制度。要求每名领导干部每年度记好一本民情日记,每月走访联系对象一次,每半年完成一个重点调研课题、召开一次民意恳谈会,搜集到的民情民意第一时间录入"民情E通"并第一时间予以协调处理。

(四)"考"——以"考核激励法"催生长效扎根服务的正能量

加大对领导干部扎根基层、服务群众的考核力度,制订和完善《领导干部直接联系群众工作考核办法》,对联系群众工作进行量化打分,从而产生领导干部长效扎根服务的倒逼效应。

1. 建立领导干部联系点述职制度。每年年终,由领导干部参加村"两委"班子述职大会,对自己一年来扎根服务的各项工作进行述职,采取"321"写实法,重点介绍体现扎根服务的3项工作实绩,在基层的工作作风和品行修养等2项具体表现,1项急需提高的能力或解决的问题,并由村"两委"班子、联系区域的村民组长、联系的贫困户和企业(创业大户),进行测评打分。测评结果记入干部个人档案,作为考核定级、评先评优的重要依据,做到"干部干得好不好,群众说好才是好"。

2. 建立领导干部扎根服务评议制度。领导班子民主生活会要针对扎根服务工作进行民主评议,并邀请村(社区)两委正职参加。每年年终将相关述职报告在党建网予以公示,开通网民评议专栏,接受广大网民的评议,做到"干部做得够不够,群众说够才是够"。

3. 建立领导干部扎根服务考察延伸制度。对于拟提拔、交流的领导干部,在民主测评环节,要邀请结对联系点的村(社区)两委一把手参与测评,考察组要听取联系村的意见建议,做到"干部提拔行不行,群众说行才是行"。

(五)"督"——以"督促督查法"构筑长效扎根服务的高压网

加强对领导干部扎根基层服务群众的督促督查。

1. 畅通监督渠道。与"双百"监测对接,聘请部分党代表、人大代表、政协委员、工商业代表、老干部和群众代表作为"干部作风监督员",强化群众监督,向社会公开干部作风建设监督电话,设立举报电话和网络,强化社会监督。

2. 完善监督制度。制订和完善《领导干部直接联系服务群众督查办法》《领导干部直接联系服务群众工作纪律暂行规定》等,形成扎根基层,联系群众的良好风气,确保联系群众工作取得实实在在的效果。

3. 严格监督处置。对在联系服务群众工作中扎根不实、服务不到位、社会满意度低的,予以通报批评;对在下基层过程中有违法违纪现象的,严格按照相关法律法规进行处置。

(张跃平、陈定春、周健)

以阳光心态激发领导
干部正能量
——扬中市镇局级
领导干部心态状况分析

全面建成小康社会、推进社会主义现代化、实现中华民族伟大复兴的重任,对领导干部素质能力提出了更高要求,作为素质重要组成部分的心理素质也越来越成为衡量领导干部综合素质的重要标准,更是领导干部履行职责的内在要求。党的十八大报告明确提出,要加强和改进思想政治工作,注重人文关怀和心理疏导,培育自尊自信、理性平和、积极向上的社会心态,建设一支政治坚定、能力过硬、作风优良、奋发有为的高素质执政骨干队伍。为了科学评价扬中镇局级领导干部的心理健康状况,更好地关心爱护干部,有针对性地加强正向监督,激发干部干事创业的热情,提升干部队伍整体素质,扬中市委组织部和市委党校组成联合课题组,通过调查问卷、集体座谈、个别约谈等形式,对扬中市镇局级领导干部的心态状况进行了深入调研,形成本调研报告。

一、当前扬中市领导干部的心态状况

课题组对扬中市镇局级干部培训班的四期学员分三个年龄阶段(30～39 岁、40～49 岁、50 岁以上)进行了问卷调查(见表 1),共发放调查问卷 365 份,收回 356 份,回收率 97.5%,其中有效问卷 348 份,有效率为 95.3%。

表 1　调查对象的基本情况

年龄结构	人数	比例(%)
30～39 岁	57	16.4
40～49 岁	229	65.8
50 岁至退居二线	62	17.8

（一）整体心态理性、积极、自信、阳光

从三次集体座谈、个人约谈和问卷调查的情况看，扬中市领导干部主流心态是积极向上的，大都有着理性、自信、积极和阳光的心态。他们在带领扬中人民奋发图强、改天换地的过程中锻造磨砺出了敢想敢干、争先创先、包容开放的心态和品格。

1. 敢想敢干的心态

扬中人奋勇争先，立大志，办大事，创大业，以小岛办大事、小市创伟业的豪情壮志，创造了一个又一个辉煌。扬中从一个面积小、人口少、资源匮乏、交通不便、经济基础落后的孤岛发展成独具魅力的水上花园城市，与扬中领导干部勇于创新、敢闯敢试、敢于担当是分不开的。无论是乡镇企业的异军突起、民营企业的遍地开花，还是中国唯一一座县市自主集资建设的大桥——扬中大桥的建成，抑或120千米环岛堤顶公路的建设和贯穿全市的扬中大道的建成……这些在当时看来都是都不敢想的大事，但在扬中都一一变成了现实，出现了一个又一个奇迹，这些无不渗透着扬中领导干部和扬中人民敢想敢干敢于担当的精神风貌。

2. 争先创先的心态

扬中领导干部带领全市人民以宽阔的胸襟、开放的理念、改革的勇气在更高层次上实现跨越发展，创下一个又一个"第一"和"唯一"。全国科学发展百强县、全国农村综合实力百强县、全国首批小康县、全国十佳资源节约型和环境友好型城市、全国科普示范市、全国科技进步示范市、全国文化先进市、首批"国家级生态示范区"、率先基本实现全面小康市、中国工程电气岛、河豚美食之乡、江苏省社会治安安全市、江苏省园林城市、江苏省文明城市、成功承办省园博会的首个县级市……扬中现正昂首阔步在苏南现代化示范区建设的征途上，这些无不彰显着扬中人和扬中领导干部不畏艰难、顽强拼搏、敢于超越、敢为人先的内在品格。

3. 包容开放的心态

宽厚博大的移民文化底蕴，孕育了包容开放的扬中人。从20世纪70年代末供销员们大踏步地走出去，到20世纪80年代的"横向经济联合体"；从20世纪90年代"三资"企业蓬勃发展，到21世纪开放型经济遍地开花……扬中以海纳百川的胸怀，广泛吸纳各类人才汇聚岛城。因为包容，岛城经济活力四射，文化多姿多彩；因为开放，扬中潜力喷薄而发，综合实力与日俱增。

（二）不同年龄段领导干部心态呈现差异性

不同年龄段的领导干部心态上有其共同点，但由于性格、工作阅历、工作环境等的不同，心态也呈现出差异性。

1. 30～39岁年龄段的领导干部

这个年龄段的领导干部有干劲有冲劲，敢闯敢试、朝气蓬勃，对于组织的培养怀有感恩之心，乐于干事，也想干成事，更想被认可。但正因为年纪轻就被提拔，有时难免会心浮气躁、急于求成；定目标时会好高骛远，遇到失败时挫折感强；有书本知识但实际工作经验不够丰富，处理问题有时缺乏判断力；基层工作阅历不深，群众工作能力仍需提升。

2. 40～49 岁年龄段的领导干部

这个年龄段的领导干部正值工作的黄金时期,精力和经验都相对丰富,工作起来更得心应手。这些领导干部大多成熟稳重,工作责任心强,追求卓越的工作效率,并且有不服输、不怕苦的精神,有想干成事的信心,有敢于承担责任的勇气。但这个年龄段的领导干部正处于压力增长期,工作的突破、自我的期望、孩子的培养、老人的赡养、社会的压力等,这些都无形中给他们的工作带来影响,在工作中有时会产生焦虑和功利的心态。

3. 50 岁至退居二线年龄段的领导干部

这个年龄段的领导干部经过几十年的工作积累,拥有坚定的信念、较强的意志和丰富的经验,工作上驾轻就熟,心态也比 30～49 岁的领导干部平和稳重。但是由于即将退居二线,一些领导工作激情开始减退,不求有功但求无过的心态逐步显现,对于权力的即将失去产生焦虑和失落的心态,有的甚至利用最后在职的时间为自己谋取财富寻找后路,导致一些贪腐现象发生。

(三) 部分领导干部存在急躁、倦怠和失衡的心态

扬中绝大多数镇局级领导干部都具有阳光自信、理性平和的心态,但也有少数干部因为自身或者环境因素等的影响,不同程度地存在着不良心态,主要表现为急躁、倦怠和失衡三种心态。

1. 急躁的心态

急躁心态也并非完全是由负面情绪引起的,很多领导干部干事创业的初衷是好的,但是在工作中表现得太急于求成,太急于被认可,急于追求快速和轰动效应,甚至倾力于所谓的"面子工程"和"形象工程"。而一旦受到挫折就显得急躁,面临突发事件不够冷静,对问题考虑不够周全,行事作风不够严密,处事行为不够果断。

2. 倦怠的心态

不少基层干部长年累月工作,身心压力得不到有效的释放,长久之后会产生疲劳之感,进而导致心理上的倦怠,使得他们对工作疲于应付,感到自己的理想与现实相差甚远,工作上进取心不足、得过且过,满足于"做一天和尚撞一天钟"。这种心态严重影响了领导干部的工作激情。

3. 失衡的心态

少数领导干部对自己评价不够客观不够全面,过低或过高地评价自己,得到提拔认为是组织对自己"迟来的爱",得不到提拔就自认是怀才不遇,他人提拔自己未提拔时就偏激地认为他人是"潜规则"晋升。少数领导干部在涉及进退或荣誉、待遇、评价等问题时,一旦遇到自认为不公平的事,便心态失衡;个别领导干部常将自己与同事、朋友进行比较,在比地位、比待遇、比报酬中心态失衡便行为失范。据统计,自 2008 年以来,扬中市副科级以上干部受处分人员达 26 人,其中被开除党籍 19 人,被判刑 9 人,大部分是因为贪污受贿被处分判刑的。

二、领导干部不良心态成因剖析

不良心态形成的原因并不是单一的,而是多方面因素综合影响的结果。

(一) 社会转型加快

当前我国正处于社会转型时期,执政理念在转型、发展方式在转型,社会结构在转型,政府治理也在转型。有转型必然有冲突,有转型自然有压力。地处苏南板块的扬中,正处于率先基本实现现代化的攻坚时刻,伴随着社会转型期社会利益格局的大调整,扬中市领导干部的压力前所未有。而这些压力最先冲击和考验的就是领导干部的思想层面——理想信念。在回答"你认为导致领导干部出现心理问题与自身相关的因素有哪些?"(多选)问题时,有69%的人选择"不善于调整心态",35%的人选择"理想信念弱化"(见图1)。

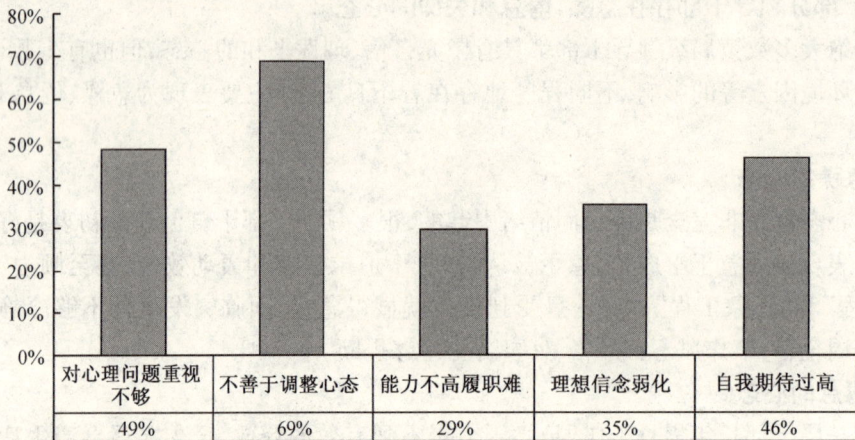

对心理问题重视不够	不善于调整心态	能力不高履职难	理想信念弱化	自我期待过高
49%	69%	29%	35%	46%

图1 导致领导干部出现心理问题与自身因素关系图

(二) 职业压力过大

在调查表中,第15题(多选):"工作压力源主要来自以下哪些方面?"调查结果显示,选择"工作任务繁重"的占66%,其次是"激烈竞争",占36%,"考评问责"位于第三占32%,"职位晋升"占18%(见图2)。

基层干部肩负着发展、稳定的双重责任。特别是在目前社会竞争激烈、各种矛盾凸显以致基层工作难度不断加大,而上级的要求和百姓的期待又日益提高的情况之下,基层领导干部工作压力骤增,难免身心疲惫、精神紧张。随着改革发展的不断深入,当前基层工作普遍存在"三增"现象:一是任务增重。基层处在改革发展的最前沿,特别是在社会转型时期,招商选资、征地拆迁、环境保护、劳动保障、群众信访、维稳工作等给领导干部提出新的挑战。"周六一定不休息,周日休息不一定",体力严重透支,"白加黑"是常事,"5+2"是常态,更别

326

奢谈公休假。二是要求增高。科学发展、依法治国、生态环保等新要求给基层工作带来了新的考验,不少长期习惯于以行政手段粗放管理为主要方式的基层干部普遍感到工作开展更难了。三是职业风险增大。集中表现在安全生产和信访维稳方面的"问责追究"和"一票否决"。

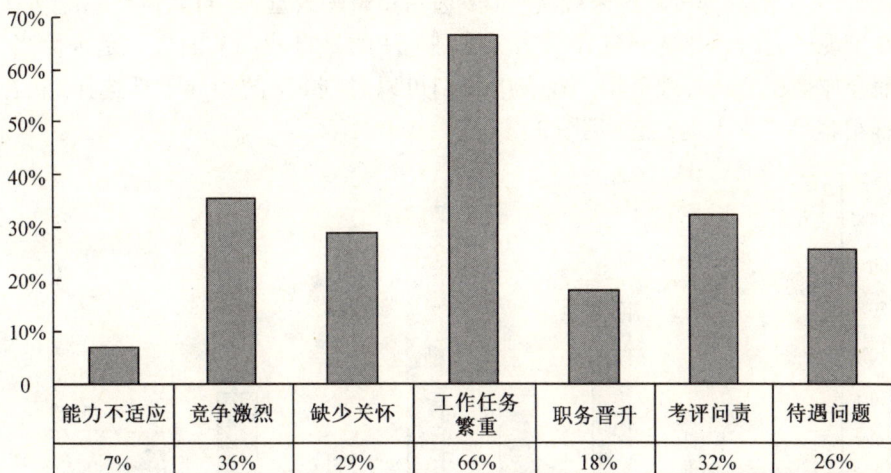

图2 主要工作压力来源图

能力不适应	竞争激烈	缺少关怀	工作任务繁重	职务晋升	考评问责	待遇问题
7%	36%	29%	66%	18%	32%	26%

(三)人际关系困扰

在问卷调查中,在回答"您的社会环境压力源主要来自以下哪些方面?"时,选择"人际交往"的占54%,为各选项首位。一是社会关系的压力。扬中总面积仅332平方公里,是江苏省最小的县级市,地方小导致扬中是个熟人社会,这种特殊性使得人际关系的处理成为扬中领导干部工作生活中很重要的一部分。"迎来送往、接待上访""左右逢源、四处结缘"这些超负荷的人际关系处理使得领导干部身体和心理双重疲劳,对干部造成很大的社会压力。二是家庭关系的困扰。由于领导干部的精力和时间多用在了工作上,影响了对孩子的关爱、教育及对家庭成员情感的照顾。有的领导干部在尽力维持工作和家庭的平衡之间疲劳应对,导致不良心态的产生。

(四)用人机制不足

在扬中,用人环境还是相对公开透明公平公正的,注重凭实绩用干部,启动干部竞争选拔机制,重视培养和提拔30岁以下的年轻干部,加大党外干部选拔培养力度,建立"老实人"与后备干部库,对全市领导班子和领导干部开展"六度"综合研判……这些举措取得了积极的成效,为扬中科学发展提供了强有力的组织保证,但与部分领导干部的期望尚存在一定的差距,一些领导干部的压力正是来自于提拔任用的压力,工作业绩好,但囿于领导职数的限制,得不到及时提拔,在一定程度上影响了工作积极性的发挥。调查结果显示,"你对现在的选人用人环境满意吗?"(全国范围而言),选择"不满意"的占22%,"很不满意"占6%。

（五）疏导渠道不畅

一部分领导干部产生心理压力后，不能及时找到正确释放压力的方法和途径，大多选择憋在心里，或是喝酒聊天转移压力。在调查中，在回答"您认为导致干部出现心理问题与体制相关因素是什么？"这一问题时，56%的人选择"缺少心理疏通渠道"；"当遇到心理压力或心理困扰时，你会选择那种方式来缓解？"（多选），73%的人选择"自我调节"，绝大多数的领导干部在出现压力时还是选择自我消化。值得关注的是自我调节的方式是否恰当，如果不恰当反而会加重压力和心理负担。在表中我们可以看到8%的领导干部选择"憋在心里不说"，这样很容易产生不良心态（见图3）。

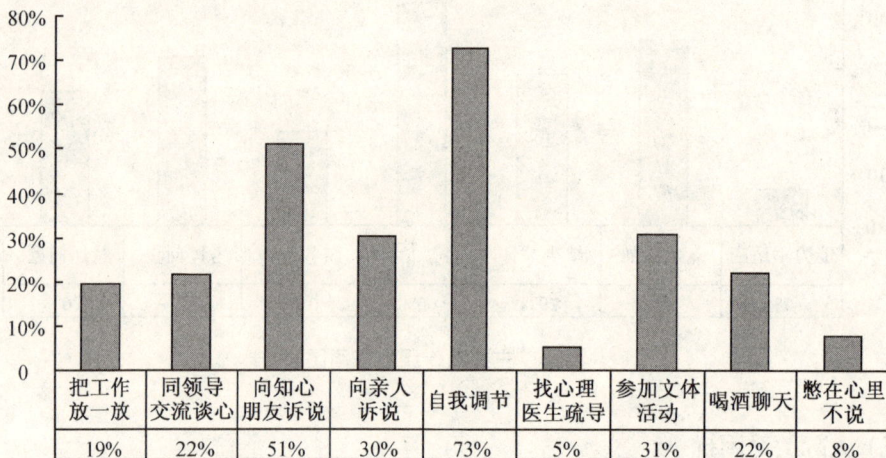

把工作放一放	同领导交流谈心	向知心朋友诉说	向亲人诉说	自我调节	找心理医生疏导	参加文体活动	喝酒聊天	憋在心里不说
19%	22%	51%	30%	73%	5%	31%	22%	8%

图3　遇到心理压力或心理困扰时会选择的疏导渠道示意图

三、培育领导干部阳光心态的路径选择

影响领导干部心态的因素是多元的，既与其自身的性格特质和德才素质有关，更与社会发展环境和工作环境有关。因此，要从优化外部环境和加强自我调适等五个层面入手，积极探索培育领导干部阳光心态的有效路径。

（一）强化教育培训

一是加强理想信念教育。习近平总书记在中央政治局第一次集体学习时指出："理想信念就是共产党人精神上的'钙'，没有理想信念，理想信念不坚定，精神上就会'缺钙'，就会得'软骨病'。"现实生活中，一些党员干部出这样那样的问题，说到底是信仰迷茫、精神迷失。所以，必须将马列主义基本理论作为干部培训的必修课，引领干部读经典、学经典；将"中国梦"教育、理想信念教育、"三个自信"教育作为干部教育的核心内容。领导干部只有有了坚定的精神信仰和理想信念，才能在大是大非面前把握住原则，在金钱物欲面前稳得住心神，抗得住诱惑，守得住清贫，保得住气节，始终保持积极乐观的心态。二是加强素质能力培养。加强对领导干部的政治素质和业务能力培训。要在"5＋X"学分制管理的基础上，以提升科学发展能力为培训重点，建立一个更加科学、更为开放、更具活力、更有实效的干部教育培训体系，努力把干部培养成为"多面手"和"一专多能"的通才，消除他们的"知识恐慌"和本领危机。三是加强群众路线教育实践。坚持群众路线是确保干部身心健康的法宝。群众路线教育实践，既要抓教育，更要重实践，要多下基层，多与群众交流，多接地气，接了地气，才有底气，在联系服务群众中理顺心气、赢得口碑，保持豁达淡然的心态。

（二）完善考评体系

干部政绩考核评价体系是领导工作的"指挥棒"和"风向标"，是影响干部心态的关键因素。要按照十八届三中全会要求，改革和完善干部考核评价制度，全方位、立体式掌握干部德才表现，既要考察其德能勤绩廉的情况，也要考察其心理素质状况，全面客观科学公正地考核评价干部，并作为选拔任用干部的重要依据。在干部考核中，要坚持走群众路线，把评价政绩大小、品德优劣的标准交给群众，逐步建立健全干部政绩评议、公示、审核、监督体系和科学、公正的考核评价制度，为干部成长发展营造一个良好宽松的环境。

（三）优化干部管理

选什么样的人、怎么选人是影响干部心态的重要因素。要进一步深化干部制度改革，积极营造公开公平公正的用人环境。一是坚持德才兼备、以德为先的用人原则。按照十八届三中全会提出的"信念坚定、为民服务、勤政务实、敢于担当、清正廉洁"的好干部评价标准，真正把那些政治上靠得住、工作上有本事、作风上过得硬、群众公认程度高的干部选拔上来，让能干事者有机会、干成事者有舞台，切实形成能者上、平者让、庸者下的用人机制，使干部"上"得服众、"下"得服气，真正做到人尽其才、才尽其用，推进干部能上能下能进能出。二是规范干部选任程序。改革竞争性选拔干部办法、改进优秀年轻干部培养选拔机制，用好各年龄段干部。着力规范干部选任程序，不断提高选人用人公信度，为干部健康成长创造良好的外部激励环境，从用人导向和机制上引导干部不断调节心理预期、减轻压力，保持良好状态。三是加大干部交流力度。通过干部交流，逐步克服干部长期在一个部门工作造成的眼界思路不够开阔、经验阅历相对单一、创新进取精神逐步减弱、工作倦怠等现实问题，改变少数干部由于提拔无望而滋生的得过且过、敷衍塞责、推诿拖拉等现象。干部交流工作要从实际出发，做到科学有序，"交"得其所，"流"得其当，否则就会出现"水土不服""大材小用"等现象，反而影响干部的心态。

（四）注重人文关怀

心理疏导和人文关怀是关爱干部的重要内容。一是完善干部评价使用机制。深化公务员分类改革，推行公务员职务与职级并行、职级与待遇挂钩制度，扫除身份阅历障碍，凭实绩用干部，让人人都有成长成才脱颖而出的通道，让各类干部都有施展才华的广阔舞台。在符合"三定"方案的前提下，对工作业绩优、群众口碑好的干部及时提拔任用或明确职级，满足其正当的心理需求,激励其干事创业的热情。二是注重情商培养心理疏导。要把心理健康知识、干部情商培养阳光心态教育作为干部培训的一项重要内容纳入各类主体班教学计划,根据不同年龄段领导干部的心态特征,差别化设计实施心理保健课程,帮助领导干部掌握释放心理压力的方法和技巧,学会自我心理调适。适时印发干部健康知识手册,举办心理健康知识讲座。选任干部时引入心理测试内容,更加注重领导班子成员的气质、年龄、性别和专业搭配,增强领导班子的和谐程度和整体活力。积极拓展对领导干部进行心理干预的途径,以"阳光心态服务中心"为依托,为领导干部提供日常心理服务,进行必要的心理预防和心理保健。对心理健康风险较高的部门和岗位,要有计划、有重点、有针对性地开展心理测试和心理调适活动,引导帮助干部用积极的思想认识事物、用平和的心态面对问题、用正确的方式处理矛盾。三是要完善领导干部约谈沟通制度。通过约谈实现同级之间、上下级之间的及时有效的沟通,拓宽干部倾诉心声和心理求助的渠道。上级组织和领导不仅要在岗位调整时找他们谈话,听取他们的意见和想法,而且要在平时不定期地"双向"约谈,关注他们的工作运转情况,帮助其解决实际困难,使其增强做好工作的信心;不仅要在领导干部身处"逆境"时找他们谈话,帮助他们理顺情绪,更要在他们身处"顺境"时找他们谈话,帮助他们去骄横之气,促使他们不断健康成长,从思想上解困,从工作上减压,及时消除不良情绪。完善组织部领导与干部的双向约谈制度,充分发挥部长邮箱和在线平台的作用,加强与领导干部的交心交流,及时帮助调整心态。四是切实落实干部体检休假制度。每年组织干部定期体检,帮助预防和治疗疾病,防止因心理因素产生的身体健康问题;为领导干部建立"健康档案",对干部身心健康进行跟踪管理,及早发现,及早采取措施。在确保工作正常运行的前提下,统筹安排干部轮流休假,放松身心,缓释压力。

(五)加强自我调适

提高干部的和谐心理素质,离不开干部自我的心理调适。一要爱岗敬业积极工作。要破除"官本位"观念,立足做大事,不要"做大官",要在率先基本实现现代化的伟大实践中施展才华,实现人生价值。要正确对待自己、同志和组织,不要总在职务上与进步快的比,收入上与高的比,工作压力上与轻的比,否则越比心理落差越大。要常思组织培养之情、常念百姓关爱之意、常怀自己感恩之心,多一点奉献精神,忠实履行职责,在什么位置就努力把什么事情干好,这样就会很充实,就能保持一颗平常心。二要认清角色准确定位。定位不准是造成干部心理压力的一个重要原因。这要求干部要清楚地了解自己所处岗位的角色、职责、任务,一分为二地认识自己,实事求是地估量自己。个人目标不能过高,不能超出个人能力水平所限,否则就会因达不到预期目标而心存忧虑,导致心理失衡,产生焦虑和抑郁;也不能太低,否则就会缺少压力和动力,感到心理疲沓倦怠。三要培养健康生活情趣。通过培养良好的兴趣爱好和适当的体育锻炼等方式来释放压力调适心情是自我调适的重要途径。在工作之余,自觉养成读健康书报、听高雅音乐、重运动锻炼等良好生活习惯,这样不仅可以使自己从繁忙的工作和紧张的生活之中解脱出来,真正起到劳逸结合的调剂作用,而且还能够拉近人际间的心理距离,便于自己和他人建立良好的人际关系,拥有一个宽松的社交环境。要多交净友益友。好的朋友是面镜子,可以通过好朋友及时发现和改正自己的缺点和错误,提升道德水准,净化心灵空间,促使心理和谐。压力过重或情绪紧张时,可以及时找朋友倾诉,及时宣泄愤怒、恐惧、压抑等消极情绪,始终保持健康乐观自信的阳光心态。

（张广武、郭伟英、李华）

党和国家政策的落实最终要在农村基层,因此基层党员干部的工作能力和工作作风,直接关系到百姓民生问题在基层的解决,关系到一方的稳定和发展,关系到群众的根本利益。新形势下,加强和改进基层党员干部队伍建设对于巩固党的基层政权,推动社会主义新农村建设具有十分重要的意义。

一、基层党员干部队伍的现状和问题

(一) 基层干部队伍结构不合理

1. 村干部年龄结构老化,出现断层状况,班子缺乏活力。有些村两委班子成员年纪偏大,村书记年龄超过 60 岁,工作思路不活,眼界不宽,缺少带领农民致富、农村发展的思想,工作安于现状,不思进取,求稳怕乱,怕担风险,不敢试不敢闯。基层干部梯队老、中、青三代,缺少能务实干事的中年层,缺乏后续能接班的领头人,没有形成人才梯队。

2. 经济能人"双强型"书记,已经不适应发展形势。随着社会和经济的发展,企业家书记既要忙于经营企业,又要忙于村级事务,精力和时间有限,很难协调处理好两者之间的平衡,有些企业家书记仅挂名不出征,根本没有时间处理和研究村级事务和重大事项。特别在当前农村改革和发展不断深化的情况下,农村事务繁杂、矛盾多元化,村党委书记的能力和作用尤为突出和重要,关系到村域的发展和稳定。

3. 没有建立基层干部队伍人才招录培养机制,有些村干部进村委工作凭关系网、打招呼进来,村干部队伍中务实干事的能人少,缺乏后续优秀人才。

（二）基层干部待遇报酬偏低，难以吸引年轻人

农村干部除书记、主任和定额干部的工资由市、镇两级财政统筹发放外，其余误工干部的工资由村级自筹资金给予发放，误工干部的年收入平均在 2.5 万元～3 万元左右，不如在一般企业的年收入。由于工资待遇低，村干部工作岗位没有吸引力，年轻人不愿到村里工作，岗位也因此缺乏竞争性。组织上虽安排大学生村干部到各村培养，由于工资少待遇低，大学生村干部把这个岗位作为报考公务员的跳板，真正落户扎根农村基层的大学生为数极少。

（三）基层干部缺乏理想信念，组织纪律松弛

村干部缺少干事激情，工作浮于表面，存在懒、浮、散现象。村干部工作纪律观念松弛，存在缺岗缺位、迟到早退现象。有些党员干部参与低级趣味活动，沉迷于麻将等赌博习气；少数村干部甚至在工作时间打牌娱乐，败坏了风气，以至于在群众中口碑差，没有威信。

（四）基层干部自我约束、廉洁自律意识淡薄

当前，随着农村改革和发展的逐步深入，各种利益关系不断调整，生产经营方式和生活方式呈多样化趋势，部分党员干部的违法违纪问题也日益突出，存在以权谋私、与民争利现象。这主要表现为：一是主观放松自我约束，贪图享受，铺张浪费，好面子、讲排场；二是挥霍集体资金，利用集体资金请客送礼，拉关系、铺路子；三是经不住金钱利益的诱惑和考验，贪污腐败失去底线。

二、加强基层干部队伍建设的几点建议

现阶段要加强基层党员干部的思想政治建设，提高基层党员干部勤政廉政指数，建立一支思想觉悟高、政治素质强、作风正派，务实干事的党员干部队伍，为基层农村建设打造一支高素质、能战斗的精兵强将，塑造为民、务实、清廉的基层干部形象。

（一）优化基层干部队伍，加强组织建设

村两委是农村各项事业发展的核心力量，基层干部队伍能力强弱直接关系到村级经济和各项事业的发展，优选配强村两委班子成员，需要建立一支品行正、能力强、办实事的两委班子。首先要选好一个村党组织书记。我们要顺应农村改革的新形势，广辟干部人才渠道，积极推行选聘能人、乡镇机关干部到村级党组织挂职任职等制度，严把干部入口关，确保农村干部队伍的纯洁和主要干部的素质优良。其次，加强人才梯队培养，增强队伍活力。要注重培养干部队伍的整体性，一是优化年龄结构，加强中、青年干部的配备，防止出现断层现象；二是注重干部的工作成效，业绩是评判干部工作能力的依据，一个干部能力如何，关键要看其工作是否有成效，要把有胆识、能干事、干成事的青年干部作为后备干部培养。最后，要

333

建立基层干部人才招录培养机制。政府部门要加强对基层年轻干部的招录和培养，从源头上进行把关，杜绝靠关系、走后门现象，择优录取优秀的农村有志青年充斥基层力量。

（二）提高基层干部待遇，健全保障机制

上级组织部门和地方政府要重视村干部待遇问题，出台相应的政策，创造条件提高他们的政治和经济待遇，使他们政治上有盼头、经济上有保障、工作上有劲头。一是提高村干部经济待遇，使误工干部收入能够达到中等企业职工工资水平；二是提高政治待遇，注重培养，将误工干部作为村两委人员的培养和输送。引进竞争机制，吸引农村广大有志青年积极投身社会主义新农村建设。

（三）加强基层干部思想教育，增强宗旨意识

基层干部工作在一线，直接面对的是基层群众，干部作风如何，办事效率如何，处理是否公道，直接关系到群众的切身利益，直接影响到基层干部在群众心目中的形象。基层党员干部要结合第二批党的群众路线教育实践活动，聚焦整治"四风"方面存在的问题，认真开展群众路线学教活动，通过深入学习、征求意见、查摆问题、落实整改，发挥批评与自我批评武器，做到立学立改，即知即改，增强精神之钙，扫除行为之垢。基层党员干部一要加强思想学习，筑牢思想基础。学习群众路线教育读本，加强宗旨意识教育，从群众中来到群众中去，一切为了群众，一切依靠群众，树立为民、务实、清廉的干部形象。二要切实为民解困，办实事，做好事。村级事务要实行民主管理，村级重大事项和重点项目，要征求群众意见，争取群众理解和支持，按程序按规定把事实办实，好事办好。三要积极解决群众诉求，化解矛盾纠纷。把握群众思想动态，对邻里矛盾纠纷等一般性问题，做好说服教育和情绪疏导工作，对涉及面广、有可能引发群体性问题的，要及时钝化，做好事态研判，积极解决合理诉求。

（四）加强基层干部管理监督，建立健全制度

建设社会主义新农村，需要有一支清正廉洁、务实创业的农村党员干部队伍。切实加强党员干部队伍廉政建设，努力培养一支廉洁勤政的农村党员干部队伍。

建立健全监督管理机制，是加强农村党员干部队伍廉政建设的关键。一是落实中央八项规定精神，加强作风建设。针对群众对党员干部在工作作风、民主意识、公款消费、婚丧嫁娶等方面反映突出的问题，完善农村基层干部廉洁从政行为规范。二是加强对村干部行使权力的监督，从源头上预防和治理腐败，建立完善"村账镇管"机制，政府要从单一管账转变为既管钱又管账，实行对村级财务收支的有效监管，强化财务监督，规范村级财务。三是规范村级事务民主决策和民主管理，推广村级事务民主监督"432"工作法的运行。广泛听取群众对村级事务的意见和建议，真正做到问策、问计、问需于民，村级事项做到事前、事中、事后公开，村纪委和监委会积极发挥双重监督作用。四是加大对村级财务和经济责任审计力度，发挥审计监督作用。建立干部任中、届满、离任经济责任审计制度，建立村级重点工程决算审计制度，通过审计有效手段遏制权力寻租腐败现象。五是推进基层民主政治建设，加大村

务公开的力度,扩大群众的知情权,是加强基层民主建设的重要环节,要制定"两公开"的规章制度,切实做到真公开、常公开,不流于形式,让群众公平、公正地办理村务。同时,要建立健全村两委班子议事规则和民主决策机制,完善干部廉政谈话、廉政承诺、民主生活会、述职述廉、民主评议、经济责任审计等"两公开"的保障机制,确保权力规范运行。

(丁照霞)